FA TING KE XUE YUAN LI

法庭科学原理

贾治辉　张翠玲　主　编

陈如超　袁红照　副主编

法律出版社
LAW PRESS·CHINA

北京

图书在版编目（CIP）数据

法庭科学原理／贾治辉，张翠玲主编；陈如超，袁红照副主编. -- 北京：法律出版社，2025（2025.9 重印）.

ISBN 978-7-5244-0614-3

Ⅰ. D918.9

中国国家版本馆 CIP 数据核字第 2025ZP2576 号

法庭科学原理
FATING KEXUE YUANLI

贾治辉　张翠玲　主　编
陈如超　袁红照　副主编

策划编辑 张红蕊
责任编辑 张红蕊　聂　颖
装帧设计 贾丹丹

出版发行 法律出版社
编辑统筹 法规出版分社
责任校对 冯高琼
责任印制 耿润瑜
经　　销 新华书店

开本 710 毫米×1000 毫米　1/16
印张 23.75　　**字数** 390 千
版本 2025 年 9 月第 1 版
印次 2025 年 9 月第 2 次印刷
印刷 中煤(北京)印务有限公司

地址:北京市丰台区莲花池西里 7 号(100073)
网址:www.lawpress.com.cn
投稿邮箱:info@lawpress.com.cn
举报盗版邮箱:jbwq@lawpress.com.cn
销售电话:010-83938349
客服电话:010-83938350
咨询电话:010-63939796

书号:ISBN 978-7-5244-0614-3　　**定价**:78.00 元

凡购买本社图书,如有印装错误,我社负责退换。电话:010-83938349

《法庭科学原理》
编辑委员会

主　　编： 贾治辉　张翠玲

副 主 编： 陈如超　袁红照

参编人员： 张翠玲（负责第一章、第六章第三节）

秦建贞（负责第二章第一节）

涂　舜（负责第二章第二节、第四章第四节）

谭铁君（负责第三章第一节）

王　俊（负责第三章第二节）

贾治辉（负责第三章第三节）

贾治辉　薛　楠　陈立杭（负责第三章第四节）

沈晓林　贾治辉（负责第三章第五节）

贾治辉　王　俊　沈晓林（负责第三章第六节）

张凌燕（负责第四章第一、二节）

肖亚若（负责第八章第三节）

吕　宙（负责第四章第三节、第八章第四节）

马智华（负责第四章第五节、第六章第一节）

王旭东（负责第四章第六节）

向　静（负责第四章第七节、第五章第一节）

黄　锐　曹淑瑞（负责第五章第第二节）

彭　迪（负责第五章第三节）

易　爽（负责第五章第四节）

袁红照（负责第五章第五节）

王　跃（负责第六章第二节）

陈如超（负责第七章第一、二、三节）

易　旻（负责第七章第四节）

郭　薇（负责第八章第一节）

姚　岚（负责第八章第二节）

周　娟（负责第九章第一节）

赵麒麟（负责第九章第二节）

季云起（负责第九章第三节）

序　言

西南政法大学刑事侦查学院设有法庭科学、侦查学的硕士点和博士点，而在本科阶段开设侦查学、刑事科学技术、司法鉴定三个专业。学校在20世纪50年代建校之初便设有公安教研室，该教研室在犯罪对策学课程中讲授刑事技术知识，并编有教学资料。1986年，学院在本科阶段创设“司法鉴定专门化班”，邹明理教授编写了教材——《司法鉴定概论》，此后又统编了司法部的教材——《司法鉴定学》。在此基础上，痕文教研室的老师们又续编了与司法鉴定相关的序列教材，以及《诉讼与鉴定》等专著，这些工作为本教材的编写奠定了基础。

我国科学证据的相关立法和研究习惯使用“司法鉴定”这一概念，相应的证据名称，早期称为“鉴定结论”，而现在称为“鉴定意见”。之所以与英美法系国家的“法庭科学”及“专家证言”存在差别，主要取决于我国与英美法系国家的诉讼构造及程序特点有所不同。然而，国内外学者对“科学证据”自身的科学内涵的理解较为接近，而且鉴定意见或专家证言都可作为证据。当人们把鉴定意见或专家证言称为科学证据时，核心的问题在于此类科学证据是否具备科学可靠性。要回答这一问题，首先，要确认“专门知识”是否为“公认的”或经过“验证的”知识；其次，要确认解决专门问题的“鉴定人”或“专家”是否正确地掌握了“专门知识”；最后，要确认“鉴定人”或“专家”在解决具体专门问题时是否正确运用了相关专门知识。这要求“鉴定人”或“专家”用于解决专门问题的知识（经验）不仅是正确无误的，而且是出于客观、公正的良知作出的。诚然，完全相信鉴定人或专家总能满足上述条件可能过于理想，因此，建立完备的制度至关重要。完备的制度包括鉴定人或专家的资格确认、选任、质证程序以及对鉴定意见或专家证言科学可靠性的审查评断等。

法庭科学原理，是对法庭科学领域的事物进行科学解释的基本理论。

诉讼所涉及的专门性问题纷繁复杂，涉及物证技术、法医、知识产权、各类事故、产品质量、环境污染损害、资产评估等众多领域。探讨普遍意义上的法庭科学原理十分困难，这使得教材的知识体系难以面面俱到。鉴于此，本教材主要以阐述物证技术的原理为主，同时，尽可能覆盖司法实践中常见专门性问题的鉴定原理。其不仅重点介绍了法庭科学的概念、物质交换、种属认定、同一认定、信息交换与转移以及法庭科学的价值、文化等内容，同时也兼顾非同一认定鉴定原理、鉴定制度等内容。

法庭科学原理最基本的问题，是与鉴定相关的证据材料生成的客观性、关联性以及相应的科学认识问题。法庭科学既是法学与科学技术的交叉学科，也是解决具体诉讼专门性问题的应用学科。其认识的逻辑演进，沿着专门性问题的“可知”、“能知”和“真知”展开，同时，必须兼顾诉讼裁判的效率和价值目标要求。换言之，需要把科学上认知的“不确定性”与诉讼裁判的时限、证明标准相统一。“可知”层面，反映案件事实信息的证据材料，一般意义上都是可知的；“能知”层面，受限于当前科技发展水平和鉴定材料的条件；“真知”层面，取决于鉴定机构的鉴定技术条件、鉴定人的能力和态度。每一次鉴定活动都应当是严谨的科学技术实践，但受鉴定机构条件、鉴定人知识水平及经验的影响，鉴定意见存在偏差甚至错误难以绝对避免，若鉴定人受外力干扰，也可能出具虚假的鉴定意见。因此，从管理制度、程序制度以及道德纪律等方面对鉴定机构、鉴定人进行规范，意义不言而喻。

“物质交换”与“信息交换与转移”，是证据生成的客观基础。交换与转移不仅产生客观存在物，也形成物及信息之间的“关联”。这构成了诉讼中解决专门性问题的客观基石。科技进步正改变着证据调查模式，传统“溯源调查”正转向“直源调查”。视听证据、电子数据常以“锁链式”关联呈现案件事实，这极大地改善了“溯源调查”所依赖的逻辑分析及其不确定性，深刻影响着未来法庭科学的发展。在证据“溯源调查”时，证据能否真实地呈现案件事实，需确认其生成的时间、空间、方式、自身特性等的“同一”以及相互关联所构成的“统一”。在这一过程中，种属认定和同一认定的特性原理是基础，相应的技术方法、依据和逻辑分析，以及“似然比”理论方法等，则构成鉴定应用的知识体系。诉讼中的专门性问题多种多样，有的需解决某种可疑物质是否存在以及存在量有多少（如毒物、毒品鉴定)，有的需确定某种事实状态存在的状况（如伤情、伤残等级鉴定)，有的需评估损害后果的价值，等等。在这些鉴定活动中，有的需通过技术检验发现存在物或事实，再经样本、样品确认；有的需确定某种事实在何种原因下发生的必然性或概率（如事故、污染的成因鉴定)，这类鉴定通常在检验的基础上，通过逻辑分析确定。

鉴定意见或专家证言能否被法庭接受，不仅涉及其自身的科学可靠性评估与表述、与其他涉案证据关系的综合审查等问题，而且与各国各地区的法庭科学文化、价值观念密切相关。本教材对此进行了理论阐释，但需要承认的是，由于对法庭科学文化、价值的探讨尚不深入，恳请读者批评指正。

本教材的编写，得益于刑事侦查学院院长梁坤教授的倡议和支持。参编人员主要为学院相关技术课教师。付梓之际，谨对他们认真负责地完成编写任务表示感谢。当然，由于国内尚无同名教材，参考文献也有限，本教材在体例和写作上可能存在诸多不足，敬请读者批评指正。

贾治辉

二〇二五年七月三十日

目　录

第一章　法庭科学导论

第一节　法庭科学的概念

一、法庭科学概念的源起与发展

“法庭科学”一词译自“Forensic Science”，是指用于法庭的科学或者与法庭活动有关的科学。“Forensic”来自拉丁词根“*forum*”，即城市的中心，人们在那里解决争端和辩论，从而定义了城市的法律。“Science”一词的内涵是理解法庭科学以及相关证据制度的关键。根据《布莱克法律词典》（第 8 版）的解释，“Forensic”的含义包含三个方面：（1）用于或适合法庭或公开辩论。（2）修辞的、论辩的。（3）历史上，该词有外部的含义，外国的。“法庭科学”这一术语于 20 世纪 40 年代在西方国家出现，是目前西方国家对该学科通用的称谓，被国际上该领域各种协会以及国际刑警组织广泛使用。

随着法庭科学学科的不断发展，法庭科学的概念和内涵也在不断丰富和发展。2014 年，美国国家标准与技术研究院（National Institute of Standards and Technology，NIST）成立了法庭科学领域委员会组织（The Organization of Scientific Area Committees for Forensic Science，OSAC），将法庭科学定义为“将科学原理和技术应用于刑事司法方面，特别是与收集、检查和分析物证有关的事项”。2021 年，国际法庭科学协会（International Association of Forensic Sciences，IAFS）发布了《悉尼宣言》，将法庭科学定义为“一门基于案件（或多个案件），以研究为导向、以科学为基础，通过对过去活动残留（如个体的出现和行为）痕迹的发现、识别、提取、检验和解释，以了解公共利益异常事件（如犯罪、安全事件等）的学科”①。

在西方国家，法庭科学这一学科最初是以“Criminalistics”来表述的，可翻译为“刑事学”、“刑事侦察学”或“犯罪对策学”，该名称是由奥地利格拉茨大学刑法学教授、地方预审法官汉斯·格罗斯于1891年提出的。20世纪60年代，“Forensic Science”逐渐取代“Criminalistics”。目前，有学者认为上述两种表述含义相同，可以互换使用；也有学者认为二者是包含关系，即“Criminalistics”是“Forensic Science”的一部分。例如，根据OSAC的专业词典定义，刑事学是法庭科学的一个分支，涉及物证的检查和解释，目的是协助法庭调查，包括药物分析、犯罪现场重建、枪支和工具痕迹分析、火灾残骸分析、分子生物学、摄影和痕迹证据分析。

上述概念多是从法庭科学的功能和任务的角度进行定义，从其涵盖的内容来看，法庭科学以传统的法医类、物证类和声像资料类的证据检验为主干，是基础学科和相关专业的集合，且是开放的集合。随着科学技术的不断发展以及司法实践现实需求的不断增加，新的分支专业和学科不断融入，形成了较为庞大的、相互交织融合的法庭科学学科体系。2009年，美国国家科学研究委员会（National Research Council，NRC）在其发布的《美国法庭科学的加强之路》报告中指出，“法庭科学”包含广泛的学科，每个学科都有自己独特的做法。法庭科学学科在技术、方法论、可靠性、错误水平、研究、普遍接受性和发表的材料等方面，存在广泛的差别。某些学科是以实验室为基础的（如细胞核DNA和线粒体DNA分析、毒物和毒品分析），其他的则立足于专家对观察到的形态（如指印、书写样本、工具痕迹、咬痕）的解释。某些活动要求科学工作者个人接受技能和分析专业知识方面的训练（如化学工作者或者生物学工作者），而其他活动的进行者则既有科学工作者，也有在执法（如犯罪现场调查人员、血溅形态分析人员、犯罪重建专家）、医学（如法医病理学家）或者实验室方法（如技术专家）等方面受过训练的人。②

---

① Claude Roux，Rebecca Bucht，et al.，*The Sydney declaration – Revisiting the essence of forensic science through its fundamental principles*，332，Forensic Science International，1（2022）.

② See National Research Council，*Strengthening Forensic Science in the United States：A Path Forward*，National Academies Press，2009.

法庭科学之所以以学科集合的形式出现，在于其研究的对象——法庭证据的复杂性和多样性。对于众多法庭证据的发现、提取、检验、鉴定、分析、评价、解释等活动必然涉及众多相关学科的知识和技术。同时，法庭科学又是自然科学和社会科学的结合，统一服务于司法证明。因此，法庭科学在性质上必然是跨学科的，具有典型的交叉学科属性。

综合而言，法庭科学既是一门把物理学、化学、医学、生物学等自然科学的原理和方法运用到司法活动中的交叉学科，更是一门运用自然科学和社会科学的原理和方法，研究查明事件法律性质、发现犯罪、揭露犯罪、证实犯罪及预防犯罪的科学技术手段与方法的综合性应用学科。

二、法庭科学与相关专业的关系

在国内，与法庭科学类似的专业术语有：刑事科学技术、物证技术学、司法鉴定学、证据科学等。这些专业术语与法庭科学密切相关，有的甚至被认为与法庭科学等同，因此造成了一定程度的混淆。

刑事科学技术是运用现代科学技术的理论和方法，收集、分析、检验和鉴定与犯罪活动有关的各种物证材料，为侦查、起诉、审判工作提供线索和证据的专门性技术。由于刑事科学技术的研究对象是物证，也常被称为物证技术。

物证技术是为了解决案件中的同一认定、种属认定或其他技术问题，进而证明与案件有关的事实，而对案件中的物证或可能成为物证的客体予以发现、记录、提取及检验、鉴定时所利用的各种技术、方法的总称。物证技术学，即以物证技术为研究对象，从物证技术的基本理论和基本方法着手展开研究的一门学科。

司法鉴定是指在诉讼过程中，对案件中的专门性问题，由司法鉴定人，运用专业知识和技术，依照法定程序作出鉴别和判断的一种活动。司法鉴定学是研究诉讼活动中为查明案件事实、解决案件中的某些专门性问题，运用自然科学技术和社会科学的理论和方法，提供专家的意见或证言的一门融法学和自然科学以及其他社会科学为一体的专业学科。相对于刑事科学技术来说，司法鉴定带有更多的法律特征；相对于法庭科学而言，司法鉴定学的范畴明显更窄一些。

证据科学分为广义和狭义两个领域。广义的证据科学的研究领域囊括了一切指向证据和证明问题的人文社会科学和自然科学研究。其研究的内容大体上包括四个方面：（1）证据本体论或事实论的研究；（2）证据认识论或证明论的研究；（3）证据科学相关学科的基础理论研究；（4）证据科学的应用研究。狭义的证据科学的研究领域则主要包括证据法学、法庭科学及二者的交叉研究。

上述概念的主要内容是相同的，但是因研究主体不同，其内涵与外延也不尽相同，如司法鉴定学不仅需要研究如何利用现代科学技术成果进行诉讼证明活动，还需要研究司法鉴定体制、司法鉴定规范、司法鉴定程序、鉴定证据制度等有关司法鉴定的法律规范；证据科学除了包括法庭科学，还包括证据法学等内容。

三、法庭科学的“科学”内涵

司法实践中，对于法庭科学中“科学”内涵的不同理解，直接影响证据规则的运用。例如，就美国《联邦证据规则》第 701、702 条的适用来说，美国先后出现了 1923 年弗赖伊诉美国联邦政府（Frye v. United States）、[①] 1993 年道伯特诉梅里尔·道药品公司（Daubert v. Merrell Dow Pharm.，Inc.）、[②] 1999 年锦湖轮胎诉卡迈克尔（Kumho Tire Co. v. Carmichael）[③] 等法庭科学领域的经典判例。国际上，对法庭科学引起的错案反思也引发了“法庭科学是不是真正的科学”、“法庭科学是不是‘垃圾科学’”以及“法庭科学的科学性、准确性和可靠性”等问题的探讨。

尽管中国古典文献中出现了不少“科学”用例，但它们都不是“science”意义上的科学。近代意义上的“科学”一词来源于日本，目前无法考证是谁率先将“science”翻译成“科学”，但可以确定的是井上哲次郎等人于 1881 年编纂的《哲学字汇》已用“理学”和“科学”来对译“science”。国内，康有为最先将日语中的“科学”引入中国，但康有为《日本书目志》中的“科学”只是一种征引。在国内，率先使用“science”意义上的

---

① Frye v. United States，293 F. 1013（D. C. Cir. 1923）.

② Daubert v. Merrell Dow Pharmaceuticals，Inc. 113 S. Ct. 2786（1993）.

③ Kumho Tire Co. v. Carmichael，526 U. S. 137（1999）.

“科学”表达个人思想者应该是王国维。[①] 清末，主要用来指代“science”的是“格致”“格物”等词。1915 年后，“科学”完全取代了“格致”等词，成了“science”的定译词。

1987 年版的《中国大百科全书·哲学卷》将科学定义为“以范畴、定理、定律形式反映现实世界多种现象的本质和运动规律的知识体系”。1989 年版的《辞海》将科学定义为“关于自然、社会和思维的知识体系”。广义上认为，科学包括自然科学和社会科学。自然科学以整个自然界为研究对象；社会科学则以人及其构成的社会为研究对象。一般自然科学常被称为硬科学，包括物理学、化学、生物学等；社会科学常被称为软科学，包括心理学、经济学、社会学等。

在科技哲学领域，波普尔、拉卡托斯等人对什么是科学的问题都曾探讨过，其中道伯特规则采用的就是波普尔的理论。如法官在道伯特一案的判决意见书中指出，“通常，在确定一种理论或技术是否能够帮助事实裁定者的科学知识时，需要回答一个关键问题，即它是否能够被测试（并且是否已经被测试过）。‘当今科学方法的基础是生成假设并对其进行测试，以确定其是否可以被证伪；实际上，这种方法论是科学与其他人类探究领域的区别之处’”。[②]

波普尔认为，一个理论具有科学地位的标准是它的可证伪性、可反驳性，或者可检验性。可证伪性指的是一种在逻辑上存在与该理论相反的结果的可能性，或者由这个理论命题所产生的推断必须能与可能的或可想象的观察结果相抵触或冲突。根据他提出的这个分界标准，像伽利略的学说、牛顿的力学和爱因斯坦的相对论等显然是可证伪的，因而也是科学的。与此相反，像占星术则不能满足此种可证伪性的标准，它经受不了这种证伪的检验。它总是把自己的解释和预言讲得很含糊，以至于任何事情似乎都能解释得通，使人无从反驳，从而也就逃避了证伪的检验，破坏了其理论的可验证性。

司法实践中，法庭科学中的科学不仅具有“科学”的本质，还包括技

---

① 参见周程：《“科学”的起源及其在近代中国的传播》，载《科学学研究》2010 年第 4 期。

② Daubert v. Merrell Dow Pharmaceuticals, Inc. 113 S. Ct. 2786, 1993.

术和其他专门知识。如美国《联邦证据规则》第702条规定，在下列情况下，因知识、技能、经验、训练或者教育而具备专家资格的证人，可以以意见或者其他的形式进行作证：（1）专家的科学、技术或者其他专门知识将会帮助事实裁定者理解证据或者确定争议事实；（2）证言基于足够的事实或者数据；（3）证言是可靠原理和方法的产物；（4）专家将这些原理和方法可靠地适用于案件的事实。①

1989年版的《辞海》将技术定义为，泛指根据生产实践经验和自然科学原理而发展成的各种工艺操作方法和技能。技术与知识不同，知识往往指的是某个理论或理论体系，而技术强调的则是具体的工艺操作方法和技能。② 哲学家休谟说："经验只是向我们指出，有一些一致的结果产生于一定的事物，这些特殊的事物在那段特殊的时间是具有那样能力和力量的。当一个新的事物出现时，如果具有相似的可感性质，我们便期望他具有相似的能力和能量，并指望一种相同的结果。"③ 通常来说，经验与知识的不同在于知识是理性的，而经验是缺乏理性的。

四、法庭科学的"科学性"要求

随着法律制度的逐步严谨和不断完善，世界各国对法庭科学的"科学性"提出了更高的要求。早在1923年，美国哥伦比亚地区上诉法院在审理弗赖伊（Frye）一案时就确立了法庭证据的"普遍接受原则"（General Acceptance）或称Frye准则（Frye rule）。1993年，美国最高法院又颁布了法庭证据准入的Daubert准则（Daubert rules）。这些准则的核心都是要求法庭科学技术要具有科学性、准确性和可靠性。法庭专家的意见和证词要建立在科学的技术方法之上，所采用的技术方法必须得到科学界的接受和同行的普遍认可，错误率已知并可以接受。Daubert准则已经成为国际公认的法庭证据准入的"标杆式"准则，很多国家和法庭以此为参照，来规范各自的法庭科学体系。

---

① 参见王进喜：《美国〈联邦证据规则〉（2011年重塑版）条解》，中国法制出版社2012年版，第212页。

② 参见辞海编辑委员会编：《辞海》，上海辞书出版社1989年版，第758页。

③ ［英］休谟：《人类理智研究》，吕大吉译，商务印书馆1999年版，第30页。

2009 年，美国国家研究委员会在提交给国会的报告中再次强烈呼吁提高法庭科学的科学性，对证据技术的可靠性、准确性和客观性都提出了迫切要求。强调采用的技术方法应该具有：（1）可靠性和准确性的定量测量结果；（2）含测量真实值在内的较高概率区间报告；（3）法庭技术方法的准确性研究。①

2014 年，英格兰和威尔士的法庭科学管理者在其实践和行为规范中则要求："所采用技术方法和程序必须经过验证，即便这些方法是标准的和被广泛使用的，也要利用案件模拟材料甚至实际案件材料（条件合适时）进行验证。同时还需要证明检验人员能够提供可重复的、有效的和可靠的结果。"②

从上述标准和要求可以看出，对法庭证据技术的核心要求就是其科学性。具体则体现在程序和技术方法的准确性、可靠性、客观性、可验证性、可重复性、透明性等方面。法庭科学检验必须以客观测量为基础，不能仅凭专家的主观判断；检验的程序方法必须标准、透明，经得起反复测试及验证；检验结果必须准确可靠，在反映案件实际条件情况下的错误率必须限定在合理的、法庭接受的范围内。对"不科学"的专家意见法庭可能将不予采纳。③

目前，提高法庭证据技术的科学性、可靠性、准确性和客观性已经成为国际共识。在法庭证据的检验方法、证据价值的客观评估、鉴定意见的科学表述和合理解释等方面，世界各国都在积极进行探索、研究和改进。各个国家每年开展的实验室认可和熟练水平测试也都是为了向这一目标靠拢。这些措施取得了一定的成效，在保障技术方法的标准化、规范化和提高操作人员技术水平等方面起到了监督和促进作用。

在法庭科学实践中，对于所使用的任何一种证据检验方法和鉴定系统而言，都应该表明其分析的准确性和可靠性，特别是在案件环境条件下的

---

① See National Research Council, *Strengthening Forensic Science in the United States: A Path Forward*, National Academies Press, 2009.

② Forensic Science Regulator, *Codes of Practice and Conduct for Forensic Science Providers and Practitioners in the Criminal Justice System* (Version 2.0), Birmingham UK, 2014.

③ 参见张翠玲、谭铁君：《基于贝叶斯统计推理的法庭证据评价》，载《刑事技术》2018 年第 4 期。

准确性和可靠性，应该达到合理的、为科学界和法律界所能认可和接受的程度。同时，法庭专家对证据的价值要尽可能提供科学、客观的鉴定评估意见，并给出正确合理的解释。只有这样，才能够为法官、律师以及陪审团等事实裁定者提供清楚、客观的判量依据，使他们能够对案件事实作出正确的裁定。

第二节 法庭科学的研究对象与任务

一、法庭科学的研究对象

法庭科学是一门运用自然科学和社会科学的原理和方法，研究查明事件法律性质、收集证据信息、发现证据、证明案件事实及预防犯罪或纠纷的科学技术手段与方法的交叉性、综合性应用学科。该学科在交叉学科的基础上，通过构建科学的基础理论，统筹了证据法学理论与物证技术的框架体系，理顺了物证技术与法律实践的辩证逻辑，融合了我国法文化和现代科技运用价值判断的双向诉求，探索学科的发展方向和内容。其研究对象主要体现在经验层面、文化层面、价值层面和实践层面四个方面。

（一）经验层面

在经验层面上，归纳分析法庭科学、其相关对象的客观状态及二者之间的关系，进行宏观上全面、微观上精细的客观描述。法庭科学是一门新兴学科，在专业认知和学科设置上缺乏相对统一的概念和设置。学科建设可以直接借鉴的理论资料不多，对许多问题的研究需要从收集、整理材料和司法实践调研开始，通过对这些资料的归纳分析，认识法庭科学的内涵及其与其他相近学科的关系，最后对法庭科学的研究对象、研究内容、研究方法、研究范式等内容尽可能进行全面、客观的总结。现阶段，需要根据本学科国内外高校、研究机构建设发展的模式和研究内容，以及我国传统认知及司法实践的经验总结，构建和发展具有中国特色的法庭科学学科体系和研究内容。

（二）文化层面

在文化层面上，探究法庭科学文化的历史传承与现实发展，并将其内化为国家司法鉴定制度、科学证据制度的文化内涵以及法庭科学专业发展的文化动力，推动整个专业的长远发展。法庭科学文化是一个国家司法鉴定制度运行中的文化积淀，也是司法制度的重要组成部分。优秀的法庭科学文化是促进司法鉴定制度和科学证据制度不断完善和发生变革的理念和价值。就国内高校设置的法庭科学研究方向而言，其主要专注于法庭科学具体技术方法论的教学和应用，对法庭科学文化的研究较为缺乏。虽然一般认为法庭科学主要起源传承发展于国外，但我国法庭科学的根基和历史源远流长，因此研究法庭科学文化，探究我国法庭科学发展历程中的历史积淀，不仅可以建立法庭科学的价值引领，而且有利于增强对我国法庭科学的文化自信。

（三）价值层面

在价值层面上，探讨法庭科学的现实，尽可能作出科学和客观的判断，探寻合理的发展价值目标。科学研究的直接目的是揭示客观对象的真实，追求真理，其最终目的是借助对客观事物的真理性认识，根据人类社会的需要和利益对现实存在作出价值判断，并由此探寻合理的价值目标，以实现惩恶扬善、社会和谐的目的。对于法庭科学这样一门综合应用型科学来说，它不仅是一门自然科学，同时也是一门社会科学，自然科学、基础方法论和技术方法的研究是为了研究查明事件法律性质、发现犯罪、揭露犯罪、证实犯罪、推动法学的发展、促进法律制度的完善以及保障司法公正，最终目的是实现国家安全保障和社会稳定发展，这就决定了尽管它必然把求真作为其基本任务，但它却不以求真为最终目的，而是把求真作为求善的前提与基础。因此，在明确法庭科学的研究对象并揭示其本质和规律的基础上，需要努力根据人类社会的最大需要和价值对法庭科学现实作出合理的价值判断，确定最终发展的价值目标。

（四）实践层面

在实践层面上，探讨如何使法庭科学更好地服务于犯罪侦查、法庭审判等各个诉讼环节。法庭科学证据在法庭审判与司法公正领域发挥着至关重要的作用。法庭科学证据能够帮助法官准确认定犯罪，避免对无辜者错误定罪。通过法庭科学的研究与实践，提高我国法庭活动的科学性，提高发现犯罪、证实犯罪、排除无辜的准确性和可靠性，进而促进司法文明与公正，使人民群众感受到司法正义。

二、法庭科学的主要研究方向

法庭科学是自然科学与法学交叉融合的应用性较强的综合性学科。它不仅有其专门的概念体系、基本范畴、基本原理和基本制度，而且有其特定的研究对象和专门的研究方法。目前，法庭科学学科主要包括三个研究方向：物证技术、证据法学和证据分析与评价。

（一）物证技术

物证技术是对案件中可能成为物证的物品、物质、文书和痕迹等进行发现、识别、记录、提取和鉴定的各种科学方法的总称。其研究内容主要有三个方面：（1）物证技术的基础理论：物质交换与转移、同一认定、种属认定等；（2）勘验与鉴定技术：物证的发现、提取、保全技术，痕迹物证、文书物证、化学物证、生物物证、声像物证及电子数据等分析、检验、鉴定技术及其应用；（3）物证鉴定的技术规范与标准，物证技术的发展历史与文化等。物证技术是法庭科学学科的主体方向之一，也最能体现法庭科学的交叉学科属性。物证技术学在实践层面上全面服务于各类诉讼，尤其是刑事诉讼的各环节，同时也能为仲裁、社会纠纷调处、风险预防提供技术支持，为案件事实调查提供信息和线索，为审判提供科学证据，为社会治理提供有效的技术支撑。

（二）证据法学

证据法学是一门研究证据规则和事实认定规律的学科。它以证据规则与事实认定的过程和规律为研究对象，以揭示事实真相和维护司法公正为目的，全面研究证据运用的原理、方法、程序、规范等问题。它是构建科学技术与法律事实认定的内在联系的重要支撑，也是法庭科学的主要研究方向之一。该方向通过研究证据规则、证据制度，推动科学证据的取证、鉴证、示证新方法与新技术的研究与发展。同时，随着现代证据与科学技术的不断融合，证据信息的发现、收集、分析和应用越来越依赖新兴科技的支持，因此现代证据法学的发展方向必须研究科学技术介入证据理论发展的问题，从而适应证据法学的创新发展。该方向注重证据基础理论、中外证据制度、法庭科学文化、证据司法实践的研究，是化解技术革新与法律适用冲突、促进技术革新与法律适用融合、实现公正司法、构建和谐社会关系的重要纽带。其具体内容主要包括证据法学的基本范畴、证据法学的基本原理和基本原则、证据规则、中外法庭科学的发展历史、法庭科学研究行为的伦理准则与职业道德规范、证据排除规则等。

（三）证据分析与评价

以物联网、大数据、人工智能及元宇宙等技术为驱动的第四次工业革命正以前所未有的态势席卷全球。诉讼案件证据体系的建模分析、数据分析、智能评价和应用，证据资格的分析确认，科学证据的证明力及其评价范式，也正在不断革新和演进。在数据社会时代，科学证据的量化分析和数据表达，以及相应的分析算法和软件系统，都将成为诉讼证据应用的主要发展方向，这对证据的科学性、可采性等提出了全新的要求。因此，构建既适应我国诉讼制度又对接国际主流证据规则的科学证据分析评价体系，实现对传统、新型证据的定性、定量分析和运用评价，是法庭科学的重要研究方向。该方向主要包括：证据的信息或数据论，数据算法和概率分析，证据分析、证据评价的逻辑基础、技术方法和框架规则，证据体系的智能分析与运用，司法证明责任与证明标准等。

三、法庭科学的基本原则

2021 年，IAFS 发布了《悉尼宣言》，重塑了法庭科学的定义和 7 项基本原则，在一个共同框架下进一步阐述了这门学科的性质和基础，涵盖了从犯罪（或公众关注事件）调查到调查结果提交的整个过程。这些内容对法庭科学的发展具有重要意义。

这七项原则分别是：（1）活动和存在产生的痕迹是信息的基本载体；（2）现场调查是一项需要科学专业知识的科学性、判断性工作；（3）法庭科学以案件为基础，依赖于科学知识、调查方法和逻辑推理；（4）由于时间的不对称性，法庭科学是基于环境背景信息，对发现结果的一种评估；（5）法庭科学处理的是一系列不确定性问题；（6）法庭科学具有多重目的和贡献；（7）法庭科学检验结果在具体语境中才有意义。① 其中，部分原则对法庭科学的研究对象进行了深入分析。

（一）现场调查是一项需要科学专业知识的科学性、判断性工作

科学的现场调查目标是通过研究遗留的痕迹，对事件进行推断和重建。事件现场是可以识别相关痕迹并根据相对位置刻画其特征的地方，这些痕迹可能表明顺序、方向和相互作用。信息结合有助于理解有限的、与痕迹相关的潜在解释。同时，这些痕迹在现场重建和鉴定过程中，需要更多的检查和解释。现场调查的复杂性需要训练有素的头脑、广泛的科学知识、强大而熟练的观察力以及通过各种科学工具扩展的检测技能。

犯罪现场调查和重建是法庭科学中最具智力挑战性和要求最高的活动，然而，现实情况是，现场“调查”已被简化为一种发现明显痕迹（如指纹、血迹）的技术操作，而不是一项对从正在调查的事件到痕迹性质的各个方面进行科学解释的智力性、分析性工作。在现有的架构中，大多数犯罪现场处理实际上是机械性的记录、收集和保存痕迹证据。通才型法庭科学家是现场调查的关键，他们需要具备法庭科学、痕迹学、刑事侦查学和犯罪行为学等综合广泛的科学知识。由此可见，培养懂法律、懂技术、懂调查的复合型人才是法庭科学学科建设的首要任务，也是最终目标。

（二）法庭科学以案件为基础，依赖于科学知识、调查方法和逻辑推理

痕迹构成符号，法庭科学采用科学方法来调查和理解这些符号所代表的含义，包括提出相关问题、进行观察、形成主张并检验这些主张。科学方法以批判性思维、逻辑推理（演绎、归纳、溯因和类比）、问题解决和有事实根据的判断为特征。如果没有在逻辑框架内使用成熟的调查方法论，

---

① See Claude Roux, Rebecca Bucht, et al., *The Sydney declaration – Revisiting the essence of forensic science through its fundamental principles*, 332, Forensic Science International, 1 (2022).

这种方法将没有说服力，甚至会适得其反。

“痕迹—符号—线索—证明并不总是一条笔直的路径，相反，需要通过推理进行复杂的转换。”首先，运用证据认定事实本质上是对案件真相的认知过程。其次，自由心证是法官裁判所遵循的基本原则，这种“自由”实际上是法官在法律框架下被赋予的自由裁量权，而“心证”则是法官结合经验法则的逻辑推理过程，逻辑推理在刑事证据学中占有重要地位，贯穿司法证明的始终。最后，对案件真相的认知不能依靠孤证，而是有赖于证据的外部环境以及不同证据之间的有机结合。

（三）由于时间的不对称性，法庭科学是基于环境背景信息，对发现结果的一种评估

法庭科学的本质特征之一是对过去事件或活动进行重建。由于时间的不对称性，这种重建只能通过构建一个给定场景的模型，然后进行观察、分析、推理和解释来实现。这不是一般性模型，而是特定的追溯性模型，该模型在本质上只能是推论性质的，其中案件情境起到至关重要的作用。法庭科学家不能肯定地确定一个痕迹周围的确切情况，只能评估在不同的似真原因或场景下检验结果的相对价值。这种评估应该是公正的，是建立在科学严谨和透明的基础之上的。

可以将时间的不对称性理解为一个锥体模型，随着时间的推移，事件的结果（痕迹）会从起源（事件）辐射开来。在相关事件或活动发生前后，也会发生其他不相关的行为或事件，由此生成无关的痕迹。那么，区分特定案件情境下的相关痕迹和无关痕迹就成为法庭科学工作者面临的挑战之一。法庭科学家需要做的，就是建立一个回溯性模型，评估在不同情形下所发现的痕迹的价值。

（四）法庭科学处理的是一系列不确定性问题

法庭科学处理的是一系列不确定性问题，这些不确定性存在于该过程的每一步。由于这些不确定性是无法彻底消除的，因此需要研究如何识别和量化这些不确定性。将从犯罪现场、原告/受害人、嫌疑人处提取的检材和与重建涉案现场有关的参考样本进行比较检验是法庭科学方法的核心部分。这种比较检验和分析，既包括可以被量化和验证的明确的客观性测量，

也包括无法被明确界定、更多依赖于专家知识和经验的主观性评断。

如何正确分析、理解和解释这种不确定性，也是法庭科学方法的重要内容之一。这涉及对痕迹的转移、持久性、误差、决策和交流等一系列不确定性问题的研究。法庭科学分析与评价的最终结果需要呈给法庭，以便事实裁定者能够理解科学检验结果的含义和价值，帮助其进行事实认定。

关于鉴定意见的不确定性表述，2011 年，31 名法庭科学家和法庭统计学家在 Science and Justice 上发表了一份联合声明，支持基于似然比框架的法庭证据评价新范式。① 2015 年，欧洲法庭科学研究机构联盟推出了《法庭科学评价报告指南》，要求用概率作为不确定性的度量，并基于似然比框架进行法庭科学证据的评价。②

就物证来源的同一性鉴定来说，是否放弃以同一认定理论为基础的传统范式，是否采用基于量化数据和概率评估的新范式，抑或一段时期的两者共存，以及如何进行量化分析、如何进行概率评估、如何对待不同专业领域之间的差异性等，这些问题都需要国内外学者加强研究。从国外研究现状来看，证据的量化评估是当前国际法庭科学的发展趋势；国内在借鉴推广该评估体系时，也应有顶层设计去分步推进与实施。③ 同时，法庭科学界和法学界要加强沟通与交流，争取在法庭科学新技术、新方法和新范式的应用上达成共识。

（五）法庭科学检验结果在具体语境中才有意义

法庭科学家的行为需要符合伦理、公正性、透明度和独立性的原则，以确保忠于科学。无论谁是受益方，法庭科学家都应该为制定调查活动的潜在解决方案提供有用和可靠的信息。法庭科学家在坚持自己的分析结果和意见的同时，也要承认存在的其他可能性。例如，在进行同源性检验评估时，应该同时考虑同源和不同源两种主张，评估两种主张条件下证据出

① Colin Aitken, Charles E. H. Berger, et al., *Expressing evaluative opinions: a position statement*, 51 Science and Justice, 1 (2011).

② Willis S. M., et al., *ENFSI Guideline for Evaluative Reporting in Forensic Science*, European Network of Forensic Science Institutes, Wiesbaden, Germany, 2015.

③ 参见张翠玲、谭铁君：《基于贝叶斯统计推理的法庭证据评价》，载《刑事技术》2018 年第 4 期。

现的可能性。

法庭科学的检验结果在司法程序中发挥着重要作用，而这种结果在具体语境中才具有意义，并非本身就具有内在价值。为了避免偏见，法庭科学家应该尽量与案件中的其他信息隔离，特别是侦查信息和其他证据的检验结果，但是了解基本案情和被检证据的基本信息是必要的。当然，需要区分可以避免的偏见信息和对检验结果意义至关重要的案情信息。

四、法庭科学的任务

法庭科学的根本任务是为查明案件事实提供线索和证据。具体包括以下四个方面。

（一）勘验检查，获取证据

《刑事诉讼法》第128条规定："侦查人员对于与犯罪有关的场所、物品、人身、尸体应当进行勘验或者检查。在必要的时候，可以指派或者聘请具有专门知识的人，在侦查人员的主持下进行勘验、检查。"《民事诉讼法》《行政诉讼法》《监察法》也都有类似的规定。通过现场勘验检查可以识别、发现、固定、记录客观存在的各种物证信息，进而可以分析案（事）件性质、作案手段和过程、作案人特点等，为侦查提供线索和方向。

（二）检验鉴定，分析证据

现场勘验检查收集物证后，或委托送检受理后，法庭科学技术人员在实验室，按照质量管理的操作规范和流程，对物证进行检验鉴定，对检验过程进行记录，并出具鉴定意见。鉴定意见作为法定的证据形式之一，在司法实践中其证明力一般优于言词类证据。例如，在美国的一项民意测验中，70%被调查的法官和律师指出，陪审团认为专家证据比其他证据更可靠；另外，有75%的法官相信专家证据更可靠。① 检验鉴定是法庭科学传

① Michael J. Saks & Robert Van Duizend, The Use of Scientific Evidence in Litigation 5－6 (1983) [citing Oscar Schroeder, The Forensic Sciences in American Criminal Justice: A Legal Study Concerning the Forensic Sciences Personnel (Forensic Sciences Found., undated)]. 转引自朱晋峰、沈敏：《司法鉴定标准化法制机制建设研究》，载《中国司法鉴定》2018年第1期。

统的中心任务。目前，各级法庭科学机构持续开展的资质认定或实验室认可等认证认可活动，都是围绕这一任务进行的，并通过质量控制，保证鉴定意见的效力。

（三）出庭作证，解释证据

随着以审判为中心的刑事诉讼制度改革，鉴定人或者有专门知识的人出庭越来越受到重视。2021 年 3 月 1 日施行的《最高人民法院关于适用〈中华人民共和国刑事诉讼法〉的解释》第 99 条规定，经人民法院通知，鉴定人拒不出庭作证的，鉴定意见不得作为定案的根据。鉴定人由于不能抗拒的原因或者有其他正当理由无法出庭的，人民法院可以根据情况决定延期审理或者重新鉴定。鉴定人无正当理由拒不出庭作证的，人民法院应当通报司法行政机关或者有关部门。

与此类似，2020 年 5 月 1 日施行的修改后的《最高人民法院关于民事诉讼证据的若干规定》第 81 条规定：鉴定人拒不出庭作证的，鉴定意见不得作为认定案件事实的根据。人民法院应当建议有关主管部门或者组织对拒不出庭作证的鉴定人予以处罚。当事人要求退还鉴定费用的，人民法院应当在 3 日内作出裁定，责令鉴定人退还；拒不退还的，由人民法院依法执行。当事人因鉴定人拒不出庭作证申请重新鉴定的，人民法院应当准许。

鉴定人或者有专门知识的人出庭，针对鉴定的原理、方法、意见等争论焦点进行解释，有利于控辩双方对证据的质证和法官对证据的认定。相比国外，国内在鉴定人或者有专门知识的人出庭方面的培训和研究相对较少。

（四）预测性警务，运用证据

近年来，随着犯罪活动的发展变化，警方的工作理念从打击逐渐转向治理，工作模式由事后调查转为事前预防。支撑这一转变的关键因素，是对证据的再认识。这里的“证据”，实际上就是“情报信息”。通过对证据的分析与运用，对未知的过去、现在或未来事件进行推断。目前，在国外，法庭科学情报分析是法庭科学领域研究的一项重要内容。从事后调查的角度来看，通过情报分析可以扩大线索、串并案件；从事前预防的角度来说，通过情报分析可以提供当前犯罪现象规模、演变趋势等信息，进而影响决策。实现预测性警务有两个前提条件：一是大量的信息采集；二是各类信息关联后的深度挖掘。目前，警方在用和在建的各类信息管理系统，就是预测性警务实现的载体。国内提出的大情报建设、智慧侦查等，也是为了实现各平台信息的互联互通，更好地服务于决策指挥。

第三节　法庭科学学科体系

法庭科学概念的内涵和外延决定了它的跨学科性质，具有典型的交叉学科属性。作为一门新兴学科，法庭科学在专业认知和学科设置上还缺乏相对统一的概念和设置。目前，需要根据与建有本学科相关学科的国内外高校、研究机构建设发展的模式和研究内容，以及我国传统认知和司法实践的经验总结，构建和发展具有中国特色的法庭科学学科体系和研究内容。

一、国内外主要高校、研究机构设置相关学科的发展模式及研究内容

（一）国内主要高校设置相关学科的发展模式及研究内容

中国政法大学证据科学研究院于2007年在证据法学二级学科硕士学位点和博士学位点下，设置了证据法学和法庭科学两个方向。此外，在法律硕士专业下也设立了法庭科学方向，其目的是培养具有扎实的法庭科学及其相关学科理论基础，并满足司法鉴定行业或职业实际工作需要的应用型高层次专门人才。该专业学位以法庭科学专业实践为导向，重视司法鉴定实践和应用，培养在法庭科学专业和司法鉴定技术上受到正规的、高水平训练的高层次人才。

华东政法大学在法学二级学科设置了司法鉴定专业的硕士学位点和博士学位点，司法鉴定专业的硕、博士由华东政法大学和司法部司法鉴定科学技术研究所联合招生培养。2004年开始招收司法鉴定方向硕士生，2008年起自主设置该学科专业硕、博士点并开始招生。该专业设置了法医学司法鉴定、物证技术鉴定、计算机与声像资料鉴定、司法会计等研究方向。

西北政法大学设有司法鉴定学专业硕士点，主要包括司法鉴定基础理

论、司法鉴定制度和司法鉴定技术等研究方向。司法鉴定学的研究以诉讼程序架构下鉴定活动的规律作为建构该学科体系的主线，并在司法鉴定学的理念、目的、任务与价值等支撑下，建立具有高度理论性与学术性的司法鉴定学理论体系。司法鉴定学分为司法鉴定制度和司法鉴定实务两个方向，旨在培养具有社会主义核心价值观、强烈的社会责任感，具有扎实的司法鉴定学科基础知识和专业技能，有良好的人文和科学素养，有较强的自我学习能力和实践创新能力，身心健康，能够从事司法鉴定工作的应用型高级专门人才。

中南财经政法大学刑事司法学院下设的侦查学专业是依托法学一级学科而设立的二级学科，所授为法学学位。从 1996 年开始正式招收本科生，1997 年在刑事诉讼法学科下招收侦查学硕士研究生，2008 年开始招收侦查学博士研究生，是教育部直属高校中同时拥有侦查学本科、硕士及博士研究生培养点的高校之一。中南财经政法大学在刑事司法学院开设侦查学专业，旨在培养具有坚定正确的政治方向、严格的组织纪律观念、良好的警察职业道德，熟悉我国公安工作的路线、方针、政策和相关法律、法规，系统掌握侦查学专业的基本知识、基本技能，富有开拓创新意识和献身精神，能在公安、国家安全、检察机关等部门从事侦查破案、防控犯罪等工作以及在教学科研部门从事侦查学教学、科研工作的高级专门人才。

西南政法大学刑事侦查学院成立于 1979 年，同年设立的侦查学专业经教育部批准设立，是我国第一个侦查学本科专业，1987 年在全国高校成立第一个司法鉴定中心，2000 年成立刑事科学技术本科专业。2003 年在法学一级学科下设立侦查学硕士学位授权点，下设侦查学和物证技术两个方向。2017 年在法学一级学科下设立侦查学博士学位授权点，下设侦查学和物证技术两个方向。2023 年在法学一级学科下设立法庭科学二级学科硕士学位和博士学位授权点，下设法庭科学基础理论、法庭科学标准与制度、物证技术、证据分析与评价、法庭数据科学、法庭科学与人工智能等方向，旨在培养具有坚定正确的政治方向和良好的政法职业道德，具备广博知识和创新视野，兼具法学和自然科学素养的法庭科学高级专门人才。

（二）国外高校设置法庭科学的发展模式及研究内容

19 世纪以来，西方以“法庭科学”为名称的与司法鉴定相关的专业教育方兴未艾。各高等院校、研究机构开始为社会提供法庭科学相关专业教育，包括学历教育和非学历教育，各种专业学会、行业协会、民间组织纷纷成立，并创办了许多专业的学术期刊。全球范围内，法庭科学学科发展迅速。

1. 国外法庭科学教育状况

法庭科学课程最早在瑞士洛桑大学开设，已有百年历史，但英国和美国在法庭科学教育方面处于国际领先地位。通过国外实地考察，结合相关文献资料，仅以美国为例我们发现，全美境内共有超过 350 所高等院校（所）能够为社会提供法庭科学各相关专业的教育。其中，美国法庭科学专业学会——“法庭科学学会”（American Academy of Forensic Sciences，AAFS）下属的“法庭科学教育项目认可委员会”（Forensic Science Education Programs Accreditation Commission，FEPAC）认可的高等院校（所）约 30 所。美国法庭科学教育的总体规模较大，能够为社会提供包括副学士、学士（双学士）、硕士（双硕士）、博士在内的完整的法庭科学学历教育，并且有形式多样、内容丰富的职业证书课程、专项培训、短期培训、网络教育项目等法庭科学非学历教育。

英国中央兰开夏大学的法庭科学教育和培训工作有很先进的理念和方法，是英国提供法庭科学课程规模最大的大学之一，也是世界上开设法庭科学课程最多、规模最大的大学之一。其人才培养包括本科生、研究生、全日制和非全日制各种培养模式，英国的伯恩茅斯大学、东安格利亚大学、格拉斯哥大学等都开设有法庭科学课程。1999 年英国高等教育部开始设立法庭科学大学本科课程，有 57 所大学开设 401 门法庭科学本科课程，约有 12 个研究中心或院系提供经英国法庭科学学会（现为英国特许法庭科学学会）认可的法庭科学课程。英国特许法庭科学学会是法庭科学的专业性团体，它建立了一套认证体系对大学所开设课程的质量和范围进行评估。根据社会需求和法庭科学行业标准开设的法庭科学本科课程有航空安全管理、法考古学、火灾调查、法化学、犯罪现场调查、刑事技术、法齿学等，研究生的课程有司法会计学、法人类学、法毒物学、法毒理学、文件检验学、反恐、弹道学、犯罪现场动画模拟、法庭计算机学、DNA 技术、法庭工程学、昆虫学、法庭环境学、专家证词、法医学、法庭语言学、法医护理学、法医病理学、摄影技术、法医精神病学、血清学、毒物学、痕迹学等。

2. 国外法庭科学领域专业组织

1957 年，国际法庭科学协会（IAFS）成立，致力于推动法庭科学以及相关专业领域的理论和技术发展与交流，并每隔 3 年组织一次世界性的“国际法庭科学大会”，为全球范围内的法庭科学工作者提供交流平台。另外，在法庭科学领域内的法医学、物证技术学、电子数据物证、司法会计等专业的学术组织发展也十分迅速。在美国，除美国法庭科学学会（AAFS）外，还有美国精神病学和法律协会（AAPL）、美国法庭文件检验协会（ABFDE）、美国病理学协会（ABP）等 100 多个专业学会、协会和行业组织，为社会提供法庭科学各领域内的专业咨询、培训、学术交流服务。

亚洲法庭科学学会（Asian Forensic Sciences Network，AFSN）由新加坡卫生科学局应用科学司于 2008 年发起成立。10 多年来，AFSN 发展迅速，已成为亚洲法庭科学机构间最重要的交流平台，有效促进了亚洲各国间的交流与合作，在全球法庭科学界的影响力不断扩大。AFSN 自成立以来，一直强调构建法庭科学共同体，关注法庭科学宏观视角和法律视野，并注重法庭科学前沿技术和应用交流，探讨法庭科学专家出庭作证的规范与机制，重视现场勘验工作和法庭科学的情报功能，聚焦法庭科学的质量保证和标准化工作。

欧洲法庭科学研究机构联盟（European Network of Forensic Science Institutes,ENFSI）成立于 1995 年，总部位于荷兰海牙，成员包括来自欧洲各国的法庭科学研究机构。该组织的目标是促进成员之间的合作与交流，提高欧洲各国法庭科学研究机构的水平和能力，推动法庭科学在刑事司法领域的应用。ENFSI 致力于推动法庭科学领域的发展，包括指纹识别、DNA 分析、鉴定学、数字取证等各个方面。通过开展培训、研讨会、标准化工作以及技术交流，ENFSI 为欧洲各国的法庭科学研究机构提供支持与帮助，促进欧洲法庭科学的发展与进步。

二、法庭科学与其相近二级学科或方向的关系

（一）法庭科学与刑事科学技术

刑事科学技术简称刑事技术，是公安、司法机关在刑事诉讼中，运用

现代科学技术的理论和方法，收集、分析、检验和鉴定与犯罪活动有关的各种物证材料，为侦查、起诉、审判工作提供线索和证据的专门性技术手段的公安技术二级学科。该学科主要设立在公安院校，专业课程包含犯罪现场勘查、痕迹检验技术、刑事图像技术、语音检验技术、电子物证技术、文件检验技术、理化检验技术、生物物证技术、法医学等，辅以综合实训课、警体课、射击课等警察专业课程，主要培养可以开展现场勘查、现场分析与重建、刑事技术信息化应用以及常规物证检验和鉴定工作，为公安机关侦查破案提供线索和刑事诉讼提供证据的应用型专业人才。

法庭科学和刑事科学技术存在一定的区别和联系。刑事科学技术更注重刑事证据司法实践和研究，尤其是侦查实践的运用，主要培养具有刑事证据科学素养、事实认定能力、德才兼备的侦查技术人才。法庭科学则是运用自然科学和社会科学的原理和方法，研究查明事件法律性质、发现犯罪、揭露犯罪、证实犯罪及预防犯罪的科学技术手段与方法的一门综合性应用学科。

刑事科学技术是现代科学技术在刑事诉讼领域具体应用的学科，从古代个人经验型的具体技术与方法，逐步发展到目前已有近 20 种专业门类。刑事科学技术是我国公安司法鉴定学的重要组成部分，也是法庭科学的重要组成部分，因此法庭科学和刑事科学技术存在紧密的联系，都是有效打击犯罪和预防犯罪不可缺少的手段。

（二）法庭科学与司法鉴定

法庭科学是源于法律和社会的需要，结合自然科学和社会科学的原理及方法的一门综合性应用学科。司法鉴定是指在诉讼过程中，由司法鉴定人，运用专业知识和技术，依照法定程序对案件中的专门性问题作出鉴别和判断的一种活动。因此，法庭科学的范畴广于司法鉴定。

司法鉴定专业旨在培养学生掌握司法鉴定基础理论，掌握某类或多类司法鉴定相关技术领域的专门知识，具有从事司法鉴定的理论研究和专业教学能力，以及利用掌握的司法鉴定理论知识和实践技能从事某一领域的鉴定实务工作，为法治建设和经济建设服务等。与司法鉴定相比，法庭科学的外延更广，范围更大。法庭科学旨在培养法庭科学领域的高层次人才，而不仅仅局限于司法鉴定领域，以满足公安、检察机关，国家司法鉴定机构对职业化鉴定人的需求，更好地为中国法治建设服务。

（三）法庭科学与侦查学

侦查学作为应用法学的一个重要分支，是刑事法体系的重要组成部分，同时也是法学体系中一门独立的新兴学科，在国家标准学科分类中已被明确列为法学的二级学科。侦查学与法庭科学之间存在密切关系，并且在早期的学科内容中，法庭科学也曾经被作为侦查学的重要内容，但后来因为理论研究的深入以及法庭科学的发展和需求，法庭科学的理论体系逐渐成熟，其与侦查学之间的区别也越发明显。

侦查学是研究案件发生以后，如何运用各种公开的、秘密的专门调查方法和措施、策略，以查明案件事实、收集证据、揭露和证实犯罪的一门应用性的法学学科。侦查学的研究对象同样涉及刑事科学技术、法庭科学技术的内容，但其研究的角度与法庭科学、刑事科学技术之间存在明显的差异。侦查学研究的是如何通过直接地或创造性地利用科学技术去发现、记录、固定、提取、检验和鉴定与案件相关的证据。在侦查过程中，有些技术，如测谎技术、推定骨龄的技术、警犬鉴别技术等，可以作为一种侦查技术用于案件侦查过程当中，但却无法作为法庭科学技术运用于公诉和审判阶段（特别是审判阶段）作为定案证据。法庭科学在鉴定技术方面主要研究的是比较成熟的科学技术在检验与鉴定中的应用问题。对于鉴定人员而言，了解、认识、掌握和研究刑事技术，并运用于发现、记录、固定、提取证据，对准确鉴定和作出判断有重要意义，法庭科学也必须对先进的刑事科学技术、侦查技术予以研究。因此，三个学科在其内涵和外延上既有区别，也有联系，三者相辅相成，共同服务于中国的司法活动。

三、法庭科学领域内的分支学科

法庭科学是一门与法律有关的应用科学，它要求众多相关专业以及学科之间交流互补。在这种交叉学科的背景下，从多个维度和视野研究分支学科的方法显得很有必要，应该把各分支学科自身的理论体系作为法庭科学的基础理论体系进行研究。法医学、物证技术学是法庭科学的两大研究领域，每个领域又可以细分为众多分支领域。

（一）法医学

法医学是研究并解决与法律有关的人身损害、死亡、身份鉴识等问题，为刑事侦查提供线索、为审判提供证据的医学学科。① 法医学以人体及其他生物检材为研究对象，主要涉及医学、生物学、法学等科学技术。

国内法医学研究的主要理论和技术内容涉及三个方面：② 一是与法律有关的人身损害问题，包括损害征象、成因、机制、后果及对后果的科学评价，涵盖了物理、化学、生物、应激等因素所致的各种损伤；二是与法律有关的各类死亡问题，包括死亡分类、方式、机制、时间、原因；三是与法律有关的身份鉴识问题，包括个体识别、亲缘关系认定。这些问题的研究和解决分别由法医病理学、法医毒物与毒理学、法医精神病学、法医物证学、法医临床学、法医昆虫学、环境法医学、法医法学、法医现场学等分支学科所载。

（1）法医病理学，以尸体为研究对象，研究有关死亡征象、原因、方式、时间、地点、个人识别及致伤物等。

（2）法医临床学，以活体为研究对象，研究其损伤、伤残程度，以及其他生理、病理状态的真伪等。

（3）法医物证学，以法医物证为研究对象，研究和解决与法律有关的生物检材鉴定问题，也通过医学、生物化学、检验学、遗传学、分子生物学与免疫学等多种学科技术手段，解决案件中与人体有关的法医物证的应用型专业问题。

（4）法医影像学，以个人识别、虚拟解剖、骨龄推断、活体创伤诊断和违禁品查验等为研究对象，在情景具体化、微创性解剖的应用、死后血管造影、影像学技术处理软件应用、内窥镜技术等方面，具有与电子数据相似的事实还原作用，其技术应用与操作指南的编制是目前国内外研究的重要内容。

---

① 参见丛斌、齐倩：《法医转化医学模式——法医学发展的新契机》，载《中国法医学杂志》2015 年第 6 期。

② 参见丛斌、宋随民：《廓清法医学学科体系 完善法医学概念内涵》，载《中国法医学杂志》2019 年第 2 期。

（5）法医毒物与毒理学，以毒物、药物以及可导致急性中毒或慢性中毒乃至影响人类生存和繁衍的化学物质为研究对象，研究涉及毒物及其代谢物的定性和定量检测研究、毒物的毒性和作用机制，为解决相关的法律问题提供科学依据。

（6）法医精神病学，以涉及法律问题的当事人的精神状态、法定能力、精神损伤及精神伤残等问题为研究对象，应用现代精神医学理论和技术进行科学评定。

（二）物证技术学

物证技术学，是运用物理学、化学、生物学、计算机科学等科学技术，研究实物证据采集和鉴定问题的法庭科学应用学科，包括文件检验学、微量物证检验学、痕迹检验学、交通事故鉴定学、声像资料鉴定学、电子数据鉴定学等分支学科。

物证技术学的研究对象是各种物证的发现技术、识别技术、记录技术、提取技术、检验技术和鉴定技术。它以科学的视角研究物证，最终目的是为侦查部门、检察部门、审判部门查明案件真实情况和公正处理案件提供科学证据。

（1）痕迹检验技术，以痕迹等专门性问题为研究对象，运用物理、化学、生物学等方法，通过研究现场遗留的痕迹物证的形成机理和分类，发现、提取、保全、分析和检验痕迹物证，为侦查和诉讼提供证据。

（2）文件检验技术，以各种文件类物证、书证等为研究对象，综合运用物理、化学、计算机技术等各种科技方法，旨在发现、提取和解决有关物证、书证与案件事实关系、与当事人关系中的可疑问题。

（3）化学检验技术，以物证化学属性等为研究对象，研究各种有机和无机物质与案件待证事实的关系。微量物证和毒物毒品是其两大研究领域，前者涉及油漆、纤维、玻璃、爆炸与射击残留物微量物证研究；后者涉及各种气体毒物、挥发性毒物、合成药毒物、天然药毒物等研究。

（4）视听资料检验技术，以通过录音、录像、照相等方式记录并存储的声像特征为研究对象，运用语言学、声学、光学、计算机信号处理等科技手段，研究声像资料与案件待证事实的关系。

（5）电子数据检验技术，以电子形式存在的数据为对象，研究电子数据的存在性、真实性、功能性和相似性等专门性问题。

四、法庭科学的基本理论

法庭科学的基本理论主要包括物质交换和转移原理、同一认定原理、种类鉴别原理及统计推断原理等。

（一）物质交换和转移原理

物质交换是指物质在两个客体之间相互交换的过程。两客体在外力作用下相互接触、摩擦、碰撞会引起两者接触面的物质成分和痕迹的相互交换。例如，在凶杀案件中，犯罪分子利用钝器击打被害人身体，被害人的血液、毛发、衣物纤维等就会黏附在凶器上，而凶器上打击部位的微量物质也会附着在被害人受打击的部位和衣物上。此外，钝器打击的部位形态特征可以呈现在被害人被打击的部位上，而被害人受打击的部位也可以在凶器上有所反应。物质转移是指物质由一个客体转移到另一个客体上的运动过程。转移过程中，一个客体的物质成分或痕迹转移到另一个客体上，并不发生物质交换。例如，在凶杀案件中，遗留在犯罪现场的血手印、血足迹等。物质转移和交换原理的意义在于，任何物质都可能成为物证，且犯罪必然产生物证。

（二）同一认定原理

同一认定是指客体自身的同一，即他（它）只能是他（它）自己，而不能是别的人或物。它是科学的认识方法，是解决客体是否同一的科学方法体系。它所研究的是客体自身的同一关系。同一认定的基础是客体的特定性、客体特征的稳定性和反映性以及可认识性。需要指出的是，客体自身的同一并非完全等同，而是含有差别的等同。因为随着时空的变化，尽管其自身仍是同一的，但也非原来的他（它）了。同一认定的模式包括整体同一认定模式、分离体同一认定模式和特征反映体同一认定模式；同一认定的方法包括分别检验、比较检验和综合评判。

（三）种类鉴别原理

种类鉴别是指具有专门知识、经验的人，通过对物证进行检验，对物证和留下物证的人或物的种类进行分析和判断的过程。它的理论依据是事物种属关系的客观性、同类事物的共同属性、事物种类的差别性、事物种类特征的稳定性、事物种类特征的反映性和事物种类特征的可认识性。它包括人的种类鉴别、物的种类鉴别和其他事实的种类鉴别。种类鉴别的方法包括确定特征、比较鉴定和综合判断。

（四）统计推断原理

统计推断是指通过对物证进行检验分析和量化测量，基于特征数据进行证据同源性的统计推理。传统的物证检验技术很大程度上依赖检验人员的主观评断，客观的评判标准和足够的量化数据支持不足，容易导致鉴定意见产生分歧。定量测量和统计推理是进行证据同源性推断的基本逻辑方法。基于贝叶斯理论的证据评价不仅可以提高检验鉴定的客观性、标准性、透明性和可重复性，还可以实现对证据价值的客观量化评估。

第四节　法庭科学的发展趋势

法庭科学是开放包容的特色学科，具有明显的应用性和实务性，也是法律纠纷解决机制中的关键一环，在强调科学的同时，凸显学科的法律属性，可以涵盖所有适用于法律的科学和技术活动。随着社会的飞速进步和科学技术的迅猛发展，对法庭科学知识综合的要求也在不断提高，学科的交叉、汇聚和融合是法庭科学未来发展的趋势。

一、法庭科学在内容、方法上将深入体现多学科交叉和融合

法庭科学具有交叉学科性质，融合了很多不同领域的专业知识，用科学来服务于法庭正义。有研究表明，法庭科学领域的研究在过去几年发展十分迅速，在解决犯罪、预防恐怖主义和情报机构中得以实践与应用，并在内容和方法上呈现出多学科融合的趋势。①

---

① 参见袁赫：《比较视野下的法庭科学——第七届证据理论与科学国际研讨会会议法庭科学部分述评》，载《证据科学》2019 年第 6 期。

（一）法庭科学发展应适应我国的司法体制改革趋势

随着以审判为中心的诉讼制度改革，我国形成了不完全等同于其他大陆法系国家的法庭科学制度，尤其是党的十九大胜利召开标志着中国特色社会主义建设进入新时代，为我国法治建设提供了宝贵的历史机遇，也将引领我国社会主义法治建设进入新时代，从而更好地实现全面依法治国的总目标，更好地维护国家法制统一、尊严、权威，加强人权法治保障，保证人民依法享有广泛的权利和自由。

法庭科学的发展应主动适应我国的司法体制改革。伴随着科学技术日新月异的发展以及建设法治中国的现实需要，法庭证据的重要性在各类案件中不断地体现出来，使执法机关与司法鉴定机构逐渐舍弃传统的调查手段和证明方式，而愈加依靠法庭科学技术，如司法鉴定意见、电子数据等。法庭科学作为司法的一个重要构成部分，与证据制度、诉讼制度密不可分，其查明案件事实、实现程序公正和效率的内外在价值是任何国家都无法忽视的。

（二）法庭科学构建的知识体系应适应复合型人才的培养需求

2021 年 1 月，国务院学位委员会、教育部印发通知，新设置“交叉学科”门类，成为中国第 14 个学科门类。国务院学位委员会办公室负责人表示，“学科交叉融合是当前科学技术发展的重大特征，是新学科产生的重要源泉，是培养复合型创新人才的有效路径，是经济社会发展的内在需求”①。落实到法律领域，司法部已全面启动运用云计算、大数据和人工智能等新技术开展“数字法治、智慧司法”信息化体系建设，以信息化建设引领和带动司法事业发展，提升推进全面依法治国战略的能力和水平。

站在新时期全面依法治国的战略高度思考法制建设和法庭科学学科建设的深刻内涵，就必须全面审视法庭证据的科学化和“审判中心主义”的内在联系。这不仅意味着司法领域中高技术含量的信息化设备和硬件的改造升级，更是给未来法律专门型人才提出了全新要求。因此，法庭科学的

---

① 《〈交叉学科设置与管理办法（试行）〉发布》，载中国政府网 2021 年 12 月 7 日，https：//www. gov. cn/xinwen/2021 –12/07/content_ 5658057. htm。

人才培养需要把握国家“交叉学科”、法庭科学融合发展以及教育改革的方向，把培养既懂法庭科学又懂法律法规还识新型证据的复合型创新专业人才放在首位。

法庭科学基本理论的发展同时也倚重自然科学及法律知识，需要兼具自然科学、法学知识背景和熟悉司法实务的高层次人才，在自然科学层面和法学研究层面对科学证据进行系统、深入、有效的研究，建立综合的基本理论体系，能够对司法实务中的科学证据运用进行充分且有效的指导。

（三）法庭科学形成的知识领域应适应社会服务需求

建立一个综合性与系统性的多学科培养模式和机制，培养能够解决重大科学技术问题和社会问题的先进创新型人才，已成为法庭科学教育发展和培养模式变革的重点内容。法庭科学教育发展和培养模式变革，需要改变我国目前法庭科学专业人才培养长期处于割裂、分散和模式单一的建设现状。

一方面，部分医学院校和法学院校设置有法庭科学相关技术型人才培养的专业，而较少有法庭科学技术与法庭科学理论、法庭科学文化相结合的培养模式。另一方面，公安院校在人才培养中，过于强调公安技术服务于侦查的属性，也不利于“审判中心主义”的诉讼制度改革。这导致在法庭科学领域，缺乏既懂技术、又懂法学理论的复合型高层次人才。法庭科学学科的建设和发展将改变这些现状，基于法学和自然科学，培育新兴交叉学科，更好地满足中国的社会需要。

（四）法庭科学的知识范畴应适应科研发展需要

法庭科学天然的学科交叉性和服务法学的应用性，必将催生新兴的交叉学科、培育新型的研究方向，诞生一大批学科碰撞的创新成果，成为未来法学研究成果新的增长点。例如，法庭科学的“法庭科学基础理论”研究方向与法庭科学技术标准、证据规则、诉讼制度改革、认知科学等联系紧密，可以支撑诉讼法学、行政法学研究；又如，法庭科学与人工智能法学、计算法学的交叉，可以支撑人工智能法学院的人才培养和科学研究；再如，知识产权鉴定技术、司法会计与资产评估的研究方向，将与民商法、经济法交叉融合，未来会提升商法、经济法的科研实力；还如，物证技术的研究方向与打击犯罪和社会治理密不可分，会与刑法、社会学等研究擦出火花。因此，法庭科学将极大拓展法学研究的宽度和深度，为适应科研发展的需要提供新的智慧和方案，同时，推动整合相邻学科或学术领域形成集约发展的格局，构建更大范围的学术共同体，拓展学科理论研究的广度与深度。

二、法庭科学将持续吸纳新领域和新工具

人工智能等新一代信息技术为法庭科学领域提供了新引擎。习近平总书记在十九届中央政治局第九次集体学习时指出，人工智能是引领这一轮科技革命和产业变革的战略性技术，具有溢出带动性很强的“头雁”效应。目前，人工智能、云计算、大数据、物联网、5G、区块链等技术变革正推动经济社会向数字化、智能化跃升，将深刻影响和改变人们的工作生活。信息技术在司法领域的广泛应用，为法庭科学技术的发展带来了新机遇和新挑战。

（一）数字化和大数据的融入

使用数字化和大数据已经成为法庭科学领域发展的重要趋势，越来越多的法庭开始使用数字技术来收集、存储和分析证据。例如，可以使用无人机和卫星图像来收集犯罪现场的信息，使用 DNA 和指纹扫描技术来识别嫌疑人，使用数据分析来预测案件结果等。

（二）人工智能和机器学习

新一代信息技术在法庭科学中的应用也在逐渐增多，这些技术可以处理大量的数据，找出其中的模式和关联，帮助法官和律师作出更好的判断。例如，可以使用人工智能来分析证人的证词、评估证据的可信度，甚至预测案件的结果。但是，人工智能和机器学习的发展也带来了一定的法律风险，犯罪活动从传统的物理域、信息域，扩展到认知域，法庭科学的研究范围也随之不断扩大。数字化时代，计算机技术全面影响了其他分支学科。例如，2020 年英国出台的《数字法庭科学战略》指出，数字法庭科学是 21 世纪司法工作的核心，从犯罪现场到法庭，横跨整个刑事司法系统。数字法庭科学将面临数量、复杂性、合法性三个核心挑战，以及缺乏支持服务、

缺乏数字取证科学意识、融合质量认证、处理保留数据等七个问题。①

（三）生物识别技术

生物识别技术，包括面部识别、虹膜识别等，也正在成为法庭科学的重要工具。这些技术可以在不需要法庭命令的情况下，自动识别和验证个人的身份。这不仅提高了证据的准确性，也增加了法律程序的公正性和透明性。

（四）虚拟现实和增强现实

虚拟现实（VR）和增强现实（AR）技术也在法庭科学中有广泛的应用前景。例如，可以使用 VR 来模拟法庭环境，帮助律师和法官更真实地理解案件的情况。使用 AR 技术，证人和受害者可以通过眼镜或手机看到关于案件的重要信息，进行案件情景重现，这可以提高证人的可信度，增强法庭的公正性。

科技的发展正在深刻改变法庭科学的工作方式。通过采用新的技术和方法，我们可以提高法庭工作的效率和准确性，更好地保护公民的权利和维护社会公正。然而，同时我们也需要关注这些新技术可能带来的问题，如隐私权的保护、技术的公平性等，以确保科技的发展真正服务于社会的公正和法治建设。

三、法庭科学的质量管理

法庭科学的质量管理主要体现在两个方面：一是标准化建设；二是认证认可的推广。

（一）标准化建设

《标准化工作指南第 1 部分：标准化和相关活动的通用术语》（GB/T 20000.1—2014）将标准化定义为："为在一定范围内获得最佳秩序，促进共同效益，对现实或潜在的问题确立共同使用和重复使用的条款以及编制、

---

① Home Office, UK Government（2020）. *Digital forensic science strategy 2020*, https：//www.gov.uk/.

发布和应用文件的活动。”2021 年 10 月，中共中央、国务院印发了《国家标准化发展纲要》，这是中华人民共和国成立以来第一部以党中央、国务院名义颁发的标准化纲领性文件，在我国标准化事业发展史上具有重大的里程碑意义。该文件在推动行政管理和社会治理标准化建设部分，提出：重点推进行政审批……法庭科学……标准制定与推广。

目前，国内外研究在标准定位、标准化对象、标准颗粒度、标准体系、国际标准化等方面仍存在差异，但推进法庭科学的标准化建设，通过制定和实施标准规范，确保法庭科学结果质量，更好地发挥科学技术在执法司法中的重要作用，已是业内人员的共识。

（二）认证认可的推广

国内的司法鉴定机构和法庭科学实验室的认证认可工作始于中国正式加入世界贸易组织之后。中国合格评定国家认可委员会（China National Accreditation Service for Conformity Assessment，CNAS）是我国开展司法鉴定/法庭科学机构认可的唯一认可机构。2005 年 2 月 28 日，第十届全国人民代表大会常务委员会第十四次会议通过的全国人民代表大会常务委员会《关于司法鉴定管理问题的决定》（以下简称《鉴定管理决定》）规定，司法鉴定应当有在业务范围内进行司法鉴定所必需的依法通过计量认证或实验室认可的检测实验室，正式把认证认可制度引入了司法鉴定/法庭科学技术领域，为司法鉴定/法庭科学技术的科学发展指出了一条必经之路。随后，公安部、最高人民检察院、国家安全部、司法部在各自管辖下的实验室或司法鉴定机构，全面开展以实验室认可、资质认定为代表的认证认可工作。

美国司法部国家司法研究所发布的《法庭科学 2022—2026 战略研究计划》指出，将重点推进法庭科学的应用研究和发展，增强“沟通报告、证词和其他实验室结果的有效性；实验室质量体系的有效性；反映复杂性和工作流程的能力测试的研究；实验室信息管理系统的连接性和标准”。[①] 这

① U. S. Department of Justice, Office of Justice Programs, National Institute of Justice (2022), *Forensic science strategic research plan, 2022 - 2026* (Version 1.1), https://nij.ojp.gov/topics/articles/forensic-sciences-strategic-research-plan-2022-2026.

说明持续加强实验室质量控制依然是法庭科学的工作重心之一。

四、法庭科学证据评价范式的转变

2005 年，《科学》杂志刊登的《正在到来的物证鉴定科学的范式转变》一文指出，物证鉴定领域的学科核心假设——可识别的唯一性或独特性，已被错误鉴定所削弱。法庭上专家证据可采性相关法律的变革，以及 DNA 分型检测作为科学解决身份识别方法模型的出现，正在合力推动传统的法庭科学走向一种新的科学范式。新的范式将用更加具有说服力的实验数据和概率基础取代传统法庭科学中对唯一性和绝对完美的假设理论，用严谨可靠的科学基础和合理的方案取代未经检验的假设和半知情的猜测，并且这一时机已经成熟。该文在法庭科学领域具有里程碑意义。

2009 年，美国国家科学研究委员会（NRC）发布了《美国法庭科学的加强之路》。[①] 2015 年，欧洲法庭科学研究机构联盟（ENFSI）推出了《法庭科学评价报告指南》。[②] 2016 年 9 月，美国总统科学技术顾问委员会（PCAST）为回应时任总统奥巴马关于法庭科学科学性的提问，发布了《刑事司法中的法庭科学：确保形态特征比对方法的科学有效性》报告。[③] 2022 年 6 月，美国司法部《法庭科学 2022—2026 战略研究计划》提出支持法庭科学的基础性研究，包括了解学科的基本科学基础、分析方法中测量不确定度的量化，了解证据的价值，超越个性化或定量，包括活动层级命题等。

法庭科学证据的量化评估强调用概率作为不确定性的度量进行法庭科学检验结果的评价，并基于似然率框架进行证据评价，这已经成为当前国际法庭科学的发展趋势。对国内而言，是否放弃以同一认定理论为基础的传统范式，是否采用基于量化数据和概率评估的新范式，抑或一段时期的

---

① National Research Council (2009), *Strengthening forensic science in the United States: A path forward.* National Academies Press, https://doi.org/10.17226/12589.

② European Network of Forensic Science Institutes (ENFSI) (2015), *Guideline for evaluative reporting in forensic science*, https://enfsi.eu/.

③ President's Council of Advisors on Science and Technology (PCAST) (2016), *Forensic science in criminal courts: Ensuring scientific validity of feature - comparison methods*, Executive Office of the President, https://obamawhitehouse.archives.gov/sites/default/files/microsites/ostp/PCAST/pcast_forensic_science_report_final.pdf.

两者共存，以及如何进行数据库构建、如何进行概率评估、如何对待不同专业领域之间的差异性等，这些问题都需要国内学者加强研究。同时，国内在借鉴基于似然比框架的法庭证据评价新范式时，还需要进行顶层设计、分步推进，加强基础数据采集、特征量化提取方法、统计模型的构建，可操作性技术标准的制定等软硬件建设。

法庭科学是一门应用学科。从学科层次上看，无论是自然科学还是社会科学，它都有基础学科和应用学科两个层次。按照这种层次分类，法庭科学虽涉及科学技术和法律理论，但从本质上看它还是一门以应用为主或者说以应用为直接目的的应用型学科。

同时，法庭科学又是一门综合性极强的交叉学科。法庭科学必须既重视司法科学技术研究，又重视法律问题理论研究，更需要创新思维将二者融合发展。

法庭科学还是一门发展迅速、极具创新的新兴学科。必须准确把握时代精神，立足当代中国法律理论和司法实务的现状，在吸收科学技术及法律理论科研成果的基础上进行创新，提出创新性的理论和观点，创新学科体系和理论体系。

第二章　法庭科学简史

第一节　中国法庭科学简史

科学技术介入诉讼证据调查，是科技持续发展下的必然产物。一方面，科技的日新月异为证据调查方法带来了全方位的创新，催生出一系列高效、精准的新型手段；另一方面，科技自身引发的诉讼争议，也亟须依靠科学技术开展对应的证据调查工作，以此确保司法裁判的公正性与准确性。

回顾中西方诉讼证据技术调查的漫长历史，从萌芽之初直至近代，刑事勘验与法医领域成为科学技术介入刑事诉讼并不断发展的核心阵地。近代以来，直至当下的现代社会，科学技术以前所未有的速度迅猛发展，这一趋势极大地拓展了科学证据调查的对象范畴与方法体系。基于特定的研究和鉴定对象，凭借物理学、化学、生物学、医学、工程学、应用技术科学等多学科的理论与技术支撑，逐步构建起了一个庞大且精细的科学证据调查学科群。

在这一漫长的发展进程中，学科的分化与细化趋势越发显著。例如，从传统法医学体系中，不断分立出指纹学、笔迹学、枪弹痕迹学等具有独立研究范畴的学科分支。同时，基于解决诉讼中各类专门性问题的实际需求，痕迹学、文书检验、法化学、痕迹检验学等专业学科也相继应运而生，并不断发展完善。

从我国古代科学证据调查发展的历史脉络来看，刑事诉讼领域是最早将科学技术知识融入证据调查的重要板块，其发展溯源可从刑事勘验和法医检验开启。在漫长的历史长河中，尤其是近代以前，诸多历史文献为这一发展历程留下了翔实的记录，成为后人研究古代司法科技的珍贵资料。

出土于距今约2200年的我国战国末期至秦朝墓葬的《封诊式》，堪称我国古代司法制度与证据调查领域的瑰宝。其中《穴盗》一文，详细记载了“内中及穴中外壤上有膝（膝）、手迹，膝（膝）、手各六所”①。这段看似简短的文字，却蕴含着极为关键的科学证据调查信息。它表明，早在2000多年前，秦朝的司法人员就已具备敏锐的证据意识，能够在犯罪现场细致地勘查并记录下犯罪嫌疑人留下的膝盖与手印痕迹。这些痕迹的数量、位置等要素的记录，为后续案件的侦破与审理提供了重要线索。这一记载不仅是我国古代司法实践中运用科学技术进行证据调查的生动例证，更是世界范围内早期科学证据调查的珍贵历史见证，反映出当时的司法理念与实践已经达到了相当高的水平，在世界法制史和科学证据调查发展史上都占据着举足轻重的地位。

秦汉时期，印封泥被广泛运用，发挥着“以检奸萌”的重要作用，成为维护社会秩序与司法公正的独特手段。在这一时期，法医检验领域也初露端倪，《礼记》与《吕氏春秋》中便记载了最早的法医检验内容，如“命理瞻伤、察创、视折、审断，决狱讼，必端平”，为后世的法医检验实践奠定了理论与实践基础。

汉唐时期，我国法医学检验发展迅猛，在世界范围内处于领先地位。《唐律疏议》的诞生，标志着我国正式创设了法医检验制度。其对死因检验和致伤物进行了细致分类，使司法实践中的法医检验工作更加规范化、科学化，为案件的公正裁决提供了有力支持。

宋代，在传承唐代检验制度的基础上，勘验和法医检验在立法与司法实践层面均取得了进一步发展。北宋的《刑统》和南宋的《大宋律》中，都明确规定了检验制度，为司法实践提供了法律依据。同时，《内恕录》《折狱龟鉴》《棠阴比事》等著作中，勘验和法医检验知识得到了广泛应用，展现了当时法医学的繁荣景象。尤为值得一提的是，宋代法医学家宋慈，他广泛吸收《疑狱集》《内恕录》《折狱龟鉴》《棠阴比事》等著作中的相关勘验和法医检验知识，结合法律规定的检验制度以及自身丰富的办案实践经验，著成了法医学名著《洗冤集录》。这部著作不仅在当时具有极高的实用价值，更对后世法医学的发展产生了深远影响，成为法医学史

---

① 张书杰、王震、刘代富编著：《刑事科学发展简史》，中国人民公安大学出版社2014年版，第21页。

上的经典之作。[1]

元、明、清三代在检验制度和检验知识方面，基本沿袭宋代。元代法医学家王与，在继承《洗冤集录》等著作的基础上，结合元代的检验制度和实践经验，精心编著了《无冤录》。该书对后世司法实践影响深远，为元代及后世的法医检验工作提供了重要参考。清代嘉庆年间，王又槐致力于收集检验案例，并将其附于馆本《洗冤集录》之后，辑注名为《重刊补注洗冤集录集证》，为后世法医学的发展贡献了自己的力量，使法医学知识得以不断传承与发展。

受西学东渐的影响，到民国时期诞生了我国近代的法医学。通过立法、建立科学、人才培养、创办期刊，翻译著作，以及开展鉴定实践等活动，促进法医学的发展。1912 年颁行的《刑事诉讼律》规定了可疑尸体的解剖，1913 年 11 月民国内务部首颁了《解剖规则》。1915 年，北京医药专科学校和浙江省立医药专科学校开设了“裁判医学”课程。我国现代法医学创始人林几教授于 1931 年在北平大学医学院创设法医学科，开展人才培养和鉴定服务；1932 年在上海筹建法医学研究所，并创办《法医月刊》，在以后岁月中先后举办多期“高级法医人员培训班”培养法医高级人才。[2]这一时期西方的《基氏法医学》《法医学必携检验》《近世法医学》等也被翻译引入我国。与此同时，物证检验技术也走向科学化，并被较广泛地应用于司法实践。1930 年，时任中华指纹学术研究会会长刘紫菀教授编著《中华指纹学》，首创“中华式指纹分析法”。徐圣煦于 1948 年编著《实用指纹学》，强调指纹应用的普遍性和实用性。俞叔平于 1947 年独著的《现代犯罪侦查》一书使用了“痕迹学”“痕迹检验”等物证技术概念和知识。冯文尧于 1948 年编著的《刑事警察科学知识全书》较系统地介绍了足迹、工具痕迹知识。

中华人民共和国成立后，我国的法医学、指纹检验、痕迹检验、文件检验以及影像技术等刑事技术领域迎来了全新的建设时期。中华人民共和

---

① 参见杨一凡主编，张松等整理：《历代珍稀司法文献》（第 10 册），社会科学文献出版社 2012 年版，第 507－508 页。

② 参见张书杰、王震、刘代富编著：《刑事科学技术发展简史》，中国人民公安大学出版社 2014 年版。

国成立初期，百废待兴，面对刑事技术领域的空白与落后，各地公安机关积极采取行动，通过对旧警察局遗留技术人员的改造，充分挖掘他们的专业技能，同时接收原有技术资料，以此为基础艰难地开启了刑事技术建设工作。这些技术人员带着过去的经验，在新的时代背景下，努力适应新的要求，对刑事技术的起步发挥了重要作用。

1953 年起，为了快速提升我国刑事技术水平，公安部展现出前瞻性的战略眼光，先后邀请苏联刑事技术专家伐·雅·科尔戈、雷布尼科夫来华，他们带来了当时先进的刑事技术知识与理念，通过系统讲授，其为我国刑事技术人员打开了一扇通往国际前沿技术的大门，让我国技术人员得以接触到世界先进的理论与实践方法，极大地推动了我国刑事技术理论体系的构建。1956 年 9 月，司法部成立了司法鉴定科学研究所，这是我国司法鉴定领域的重要里程碑。研究所聘请苏联专家开办研究生班，以培养高层次的专业人才为目标，为我国司法鉴定行业输送了一批批骨干力量，提升了行业整体的专业素养和科研能力。

同期，全国有条件和基础的公安机关纷纷响应，迅速成立刑事技术部门。这些部门积极开展法医、化验、痕迹、指纹、文检、照相、警犬等多方面的刑事技术工作，构建起了一个较为全面的刑事技术体系。从命案现场的法医鉴定，到犯罪现场的痕迹采集分析；从文件真伪的文检鉴别，到利用警犬追踪犯罪线索，各个技术领域协同合作，为案件侦破提供了全方位的技术支持，有力地维护了社会治安稳定。

1979 年 7 月公布的《刑事诉讼法》对刑事诉讼中的现场勘验与鉴定作出了明确的规定，从而促进了我国刑事科学技术、司法鉴定的蓬勃发展。自此以后人才培养、学科建设、学术研究、制度完善、体制机制建构、国际交流、规范标准制定与实施等方面全面发展，为我国现代司法实践提供了强有力的支持。

法庭科学，作为西方国家在法庭审理案件中应用科学技术的总称，其核心在于体现了以法庭审判为中心的科学证据调查活动。在科学技术知识及应用层面，法庭科学与我国的司法鉴定技术、刑事科学技术存在一致性。例如，在指纹识别技术的运用上，无论是西方的法庭科学体系，还是我国的刑事科学技术领域，都将其作为重要的身份识别手段，通过对指纹特征点的提取、比对，为案件侦破和法庭证据提供关键支持；在 DNA 鉴定技术方面，二者亦同样将其广泛应用于各类案件的调查与审理，助力还原事实真相。

然而，在鉴定制度、证据分析与评价方面，它们之间却存在明显差别。西方的法庭科学鉴定制度，往往建立在其独特的法律体系和司法传统之上，强调鉴定机构的独立性和鉴定程序的对抗性，在证据分析与评价时，更注重从程序正义的角度出发，对证据的合法性、关联性和可采性进行严格审查。我国的司法鉴定技术和刑事科学技术，在鉴定制度上依托于我国的司法体制，强调鉴定机构的规范性和管理的统一性，在证据分析与评价时，更注重从客观事实的角度出发，追求证据的真实性和可靠性，同时兼顾法律程序的要求。

鉴于法庭科学所应用的科学技术知识与我国相关领域的紧密联系，从以下问题及史料中，我们能够简略地了解我国法庭科学理论发展状况。

一、最早的“同一认定”

同一认定理论作为法庭科学技术的基石性理论之一，其发展历程在法科学领域有着重要意义。该理论于20世纪中叶，由苏联犯罪侦查学家波塔波夫首次进行了较为系统且完整的阐述。波塔波夫凭借其深厚的专业知识和丰富的实践经验，从犯罪侦查的视角出发，对同一认定理论的概念、原理和方法进行了深入剖析，为后续法庭科学技术的发展奠定了坚实的理论根基，使这一理论在全球范围内得到了广泛关注和深入研究。

然而，鲜为人知的是，早在千百年前的中国古代，就已经在实践中不自觉地践行了同一认定理论。中国古代的“签字画押”，看似简单的行为背后，实则蕴含着同一认定的核心要义。

（一）笔迹鉴定

“签字画押”一词源于中国古代，古人把签名称作“押”，每当在公文、契约上签字或者画记号时，就叫作画押。“署押一制，起于汉魏，盛行于唐宋，制印于元明，衰于有清。”清代学者赵翼在《陔余丛考》卷三三《花押》篇中记载道，南北朝时期，在文化水平较高的官僚和士大夫中，草书其名之事流行，谓之凤书或花书。唐代的臣属在奏议、文牍上署名，要楷书。文人学士之间的书信往来，常常草书其名，被称作“花押”，或者“花书”。①

唐朝时期，很多文人喜欢在文章结尾签上草书签名，字迹笔走龙蛇，颇具特色。后来鉴于此风过盛，唐太宗便下令规定，官员在公文、案牍中的署名必须用楷书。在文人之间的私下往来中，依旧倾向于以草书署名。后来大臣韦陟开风气之先，设计了专属的花押艺术签名，他写出的“陟”字飘逸如同五朵祥云，人称“五朵云”。此后，花押署名在文人之间逐渐风靡，后来连唐玄宗李隆基也喜欢在自己的书法作品中签下花押。

到了宋朝，文化和经济越发繁荣昌盛，“花押”文化也发展到了顶峰。当时官员们呈送奏章、公文时，文末不再签名，而是写下极具个人特色的花押，以作证明，不少文人墨客都有自己的专属花押。后来花押逐渐融入宋人生活的方方面面，除了书信、字画、朝廷案牍，起诉的状纸、签订的合同、各种房契、地契，都会用到花押，此时的花押已经具有了公认的法律效力，无论是官家还是百姓，都把花押作为可信凭证。由于花押具有个人特色，无形之中，花押可代表个人身份进行同一认定。

不难看出，“花押”堪称签名与印章的雏形，在漫长的历史进程中，悄然承载着重要的身份确认功能。古人以独特的书写风格和符号组合构成花押，其独一无二的形态特征，与现代证据学中的特定性高度契合。在当时的社会环境下，人们仅凭敏锐的观察力和长期积累的经验，便能通过肉眼精准判断字迹是否源自同一人，花押是否一致，这一过程虽未借助精密仪器，却蕴含着朴素而实用的证据鉴别智慧。

从现代法庭科学的专业视角剖析，能够用于同一认定的证据，需具备稳定性、特殊性和反映性三大关键要素。花押恰好完美契合这些特性，它不仅因独特的设计而极具个人特色，自诞生起便成为个人身份的独特标识，而且在长时间的使用过程中，保持着相对稳定的形态，具备相当程度的特殊性与稳定性。在实际检测时，只需将待检花押与事先留存的真实花押并置比对即可，无须借助复杂的专业工具，仅凭人眼直观辨别，便能清晰判断二者的异同。这一便捷而高效的识别方式，充分证明了在古代技术条件有限的情况下，凭借花押进行同一认定，进而实现精准个体识别不仅切实可行，更是古人在司法实践中对证据运用的杰出创举，彰显了古代司法智

---

① 参见（清）赵翼：《陔馀丛考》卷三三《花押》。

慧的独特魅力。

（二）指纹鉴定

花押自兴起到流行，曾承载着不同的作用。花押最初诞生，主要是为了防止他人冒充，也就是防伪。这种经过独特设计的艺术签名比传统的签名、印章更有特点，一般花押都是龙飞凤舞，不按章法来，常将几个字连在一起写成一个字，使别人难以辨别。所以可以说，每个花押都是签字者的私人密码，它们个个形态不同、独具特色，因难以仿冒，成为一种比签名更省便的防伪记号。因此，“花押”签名逐渐被广大文人群体所青睐，后来又传入官僚、贵族体系。之后，花押逐渐超越了本身的防伪属性，向个人情趣和艺术价值方面发展，逐渐成为一种艺术风尚。到了后来，除了文人官僚阶层之外，花押“飞入寻常百姓家”，成为民间盛行的一种签字方式。但在百姓群体中，花押不是为了陶冶情操、彰显艺术情志，而是为了方便。当时百姓无论是和他人交易还是合作，都需要亲笔签名以作证明，使文书生效。

由于古代百姓文化程度不高，识字率普遍较低，可能一家人都不识字，当需要他们签名时，他们也不会写。当“画花押”出现后，人们会通过画圈的方式来代表签名，这样即便不识字，也能够签署文件。

“画花押”的形式出现之后，很大程度上方便了百姓的生活，甚至发展到后来，百姓已经离不开“画花押”了——无论是购买田地、出售房屋、状告他人还是给别人家当佃农、做长工，都需要签字画押才行。

由于并不是书写姓名，而是以个人画的图形笔迹作为凭证，所以不识字的平民也可以签字，这样就大大方便了百姓的社会生活。但是这样的情况却也不是一直都适用，因为古代不识字的人很多，签字画押时如果都画圆圈的话，就会大同小异，大大小小的圈，看起来并没有什么区别，所以这样画押也就不具备辨识性和独一性了。

1927年，德国学者海因德尔就在其著作《世界指纹史》中论断：中国是全世界最早发明并采用指纹识别技术的国家。第一位采用指纹鉴定技术的人，是公元650年时的中国唐代学者贾公彦。在中国新石器时代的仰韶文化遗址出土的陶器上，早就有作为标记的指印。① 美国芝加哥菲尔特博物馆收藏的中国周代泥印上，更是清晰印着拇指印痕。比起现代人熟悉的“按指纹”，中国古人应用更多的是“按手纹”，《周礼》的说法叫“下手书”，唐朝人叫“画指券”。也就是在订立契约的时候，把手指在纸张上平放，画下食指上 3 个指节。这在唐代契约里叫“画指为信”。最初指押是犯人专用的，当朝廷对犯人进行羁押流放时，为了防止犯人逃跑或者是被偷偷调包，就会要求犯人在相关文件上按上指印，以便验明正身。当然，以古代的指纹识别技术，“画指券”以及“按手纹”，鉴别难度还是非常大的。所以自宋代起，“打手模”成了“画押”的主要方式，也就是整个手印按在契约上，令手印指纹成为中国古代刑事侦破时的重要物证。湖北云梦县出土的秦简里记载，秦代时的断案侦查，要以“膝迹”“手迹”作为侦破线索。元代《牧庵集》里就记载了一则经典的“指纹识别”案例：元朝辽东道按察使潘泽，通过对凶杀案现场指印的比对，成功推翻了原有判决，将险些被冤为杀人犯的无辜者救了回来。国外的“指纹识别”也深受古代中国的影响。早在 9 世纪中叶，阿拉伯人苏莱曼的《苏莱曼东游记》（又译《大唐西域记》《印度中国见闻录》）中，就详细记录了唐朝商人“画指券”订立契约的场面。与此同时代的日本，也出台了“按食指指印为证”的法律。后来指押传入民间，百姓签署相关文书时也会按手印，分情况不同，有时按 1 个手指，有时 10 个手指都要按。在签署比较重要的合约时，还会用到“掌押”这种方式，所谓掌押就是将整个手掌沾满墨，然后印到纸上画押，由于每个人的手指粗细不同，整个手掌按上去就会更好辨别。这说明古人已经意识到了指纹或者掌印是因人而异的，可以用来进行“同一认定”。后来，“指纹识别”的方式陆续在各国扩散，催生了沿用至今的指纹学。

二、最早的“亲缘关系认定”

法医物证属于法庭科学范畴，其中亲缘关系鉴定占很大比重。根据目前可考史料，三国时期谢承所著《会稽先贤传》记载了最早的亲缘关系鉴定——同胞关系鉴定。据书中记载，时任会稽（今浙江绍兴）太守的陈

---

① 参见张嵚：《中国最早发明了“指纹识别”》，载《人才资源开发》2018 年第 19 期。

业，其兄长渡海时遇难，同船五六十人皆殒命。众人寻获遗体时，船上尸身已腐烂至无法辨认。陈业仰天泣曰：“吾闻亲者血气相通。”于是割血滴于骸骨之上，血立即渗入。其他家属纷纷效仿，都找到了自认为是亲人的遗体。这种方法即所谓的“滴骨法”。

大宋提刑官宋慈的《洗冤集录》中也有类似记载：南宋时有一名叫玉娘的女子，其丈夫被人杀害，宋慈查明凶手是玉娘的父亲，但此父并非玉娘的生父。为判定二者亲缘关系，公堂上，宋慈找来一具骸骨，让玉娘刺破手指将血滴上去，指血很快渗入骸骨，于是当场认定这具骸骨才是玉娘的生父。

其实，滴骨法并不可靠。腐败尸体因缺乏皮肉保护，骨骼表面易腐蚀疏松，无论是血液还是水，都能渗透进去。因此，滴骨法虽作为最早的亲缘关系鉴定方式之一，成为生者与死者亲缘关系的“尝试性手段”，但实际上缺乏科学依据。

在古代的亲子关系鉴定方法中，除了滴骨法，还有一种名为合血法的方式，其主要用于鉴定两个活体之间的亲缘关系。合血法的操作方式相对简单，主要是将两个被鉴定个体的血液滴入水中，然后依据两团血液在水中是否相互融合，来判定这两个个体是否存在亲子关系。在明末清初的诸多检验书籍中，都能找到关于合血法的类似记载，这表明合血法在当时的司法实践或民间认知中，是一种被广泛运用的亲子关系鉴定手段。

然而，从现代医学实验的科学视角审视，合血法的科学性存在严重缺陷。现代医学理论表明，不同血型的血液在水中完全能够相互溶解和相容。即使在某些情况下，不同血型的血液可能会出现凝集反应，但这并不影响它们在水中的融合状态。因为血型的凝集反应主要发生在血清中的抗体与红细胞表面的抗原相互作用时，而在水中，这种特定的反应环境被改变，使凝集反应无法对血液的融合产生实质性阻碍。所以，依据现代科学理论，单纯通过合血法来鉴定亲子关系，无论被鉴定个体之间是否存在真实的亲子关系，其结果大概率都会呈现为肯定，即显示两者存在亲子关系。这充分说明，合血法作为一种亲子关系鉴定方法，缺乏科学依据，无法准确判断亲子关系的真实性。

尽管滴骨法验亲和合血法认亲这类方式在现代科学的验证下，被证实缺乏科学依据，难以准确判定亲子关系，但在当时的认知局限下，人们能够敏锐地察觉到血液具备作为亲权鉴定检材的可能性，这无疑是一项极具进步意义的大胆探索。这一探索犹如黑暗中的一丝曙光，虽未完全驱散蒙昧的迷雾，却已然蕴含科学思维的萌芽，为后世在亲权鉴定领域的深入研究与科学发展，奠定了不可忽视的基础，彰显了古人在追求真相过程中的智慧与勇气。

随着现代科学的进展，尤其是ABO血型以及白细胞血型被发现之后，亲子关系的鉴定可以借助两者进行判定，准确率也提升到了90%以上。20世纪80年代，随着分子生物学的快速发展，DNA进入法庭科学领域，中国警方在1987年首次将DNA检测技术应用于侦查破案，在1991年，法医DNA技术用于亲子鉴定，这也标志着我国正式接受了DNA作为法庭科学证据。目前，随着科技的发展，DNA作为个体识别和亲缘关系鉴定的工具已经得到了突飞猛进的发展。

三、最早的法医论著

南宋的宋慈在《洗冤集录》的序文开篇即提出："狱事莫重于大辟，大辟莫重于初情，初情莫重于检验。盖死生出入之权舆，幽枉屈伸之机括，于是乎决。法中所以通差令佐理掾者，谨之至也。"在古代狱讼之事中，最严重的莫过于判定大辟之罪，也就是死刑。判定这类重罪的关键，在于彻查案件的初始情由。要想真正弄清楚案件的来龙去脉，重中之重又在于对被害者原尸进行准确检验。所以，委派何人办理刑事案件，确实是一件必须慎之又慎的事情。然而，在当时，许多官员对待案件的态度轻率且不负责任，一些州县常常将关乎人命的重大案件，交由新入选、毫无实际经验的官员以及武职官员处理。宋慈对这种现象极为反对，他深知这些人极易受到仵作和胥吏的蒙骗，从而导致案件黑白颠倒、是非难辨。基于此，宋慈开始探索用更为科学、公正的方法来探寻案件真相。也正是从宋慈起，传统中国的检验之术，常被赋予"洗冤"之名。在一定意义上，中国传统法庭文化可以说是洗冤的文化。宋慈的努力，不仅革新了检验方法，更推动了司法文化朝着追求公正、洗雪冤屈的方向发展。

《洗冤集录》成于淳祐七年（1247年），全书由检验总说、验伤、验尸、辨伤、检骨等53项内容所组成，并对犯罪、犯罪侦查、保辜等有关断案、法吏检验格式程序等，亦详加论述。这本著作内容丰富，见解精湛，虽间有论析欠当之处，但绝大部分内容源于实践经验，是中国较早、较完整的法医学专书。[①] 后世诸法医著作多以该书为蓝本，或加注释，或予以增补，该书亦对世界法医学的发展有过巨大贡献，曾先后被译成荷兰、英、法、德等国文字。因此，中国的《洗冤录集》不仅奠定了中国法庭科学的基础，也为其他各国提供了巨大的帮助。

宋慈所著的《洗冤集录》在奠定检骨操作方法方面贡献卓越，然而书中却未绘制人身骨图，无法给人以直观形象的指引。人身骨图的出现，要追溯到清朝时期。正是当时骨图中所蕴含的正确与谬误之处，开启了清代检验学中对骨骼知识探索的大门。[②] 在清代，骨图是以相关检验专门文书的形式呈现的。在此之前，检骨与体表尸身检验混合记录，这在清代体现为尸格与尸图。所谓尸图，是配有相关人体体表图，以供检验及记录时参考比对；所谓尸格，则是以表格化的方式，将人体部位一栏一栏地进行列置，方便检验者填注说明。不过，体表与体内情况毕竟存在差异，一张图同时用于两者难免多有不便。这一问题在乾隆三十五年（1770 年）得以解决。其源于安徽省按察使增福的一份奏折，"伏思命案检骨，倍难于验尸，若不颁发图格，定有准绳，检验之员，终属渺茫，难免书仵作弊，请将人身骨节定为检骨图格，刊刻式样，颁发直隶各省"。朝廷对此表示完全赞同，认为"诚不若专立检骨图格，俾验尸骨者当场依次填注，办理更觉周详"[③]。于是，在朝廷的推动下，具有现代意义的骨骼图谱得以绘制完成。这一图谱的诞生，不仅完善了检验流程，也为后世的法医检验工作提供了重要的参考依据，推动了中国古代法医学的进一步发展。

古人对法医学的相关探索主要是依靠自身努力作出的，与传统中医学和西方传来的学术的关系都不大，这不仅在法庭科学史上具有重要意义，而且体现了对于知识生产的中西现代性命题的认识需放宽历史视野的必要性。中国法庭科学的实践和理论探索，为现代法庭科学的发展奠定了坚实的基础。古代积累的检验技术、证据分析方法等，为现代法庭科学提供了

---

① 参见杨一凡主编：《洗冤录汇校》。

② 参见茆巍：《清代司法检验制度中的洗冤与检骨》，载《中国社会科学》2013 年第 7 期。

③ 赵尔巽主编：《清史稿·食货志一》。

宝贵的经验和启示。现代法庭科学在继承古代成果的基础上，结合现代科学技术，不断创新和发展，成为一门独立的、成熟的学科。

第二节　西方法庭科学简史

随着近现代西方国家工业革命兴起，法庭科学逐渐独立成一门学科，其涉及的科学技术方法陆续被应用到刑事诉讼领域，而后向民事诉讼、行政诉讼乃至调解、仲裁、公证等领域拓展。因此，法庭科学的应用不是局限于具体的法庭审判，而是可以延伸至法庭空间之外。① 法庭科学的产生是一个历史的过程，这些用于解决诉讼中某些专门性问题的专门知识，是随着科学技术的发展而不断累积丰富起来的，专门知识的丰富过程，便是法庭科学的产生过程。②

在西方，法庭科学的应用早在公元前就初见端倪，直到 17 世纪末 18 世纪初，法医学在解剖学、病理学方面的应用才推动了法庭科学与法医学、病理学等各分支学科的发展。同时，法庭科学的发展也有赖于相关学科的支撑。如化学、物理学的发展为法庭科学提供了科学基础，显微镜的发明、摄影技术的发展均为法庭科学提供了技术手段。随后，法庭科学的学术体系、课程体系开始进入大学教育。这一新学科的主旨在于为司法审判得到更为可靠的证据提供方法。③ 1909 年，瑞士洛桑大学的瑞斯（Rodolphe Archibald Reiss）教授创办了世界上第一个法庭科学学院④。该学院开设了世界上第一门完整的法庭科学相关课程。⑤ 1915 年，国际刑事法庭科学协

---

① 参见［美］麦克斯 · M. 霍克：《法庭科学专论》，赵东译，中国政法大学出版社 2021 年版，总序部分。

② 参见郭金霞：《法庭科学、科技发展与证据法之间的互动》，载王进喜、常林主编：《证据理论与科学——首届国际研讨会论文集》，中国政法大学出版社 2007 年版，第 326 – 327 页。

③ 参见王元凤：《〈犯罪剧场〉及近代欧洲法庭科学发展史》，载常林主编：《法庭科学文化论丛》第 1 辑，中国政法大学出版社 2022 年版，第 215 – 216 页。

④ 参见王跃、易旻：《迈向“证据科学”——法庭科学学科建设模式的“大证据学”视野》，载《法制与社会发展》2011 年第 3 期。

⑤ 参见［美］Douglas H. Ubelaker：《全球司法鉴定实践》，何晓丹、李成涛主译，科学出版社 2019 年版，第 218 页。

会在美国奥克兰成立。20世纪40年代，法庭科学这一概念在西方国家被广泛使用。它是将自然科学技术与方法应用于案件中的专门问题，并以其法庭科学结论——证据服务于法庭审判的一门交叉学科。[①] 美国于1948年建立美国法庭科学学会（American Academy of Forensic Science，AAFS）。随后，国际法庭科学协会（International Association of Forensic Science，IAFS）于1957年建立。[②] 20世纪70年代，美国国家研究所发起创办了旨在发展法庭科学统一课程框架的工作小组，以促进法庭科学高等教育的发展并提高其质量。全美境内共有超过350所高等院校（所）能够为社会提供法庭科学各相关专业的教育，其中，美国法庭科学专业学会——AAFS下属的"法庭科学教育项目认可委员会"认可的高等院校（所）有约30所。

一、西方法庭科学的萌芽阶段——19世纪以前

法庭科学历史悠久，始于法医学的司法实践。据考证，法庭科学可追溯到古希腊时代，因为在古希腊的文献中发现了使用医学知识或其他自然科学知识来解决争议案件事实的记载，如公元前450年左右的古罗马《十二铜表法》中存在与亲子鉴定相关的规定。另外，这也可以通过医生进行尸体检验的实例来佐证，公元前44年，罗马大帝恺撒（Julius Caesar）在罗马元老院大厅遇刺身亡，由医师安提斯提乌斯（Antistius）验尸，发现恺撒一共身中23刀，并提出心脏被刺破为致命伤的意见，这可能是记载的最早使用法医知识进行尸体检验的案例。[③] 安提斯提乌斯在罗马广场上宣读了尸检报告，此后罗马广场这个单词"forum"就成了现代法庭科学单词"forensic"的词源。[④]

在大陆法系国家，法庭科学相关制度的形成主要以德国、法国、意大利为代表，形成了极具特色的鉴定人制度，并创立了有关鉴定人制度的相关立法。法庭科学相关制度"在罗马法中已发其端绪，继依德国普通法之

① 参见徐汉明、张勇：《现代法庭科学学科体系之理论证成及课程体系设计》，载《新文科教育研究》2022年第4期。

② 参见文云波主编：《法庭科学概论》，中国人民公安大学出版社2012年版，第16页。

③ 参见霍宪丹主编：《司法鉴定学》，北京大学出版社2018年版，第31-40页。

④ 参见杨天潼：《国外法庭科学伦理道德述评》，载常林主编：《法庭科学文化论丛》第1辑，中国政法大学出版社2014年版，第218页。

理论而发达；惟德国古代法中则无此制度”①。公元6世纪，东罗马帝国的《查士丁尼法典》中存在关于法庭科学的相关规定，这是西方最早与法庭科学相关的立法。因此，一般将罗马法视为大陆法系法庭科学的开端。②法庭科学制度的形成标志，是1532年德国《加洛林纳法典》中有关“法庭科学”的规定，其中涉及法庭科学相关的条文有40条。如该法典第147条规定，伤害致死的因果关系，可以由外科医师作为证人，并要求他利用专门知识进行判断。之后许多国家将有关法庭科学的内容规定在法典中。15世纪后，伴随着欧洲资产阶级革命的爆发，相关学科（如生物学、物理学、化学、数学）的空前发展，对法医学的发展起到了极大的推动作用，特别是对通过科技手段等专门性知识来证明案件事实产生了深远的影响。1562年，法国外科医师帕雷（Ambroise Paré）对汞中毒进行了第一例解剖③；1575年他撰写了《外科手术学》一书，对杀婴、机械性窒息、电击死等非正常死亡尸体以及活体损伤等提出了一些检验方法。而非常具有代表意义的是，1598年意大利的菲特利斯（Fortunatus Fidelis）教授撰写了《医师报告》（De Relationibus Medicorum）一书，这部著作是欧洲第一部法医学专著，为法医学的发展奠定了基础。④ 17世纪后期，法国路易十四颁布了《刑事条例》，对尸体解剖的时间、内容、鉴定以及检验报告的具体要求作了明确的规定，⑤ 这是法国现代法庭科学制度的基本雏形。除了法医学之外，笔迹领域也有一定的发展，16世纪在法国成立了一个笔迹专家协会，向法庭提供关于伪造事项的分析意见。⑥ 1622年意大利卡米洛·巴尔蒂（Camillo Baldi）所著的《根据字迹判断人的性格和气质》（原拉丁文书名：De scribendi ratione et de quibusdam viris illustribus），该著作被认为是

---

① ［日］松冈义正：《民事证据论》，张知本译，中国政法大学出版社2004年版，第206页。

② 参见霍宪丹主编：《司法鉴定学》，北京大学出版社2018年版，第31－40页。

③ 参见文云波主编：《法庭科学概论》，中国人民公安大学出版社2012年版，第9－15页。

④ 参见霍宪丹主编：《司法鉴定学》，北京大学出版社2018年版，第31－40页。

⑤ 参见张书杰、王震、刘代富编著：《刑事科学技术发展简史》，中国人民公安大学出版社2014年版，第168－192页。

⑥ 参见［美］麦克斯·M. 霍克：《法庭科学专论》，赵东主译，中国政法大学出版社2022年版，第1－8页。

世界上第一部笔迹学相关著作。①

在英美法系国家，由于历史传统、地理环境、诉讼模式以及民族特点等原因，形成了颇具特色的专家证人制度，并随着诉讼对抗制度的发展创立了有关专家证人制度的判例和相关立法。英美法系国家的法庭科学起源于盎格鲁—撒克逊时期的“验尸官”（Coroner），英格兰、威尔士被誉为“验尸官”制度的诞生地。这影响了美国的部分州、北爱尔兰等相关制度的建立。在公元5—9世纪，英国一些官员代表国王支持地方尸体的勘验和证据调查，形成了验尸官制度。② 其主要作用是查明死因，利用专门知识提供专业意见。除此之外，得益于自然科学的发展，法庭科学技术和方法不断提升，其发展领域在不断拓宽，特别是在指纹学方面具有较大突破。1684年，英国内科医师学会和皇家学会的名誉会员内赫米亚·格鲁博士（Nehemiah Grew）首先在科学报告中指出了指纹和掌纹的特点，并绘制了最早的指掌纹图，并指出在嵴线上有成排的汗孔。③ 1788年，英国医师学会会员 Mayer 提出了指纹的唯一性，并阐述了根据指纹进行个人识别的基本原理，④ 这为指纹学的研究奠定了基础。此外，枪弹痕迹检验领域也有一定的发展。1740年，英国数学家、军事工程师本杰明·罗宾斯（Benjamin Robins）利用弹道摆测得弹丸初速，⑤ 这对枪弹痕迹的研究具有突破性贡献。

二、西方法庭科学的发展阶段——19世纪

在早期的漫长岁月中，法庭科学的发展相对缓慢，随着近代科学的不断进步，自19世纪以来，法庭科学各领域有了突飞猛进的发展。这不仅得益于化学、物理学、医学等基础学科的重要支撑，也得益于显微技术、摄影技术的突破。

---

① 参见霍宪丹主编：《司法鉴定学》，北京大学出版社2018年版，第31-40页。

② 参见霍宪丹主编：《司法鉴定学》，北京大学出版社2018年版，第31-40页。

③ 参见张书杰、王震、刘代富编著：《刑事科学技术发展简史》，中国人民公安大学出版社2014年版，第168-192页。

④ 参见张书杰、王震、刘代富编著：《刑事科学技术发展简史》，中国人民公安大学出版社2014年版，第168-192页。

⑤ 参见张书杰、王震、刘代富编著：《刑事科学技术发展简史》，中国人民公安大学出版社2014年版，第168-192页。

（一）大陆法系国家法庭科学的发展

在大陆法系国家，由于化学分析方法及显微技术的应用，法庭科学的研究得到了深入发展。在法医学领域，西班牙裔法国医学博士马蒂厄·约瑟夫·博纳旺蒂尔·奥菲拉（Mathieu Joseph Bonaventure Orfila）于1813年和1815年出版了《毒物与普通毒物学》（Traité des poisons）（上、下册），其中砷的研究对毒物检验产生了较大的影响。① 在1840年的一起毒杀案中，奥菲拉检验出尸体内有砷的存在，在排除了其他因素的影响后，确认了该案事实。因此，奥菲拉成为毒物分析的标志性人物，被誉为欧洲“毒物学鼻祖”。

1850年，法国的马里·德维热出版了《法医学：理论与实践》②。随后，德国约翰·路德维希·卡斯佩（Johann Ludwig Casper）的《司法验尸》（1850年）和《法医学实用手册》（1856年）相继出版。1868年，俄国奈丁（Nadin）利用显微镜研究自缢与勒死的颈部索沟，以判断勒痕的差异以及形成时间——究竟系生前抑或死后形成③。

除此之外，随着相关学科的不断发展，19世纪的法庭科学在个体识别方面具有较大的进步，主要体现在人体测量法和笔迹学方面。1872年法国学者米尚（Marie Michon）出版了《笔迹学的体系》和《笔相学的方法》④，这些专著对笔迹学的基础理论，笔迹与心理、性格的关系进行了讨论。在个体识别方面，具有代表性的当属人体测量法。1883年法国的贝蒂隆（A. Betillon）创建了“人体测量法”⑤，该方法主要通过测量人体的身高、臂长等11种数据来进行个体识别。1884年，由于摄影技术被用于人体相貌的固定和识别，贝蒂隆在识别人体面部特征时使用了该技术以识别累犯，取得了较好的效果。⑥ 虽然该方法没有指纹检验精确，但对法庭科学

---

① 参见霍宪丹主编：《司法鉴定学》，北京大学出版社2018年版，第31－40页。

② 参见霍宪丹主编：《司法鉴定学》，北京大学出版社2018年版，第31－40页。

③ 参见文云波主编：《法庭科学概论》，中国人民公安大学出版社2012年版，第9－15页。

④ 参见霍宪丹主编：《司法鉴定学》，北京大学出版社2018年版，第31－40页。

⑤ 参见霍宪丹主编：《司法鉴定学》，北京大学出版社2018年版，第31－40页。

⑥ 参见文云波主编：《法庭科学概论》，中国人民公安大学出版社2012年版，第9－15页。

的发展仍有较大的贡献。贝蒂隆将人体测量法应用于刑事犯罪档案的建立，并创建了世界上第一个法庭科学机构——刑事鉴定局，该科学机构的建立，对大陆法系国家的司法制度产生了较大影响。而在意大利，萨尔瓦多·奥托伦奇（Salvatore Ottolenghi）在切萨雷·龙勃罗梭（Cesare Lombroso）的影响下，于1896年创建了“警察科学”相关课程。[①] 1893年，奥地利法官汉斯·格罗斯（Hans Gross）意识到科学证据的重要性，首次提出将科学技术应用到刑事案件侦查中，并于1898年出版《司法检验官手册》一书，该书首次提出“Kriminalistiks”一词，该词在以美国为代表的欧美国家被演绎为“物证技术学”。[②]《司法检验官手册》对世界各国侦查理论的研究起到了重要作用。

（二）英美法系国家法庭科学的发展

在法庭科学研究方面，英美法系国家在19世纪同样有重大进展，主要体现在法医学、指纹学方面。19世纪初，英国的安德鲁·邓肯（Andrew Duncan）在爱丁堡大学首先开设法医学课程。[③] 而在美国，由于继承了英国法的传统，在部分州采用了英国的“验尸官”制度。1877年，美国废除了“验尸官”制度，改为法医师制度（Medical Examiner）。[④]

这一时期，英美法系国家在指纹学方面的成果不断涌现，研究取得了实质性的进展，人们越来越意识到指纹在个体识别中的重要性。1880年，苏格兰教士亨瑞·费尔滋（Henry Faulds）建议犯罪侦查运用指纹识别技术。[⑤] 1891年，英国著名人类学家、天文学家、地理学家弗朗西斯·高尔顿出版了《指纹分类》一书。1892年，弗朗西斯·高尔顿又出版了《指纹学》一书，在该书中提出了指纹的独特性和稳定性，为指纹鉴定奠定了基

① 参见［美］麦克斯·M. 霍克：《法庭科学专论》，赵东主译，中国政法大学出版社2022年版，第1－8页。

② 参见贾治辉、孔熹：《交叉学科范式下“法庭科学”的建设方法与路径》，载《证据科学》2023年第1期。

③ 参见霍宪丹主编：《司法鉴定学》，北京大学出版社2018年版，第31－40页。

④ 参见霍宪丹主编：《司法鉴定学》，北京大学出版社2018年版，第31－40页。

⑤ 参见霍宪丹主编：《司法鉴定学》，北京大学出版社2018年版，第31－40页。

础，此书的出版标志着指纹学的诞生。[①] 1888 年，阿根廷布宜诺斯艾利斯警察局胡安·武塞蒂赫发表《比较指纹学》，[②] 在将指纹运用于侦查破案、识别累犯的实践基础上，提出了指纹分类系统理论。该系统理论于 1896 年首先在阿根廷警察局采用，阿根廷成为世界上第一个立法确定指纹鉴定为定案依据的国家。[③]

此外，19 世纪初期，现代诉讼制度中的专家证人制度基本形成，如笔迹检验的专家证人制度的运用。1851 年，美国的判例中出现了专家证人（expert witness）[④]。这是由于随着经济、政治、文化的交融与发展，人们的交往逐渐从熟人社会向陌生人社会转变，法官在判断笔迹真伪时，不再局限于寻觅熟悉可疑笔迹书写人的证人，而是转向寻找能够判断笔迹真伪的专家。

三、西方法庭科学的现代化阶段——20 世纪至今

20 世纪以来，随着经济社会的不断发展，自然科学的突飞猛进，现代分析仪器和新检验技术的应用，法庭科学的研究进入了现代化阶段。在承继了伟大先驱的思想迸发涌流之后，科学家们不断收集、整合先辈们的学术成果，并在此基础上建立了系统的科学方法和学科体系，使法庭科学成为诉讼过程中不可或缺的一部分。

（一）大陆法系国家法庭科学的现代化发展

随着诉讼模式的演进、证据制度的变化、科学技术的发展以及对法庭科学问题认识的深入，大陆法系国家将法庭科学作为一项相对独立的活动。[⑤] 同时，各国也开始在大学教育中创立法庭科学学科，设立相关课程，旨在促进相关学科、专业的交流互补。各实务部门也开始建立法庭科学实

---

① 参见文云波主编：《法庭科学概论》，中国人民公安大学出版社 2012 年版，第 9 - 15 页。

② 参见霍宪丹主编：《司法鉴定学》，北京大学出版社 2018 年版，第 31 - 40 页。

③ 参见张书杰、王震、刘代富编著：《刑事科学技术发展简史》，中国人民公安大学出版社 2014 年版，第 168 - 192 页。

④ 参见霍宪丹主编：《司法鉴定学》，北京大学出版社 2018 年版，第 31 - 40 页。

⑤ 参见霍宪丹主编：《司法鉴定学》，北京大学出版社 2018 年版，第 31 - 40 页。

验室，以解决实务中遇到的专门性问题。

在法庭科学机构建设方面，法国的埃德蒙·洛卡德（Edmond Locard）是将法医病理学和法庭科学结合得最成功的学者之一，他师从法医病理学家亚历山大·拉卡萨涅（Alexandre Lacassagne）。埃德蒙·洛卡德于1910年在法国里昂创立了欧洲第一个犯罪侦查实验室，[①] 并将其命名为“人类学和犯罪学鉴定所”。[②] 他在《犯罪侦查学教程》中首次提出了法庭科学的基本原则——物质交换原理，后称“洛卡德原理”，即“每次接触都会留下痕迹”。[③] 在物理、化学及显微技术的基础上，他专注于研究尘土、金属等微量物证分析，为案件侦破作出了较大贡献。在瑞士，出生于德国的鲁道夫·阿奇博尔德·赖斯（Rodolphe Archibald Reiss）于1909年在瑞士洛桑大学建立了法庭科学学院，拥有化学博士学位的他有效地将法庭科学的相关知识用于解决犯罪现场的相关问题，成为法庭科学领域的重要学者。

在具体法庭科学技术方面，血痕识别、枪弹痕迹检验分别取得代表性成果。1901年，德国学者保罗·乌伦豪特在意大利学者罗格托·马格纳尼研究利用干血痕区分人血和动物血方法的基础上，研究出利用血清能够将人血、马血和牛血的干血痕予以区分的方法，并发表了题为《不同种类的血的法庭科学方法及人血的鉴别证明》的论文，为血痕的法庭科学研究奠定了技术基础。随之，在法庭科学活动中出现了ABO血型的法庭科学技术方法。[④] 在枪弹痕迹检验方面，1913年，法国教授维克多·巴尔塔扎率先开始利用显微镜观察射击弹头、弹壳上的痕迹，为后续枪弹痕迹检验打下了基础。[⑤]

在法律制定方面，部分国家在刑事诉讼法典和民事诉讼法典中，都出现了法庭科学的相关法条，如《德国刑事诉讼法典》和《德国民事诉讼法

---

① 参见文云波主编：《法庭科学概论》，中国人民公安大学出版社2012年版，第9－15页。

② 参见［美］麦克斯·M. 霍克：《法庭科学专论》，赵东主译，中国政法大学出版社2022年版，第1－8页。

③ 参见［美］麦克斯·M. 霍克：《法庭科学专论》，赵东主译，中国政法大学出版社2022年版，第1－8页。

④ 参见霍宪丹主编：《司法鉴定学》，北京大学出版社2018年版，第31－40页。

⑤ 参见文云波主编：《法庭科学概论》，中国人民公安大学出版社2012年版，第9－15页。

典》对法庭科学作出了相关规定。[①]《俄罗斯联邦刑事诉讼法典》于2001年制定、2002年生效，是在《俄罗斯苏维埃联邦社会主义共和国刑事诉讼法典》（1960年版，1985年曾修订）的基础上重新制定的。该法典自2003年起历经多次修订，其中2005年的修改尤其重要，首次将“专家”正式纳入诉讼参与人范畴，并进一步明确“鉴定人结论”与“鉴定人陈述”之间的区别。

大陆法系国家由于受职权主义诉讼模式的影响，形成了具有代表性的鉴定人制度，鉴定人及鉴定机构的资格一般是由有关法律或有权机关明确规定事先确定的。鉴定人具有中立性，适用回避制度。法官在审判实践中借助鉴定人的专门知识和鉴定意见，在外在形式上“弥补其知识的不足”或“掩饰其常识的缺陷”。[②] 因此，法官具有启动鉴定的决定权。不过，法官主导下的鉴定人制度具有较强的职权主义色彩，使法庭审判更倾向于追求实体公正而非程序公正，并成为大陆法系国家法庭科学改革的重要问题。

（二）英美法系国家法庭科学的现代化发展

随着科学技术的不断更新，英美法系国家的法庭科学技术有了重大的发展，这与当时的经济社会发展是密不可分的。

在法庭科学机构建设方面。20世纪20年代后期，洛杉矶警察局局长奥古斯特·沃尔默（August Vollmer）建立了美国第一个隶属警察局的犯罪侦查实验室。[③] 1932年，美国联邦调查局（FBI）犯罪侦查实验室成立。[④] 同时，法庭科学的学术研究机构如美国法庭科学学会（American Academy of Forensic Science，AAFS，1950年）、国际法庭科学协会（International Association of Forensic Science，IAFS，1957年）也纷纷建立。[⑤] 法庭科学进入了专业化发展的道路，学者们不断将物理、化学、医学等方面的知识应用到

---

① 参见霍宪丹主编：《司法鉴定学》，北京大学出版社2018年版，第31－40页。

② 参见霍宪丹主编：《司法鉴定学》，北京大学出版社2018年版，第31－40页。

③ 参见［美］麦克斯·M. 霍克：《法庭科学专论》，赵东主译，中国政法大学出版社2022年版，第1－8页。

④ 参见［美］麦克斯·M. 霍克：《法庭科学专论》，赵东主译，中国政法大学出版社2022年版，第1－8页。

⑤ 参见文云波主编：《法庭科学概论》，中国人民公安大学出版社2012年版，第16页。

法庭科学中，为其提供了发展的新技术、新方法。

在法庭科学技术方面，枪弹痕迹、指纹学、文件检验等方面有突出贡献。在枪弹痕迹方面，因枪杀案件增多，英国的一些法院逐渐接受了以枪弹检验结论作为证据，枪弹检验技术得到了发展。1902 年，美国马萨诸塞州最高法院首次将枪弹法庭科学采纳为证据。1910 年，英国的罗伯特·丘吉尔（Robert Churchill）首次以枪弹专家的身份出庭作证。① 特别是 1925 年，美国物理学家菲利普·克雷维尔发明了比较显微镜后，枪弹痕迹检验发展迅速。随后，美国陆军上校卡尔文·戈达德利用比较显微镜对射击弹壳上的痕迹进行了比较检验，在该领域作出了突出贡献。② 1925 年，美国的查尔斯·怀特在比较显微镜下开始了枪支的同一认定，并成为近代枪弹痕迹法庭科学的创始人。③ 在指纹学方面，1900 年英国学者爱德华·亨利对指纹进行了细分类，优化了指纹纹线的计数方法，形成了完善的指纹分类储存方法，这是在高尔顿指纹分类法基础上进行的传承与优化。英国政府将该方法命名为高尔顿－亨利指纹分类法，④ 1902 年，英国首次采用指纹鉴定意见作为证据，用于定罪证据。⑤ 1911 年，美国伊利诺伊州法院开始以指纹比对鉴定，用于谋杀案件的审判。随后，指纹鉴定法逐渐取代了人体测量法，成为许多国家个体识别的主要手段。1974 年，美国建立了指纹自动识别系统，指纹的存储和识别进入了数字化、自动化的时代。在文件检验方面，最有影响力的学者是美国的阿尔伯特·S. 奥斯本（Albert S. Osborn），他于 1910 年出版了文件检验领域的第一本著作《可疑文件》（Questionel Documents）。⑥ 该著作一直是文件检验人员的重要参考资料。由于奥斯本的突出贡献，使得文件检验的结论在法庭上被作为证据使用。

---

① 参见霍宪丹主编：《司法鉴定学》，北京大学出版社 2018 年版，第 31－40 页。

② 参见文云波主编：《法庭科学概论》，中国人民公安大学出版社 2012 年版，第 9－15 页。

③ 参见霍宪丹主编：《司法鉴定学》，北京大学出版社 2018 年版，第 31－40 页。

④ 参见文云波主编：《法庭科学概论》，中国人民公安大学出版社 2012 年版，第 9－15 页。

⑤ 参见霍宪丹主编：《司法鉴定学》，北京大学出版社 2018 年版，第 31－40 页。

⑥ 参见张书杰、王震、刘代富编著：《刑事科学技术发展简史》，中国人民公安大学出版社 2014 年版，第 168－192 页。

1913 年美国开始有笔迹专家出庭作证。①

在个体识别方面，具有极大贡献的是 DNA 技术的出现，DNA 分型是从血清学演化而来的，被誉为当代法庭科学个体识别的一次革命。② 1985 年，英国学者亚历克·杰弗里斯（Alec Jeffeys）发现了“DNA 指纹法”，开创了 DNA 亲子鉴定的先河，并逐渐在其他各国得到普遍应用。美国于 1986 年开始采用 DNA 证据，并于 1994 年制定了《DNA 鉴定法》（DNA Identification Act of 1994）。③ 此外，随着科学技术的发展，出现了一些新的法庭科学技术，如测谎技术。1921 年，美国加利福尼亚州的伯克利警察局第一次将测谎技术应用于诉讼过程中，并逐渐出现了一些私人的测谎机构。④

英美法系国家由于受诉讼制度的影响，形成了颇具特色的专家证人制度，其主要为当事人服务，当事人对法庭科学程序的启动拥有完全的自主权，对法庭科学事项的决定和专家证人的选任拥有同等的权利。⑤ 专家证人通常具备某一领域专门知识，但像有大陆法系国家的鉴定人那样具有法定资格，其资格需要在法官在法庭上进行判断。同时，对专家证言需要进行可采信判断，遵循的规则主要有弗赖伊规则（Frye Standard，1923 年）、《联邦证据规则》第 702 条（1975 年）、多伯特规则（Daubert Standard，1993 年）、《联邦证据规则》第 702 条修订（2000 年），法官需通过上述规则来判断专家证言的可靠性与有效性。

---

① 参见霍宪丹主编：《司法鉴定学》，北京大学出版社 2018 年版，第 31－40 页。

② 参见［美］麦克斯·M. 霍克：《法庭科学专论》，赵东主译，中国政法大学出版社 2022 年版，第 1－8 页。

③ 参见霍宪丹主编：《司法鉴定学》，北京大学出版社 2018 年版，第 31－40 页。

④ 参见霍宪丹主编：《司法鉴定学》，北京大学出版社 2018 年版，第 31－40 页。

⑤ 参见霍宪丹主编：《司法鉴定学》，北京大学出版社 2018 年版，第 31－40 页。

第三章　法庭科学基础理论

第一节　物质交换理论

一、物质交换理论的含义

物质交换理论，系法国侦查学家、法庭科学先驱艾德蒙·洛卡德（Edmond Locard，1877～1966）于20世纪初提出的，因此又称洛卡德交换原理（Locard's Exchange Principle）。该理论指出“凡两个物体接触，必会产生交换现象”（with contact between two items，there will always be an exchange）。其原始表述是：“没有人能够在犯罪行为所需要的力度下实施某行为而没有留下大量迹象。或者是作恶者在犯罪现场留下痕迹，或者是作恶者将犯罪现场的东西经由其身体或衣物带走，这便能指明他去过哪儿或他干过什么事。”①

该理论的问世，同19世纪自然科学的迅速发展以及科学技术在侦查破案中的应用密切相关。当时，首先将科学技术运用到犯罪侦查领域的，当推法国人类学家阿尔方斯·贝蒂隆（Alphonse Bertillon，1853～1914），他率先将人体测量学的相关技术运用到罪犯识别活动中，创建了世界上首个基于物理测量的罪犯身份识别系统。受贝蒂隆将科学技术应用到侦查领域理念的影响，随后，汉斯·格罗斯（Hans Gross）、亚历山大·拉卡萨涅（Alexandre Lacassagne）等人也注意到物质交换现象对于侦查破案的作用。但是，直到20世纪初，洛卡德才首次明晰了物质交换理论。该原理指出，在犯罪活动中，任何人与某个物品或其他人发生接触时，一种相互的物质交换将会发生，通过认识、记录和检查物质交换的性质和范围，可以把罪

---

①　李学军主编：《物证技术学》（第5版），中国人民大学出版社2021年版，第17页。

犯与特定的位置、各种证据以及被害人联系起来，依此将物证组成一个证据链，从而达到揭露和证实犯罪之目的。

物质交换理论起源于洛卡德等人对灰尘等微量物证的研究，并基于大量的实践和实验发展而来，其理论基础是行为人的任何行为都建立在与特定对象进行接触的条件之上，进行接触就可以发生物质的彼此交换。实践中，物质交换理论作为一种完善获取证据方法的指导思想被广为运用，系统的犯罪现场勘查方法也是基于物质交换理论建立起来的。

在我国，学者一般将物质交换理论表述为，无论何时，只要两个客体接触，在接触面就会产生物质的交换现象，即犯罪行为人在实施犯罪行为的过程中，必然导致被侵害对象及其环境产生物质变化，形成与犯罪行为相对应的痕迹物证。这里的痕迹不仅指犯罪行为人留在现场的痕迹，还包括现场留在犯罪行为人身上的痕迹。即使有的犯罪行为人在作案后企图毁灭罪证，但由于能量守恒和物质不灭，其在毁灭（坏）原有痕迹物证的同时又会产生新的痕迹物证。在物质交换理论“有行为必然有痕迹、犯罪必然被发现”的语境下，其在指明自然界物质交换存在的客观性的同时，还揭示出了一个更普遍的哲学原理，即联系的普遍性。正是由于特定时空条件下的各种物质在犯罪行为人支配下能够建立起联系，所以案件事实可基于人、物、行为等的联系进行求解。

二、物质交换的类型

广义理解，该理论所涉及的物质交换的类型主要有二：一是痕迹性物质交换，即人体与物体接触后发生的表面形态的交换，如在犯罪现场留下的指印、足迹、作案工具痕迹以及搏斗造成的咬痕、抓痕等。二是实物性物质交换，又可分为有形物体的物质交换和无形物体的物质交换。有形物体的物质交换包括微观物体及宏观物体的互换。微观物体的互换，是指在犯罪过程中出现的微粒脱落、微粒粘走情况，如纤维、生物细胞的转移；宏观物体的互换，是指作案人遗留物品于现场或者从现场带走物品等。无形物体的物质交换，主要是指不同气体的互换，如有毒气体与无毒气体的互换、刺激性气味的遗留等。

三、物质交换的条件及特性

一般来讲，一次经典物质交换的实现，须满足以下四个基本条件，即存在两个物质实体、外力驱动（包含人本身的行为力量）、两个物质实体发生接触、接触结果引起了物质的变化。例如，在一起故意伤害案件中存在一根铁棒 A 和受害人 B，嫌疑人支配 A 去击打 B 的头部，A 与 B 的头部被打击处产生碰撞接触，在 A 的接触面粘上了 B 因损伤而脱落的毛发、皮肤、血迹等，而 B 的头部接触面上也留下了 A 的物质（如铁屑等）。

由上述分析可知，经典物质交换理论主要强调的是不同客体之间的直接接触，特别是客体表面的相互接触。此外，经典物质交换理论还指出，在犯罪过程中发生接触的两个物体之间，一方增加的物质必定是另一方减少的，一方减少的物质必定到了另一方身上，转移的物质不能被分享、复制。所以，经典物质交换理论认为，犯罪过程中的物质交换必然是双向的、对称的，发生接触的物体任一方都会在对方身上留下源于自身的物质。

四、物质交换理论的价值

物质交换理论是侦查学、法庭科学的基本理论之一。学者普遍认为之所以能够通过证据揭露犯罪事实，通过现场勘查发现犯罪行为，其理论基础就是物质交换理论。在物理空间犯罪现场中，被侵害对象及其物质环境的变化，构成了犯罪现场的特有形态，这种特有的现场形态，体现犯罪行为的危害结果，也蕴含与犯罪行为相关的信息。犯罪活动伴随着实体的接触，会产生物质的转移现象，因此可通过物质转移产生的相关痕迹获知犯罪活动发生的情景、揭示犯罪人的行为。犯罪行为伴随着物质转移，根据实际发生的物质交换的性质和范围，不仅可以将犯罪行为人与特定的现场部位、证据种类及被害人联系起来，还可以与特定行为联系起来。依此开展侦查活动，是重建犯罪现场、解构犯罪行为的理论基础。

物质交换理论对于现场勘查、物证检验鉴定等证据调查活动具有重要的指导意义。首先，它能使现场勘查人员意识到现场保护的重要性。案发后，所有在犯罪现场的活动都会使相关物证发生变化，尤其是微量痕迹物证，每一次的接触都会使物质发生转移。其次，它能使现场勘查人员明确在现场勘查中应当在什么地点、什么物品上寻找何种物证，这些物证能够证明什么问题，如何证明这些问题等。最后，该理论提示取证人员在物证运输、保管时，不能将自身信息遗留在物证上，对于未破案件的物证要妥善保管，以防止物证遭受污染，为当下和未来的技术检验创造条件。近年来，公安部推动的冷案侦破成效显著，陈年的接触性检材中检出了犯罪嫌疑人的 DNA 分型，其中一个关键因素，就是部分未破案件的现场物证得到了妥善保管。2009 年开始，美国启动的清白计划也是通过对旧案检材的再次检验，实现了迟来的正义。

五、物质交换理论运用应注意的问题

第一，案件事实证明过程中，应注意二次转移可能引发的认知错误。所谓二次转移，即某物质从其源物体转移到目标物，然后再从目标物转移到下一个目标物的过程。如果出现了二次转移，在下一目标物上发现了来自源物体的物质，就有可能得出该目标物与源物体之间有过接触的推论，但事实上，该目标物与源物体并未发生过接触。例如，在某起入室盗窃案件现场的窗户上检出了一名女性的 DNA，但该女性并未到过案发现场，而是与其共同生活的嫌疑人在实施盗窃行为的过程中，将该女性的 DNA 通过二次转移遗留在了现场。

第二，案件事实证明过程中，不能忽视可能存在的无关转移。顾名思义，无关转移是指物质间经接触后确实发生了转移现象，但该转移与特定案件的事实证明没有相关性。例如，杜培武案中，技术人员在被告人杜培武的衬衣袖口处检出了射击残留物，侦查人员据此推断杜培武枪杀了两名被害人。但是，杜培武是一名警察，曾经穿该衬衣进行过射击训练，检出的射击残留物与两名被害人被杀案件并无直接关系。因此，此类物质转移就是典型的无关转移。无关转移，在有关转移形成前、形成过程中，以及形成后均可能存在，如果被错误作为证明案件事实的依据，极有可能导致冤假错案发生。

第三，科学区分物质交换理论和物质可分性理论。2002 年，美国法庭科学家基思·英曼（Keith Inman）和诺拉·鲁丁（Norah Rudin）在《证据的来源》一文中，提出了“物质可分性理论”（the principle of divisible matter）。该理论指出，当施加足够的力时，物质会分裂成更小的组成部件，这些组成部件将获得由分裂过程本身产生的特性，并保留较大部件的物理化学特性。该理论还有三个重要的推论，依次是：分裂所形成的较小碎片，其所保有的一些特征是原始物或分裂过程所独有的，这些特征有助于将各碎片个性化为原始物（服务于个体识别）；较小碎片所保有的一些特征为原始物和其他类似物所共有，这些特征可用于物品的种属分类；在分裂和后续耗散过程中，原始物的某些特征会灭失或发生变化，这会使推断（分裂物）共同来源的尝试变得困难。① 由此可见，物质可分性理论是物质交换理论的上游概念。物质交换理论虽然解释了为什么能够发现物证，但并未就物证某些特征的形成及变化给出合理的解释。② 对于后者，物质可分性理论给出了补充，可用于解释物质交换过程中物质特征的个性与共性、保持与变化。

第四，触物必然留痕，但认知需要条件。物质交换理论告诉我们，每一次接触均会留下痕迹，但是，受待认知物自身结构特性，力的作用，接触过程中的二次转移、无关转移，物质痕迹耗散，人的反侦查行为，特定阶段科学技术水平，认知主体的认知能力等的影响，每次接触的行为及事实并非都可得到证明。例如，犯罪人在作案过程中将自身的特殊气味留在了现场，但气味痕迹遗留量极其微小，至现场勘查时已发生了严重耗散，且受到了环境因素的干扰。在上述认知条件下，往往就很难解构气味痕迹。

第二节　信息转移理论

一、基本问题的厘清

（一）何为“信息”

要正确理解信息转移理论，必须首先准确理解信息的内涵。所谓信息，从认识论角度可将其通俗理解为主观对客观的认知，其作用在于消除或减

---

① See K. Inman, N. Rudin, *The origin of evidence*, Forensic Science Internationa, Vol. 126, p. 11－16 (2002).

② 参见金吾伦：《再论物质可分性问题——兼答何祚庥先生》，载《自然辩证法研究》1994 年第 10 期。

少人对客观事物认知的不确定性。从本体论角度分析，物质、信息和能量是自然界构成的基本要素，物质是信息和能量的基础，信息的获取、传递需要能量支持，能量的转换与运用需要信息引导，虽然三者之间联系极为紧密，但信息是独立存在的，其既不是物质，也不是能量。[①] 从过程视角求解，信息是发送方以文字、符号、图形、图像、声音等为载体，通过各种途径传播的内容。另外，需明确指出的是，信息不同于消息、信号、数据、知识、情报。消息是信息的壳体，信号是信息的载体，数据是记录信息的一种形式，知识是基于信息经过处理后得到的有用资料，情报是特定时间、状态下，传递给认知主体的有用的知识或信息。

作为一种独立存在，信息主要用于标志客体的间接存在，原因在于任何一个物体均兼具物质体和信息体之双重属性。物质系一种客观实在或直接存在，与此对应，客观不实在和主观不实在，就可理解为一种间接存在。[②] 当认知主体对被认知客体物质性信息进行解读，经感知、辨别、记忆、存储，就生成了认知和把握客体特征、特性的意识性信息。在此基础上，认知主体再根据物质性信息和意识性信息，进一步对事件进行分析、推理和判断，以尽可能地还原事件。

具体到犯罪现场重建语境下，一个典型的例子就是，当犯罪人在现场活动时，其手指与现场上的桌椅等物体发生接触留下汗潜指印，同时还蕴藏着与指印相关的数量、位置、形态、方向、人身特性等信息，共同构成了客体的物质性信息。与此同时，被害人在遭受侵害的过程中，还会将犯罪人的外貌、行为动作、言语等存储于大脑之中，进而形成意识性信息。由此，侦查人员在办案时凭借自身的知识、经验等，经过对指印表征的物质性信息的解读，可分析、判断检材指印的来源、形成过程、形成原因等。此外，利用存储在被害人、证人、其他知情人大脑中的意识性信息，侦查人员还可进行犯罪人画像、确定侦查方向、串接案件信息碎片，分析可能存在的反侦查行为（噪声）。

---

① 参见［美］维纳：《控制论：或关于在动物和机器中控制和通信的科学》，郝季仁译，北京大学出版社2007年版，第12页。

② 参见杨剑、陈刚：《“犯罪过程中的信息转移原理”的反思与完善——信息本体论视角》，载《中国人民公安大学学报（社会科学版）》2020年第5期。

（二）信息转移理论的内涵

在侦查学和法庭科学领域，犯罪过程中的信息转移理论可被视作物质交换理论、信息反馈与犯罪“再现”理论的整合和扩展，[①] 国内与之类似的叫法还有“犯罪与侦查中的信息传递和反馈”。其主要观点是：犯罪人实施犯罪行为，必然与人、物、环境等发生相互作用，继而导致事物原有运动状态发生变化，形成人、物、场所、环境之间信息的转移。信息转移的结果，一方面保存于遭受侵害的被害人、作案现场以及犯罪环境之中，另一方面通过犯罪行为的作用客体流向犯罪人，保存于犯罪人自身。

犯罪过程中的信息转移理论，是学界在分析物质交换理论的局限性、正视犯罪形态变化的基础上提出的。具体来讲，物质交换理论主要针对的是实在客体，难以对标志客体存在的信息，对犯罪心理、犯罪记忆、言词证据等的形成、转移和发挥事件证明作用，无法起到理论层面的支撑作用。此外，伴随着计算机和互联网的普及应用，以电信网络诈骗、网络赌博、网络传销等为代表的非接触式犯罪屡见不鲜。犯罪人在使用计算机和网络实施犯罪的过程中，一方面会获取与被侵害客体有关的信息，另一方面还会在所用的电子设备、被侵害对象、虚拟空间中留下相应的信息。显然，这些信息通过物质交换理论难以准确解释。鉴于此，国内不少学者从信息论、信息哲学角度，对信息转移理论的内容、价值，信息转移的规律及模型，转移的信息的类型等进行了构思和完善，丰富了该理论的内涵和外延。

二、犯罪过程中信息转移的必然性

众所周知，犯罪行为必然会表现出一定形态，犯罪信息必然寓于一定的犯罪形态之中。当犯罪人在特定时空中为一定犯罪，一方面，必然改变被作用的人、物的原有状态、属性，甚至是结构、内容、关系等。例如，

---

① 信息反馈与犯罪“再现”理论指出，犯罪行为信息是侦查工作进行的基础，科学求解犯罪行为是侦查工作成败的关键。犯罪行为发生的同时，犯罪行为的信息就已存在，这些信息存储于各种媒介之中，通过各类物质渠道传导输出，为各种侦查措施所接收。侦查人员经处理和反馈，逐渐消除随机因素和偏差，将输出结果调整至与犯罪行为实际情况一致的程度，从而达到“再现”犯罪行为之目的。参见武汉：《刑事侦察原理》，上海人民出版社 1987 年版，第 208－209 页。

在实在客体上遗留的指印、足迹、血迹等。又如，在被害人端留下的犯罪人所用计算机的 IP、MAC、设备名称，以及即时通讯应用账号和聊天记录。另一方面，行为人为特定犯罪时，还会生成标志自身及其所使用物的信息。例如，实在客体上的指印、足迹、血迹等蕴含的行为人的身份信息。又如，犯罪人在其所使用的计算机中留下的登录时间、登录地点、用户账户、密码、上网时间、聊天记录等信息。由此可见，无论是实在空间还是虚拟空间，行为人在实施犯罪的过程中，即使未与被侵害对象发生直接接触，也必然产生信息的转移。另外，需要强调的是，虽然非接触式犯罪导致犯罪人与被害人“未发生直接接触”，但在犯罪人端，其操作计算机、移动终端等设备时，可能会在鼠标、键盘、屏幕上留下生物检材，甚至是人脸图像。在被害人端，上述设备上同样可能留下被害人的生物检材、人脸图像。所以，任何一起犯罪，当犯罪行为作用于客体时，必然同时引发物质交换和信息转移。犯罪行为进行的同时，犯罪人将信息转移到不同的人、物载体，或将被作用对象的信息转移至自身，并以信息进行表征。事实认定者基于对信息特征的认知，分析人、物的特性以及二者之间的关系，发现二者的联系，而后再根据案件的构成要素来分析解读犯罪行为，以揭秘“信息—载体—行为—事件”的特定联系，进而求解案件事实。从这个角度来看，各类犯罪的解构，特别是对于非接触式犯罪的解构，信息转移亦是犯罪能够被认知和证明的必要条件。

三、犯罪过程中转移的信息的类型

犯罪过程中所转移的信息，实际上是因犯罪行为而生成的案件信息，是对案件起因、发生、发展、结果、结构、要素关系等的种种表征。按照内容的不同、人的作用的有无、反映对象的不同，可进一步区分转移的信息的类型。

其一，按照内容的不同，可将发生转移的信息大致分为犯罪信息、反侦查信息和其他相关性信息三类。① 犯罪信息，从认识论角度可将其理解为犯罪事实被认知的可能性程度，包括犯罪事实和犯罪环境等信息类型，

① 参见刘品新：《论犯罪过程中的信息转移原理》，载《福建公安高等专科学校学报》2003 年第 1 期。

产生于犯罪预备、犯罪实施、犯罪人的后续相关活动等阶段，存储于犯罪行为形态、犯罪痕迹、犯罪结构、犯罪行为的联系等方面，是表征犯罪行为、求证案件事实最重要的信息类型；反侦查信息，来自犯罪人为逃避打击、掩盖犯罪真相所采取的反侦查行为，如身份伪造、冒用、伪装，销毁、破坏证据，加密通信，资金混同，“人—物—场所”关系的拆分等；其他相关性信息，即不能归类于上述两类信息范畴，但确实能够反映案件事实或促进案件事实认知的信息。

其二，按照人的作用的有无，可将发生转移的信息分为物质性信息和意识性信息两类。物质性信息，是指信息未被认知主体所感知时的存在。例如，犯罪人在作案过程中在被害人衣服、指甲缝等地方遗留的生物检材，在未被被害人感知之前，其存在和变化状态并不为人所知，其所藏的位置、形态、形成过程等当然也不以人的意志为转移。意识性信息，是指认知主体基于存在的物质性信息经处理、加工后所掌握的信息，如被害人的痛觉反映，大脑中有关犯罪人人身特征、犯罪过程的记忆。

其三，按照反映对象的不同，可将发生转移的信息分为人的信息、物的信息、案件信息。其中，人、物的信息是信息转移的核心内容，案件信息可看作以人、物为核心构成要素的组合信息。人的信息，主要包括人的特性信息、变化信息和轨迹信息三类。其中，人的特性信息，又可细分为人的生理特性、心理特征和社会特性信息。人的社会特性信息，又涵盖区域、行业、组织、圈群等内容。物的信息，主要包括物的特性信息、物与人的关系（所有、所用等）信息、物的变化信息、物与人结合情况下的轨迹信息四类。

四、犯罪过程中信息转移的过程

信息论视角下，信息转移可以被看作信源经信道传递到信宿的过程。信源即信息的来源，是产生各类信息的实体，如人、设备、自然界的物体等；信宿即信息的接受方；信道即信息传输的通道。此外，信息在向信宿传递的过程中，还需要进行编码和解码。编码是将信息从一种形式转换为另一种形式或将信息转换成信号的过程，而解码则是编码的逆过程，目的在于实现对信息的还原。信源决定的是信息的性质，信道影响信息的编码方式和信号传输质量（如噪声干扰、信号保真度等），信宿对信息的解码和处理能力，决定信息的还原程度和可用度。具体到犯罪过程中，信源主要是指与犯罪相关的人，信道就是犯罪行为，信宿包括与犯罪相关的人、物、犯罪现场和犯罪环境等。

以犯罪信息的转移为例，犯罪信息因犯罪人为特定行为而产生，当犯罪人在为犯罪预备、实施犯罪行为，以及为犯罪后的相关行为时，因对被害人、犯罪现场、犯罪环境等发生作用，导致被作用客体发生变化，进而生成大量的物质性信息。① 这些物质性信息被按照文字、符号、声音、图像、形态结构、动作习惯等进行编码，经声、光、电、磁等信号进行传导，最终寄存于特定时空条件下的人身、物品、场所、环境，以及人的大脑记忆中。同时，作为被作用客体的人、物、环境等，经编译后传递，还会寄存在犯罪人人身、大脑记忆中，形成意识性信息。由此，犯罪信息便完成了犯罪相关人、物、场所、环境之间的转移。所以，因犯罪行为生成的物质性信息，其转移主要呈现在“人—物—场所—环境”之间。意识性信息，其转移过程实则是从客观走向主观的过程。

审视犯罪过程中人、物信息的转移，亦系由犯罪人的特定行为所致。犯罪行为是一种非孤立存在的社会活动，其需要在特定时空条件下进行并作用于相应客体。因而，当行为人为特定犯罪时，其生理特性信息通过信号传导，可能寄存于被害人人身、涉案物品等载体上；心理特性信息可通过动作、语言、图像等进行外化反映；社会特性信息通过犯罪行为传导，寄存于犯罪环境、痕迹物证、知情人等载体上。物的信息转移，主要是人在加工、购买、使用、维修、保存、流转、破坏物等过程中产生的。以作为犯罪工具的物为例，犯罪人在预备犯罪阶段，可能自制工具、定制工具或购买工具，进而在工具物自身上生成结构形态、属性、成分、加工工艺、生物检材等物质性信息。同理，在销售者处还会留下购买记录信息。以作为侵害对象的物为例，对象物自身遭破坏后，会对应留下破坏位置、破坏方式、破坏程度、破坏手法等信息。

与此同时，随着时空的移转，犯罪人在犯罪预备、犯罪实施、犯罪后等阶段，与犯罪相关的人、物的信息必然会发生转移和变化，进而生成人、

① 参见董向东：《论犯罪与侦查中的信息传递和反馈原理》，载《中国人民公安大学学报（社会科学版）》2013 年第 3 期。

物的轨迹信息和变化信息。例如，犯罪人预备犯罪时在现场周边的活动轨迹、作案时的来去路线、犯罪嫌疑人与被害人打斗造成的人体损伤；又如，犯罪人所用手机随人的运动而产生的轨迹信息、涉案物品的物流寄递信息、涉案资金的流转信息、实物的结构形态变化信息；等等。

当然，上述人、物的特性信息、变化信息和轨迹信息，经“人—人”通信、“人—物”通信、“人—场所”通信、“人—环境”通信，以文字、符号、视听资料、电子数据、记忆等形式记录，通过寄递、传真、网络、口传等途径传播，自然就形成了不同信宿中类型多样且可能具有事实认定价值的知识。

五、犯罪过程中信息转移的规律

如前文所述，犯罪行为作用于客体，在产生物质交换的同时，必然导致信息转移。但与物质交换理论特别是经典物质交换理论不同，信息转移既不必然是直接的、双向的、对称的，也不必然遵循能量守恒定律，[①] 而且特定形式的信息转移具有一定的随机性。

第一，信息转移的非对称性。经典物质交换理论强调不同客体的直接接触，认为发生接触的客体任一方都会在对方身上留下源于自身的物质。但是，信息转移既可因实在空间中客体的直接接触而产生，也可发生在非直接接触的虚拟空间；其既可单向转移，也可双向转移，而且接收方接收到的信息未必与发送者提供的信息相对应，原因在于编解码因素（如编码方式、信号压缩、非正确解码等），以及信道噪声的干扰（如反侦查行为）。

第二，信息转移不必然守恒。经典物质交换理论认为，发生接触的两个客体之间，一方增加的物质必定是另一方减少的，一方减少的物质必定到了另一方身上，转移的物质不能被分享、复制。然而，信息转移过程中，发送方的信息被接收方接收后，发送方自身还可能保留发出的信息；同一发送者还可能同时向多个接收方发送信息，信息可能被多个接收方接收；接收者接收的信息还可能被再次传播，被其他接收者所共享。

---

① 参见王进喜：《美国〈联邦证据规则〉（2011 年重塑版）条解》，中国法制出版社 2012 年版，第 212 页。

第三，特定信息转移的随机性。当下，随比特币而诞生的区块链技术已被大众所熟知。原理上，作为一种去中心化、不可篡改的分布式账本技术，当特定用户在公有区块链中发起一笔交易，区块链中的其他节点会对该笔交易进行分块式记录，区块链会根据设定好的奖励规则（通常按照记账多少计算）对各节点用户进行奖励（以虚拟货币结算）。另外，为保证记录的数据的完整性，各节点区块头部会记录父节点及本节点的位置、时间、“哈希值”等信息。因而，在其中一个或者多个节点有变化，或者数据被修改的情况下，就可以进行快速定位。如此一来，便可有效确保交易的安全性。然而，这种公有区块链在保证交易安全的同时，由于发起交易者身份匿名，参与记录者身份的随机性，会给虚拟货币溯源取证带来重大挑战。正因如此，利用虚拟货币进行资金交易备受犯罪人青睐。

由上述分析可知，行为人利用区块链技术为特定行为时，区块链中负责记录的用户通常由系统根据设定好的规则随机选取。由此可见，区块链中，信息是一种一对多的传递模式，而且信息的接收方（参与交易记录者）随机，进而导致信息转移呈现出一定的随机性。

六、犯罪过程中信息转移理论的价值

其一，为意识性信息的收集、运用提供了理论支撑。经典物质交换理论强调“触物必然留痕”，虽为利用实在客体证明案件事实提供了理论基础，但并不能解释触物所产生的信息转移。此外，物质交换理论也无法解释被害人、知情人、犯罪人大脑中保存的与犯罪相关的记忆的生成和转移过程。针对上述问题，信息转移理论明确回答了犯罪行为必然形成人、物、场所、环境之间信息的转移，同时指明了犯罪过程中实际存在的意识性信息转移。显而易见，信息转移理论，并非物质交换理论的简单升级，而是从信息论和认知论视角对犯罪活动进行系统思考后作出的一种理论创新，其解释了犯罪过程中信息转移的必然性，并为意识性信息的收集、运用提供了理论依据。

其二，为非接触式犯罪的证明提供了方法论指引。在物质交换理论支撑下，事实认定者利用客体的反映形象或客体自身，通过对客体、客体反映形象特征的识别，进而可以证明客体与客体自身等同。但是，当犯罪人和侵害对象无直接接触的情况下，物质交换理论显然难以应对“非接触式犯罪”中人、物，甚至是事件的同一性证明。然而，运用信息转移理论，则可有效化解这一难题。例如，利用被害人端的语音消息，可以直接证明犯罪人身份；又如，利用诸如账号、密码、IP、MAC 等特定类型的数据，可通过数据专属性/私密性、物与人关系的唯一性确认，直接或间接证明人的身份的同一性。

其三，为各类信息的办案运用提供了理论指导。总体来看，犯罪过程中的信息转移通常呈现出非对称性、不必然守恒、特定情况下的随机性等规律反映。不同的规律反映，决定了信息收集、运用要求的不同。以音视频转移过程中的编解码为例，发送者可能采用变声器、人工智能合成语音或图像的方式来隐匿身份，导致接收方接收的信息不实。另外，声音和图像信息也可能因信道阻塞等原因，导致接收到的信息发生变化。这就要求办案人员收集信息时必须查明变化的成因和发送者的真实身份。又以用户通过手机发送的即时消息为例，用户可将消息发给特定用户，也可以选择群发，亦可转发消息。当用户将保存在手机中的已发送消息删除后，这就要求取证人员利用可能存在的语音转文本消息、PC 端同步消息、对端消息、群组消息等，来恢复/显现已删除的信息或进行交叉印证。再以虚拟货币取证为例，公有区块链中，信息发送者身份不明，且接收者具有随机性，因而取证的核心就在于确定交易发起者的身份、厘清交易过程。否则，消息本身的证明作用往往难以有效发挥。当然，如果是交易者身份明确的私有链、联盟链，在取证和证据审查运用时，除上链前行为、消息的审查外，事实认定者对于链上消息记录一般只需进行完整性校验即可。

第三节　同一认定理论

一、同一认定理论的概念

（一）“一”与“同一”

1. “一”的辨析

汉字体系中，“一”字的释义主要有“最小的正整数”，“某一”，“每、各”，“相同、一样”，“整个、全”，等等。许慎在《说文解字》中说，

“一”字“惟初太始，道立于一，造分天地，化成万物”。老子在《道德经》中说：“道生一，一生二，二生三，三生万物。”汉字语境下的“一”，一方面指事物的“原初或本源”的存在状况，另一方面指从具体事物中辩证探寻不断运动变化的客体自身同一的规律及其统一性。

古希腊的智者从泰勒斯到亚里士多德在探索宇宙和万物时，把“本源”“始基”作为形而上追问的问题，同时产生了“一”与“多”一对范畴，从“多”中探寻“一”，即从“特殊”到“一般”，或者从“一”中探寻“多”，即从“一般”到“特殊”。哲学的发展把人的感性知识上升到理性知识，逐步形成了普遍性与特殊性、共性与个性、量变与质变以及事物存在普遍联系的辩证范畴，这为人们正确认识事物提供了认识论基础。在人的认识活动中，为了适者生存而形成了对作为存在符号的“一”的认知需要，即对具体人、物、环境等的认知需要，这种认知是人们对感知过的具体“一”被再次感知时所形成的是曾经“一”的判断，或是在某特定事件中出现过的“一”的反映体（记忆、影像、痕迹）是否源自“某一”的判断。人们的这种认知需求具有普遍性，形成了溯源“一”的思维方式、逻辑，促成了辨识能力的养成，以适应自然与社会的生活。因此，人们溯源“一”是一种思维方式和生存方式，而通过溯源“一”来求证曾经发生的事件的真实情况也是一种基本的证明事实的方式。

2. “同一”辨析

“同”的基本字义是“一样，没有差别”，而实现“同”的方式和方法是对对象进行“比较”或“比对”，因为只有比较或比对才产生“一样，没有差别”的实体内容。“比较”或“比对”既可以指客体自身在不同时空变换中的“比较”或“比对”，又可以指不同客体之间的相互“比较”或“比对”，而比较的目的是发现它们之间的“同质”与“异质”，进而正确地认识客观事物及其相互之间的联系。“同一”的词义是“一致、统一、共同的一个”。如果从“没有差别”来探寻客体的“同一”，则“同一”只有一种存在形式，即客体的自身等同。但是，“等同”只是一种形而上的认知观念或逻辑形式，其本身无法被证明，因为万事万物处于永恒的运动变化之中，故“等同”只是一种观念的或逻辑的存在。就实践而言，作为客体存在的“一”本身具有唯一性，这就决定了在形而上的理念中不可进行等同比较，这样客体自身等同就没有实践意义。万事万物都处于绝对运动之中，因而比较或比对客体的“一”在运动变化中前后的自身相同具有认识的价值，其价值在于确定客体运动本身的存在及其关联。客体自身的运动变化有两个维度：一是客体自身的量变与质变；二是处于不断量变与质变的客体，在不同物理时空中与其他客体相互作用时的运动形式（整体）、方式（连续）及其反映的变化。这两种变化都影响对客体是否自身相同的判断，其一方面通过客体自身的特性来探寻不同时空及运动方式下客体的自身相同，另一方面通过对特定时空范围内被寻找客体或待证客体与其他客体的不同进行综合判断。由此可知，客体自身相同是辩证的相对相同，在逻辑上是一种不断排他、不断否定而得到的自身相同的判断。因此，“同一”是通过比较或比对探寻客体运动中自身相对相同的认识方式。

由上述分析可知，“一”有形而上和形而下的认识意义，“同一”是比较认知“一”的一种方式。从证据与证明的目的和意义来看，对客体“一”与“同一”的正确认识对求解事（案）件事实至关重要。案件是有关诉讼和违法的事件，构成案件事实的人和物是客观存在的“一”，认定“一”及其关联，对证明案件事实具有重要意义。

3.“同一”与“统一”

“同一”是客体自身与自身等同，即“A = A”，虽然等同是存在的，但其只处于绝对静止的状态，因而没有实践认知的意义。案件中作为客体的人与物自身处于不断的量变与质变之中，而其所形成的反映体也因形成变化和形成后变化而发生相应的量变与质变，因而“客体自身同一”只能是基于客体在不同时段变化的相似度或似然率而得出的一种逻辑推理结果。事物自身的构成具有系统性，而事物的运动又具有多样性，因而识别事物一般是从其某一要素、某一方面或者某一层次开始的，这种开始先需要感性地、直观地获得事物某一要素、某一方面或者某一层次的信息，然后经过经验的比较来确定其种属的特点（征象）和唯一的特点（征象），在此基础上经过理性分析、综合以及逻辑推理获得对事物相对客观及确定的认识判断。事中之物的自身同一，一方面以客体自身的特殊性和稳定性为基础，而另一方面不可能与具体客体的运动方式、时空、相关要素等分离开来，因此事中客体的同一认定是基于事实认定要求而被特定化、系统化的同一认定，或者说是基于具体客体同一认定及其相关属性的“统一认定”。从客体自身的辩证同一来看，不断运动的客体自身包含了对立面的“统一”，即肯定自我与否定自我的质的统一。处于事件或案件中的客体，有的特性稳定程度高，有的特性稳定程度低，稳定程度高低的状况与认识确定程度高低成正比，并且当其处于不同的时段时，客体自身及反映体的变化所致的不确定度与时段间隔的长短成正比。同时，反映体变化与形成方式是否正常密切相关，正常形成方式反映体变化小，而非正常的形成方式反映体变化大。因此，对运动客体及反映体的同一认知，需要依据特定客体自身的特性、作用方式、时间、空间各自的“唯一性”所构成的不可分割的“统一性”来解决客体自身是否同一的事实问题。所以，对客体自身不同阶段的特性及特征的存在状况进行比较时，“同一”永远是包含了差异的同一，而解决事实同一认知的确定性问题，则必然需要以辩证统一认识论为基础。

“人”何以为“证”与“物”何以为“证”是事实认定者需要解决的问题，而问题解决是围绕证据客观性、关联性和合法性调查展开的。“人”何以为“证”的“人”，一是“嫌疑人、被（受）害人、证人”等所知晓、感知的事实信息且能依照程序如实供述、陈述；二是“具有专门知识的人”对提供的证据材料进行检验、评断提供“鉴定意见”或“专家证言”；三是勘验、检查、实验人员等就感知的事实信息所作的陈述。就证据的客观性和关联性而言，言词证据的内在逻辑是感知记忆、记录信息与感知对象存在信息是否存在同一性与统一性，而无论感知记忆、记录信息是否为直接获得。在“物”何以为“证”的调查中，如果作为客体的物是案件事实的要素，则必然要求其具有统一性，即基于客体自身的特性、作用方式、时间、空间各自的“唯一性”所构成的不可分割的统一性，而构成这种统一性的各要素之间是相互关联和相互作用的。当客体的这种“统一性”形成逻辑自洽时，则是事实本身的反映；反之，则不是事实本身的反映。

对客体自身“同一”到客体与案件事实的“统一”认识进路的看法不同，形成了不同的鉴定同一逻辑及其鉴定理论。一种观点认为，同一逻辑只存在于客体自身及反映体的运动关系之中，因而相应的鉴定理论只通过客体特性及特征解决客体自身是否同一的问题；另一种观点则认为，虽然同一逻辑只存在于客体自身及反映体的运动关系之中，但司法实践中的鉴定理论需要依据特定客体自身的特性、作用方式、时间、空间各自的“唯一性”所构成的不可分割的统一性来解决客体自身是否同一的问题。这两种同一逻辑及其鉴定理论，是由科学与司法各自的立场决定的。就前一种而言，鉴定人只应用鉴定科学技术解决客体自身的同一问题，因而超越科学技术本身的案件事实“统一性”问题应该由事实认定者解决，这要求事实认定者依程序对鉴定意见或专家证言进行质证、分析和评价。由于对客观事物的科学认知必然存在“不确定性”，而表达不确定性的科学依据必然是特征数据及其比对所获得的相似度或似然率。然而，这种分析和评价内容包括鉴定程序的合法性与鉴定意见实体的可靠性，但对大多数事实认定者来说，分析和评价鉴定意见的技术及其应用的可靠性是困难的，尤其是基于相似度或似然率的鉴定意见或专家证言更加难以接受。就后一种来说，鉴定人应用鉴定科学技术在解决客体自身的同一问题时，需要综合分析评断科学技术应用与案件事实“统一性”问题，以逻辑判断的形式作出“明确”或“确定”的鉴定意见，从而在一定程度上减轻事实认定者对鉴定意见或专家证言的分析和评价压力。上述问题涉及鉴定科学技术介入诉讼证据调查所解决的专门性问题要求及权责的分配问题。从鉴定科学技术介入诉讼的立场来看，其本身只关注单纯的技术性应用的可靠性问题，解决问题能达到什么程度，用什么方法来表述鉴定意见或专家证言等都只尊重技术本身，这无疑是正确的。在我国刑事鉴定的发展中，在把鉴定技术应用于解决诉讼专门性问题时，因技术应用所解决问题的特点不同，把专门性问题分为技术检验问题与技术鉴定问题。技术检验问题涉及物质成分种属检验、可疑物质中是否存在某种物质的检验，以及某种材料上是否存在某种异常事实的检验等。这类问题经技术检验后能够获得直接意见，因而无须进行相应的逻辑推论，所解决问题的意见是相对明确的或确定的。技术鉴定问题，尤其是涉及同一认定的鉴定问题，往往需要进行综合分析（逻辑推论）来获得明确的或确定的鉴定意见。

然而，鉴定科学技术介入诉讼需要满足诉讼的需要，或者说解决什么专门问题，以及解决专门问题应达到什么要求等问题是由诉讼需要决定的。因而，当诉讼证据规则的制定者及事实认定者要求鉴定人对同一认定作出“明确”或“确定”的鉴定意见时，一方面要求鉴定意见必须满足科学可靠性的要求，而另一方面应结合所解决问题所涉及的客体“统一性”问题进行综合分析评断，从而以逻辑判断的形式作出“明确”或“确定”的鉴定意见。这种诉讼需求虽然在一定程度上超越了技术适用的范围，但技术检验后的“综合评断”也属于“专门知识”的范畴，因而也具有相对合理性。

（二）同一认定

物证鉴定的同一认定是人们基于客体、场所等自身特性及其特征，通过比较来确定两次或两次以上出现或呈现的客体、场所是否为同一客体、场所等的认识活动。“认定”是一种基于认识的判断活动，其判断的结果可以是“确定”或“明确”性的，如“是或不是”“有或无”等；也可以是“不确定”性的，如“可能是或不是”“较大可能是或不是”“极大可能是或不是”；还可以是“无法判断是否”。同一认定是人们认识客体运动及其关系的基本方法，当某一客体在不同时空中两次或两次以上出现时，或者人们两次或两次以上到达某一场所时，需要对是否为同一客体自身、同一场所作出判断以满足认识活动的需要。从案件事实的证明逻辑来看，法庭科学或司法鉴定的同一认定是基于案件事实证据调查需要的一种假定，即通过对案件的初步调查或诉讼的举证与质证，假定构成案件事实的人或物是何人或何物，以及参与案件程序活动的是何人，或涉及何物。在假定的基础上，依据客体自身及其运动所形成的反映体的特性、特征，通过比较的方法，在经过不断的否定和排除合理怀疑后证明假定是成立的。

在人们的认识活动中，依据同一认定的目的、要求及其方法的不同，将同一认定分为普通的同一认定与科学鉴定的同一认定，前者是一个有正常智识的人对曾经认识的客体或场所再次出现或呈现时进行的是否同一的判断活动；后者是具有专门知识的人，基于证据调查需要，应用专门知识对某一客体在不同时空中两次或两次以上出现时，或两次以上呈现的某一场所是否属同一客体自身、或同一场所作出的判断活动。此外，人在适应自然和社会的活动中，确认客体的唯一性及其运动变化中的自身同一是基本的生存方式，由此产生了同一思维和逻辑，经过不断的学习和训练形成同一认定的能力，如婴儿通过气味、声音认定母亲，儿童辨认同一场所、用具，等等。普通的同一认定在动物中也有相应的存在，哺乳动物、鸟类也具有对场所、密切联系的动物、食物的同一辨识能力。

普通的同一认定与科学鉴定的同一认定有共同的认识基础和逻辑，都是基于对客体、场所的特性及其特征，经反复的比对、排除或否定来实现的。两者的不同之处在于，前者是依据主体对客体、场所感知所获得的特性及特征进行比对来实现同一认定，后者是在对客体、场所及其反映体的感性认知的基础上，运用专门的科学原理、技术方法发现客体、场所的特性及特征，经反复的比对、评断以及不断地排除或否定进而实现肯定同一的目的。以上对普通的同一认定与科学鉴定的同一认定区分的目的在于对鉴定意见审查和质证时，使鉴定人以共同的认知基础进行合理有效的陈述，以增进证据调查主体对鉴定意见的理解，消解认知分歧，甚至是纠错。

对案件的客体进行同一认定鉴定是具象的。在案件中，客体是具体的人和物及其相应的反映体，是案件事实的基本构成要素。案件中的人、物处于特定时空中，与案件有关的人、物是运动的，事件运动的时空轨迹、结果以及与其他客体相互作用的方式、联系等构成案件事实，因而通过客体及其反映体的同一认定仅是确定或排除与案件事实的关联，而这种关联还必须以客体与案件事实在时空、方式上是否存在关联为基础，因此案件中具象的客体的同一认定只有在客体自身，客体运动的时空、方式都具有统一性时才反映案件事实本身。由于案件中客体自身的特性、稳定程度及其反映体随运动时间、方式特点的不同而不断地发生变化，使同一认定受到时间要素的影响。通常，客体在时间连续的情况下的正常渐变所形成的差异是细微的，自身形成了客体及时空的统一性和排他性，因而不会对认识活动产生显著的影响。但是，客体随时空变换越显著，对同一认定活动的影响也就越大。由于客体运动变化的方式或“渐变”或“突变”，甚至消亡，所以客体自身在一定量变情况下能够实现同一认定，但在显著质变或完全质变情况下则不能实现同一认定。因此，客体同一认定活动只有在满足一定条件的情况下，才能正确地达到目的。

案件证据调查技术的同一认定是针对案件中具体的鉴定对象、应用相关的鉴定技术来实现的，这种认知活动是“形而下”的，从技术应用所获得的量化结果来看都具有相对的不确定性，因而不可能解决同一判断中“是”的“形而上”问题或“肯定同一认定”问题。通常，在同一认定的比较中，从自身完整性和稳定性程度高的DNA，到自身稳定性高但反映完整性相对较低的指纹，再到自身稳定性和反映完整性都相对较低的人的各种习惯等，都存在自身相似或相同概率差别的问题。因此，法庭科学或司法鉴定的同一认定结果应该是一种“相似度”或“似然比”的表达，而要求鉴定人作出“是”或“肯定同一”的鉴定是不合理的。然而，针对案件中具体鉴定对象的同一认定不是孤立的，而是在案件特定的时间、空间及其相关信息调查的基础上确定的，因而把鉴定与相关案件事实信息结合起来的同一认定鉴定与单纯的依据鉴定对象的技术同一认定存在不同。前者是基于案件相关信息、逻辑分析、技术检验依据等进行的综合同一认定，而后者是基于鉴定对象本身及其特征数据所得出的同一性表达。在我国司法实践中，根据证据规则、诉讼效率和事实认定者对鉴定意见的评价习惯，往往需要鉴定人综合鉴定对象的相关信息与鉴定依据进行综合评断，从而得出相对“明确”的同一认定鉴定意见。当然，这种由鉴定人结合鉴定对象的相关信息和鉴定依据进行综合评断后得出的同一认定鉴定意见，在一定程度上受到鉴定人认知能力和相关信息可靠性的影响，这无疑增加了鉴定意见出现错误的风险。由鉴定人针对鉴定对象进行鉴定后，依据所确定的鉴定依据及价值得出相应不确定的同一认定意见，符合技术应用的客观实际，但这种意见证据的不确定性需要事实认定者结合已经收集的案内证据对鉴定意见进行综合“证据评价”，经综合评价后根据案件所确定的证据综合认定案件事实。然而，这在一定程度上增加了事实认定者评价的难度。

随着科学技术的发展，信息、数据集成及其人工智能技术正在一定程度上介入到同一认定鉴定活动中，由于客体特性的稳定程度不同，基于算法识别的确定程度也不同，DNA、指纹等识别准确程度高，而习惯类识别确定程度低。然而，随着技术的发展，不久的未来，人工智能识别将成为同一认定鉴定最强有力的工具。

（三）同一认定理论

1. 同一认定理论

在法庭科学或司法鉴定范畴内的同一认定理论是在解决诉讼活动中基于证据调查需要，解决同一认定专门性问题而产生的，因此同一认定理论是关于运用科学技术知识解决诉讼证据调查中同一认定专门性问题的概念、原理、逻辑、程序、方法、结论等知识体系的总称。同一认定理论是在司法实践的历史发展中，不断探寻收集证据的科学方法的基础上形成的。人们在生产、生活中，依据感知的经验不断地辨识眼前对象与过往中记忆对象的“同一”，随着科学技术的不断发展，科学的同一认定及其理论逐步形成，成为证据及证明事实的重要的理论。不断地把客体种属认定提升到同一认定的科学探索领域一直是同一认定理论的发展方向，并且需要把基于感知经验的同一认定提升到以数据、概率为技术要素的同一认定。辨认是人们最初的也是基础性的同一认定种类，辨认同一认定结果是否正确取决于辨认人对辨认对象特征的认知程度及记忆准确程度等因素，因而辨认的对象及范围是有限的。随着科学技术的发展，人们对客体的特性及特征的认知范围不断扩大，因而同一认定的种类范围也以物证为中心不断扩大，相应的知识和技术也不断地拓展和丰富。证据调查的同一认定理论适用于一切需要应用证据查明事实的领域，包括考古、诉讼、仲裁、行政执法、纠纷调处等，但法庭科学或司法鉴定范畴内的证据调查同一认定理论是专门为诉讼服务的证据技术调查理论，是诉讼法与技术相结合的具有交叉性、边缘性和应用性特点的理论。

2. 同一认定的理论体系

同一认定理论经过长期的发展，已经形成了较为完善的理论体系，其理论体系包括同一认定的概念、任务、对象及条件、原理（科学基础）、逻辑、依据（特征及特征数据）、方法、程序、技术实施步骤与要点、鉴定意见（专家证言）、鉴定技术及文书规范、鉴定意见评价、历史以及文化等方面。如果从案件事实的证明角度来看，案件事实的司法同一证明也属于广义的同一认定的理论范畴。随着现代数据技术和人工智能技术的发展，同一认定对象拓展到数据化的时间、空间及各种新的物质形式，技术方法和依据也因图像新技术，检测新技术，自动识别技术，仿真实验技术，统计、概率等数学方法的应用以及模糊逻辑分析方法的应用而使同一认定理论不断发展和丰富。

二、同一认定的科学依据

万事万物都具有特殊性，而特殊性又具有相对的稳定性，这是同一认定的科学认识基础。同一认定的客体具有特殊性及其相对的稳定性，而客体处于不断运动变化和与其他客体相互作用之中，这种作用因方式的不同而形成相互之间的物质交换、信息转移等不同的关联形式，在一定的条件下形成客体的反映体——物质反映形象、分离物、影像、声音、数据等。由于客体的反映体是客体某一方面的特性及特征的反映，而客体反映本身及反映方式客观上存在联系，这就为证明客体运动及相互关联提供了依据。

（一）同一认定客体的属性

1. 客体的特殊性

客体的特殊性是指事物的内在规定性，是一事物区别于其他事物的差异性。在客观世界中不在完全相同的事物，因而客体的特殊性具有普遍性。虽然客体的特殊性是客观存在的，但是人们认识和运用客体的特殊性是有条件的、复杂的，在有的情况下甚至是难以实现的，因而对客体特殊性的认识和运用是随着人们认识能力的提升而不断发展的。客体的特殊性是由客体自身存在的种属特征和细节特征，以及其相互依存的不同方面、不同层次的特征结构体系构成的，是一客体区别于其他客体的本质所在。虽然客体的特殊性是客体自身固有的，但是人通过客体的特殊性对客体物的识别则是由识别人对客体特殊性的认知程度以及识别准确性要求决定的。人的生存基础在于识别和应用客体的特殊性，因而智识正常的人都具有对客体的识别能力，当客体的特殊性被人充分而准确地把握时，则识别客体的准确度高，反之则低。人们经过学习、训练和社会分工的实践掌握了认知各种客体的特殊性的专门知识和经验，从而获得了更广泛且专业的识别客体的能力，并结合识别对象的范围、时空、运动方式以及逻辑等应用客体，开展客体同一性的实证鉴别，由此就产生了对客体同一认定的确定性标准问题。基本的问题是同一认定客体特性的特质构成的下限问题，以及确定性判断特殊质的充分性和排他性问题。证据科学范畴内的同一认定以客体的特殊性为基本原理，通过对具体客体的种属特性、个体特性的正确认知和比对应用来确定客体是否存在涉案事实。案件事实构成的基本要素是特定的人和物，因而人各不同、物各不同是同一认定的实现基础，而构成案件事实的人和物的运动时间、空间、轨迹以及原因和结果的不同则构成同一证明的原理。虽然证据科学范畴内的同一认定以客体的特殊性为基本原理，但是案件中的同一认定以具体的人和物及其反映体为鉴定对象，而该鉴定对象一方面自身处于特定的具体状态，另一方面处于具体的运动状态，从而使鉴定对象的特殊性被特定化。从同一认定鉴定的逻辑来看，鉴定对象的特殊性是同一认定鉴定意见的科学基础，而鉴定对象特殊性的构成，主要源于客体自身的某一方面或部分。由于鉴定对象的特殊性因案件被特定化，所以鉴定对象的形成条件、形成方式、时间、空间、轨迹等因素对鉴定对象特殊性的认知及价值评断具有重要的影响。同一认定的鉴定对象可能是与案件有关的具体人和物，也可能是与案件无关的具体人或物，因而用同一认定的方法去寻找涉案的具体人或物是一种鉴别性调查活动，而通过调查发现了嫌疑人或物然后依法定程序进行同一认定则是一种科学证据调查活动。

客体的特殊性是伴随着客体的形成而形成的，因客体形成原因和方式不同则相应地形成了不同的特殊本质。人以及动物、植物的特殊本质是因遗传与变异而形成的。人有种类和性别的不同，而人的个体又包含了不同方面、不同层次的特殊本质，这种特殊本质具有相对独立性，构成人各不同的特殊性，如指纹、趾纹、声纹、相貌、DNA、习惯等。动植物也存在种类和性别的不同，而不同的个体又包含了不同方面、不同层次的特殊本质，这种特殊本质具有相对独立性，构成动植物各不同的特殊性，如动物的趾纹、声纹、相貌、皮毛花纹、DNA、习惯，植物的 DNA、年轮、树叶的形态结构，等等。虽然“克隆”技术使动植物的 DNA 相同，但是受到后天环境因素影响所形成的特殊质却各不相同。自然状态下的土壤、矿物以及石块等物质的构成成分和结构特性不同，从而形成不同的物理、化学特性。人们生产、加工形成的各种物品，因生产、加工的方式、方法及工艺的不同形成具体对象特殊的本质，即使通过现代标准化生产的产品仍然具有自身的特殊质。

由于客体自身特殊本质的构成包括种属特性和自身的个体特性，不同客体特殊质的特定程度差别，对同一认定产生了重要影响。通常，客体特殊性强弱与客体的区分度成正比，与同一认定价值高低也成正比。不同客体之间的相似性是客体之间共性的反映，在不同的自然物及人造物之间、不同种类的客体之间、同类客体之间存在不同程度的相似性及其似然比，其相似性及其似然比的高低与种类识别、个体识别难易程度成正比，即相似性及其似然比越高，则识别的难度越大。因此，在同一认定逻辑演进过程中，由种属识别到个体识别是基本的认知逻辑，通过不断地排除客体种属之间和个体之间的相似性进而确定客体的特殊性。物与物之间的相似性及其似然比与物自身在不同时空运动的前后一致性及其似然比存在显著的不同，后者的一致性及其似然比是客体自身在不同时空中的反映；高的相似性及其似然比，甚至“等同”，而前者虽然也会出现极高的相似性及似然比，但也仅仅是极少数的人或物，如同卵双胞胎的人、“克隆”的动物、高标准模式化加工的批量产品等。

2. 客体特殊性的相对稳定性

客体特殊性的相对稳定性是指客体的特殊性在一定条件及时间内保持相对稳定不变的属性。客体的变化是永恒的，因而所谓的“相对稳定不变”是“渐变”，是物自身存在的状态。不同客体特性的稳定程度因其特性自身存在的物质特点（成分、结构、性能、运动方式）和外部因素影响而不同。客体的特殊本质不是一成不变的，在特定的时间范围内可能增加或减少总体质的数量及价值构成，而这种增加或减少往往是通过客体自身的运动、使用、标识、练习等实现的。人的DNA、指纹特殊性的稳定程度高，基本终身不变；人的外貌、习惯特殊性随年龄增长会发生部分改变；物品、机具特殊性因物理和化学作用而发生部分或全部改变。客体的稳定程度具体通过单个特征自身表现状况、特征数量的增减等呈现出来，如果客体自身的特殊性构成显著，则个别或少量特征变化不足以影响客体的整体特殊性，而如果客体自身的特殊性构成不显著，则个别或少量特征变化则可能较大程度地影响客体的整体特殊性。例如，人的指纹的个体特性显著，磨损、受伤使个别特征增减并不影响指纹整体特殊性；又如，机制的印章，标准化加工完成后分割的枪管，标准化生产的同型号、同批次的打印机、复印机，同模、同批次加工成型的鞋底等，其客体的自身特殊性在该范围内不显著，则个别或少量特征变化则可能较大程度地影响客体的整体特殊性。有的客体自身特殊性是由不同方面、不同层次、不同价值的形态特征构成的，而有的客体自身特殊性是由不同方面、不同层次、不同价值的动态和形态特征构成的。通常情况下，形态特征所构成的特殊性的稳定性相对高于由动态和形态特征所构成的特殊性的稳定性。

客体特殊性的相对稳定性是认识事物的条件，其稳定程度的高低既与区分或鉴识条件的优劣成正比，也与其成为证据的可靠程度高低及其鉴定意见的确定程度成正比。在同一认定活动中，出现于不同时空中的客体稳定的程度越高则供比对的条件越好，反之则供比对的条件相对变差。

3. 客体特殊性的反映性

客体特殊性的反映性是指客体的特殊性在运动过程中必然与其他客体相互接触而生成反映客体特性反映形象的属性。证据调查过程中，客体的反映体是寻找客体的证据材料。世界上的任何客体都不是孤立存在的，永远处于运动之中，这使客体总是与其他客体相互接触而形成关联，而这种“关联”是证据作证的基础。客体之间相互接触必然产生“物质交换”，从而形成客体的反映体。案件证据调查中同一认定的对象有的是客体本身、有的是客体的反映体，但多数情况下是客体的反映体。客体的反映体包括痕迹、影像、印象、电子数据等，除人的印象外，其他的痕迹、影像、电子数据等都是鉴定的对象。

客体的反映体是客体自身运动而生成的相对独立的物质存在形式，当客体运动按时空顺序被完整、直接地记录时，无论其反映体形成的影响因素如何复杂，反映体是否被固定都能确定客体运动的同一性客观联系。但应用到客体反映体间接的溯源与客体之间的同一性时，则反映体形成的影响因素、反映体是否被固定以及反映体所反映的客体特性的状况等会产生重要的影响，因而顺向的直接同一认定优于逆向的间接同一认定。随着影像技术、数据技术以及人工智能技术的发展，顺向的直接同一认定的证据的作用越来越显著，从而深刻地影响着基于同一认定证据技术的应用和发展。

客体反映体是客体运动的产物，因而客体自身的特点、运动方式、接触方式、时间和空间以及相关因素等都会对客体反映体状况产生影响。在案件事实形成过程中，客体的运动处于特定的方式、时空和相关因素的影响之下，因而客体运动的特性反映状况、时间、空间、方式等的关联构成客体反映体，成为证据的基础，所以同一认定必然涉及客体特性同一关联、客体时空关联、客体形成方式关联等的“统一性”问题，证据调查只有系统地解决“统一性”问题，才能满足证据所证明案件事实的“唯一性”和“排他性”要求。案件中的客体的反映体是同一认定客体自身的证据材料，每一个反映体都是唯一的，因而客体的反映体所反映的客体特性状况决定了同一认定意见的种类。当客体反映体充分反映了客体的特性时，则具备作出“确定性”或“明确”的同一认定意见的条件，否则只具备作出“不确定性”或“非确定性”同一认定意见的条件。在案件证据调查过程中，实现同一认定必然存在一个或一个以上被怀疑或有争议的客体及其反映体，该反映体也是同一认定客体自身的证据材料，因而其所反映的客体特性状况对同一认定意见有重要影响，当客体反映体充分反映了客体的特性时，则具备作出“确定性”或“明确”的同一认定意见的条件，否则只具备作出“不确定性”或“非确定性”同一认定意见的条件。

客体形成客体反映体的方式是多种多样的，客体的外表形象及特性通过直接接触、影像记录、数据存储等直接或间接的方式形成反映体；客体自身的结构特性通过外力作用形成反映体；客体的技能习惯特性通过书写、说话、行走等活动形成反映体；现代影像和数据技术通过记录、存储形成客体反映体。客体的直接反映方式是直接的、原始的，而且是唯一真实的方式，但客体反映体的形成方式除直接形成方式外，还存在复制等间接方式，而这种形成方式使其来源的真实性存疑。

客体反映体的形式和本质源于客体自身，但两者之间并不存在形式和本质的等同关系，或者说，客体的反映体只能局部地反映客体自身的形式和本质。基于这一客观事实，同一认定不应是机械、数量的简单同一认定，只能是辩证的同一认定，是基于反映客体特殊本质的特征数量、质量及其应用逻辑在特定条件状况下的同一认定。由此可见，同一认定是实现客体反映体无限趋于客体自身的认识过程和逻辑，因而通过对不同时空中出现的客体反映体的特征统计和概率测算，是实现同一认定科学的方法之一。

（二）客体特征

客体的特征是客体特性及其稳定性所具体表现出来的各种征象。客体特征承载客体特殊性和稳定性的信息，因而对是否特征的判断必须以特定程度和稳定程度为基础。客体的特征有的能够通过客体自身或反映体反映出来，如指纹与指印、印章与印文、工具与工具痕迹等；有的通过客体自身反映出来，如 DNA、毒物、毒品等；有的通过反映体反映出来，如笔迹、足迹、声纹等。按客体的存在状况及特性的构成不同，可将客体特征分为形态特征、物质成分结构特征、动作习惯特征和数据特征。根据特征的价值不同，又可分为一般特征与细节特征，或者一般状况特征与局部特征。按照特征构成关系的不同，还可分为单个特征、组合特征和群特征。按照特征形成模式的特点，可区分为静态特征与动态特征。

1. 形态特征

客体及反映体的形态特征是指其点、线、面及组合的几何征象。形态特征既可单一呈现，也可多维、组合呈现。当客体形态特征由单一形态延展到组合形态时，在特征增加的聚合结构状态下呈现客体及反映体的局部特性及整体特性。

2. 物质成分结构特征

物质的成分结构决定物质的理化性质，而不同物质具有不同的成分结构并呈现相应的特征，这成为物质种属认定的依据。个体 DNA 的结构特征表现为碱基序列、甲基化、高级结构以及端粒长度方面的征象。所有的生物 DNA 分子结构都有不同的核苷酸序列，遗传变异使每个个体具有以核苷酸序列发生变异为基础的多模态遗传信息——“遗传标记”，这使其成为个体识别的特征。

3. 动作习惯特征

动作习惯特征是人的动作习惯特性所反映出的具体征象。人的动作习惯是动作技能的衍生物，人的动作技能包括书写、行走、说话、生活和劳动等技能，书写和行走技能形成物质痕迹，说话、生活和劳动技能被记录（录音、录像）而形成反映体，从而在一定条件下成为鉴定对象。动作技能及习惯具有神经系统的锁链特性，因而所反映出来的特征有的是动态特征和形态特征结合，有的是动态特征。动态特征是指动作的力度、速度、节奏、顺序等方面的具体征象，而形态特征为点、线和面的具体征象。动作技能及习惯的反映是一种随意运动，其特征并非机械地呈现，而是以一定的规律性反映出来的。随着认知神经与脑科学、深度学习技术的发展，动作习惯的自身特性可以通过数据形式呈现。

4. 数据特征

对数据特征的描述包括一般性描述和特定性描述，一般性描述是指数据的一般状况特征，如数据的基本结构，数据间的联系，数据取值范围的约束，数据的增删、复制、非均值性、多样等特征。特定性描述是指对特定对象和任务的数据记录。在数据种属认定与同一认定活动中，需要针对数据转移各环节状态的文件数据特征以及传统种属认定与同一认定对象的数据特征。数据转移各环节状态的文件数据特征以具有唯一性、不可逆和固定长度的“哈希值”为特征。传统种属认定与同一认定对象数据特征是指所依据的特征反映体特征生成的相应的数据特征。① 现代数据获取技术已经实现指纹、相貌、笔迹等的直接动态数据提取，所提取的数据特征比传统的图像、痕迹特征分析提取的特征更丰富，使同一认定的依据更充分。例如，从手写电子签名笔迹中获取的与书写动作相关的书写压力、书写速度、签名时长、执笔角度及其他笔迹动态特征。这些笔迹动态特征一般通过相关软件工具以数据、曲线、图形和图谱等形式呈现。②

通常，客体特征除具有系统性外，还具有多维的结构特点。在特征形态及结构体系中，客体特征间相互关联的自然状态及其变化的自然因果联系，对确定特征体系的性质具有核心价值，因为它决定着对特征与特性关系真伪性质的判断。就反映体而言，客体特征间相互关联的自然状态及其变化的自然因果联系，一方面对判断反映体与客体之间的反映方式，即直接反映还是间接反映，自身反映还是替代反映，正常反映还是人为干预反映，客观因素引起变化反映等具有重要价值；另一方面对分析确定特征的异同也具有重要意义。

对客体的特征认知包括两个方面：一方面是对客体自身特征的理论认知，另一方面是对鉴定对象（反映体）特征的实践认知。对客体自身特征的理论认知因客体的存在方式的不同而存在差别，有的可以直接对客体物进行检验从而确定特征，如DNA、指纹、工具、印章等；有的只能对客体的反映体进行检验确定特征，如笔迹、声纹、步法等。对客体特征的理论认知是在一定设定条件下，通过实验、观察分析、统计分析等来实现的，所认知的特征全面且充分。对鉴定对象（反映体）特征的实践认知是在特定条件下形成的，反映体的数量、变化决定特征的数量及其表现状况，因而反映体的特征仅是客体特征的局部或部分，而且所确定的特征可能受鉴定条件及鉴定人能力和经验的影响出现不确定，甚至错误。

在人工智能技术快速发展的数据时代，计算机视觉技术、语音识别技术、自然语言处理（NLP）技术等广泛应用，同时数据采集、表达、交互、

---

① 参见李学军：《数字人身同一认定的技术力量与规制》，载《中国法学》2024 年第 4 期。

② 参见中华人民共和国司法行政行业标准《手写电子签名笔迹鉴定技术规范》（SF/T 0138—2023），第 2 页。

集成等技术的发展，使客体的运动及反映体的形成出现多模态记录、传输和呈现，这使客体及反映体特征的分析、提取、呈现也实现多模态分析、交互和融合，从而实现全面系统的应用特征，并提供鉴定的智能识别辅助，同时随着多模态深度学习的不断进步，鉴定的智能识别辅助的准确性将显著提高，从而提升鉴定的高效性和科学性。

（三）同一认定的种类

1. 按照同一认定主体的不同分类

按照主体的不同，可将同一认定分为鉴定型同一认定与非鉴定型同一认定。鉴定型同一认定是由具有专门知识的人，多数情况下是鉴定人接受聘请或指派，应用专门知识依法解决诉讼、仲裁、行政执法等活动中的专门性问题并出具同一认定鉴定意见或专家证言的活动。鉴定型同一认定是科学证据调查的一种专门性活动，如亲子鉴定、指印鉴定、印章印文鉴定等。非鉴定型同一认定是指感知案件事实的人，凭记忆判断可疑的人、物、场所与原感知人、物、场所是否同一的一种认定活动。这种同一认定的典型形式就是辨认。

2. 按照同一认定客体属性的不同分类

按照客体属性的不同，可将同一认定分为人身同一认定、网络主体身份的同一认定、物的同一认定和场所同一认定。

人身同一认定是指依据构成个体人身的具体客体及其特征反映体的属性来认定不同时空中活动的人是否为同一人的认识活动。自然人个体是遗传与变异的自然产物，其人体特殊性是由细胞、牙齿、骨骼、肤纹、相貌、虹膜、血管结构、习惯等具体客体的特殊性构成的，由于这些客体的特殊性具有较强的稳定性，且能通过齿痕、骨骼结构、血液、指印、趾印、笔迹、声纹、人像、语音、视频、其他类型的电子数据等反映出来，所以构成人身同一认定的客观基础。在证据调查活动中，涉及人身同一认定的案件较多，人身同一认定是最重要的同一认定种类。

网络主体身份的同一认定。[①] 参与网络活动的人在时空上存在应用网

---

① 参见何家弘、谢君泽：《网络犯罪主体的同一认定》，载《人民检察》2020 年第 19 期。

络终端设备（个人电脑、智能手机、智能家电等）进行数据生成与交换的行为，这必然在参与网络活动的主体与特定数据之间形成唯一性关联，而对这种唯一性关联的求证，则表现为网络数据时代一种新的同一认定种类。网络主体身份同一认定的实质，是通过综合应用物理空间的传统信息与虚拟空间的电子痕迹来实现的。[①] 根据认定的依据不同，该类同一认定分为以电子设备为中介的同一认定、以数据信息为中介的同一认定、以行为痕迹为中介的同一认定等。根据识别的形态不同，分为基于单一电子痕迹的人身同一认定、基于多电子痕迹的人身同一认定、基于电子痕迹与传统证据相结合的人身同一认定。[②] 这类同一认定主要通过特征信息的发现与收集、特征信息的分析与运用，以及同一认定结论的确定性评断等步骤方法来实现。网络主体身份同一认定的本质就是信息转移的逆向回溯，是"网络空间"到"单机空间"再到"物理空间"的大同一认定。这种同一认定是由一系列关联对象具体的种属认定和具体对象的同一认定，经系统逻辑分析实现的。[③]

物的同一认定是指依据物的属性来认定不同时空中运动的具体物是否同一物的认识活动。此处所述之"物"指除人身及人身物以外的存在物，包括动物、植物、矿物、产品等。物的同一认定可通过痕迹反映体比较来实现，如枪弹、工具、鞋、交通工具等痕迹；也可以根据录音录像、电子数据等记录反映体的比较来实现，如动物的录音录像、枪声、爆炸声、火苗噼啪声、玻璃破碎声、说话声、脚步声、警报声、开关门声和哭声等。[④]

场所同一认定是指依据场所的地理位置及其构成的特性，以辨认、图像比对等方法确定记忆、记录的场所与事件或案件发生的场所是否同一场所的认识活动。场所是由特定的地理空间位置及其构成物组成的，山川、河流、道路、植被、建筑物、室内陈设物及其布局等构成了场所的特性及

---

① 参见刘品新、孙玉龙：《基于电子痕迹的人身同一认定：网络犯罪的身份识别》，载《法律适用》2016 年第 9 期。

② Forensic Science Regulator, *Codes of Practice and Conduct for Forensic Science Providers and Practitioners in the Criminal Justice System* (Version 2.0), Birmingham UK, 2014.

③ Forensic Science Regulator, *Codes of Practice and Conduct for Forensic Science Providers and Practitioners in the Criminal Justice System* (Version 2.0), Birmingham UK, 2014.

④ 参见曾宇、户文成：《贝叶斯优化卷积神经网络公共场所异常声识别》，载《应用声学》2020 年第 3 期。

特征，从而为同一认定提供基础和依据。依据已经获得的场所局部视频或图像，应用无人机技术获取可疑的场所视频图像进行场所同一识别已经成为一种场所识别的有效途径。另外，机器人场所识别通常利用环境布局的几何信息、视觉信息以及用户指导实现场所识别，其具体识别技术和方法包括基于2D、3D几何信息的场所识别，基于平面图像、三维图像、图像序列的空间分布等特征实现场所识别。未来，采取多类型、多模态、多传感器信息融合技术进行场所识别将得到发展和应用。①

3. 按照同一认定方式的不同分类

按照认定方式的不同，可将同一认定分为直接同一认定与间接同一认定。直接同一认定是指依据客体自身属性来认定不同时空中出现的客体是否同一客体的认识活动，例如，整体分离物的同一认定、辨认等。间接同一认定是指依据客体的特征反映体，尤其是痕迹、影像、电子数据等来认定不同时空中出现的客体是否同一客体的认识活动，例如，指纹、足迹、工具、枪弹痕迹、笔迹等的同一认定等。

4. 按照客体特征的不同分类

按照客体特征的不同，可将同一认定分为客体外表形态特征同一认定、客体物质成分结构特征同一认定、动作习惯特征同一认定。客体外表形态特征同一认定是指依据客体外表形态特征来认定不同时空中出现的客体是否同一客体的认识活动。在物质世界中，有的客体的特性通过外表形态特征呈现出来，因而形态特征是指客体表面立体或平面的线条、线条结构、线条组合图形、颜色等的特点。例如，指纹、赤足印、鞋印、工具痕迹、枪弹痕迹等的特征。客体物质成分结构特征同一认定是指依据客体物质成分结构特征来认定不同时空中出现的客体是否同一客体的认识活动。客体的物质成分结构是构成物质种属属性和唯一性的客观基础，其特征表现为物质的种类结构及含量特征、分析结构特征、细胞结构特征等。由于不同物质的成分结构复杂多样，而现有的技术方法一般能够实现种属属性的识别，难以实现唯一性的识别，依据该类特征进行的同一认定主要是种类认定，而能够实现同一认定的通常只有DNA的结构特征。动作习惯特征同一

① 参见逯瑜娇、方建军、崔迪：《机器人场所识别的方法综述》，中国计算机用户协会网络应用分会2017年第二十一届网络技术与应用年会论文。

认定是指依据动作习惯特征来认定不同时空中出现的客体是否同一客体的认识活动。动作习惯是人和动物后天习得的各种行为习惯，就人而言，包括书写习惯、说话习惯、行走习惯以及基于各种劳动和生活技能而形成的习惯。动作习惯特征是通过动作习惯痕迹、动作视频影像反映出来的，特征体系包括动态和形态两个方面及不同的层次，具体由动作的熟练程度、力度、速度、方向、幅度、角度、结构等的具体特点构成。

5. 按照同一认定技术应用模式的不同分类

按照技术应用模式的不同，可将同一认定分为传统技术同一认定与人工智能技术同一认定。传统技术同一认定是指具有专门知识的人，按照同一认定的原理和鉴定技术规范，经对被寻找客体及反映体与受审查客体及反映体进行分别检验、比较检验和综合评断后作出专家意见或鉴定意见的活动。在传统技术同一认定鉴定活动中，专家的知识水平、经验起着决定性的作用。人工智能技术同一认定是基于对象特征的数据化和算法来认定不同时空中出现的客体是否同一客体的认识活动。数据特征是反映客观事物的科学依据，依据数据方法来实现同一认定是现代同一认定发展的必然。现代影像技术能够直接从客体或反映体中提取特征数据，依据数据算法和数据比对能够评估数据似然率，从而为作出同一认定判断提供基础。数据在反映客体或反映体时因对象特性及特征的稳定程度不同而呈现出的复杂性状况不同，如果客体或反映体的特性及特征稳定程度高，如DNA、指纹、虹膜，则基于特征的识别准确率也相应高；反之，则相应降低，如习惯类客体及其反映体。数据同一认定技术的发展应用的领域在不断地拓展，一方面应用于社会安全防范，如人脸识别、虹膜识别、指纹识别，以及综合识别；另一方面应用于可疑物的同一性鉴别，但这种鉴别的准确性往往受条件的限制而难以实现，因而仍然需要人进行综合评断后才能作出同一认定的意见。

事物的特征数据表达与逻辑表达在人们的认知观念上往往存在冲突，对事物的特征数据表达往往都有一定的或然程度，不能以百分之百来表述认识的特征数据判断，但是事物的逻辑表达既可以是或然程度的表达，也可以是“明确”表达，即“是”或“不是”，而“明确”的表达导致数据表达与逻辑表达的观念冲突。从同一认定的认识逻辑来看，同一认定并非是或否的对立判断，而是在比较检验和综合评断的过程中，经过不断地否定以及否定之否定来实现辩证判断，即逻辑推理的“是”判断。由此产生了基于数据+算法,[①] 以及 AI+深度学习的同一认定的逻辑模式，即“技术数据智能型模式”与“技术数据智能+综合分析型模式”。“技术数据智能型模式”是基于客体及反映体的可知特征数据的似然比的逻辑判断，这种同一认定判断是或然性的，其是否具有“明确”结论的证据价值，需要事实认定者结合案件其他证据进行综合评断，或者说需要进行“证据分析与评价”。“技术数据智能+综合分析型模式”是基于客体及反映体的可知特征数据，以及它们出现的时空范围及其相关影响因素等的特征数据及其异同性质的判断。这种同一认定的结论可以是“明确”或“确定”的，因为它在一定程度上帮助事实认定者完成了综合判断。同时，前者是相对单一的技术判断，只需符合科学技术鉴定的要求即可；后者是综合判断，需要符合科学技术鉴定的要求并满足案件事实认定者对“明确”结论的需要。上述两种不同的模式反映了不同的同一认定认知技术观念与文化。“技术数据智能型模式”强调尊重技术自身在司法活动中应用的规律特点，由此一方面从证据规则上明确鉴定人与事实认定者各自的义务，另一方面通过专家质证来审查鉴定意见或专家证言的可靠性。“技术数据智能+综合分析型模式”强调尊重技术自身在司法活动中应用的规律特点的同时，明确鉴定的司法辅助性，由此一方面除在证据规则上明确鉴定人与事实认定者各自的义务外，强调鉴定人应在综合分析的基础上出具明确的鉴定意见；另一方面虽然也通过专家质证来审查鉴定意见或专家证言的可靠性，但不可避免地出现形式化的“以鉴代审”。

三、种属认定与同一认定

“种属”是依据事物的特点及特征所进行的科学分类，“种”是最基本的分类多元，特点及特征相近的“种”归为某一“属”。事物的种属一方面是指不同种属的事物存在相近的特点，以及一定的联系，而另一方面是指不同种属的事物各自有其自身的特殊性，因而对事物进行种属区分有利于提高对事物的识别效率。种属关系是由事物特点及特征所决定的共质关

---

① See National Research Council, *Strengthening Forensic Science in the United States: A Path Forward*, National Academies Press, 2009.

系，可依据其共质层级范围进行种属划分，如在生物学中将生物系统的种属分为“种、属、科、门、纲、目、界”。

种属认定是人的基本认识形式，也是深入认识客观事物本质属性的基本环节。在法庭科学领域，种属认定是指具有专门知识的人应用专门知识对不同时空中两次或两次以上出现的客体的种属是否相同以及可疑的客体自身的种属所进行的判断活动。种属认定是物证鉴定的基本项目，根据鉴定的要求及特点不同分为客体物的单一型种属认定与比较型种属认定。客体物的单一型种属认定是指通过鉴定确定涉案的可疑客体是否为某种客体。例如，可疑客体是否为某种毒物、毒品，或是否为某种动物、植物、矿物等。该类鉴定通过将可疑客体的特征、图谱与标准对照样品的特征、图谱与标准进行比对从而确定可疑客体的种属。比较型种属认定是指通过对不同时空中发现的可疑客体及反映体的鉴定确定可疑客体之间是否属某种相同的客体，或相同客体的反映体。例如，在不同场所发现的动物组织、骨骼、血迹等是否源自某种动物；在不同场所发现的纤维、油漆、爆炸物、包装物、布料等种属是否相同；在不同时空中记录的可疑车辆影像是否源自同种车辆；等等。

种属认定与同一认定的区别与联系。其区别在于：种属认定的客体范围广泛，而同一认定的范围有限；种属认定所依据的是客体及反映体的种属特征，而同一认定不仅需要依据种属特征，而且需要依据个体特征（细节特征）。两者的联系在于，在同一认定过程中，种属认定是同一认定的一个环节，客体间的种属相同不一定同一，但客体间的种属不同则绝对非同一，因此客体间的种属相同不能等同于肯定同一，而客体间的种属不同则必然是否定同一。肯定同一是物证“溯源”调查的目标，而这一目标是通过不断的种属否定和否定同一实现的，当否定同一的合理怀疑排除后，而又满足肯定同一的特征数量和质量要求时，则形成肯定同一的判断意见。在案件事实认定中，肯定可疑物为法律上规定的某种特定物时，具有重要的证据价值，如毒物、毒品、法律保护的动植物等。在案件事实构成中，可能存在多种客体物的种属认定，当种属肯定所确定的客体范围呈现交叉时则有利于缩小客体运动的范围，从而为认定案件事实提供依据。例如，在不同的地域环境中，存在不同的植物、昆虫的分布，当在可疑的车辆上发现不同地域中出现的植物花粉、昆虫残体时则可结合道路分布状况分析判断该车辆行进的路线。

四、同一认定的逻辑模式

在法庭科学领域，同一认定活动是以科学认识论为基础，通过应用科学技术方法及其技术要点来解决证据调查中的同一认定专门性问题的活动。虽然同一认定判断包含了“否定同一与肯定同一”或“是或不是”的基本判断结论，但是从认识的逻辑路径来看，否定同一结论一方面是一种判断的结果，但另一方面是实现肯定同一的过程和方式。在同一认定过程中，人或物的种属否定是基础的和明确的否定，而且种属否定是通过不同层次种属特性构成价值来逐步实现的，或者说人或物的种属特性的价值越高，否定的确定性越强；反之，则否定的确定性越弱。在科学证据调查活动中，寻找和确定构成案件事实要素的人和物，受到反映方式及其信息量的制约。在直接反映的方式下，案件事实的目击人、视听资料记录等，不仅直接反映了案件的嫌疑人或物的特点及特征信息，而且还清晰或较清晰地直接反映了案件事实形成的时空信息，这使嫌疑人或物与案件事实之间关联性得到直接的证明。在间接反映的方式下，反映案件事实的痕迹、物质、物品、工具等仅能间接反映案件的嫌疑人或物的特点及特征信息，但不能直接反映案件事实形成的时空信息，因而仅能间接地证明嫌疑人或物与案件事实之间存在关联性，由此也就形成了直接与间接的同一认定逻辑模式。由于相同的人或物会出现在同一案件的不同时空之中，或者不同的案件之中，所以就产生了确定同一案件的不同时空与不同案件的嫌疑人或物的同一认定的问题，从而形成了“同一认定的并案逻辑模式”与“同一认定的轨迹逻辑模式”。在数据时代，一方面传统技术的同一认定必然需要进行数据化改造，而另一方面基于数据自身的同一认定也成为一种新模式。

案件事实的调查模式分为“直源调查”与“溯源调查”两种，前者是通过案件事实形成过程的直接信息反映开展的调查，而后者是在案件事实形成后通过能够获取的信息开展的调查。随着信息技术的发展，视听资料记录、电子数据记录为直源调查提供技术和信息基础，这不仅拓展了同一认定的对象范围，而且使智能化和高效率的同一认定得以实现，同时也解决了同一认定对象相互之间、同一认定对象与案件事实之间的关联以及逻辑一致的问题。溯源调查是传统的调查模式，在没有直源调查技术的历史条件下，通过物证的同一认定解决证据调查的实施环节问题，从而为案件事实调查提供依据。现代的溯源调查总是尽可能地以直源调查技术为先导，把直源调查的同一认定与传统的物证同一认定结合起来，通过证据分析与逻辑分析实现案件的事实调查。

（一）同一认定的基础逻辑模式

客体的特性及特征是同一认定的科学基础，比较是同一认定的逻辑路径，而特征异同的性质则是作出同一认定结论的核心。虽然在案件证据调查中存在主体、方式以及价值的差别，从而形成不同的逻辑模式，但各种逻辑模式都是由基础逻辑模式依据特点变化而成的。

如图 3－1 所示，在同一认定的基础逻辑模式中，客体是拟制的逻辑客体，代表社会活动中客观存在的人及其相关的物。被寻找的客体是构成案（事）件事实的人或物，就证明而言是未知的、待定的人或物。检材是被寻找客体在现场活动而形成的反映体。由于在现场勘验中可能存在多个客体反映体，有的是检材，而有的是被害人，以及与案件事实无关的其他客体的反映体，所以需要通过其时空及方式上关联的“统一性”进行甄别，也可以通过鉴别加以排除。受审查客体是根据一定的依据暂时被怀疑与案（事）件事实有关的、已知的人或物，即嫌疑人或可疑物。在不同种类的诉讼中，因受审查客体范围的状况不同而呈现不同的认识特点。在刑事诉讼的侦查阶段确定犯罪嫌疑人有多种途径，有的是举报或控告，有的是自首，有的是数据库筛查发现，还有的是通过其他侦查手段确定，可疑物是通过现场勘验、搜查等方式提取的，但无论是通过何种途径所确定的犯罪嫌疑人或可疑物，都需要通过相关的鉴定进行印证。样本是受审查客体的特性及特征的反映体。样本必须经确认来源于受审查客体。在民事、行政案件审判过程中，一方当事人通过举证证明另一方当事人是被寻找的客体，而另一方当事人否认是被寻找的客体，从而是否为被寻找的客体存在争议，因此通过依法提取有争议的客体样本进行鉴定以确定是否为被寻找的客体。

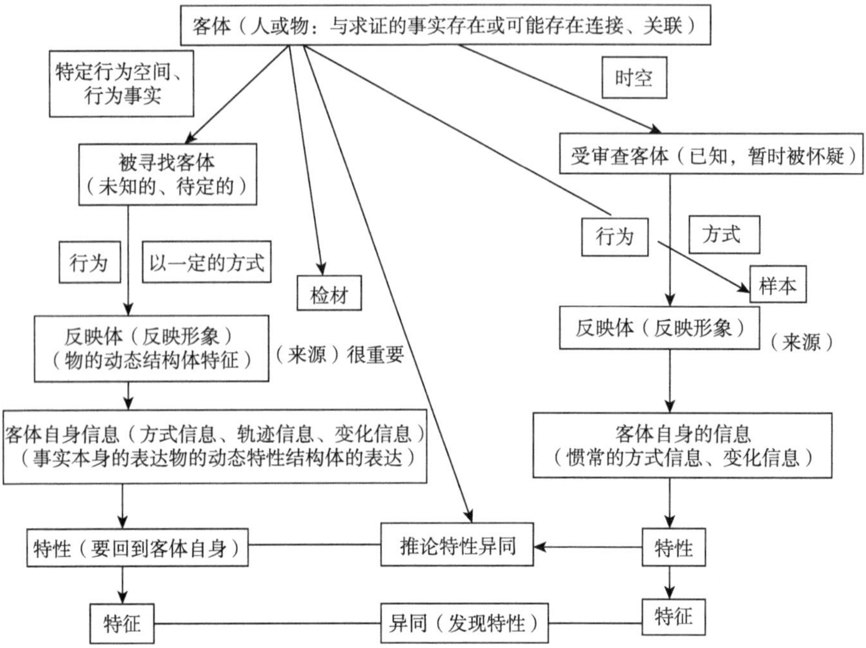

图 3－1　同一认定的基础逻辑模式

（二）同一认定的“克隆性客体”与“同模性客体”逻辑模式

“克隆”与“同模”都是生产高度“同质”产品的代表性用语及其技术，虽然在生物的自然进化中偶然也会出现“同质”的不同生物个体，但绝大多数是因遗传与变异而产生“异质”的个体。然而，在生产发展的进程中，需要规模化生产产品时，就产生了“克隆技术”“同模技术”“同版印刷”等“同质化”批量生产产品的技术。例如，铸币，印刷，枪支、工具加工等。现代工业产品批量生产都以质量管理标准化为核心，这使批量生产的产品形成了“同质化”。这种“同质化的客体”无疑增加了同一认定的难度。

“克隆”的语义等于或近于“复制、模仿、拷贝”。“克隆性客体”是指通过现代制作技术对一个客体物进行复制而形成一个或一群与原客体特性及特征完全相同或高度相似的新客体。这种克隆由母体生成子体，再由子体生成次子体，以致无穷。由克隆产生的客体之间是相互独立存在的个体，但其特性及特征完全相同或高度相似，尤其是当依据客体的反映体属同一认定客体时，如何认定具体的客体内在特性将面临挑战。

“同模性客体”是指用同一个模具或同一制模工艺所制的客体（产品）。在工业生产中，模具生产的规范性、精确性和耐用性等越来越高，使用同一模具或同一组模具连续产出的产品在特性及特征上具有高相似度，如鞋底、轮胎等。同样，用同一印版或同一组相同的印版连续印刷的产品在特性及特征上也具有高相似度。此外，依据生产技术标准和质量管理标准生产的同一型号、同一批次的印章、打印机、复印机、枪支等也具有高相似度。虽然从理论上说这种同模性的每个客体相互间必然存在差异，但是这种差异在使用导致特征变化之前，能否得到准确的识别成为鉴定的难点问题，因为被寻找客体与受审查客体之间的“共质”程度的高低与相互间特征差异率成反比，而与识别难易程度及准确率成正比。在鉴定型同一认定实践中，高相似或高仿真的指印、相貌、笔迹、工具痕迹、足迹等的鉴定错误率相对较高。

同一认定的“克隆性客体”与“同模性客体”逻辑模式如图3－2所示。

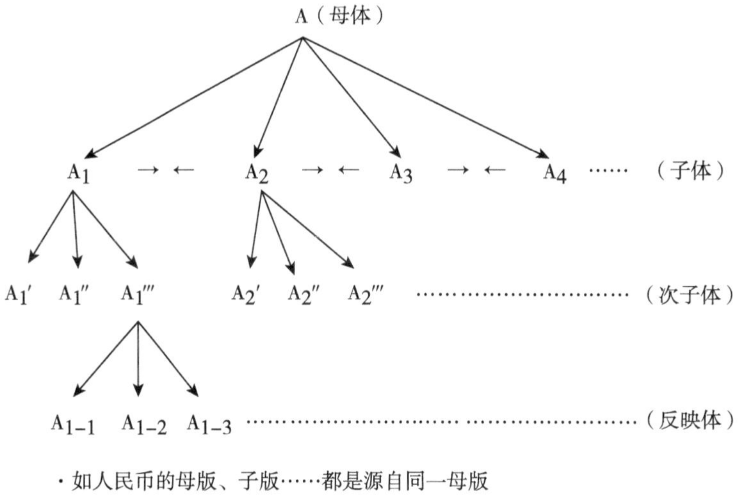

图3－2　同一认定的“克隆性客体”与“同模性客体”逻辑模式

（三）同一认定的并案逻辑模式

每个刑事案件都存在被寻找客体，而不同案件中的被寻找客体是否同一客体需要通过同一认定来确定，由此形成同一认定的并案逻辑模式。在一个民事、行政案件中存在被寻找客体多个关联的行为，如多个合同的签名、盖印，多个程序文件上的签名、盖印等，因而也需要对不同行为客体进行是否同一认定，这种合并也符合同一认定的并案逻辑模式。在鉴定过程中，委托人提供的样本字迹也可能来自不同的受审查客体，这对鉴定意见的客观性和正确性有决定性的影响，因而也需要对所有的样本进行合并，这也同样符合同一认定的并案逻辑模式。

同一认定的并案逻辑模式如图 3－3 所示。

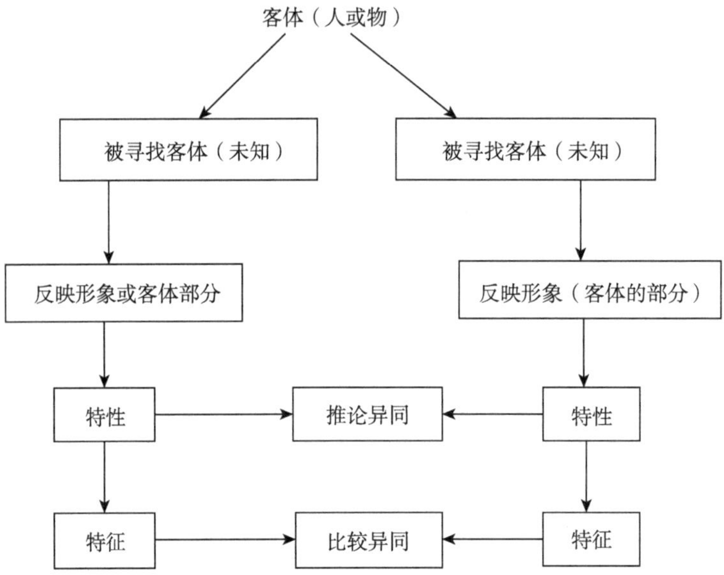

图 3－3　同一认定的并案逻辑模式

（四）同一认定的整体分离模式

客体在外力的作用下被分离成若干部分，对可疑的部分是否源自同一客体进行的鉴定，为同一认定整体分离模式。客体的整体分离是一种常见的物理现象，影响分离客体的因素包括客体自身的理化特性、分离的作用力和作用的方式，虽然客体的理化特性、分离的作用力和作用的方式复杂多样，但是整体分离是否具备同一认定鉴定的条件取决于客体的理化特性及分离方式所致的特征状况，如果分离部分存在稳定的分离特征，则具备同一认定的基本条件；反之，则不具备同一认定鉴定的基本条件。固态类的物，如瓷器、木材、石块、金属材料、纸张等，如果分离后分离的部分存在稳定的分离线、分离面和分离缘的特征，则具备同一认定鉴定的基本条件。合量整体物，如沙堆、碎石堆等，在分离后分离部分不存在稳定的特征，因而不具备同一认定的基本条件。其他的流体类，如水、油、泥浆等也不具备同一认定的条件。

同一认定的整体分离模式如图 3－4 所示。

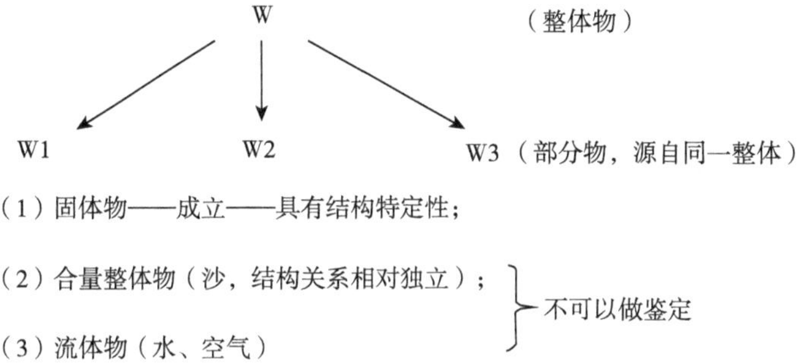

图 3－4　同一认定的整体分离模式

（五）同一认定的轨迹逻辑模式

案件中的人和物处于运动状态时，必然在不断的时空变换中形成连续的轨迹反映体，而通过对所发现的反映体的同一认定，则能确定人和物的活动轨迹。案件中的人或物在犯罪现场的中心向外围以及到达和离开犯罪现场的更大空间范围内都会留下反映体，如指印、足迹、DNA、图像等，因而通过对所获得的可疑反映体之间的同一认定能够确定其运动的轨迹，在不同的轨迹环节不仅有利于获得更多的调查信息，而且能够充分查明案件事实。如通过不同时空视频记录的人脸、车辆的同一认定能够确定其活动的轨迹。由于在人与物不断运动的时空中被发现或存储的反映体存在差别，甚至因各种因素影响而缺失，因而通过同一认定来确定轨迹变得困难。这种模式下的同一认定往往需要通过各种反映体的同一认定交互来实现，如从人和物的视频影像到足迹、DNA、指印等的连续交互，从而实现对人与物运动轨迹的确认。

数字社会中，客体能够主动生成、传输与接收数据，而数据在不同路径下的传输也会形成数据轨迹，因而通过对数据进行技术追踪与同一认定能够获得反映案件事实的证据。

（六）同一认定的数据逻辑模式

从案件事实证明角度分析，数据系人的特定行为所生成。当数据被赋予特定含义，或者按照定义自动记录，或者被共享/分享，或者作为特定客体的组成要素，或者被作为客体的特定性标记时，这时数据便有了证明人的身份、行为以及物的特性的价值。例如，书写人在触控板上书写电子签名笔迹的过程中，按照既定规则采集的书写速度、压力、幅度等数据，经图像处理后便可生成人眼可感知的笔迹图像。此时，若不考虑图像处理过程，电子书写系统中保存的格式化数据，也可作为同一认定的客体。又如，用户以特定账号发送到群中的文字消息、设备的 MAC 地址（不考虑随机和伪造）、无线接入点（AP）基本服务集标识符（BSSID）、电子印章印文的数字签名，数字作品唯一性证明时所用到的非同质化通证（Non - Fungible Tokens，NFT），都可作为同一认定的客体。根据数据类型、价值的不同，同一认定时可选择数据相似度比较、内容的交叉证明、数字签名验证、数据与实在客体之间的比对、ID 和元数据核查等方法进行同一认定。

五、同一认定的技术程序与方法

同一认定的技术程序包括检材与样本的条件审查、分别检验、比较检验、综合评断，以及作出鉴定意见五个基本的程序步骤，每一个技术程序步骤都有基本的技术实施要点，以及针对不同鉴定对象、不同变化状况的特殊技术实施要点。

（一）检材与样本的条件审查

鉴定型同一认定实施的逻辑起点是从检材与样本的条件审查开始的，检材与样本是否具备鉴定条件不仅是实施同一认定的客观基础，而且是保障同一认定鉴定意见正确的前提。检材的鉴定条件是由检材与样本的特征数量和质量决定的。由于每一份检材都是唯一的，其特征的表现状况一方面取决于客体自身特征构成状况与所反映的稳定与变化状况，而另一方面则取决于特征数量与质量是否满足同一认定的要求。如果客体自身的特性及特征鲜明，特征反映充分且变化小，数量充分且价值高，则鉴定条件好；当这种表现状况逐步减弱时，则鉴定的条件也越来越降低。就客体自身来看，不同客体间的特性及特征越鲜明，则同一认定的基础越好，反之则越差。从检材的形成方式及特征稳定与变化状况来看，特征反映稳定且变化小，则同一认定的基础越好；反之，如果特征反映稳定性差且变化大，则同一认定的基础越差。检材特征的变化可能受多种因素的影响，有的是伪造或伪装所致，有的是作用方式变化所致，还有的是偶然因素影响所致，因而必须“去伪存真”或“析变寻真”，只有客观真实的特征才能作为判断检材是否具备同一认定条件的依据。

检材特征的数量与质量是相互联系的，通常检材特征的数量只有达到一定的数量要求时才能满足统计概率上的唯一性识别；特征质量是指特征的个体识别价值的高低，或者是指特征在一定客体范围内出现率的高低。通常特征出现率高低与特征价值的高低成反比。任何客体的特征都分为种属特征与个体特征，或者一般特征与细节特征，种属特征的价值相对低，而个体特征的价值相对高。在检材的特征体系中，根据特征出现率的高低将特征价值分为不同的层次，因而特征数量与质量的关系应按特征价值高低的层次进行统计分析，进而构成检材特征数量与质量的结构体系，由此来判断检材同一认定条件的优劣。由于同一认定鉴定是从否定走向肯定的逻辑演进过程，所以单纯从检材的特征来判断是否满足同一认定的鉴定条件仅仅是基础性工作。除此之外，还需要通过检材特征与样本特征的比较来确定是否满足同一认定的条件要求。在种属否定、同一否定的情况下，对特征数量与质量要求不同于肯定同一的要求。例如，在指印同一认定过程中，如果检材与样本的种属特征不同则直接否定同一，而出现少数细节特征的不同也能直接否定同一。

通常，样本的数量是可以增加与选择的，但在有的情况下则可能无法获取或增加样本，如嫌疑人失踪、死亡，鞋、工具、轮胎等灭失。样本必须具有可比性，其可比性一方面要求样本的形成时间、方式、条件与检材尽可能相近，另一方面要求样本不仅在反映的内容上与检材对应，而且应达到一定的数量且具有一定数量与质量的特征。例如，笔迹样本应与检材有对应相同的单字或其他符号；指印样本应收集十指指纹样本且部位应与检材相对应；等等。由于每一份检材与样本都是客体不断变化过程中特定条件下的唯一产物，因而两者间的形成条件不可能完全一致，如果客体本身的特性变化相对小，检材与样本受形成条件影响也相对小，则可比条件的基础好，如DNA；如果客体本身的特性变化相对较小，检材与样本受形成条件影响也相对较小，则可比条件的基础相对较好，如指印及其他肤纹、动物的皮毛花纹、印章印文等；如果客体本身的特性变化相对较大，检材与样本受形成条件影响也相对较大，尤其是主观因素，则可比条件较差，如笔迹、足迹等动作习惯反映体。检材与样本的变化是必然的，而影响各自变化的因素不可能完全相同，当检材被确定后，样本变化状况决定其是否具有可比性。从样本的形成时空来看，如果检材与样本的形成是连续性的则相互间的变化小，当然偶然因素的影响是例外；如果检材与样本的形成是间断性的则相互间的时空间隔越大，导致其变化的可能性也就越大。

检材与样本的鉴定条件是相辅相成的，是形成不同种类鉴定意见的基础。检材与样本均具备鉴定条件，则鉴定意见应该是确定的或明确的；检材与样本均具备基本的鉴定条件，则鉴定意见可能是确定的或明确的，也可能是倾向性的；检材具备鉴定条件，而样本基本具备或鉴定条件较差，则鉴定意见是不确定的或无法判断；检材基本具备鉴定条件或鉴定条件较差时，或者样本具备基本鉴定条件或鉴定条件较差时，则鉴定意见是不确定的或无法判断；如果检材或样本一方不具鉴定条件，则无法得出鉴定意见。

（二）检材与样本的分别检验

分别检验的任务是全面系统地确定检材与样本的特征。分别检验时，依据检材与样本的特点，确定特征的方法、难易程度以及效率，一般按照先检材后样本的顺序分别确定特征，如果确定检材特征的难度大于样本，也可以按先样本后检材的顺序确定特征。检材与样本的特征具有系统性，因而应根据特征系统按照种属特征与个体特征，或者按一般特征与细节特征全面地分析确定特征。不同案件中，检材与样本的数量多少及条件存在不同，因而在数量少且变化大的情况下应尽可能穷尽所有的特征，而在数量多且变化小的情况下按照鉴定技术规范确定满足同一认定要求所必需的特征。在有的案件中，分别包含了两份或两份以上检材与样本，对此应分别对不同的检材或样本进行检验，如果不同的检材或样本的特征相同，则并案；如果不能并案，则分别明确各自的特征。分别检验确定特征应做到客观、准确、标识正确，如果以图谱、图表及其数据呈现特征，应做到完整、清晰和准确。这要求在应用各种检验设备获取特征时，必须保障设备符合质量管理的要求，以确保获取的特征具有客观性和准确性。

如前文所述，客体及反映体的特征分为形态特征、物质成分结构特征、动作习惯特征和数据特征。对不同种类的检材与样本的特征需要采取不同的检验方法进行确定，其方法有目力观察法、放大检验法、显微检验法、测量分析法、模拟实验法、仪器分析法、计算分析法、统计分析法等。“观察”与“分析”是确定特征的两个联系的环节，观察是在特征理论的指导下，发现检验对象的形态及结构特点，分析是通过合理的模拟实验、对照等排除各种干扰因素所致的特征变化从而准确地确定特征。

（三）检材与样本的比较检验

比较检验的任务是全面系统地比较检材与样本特征的异同。客体是不断运动的，因而特定的检材或样本之间无论是否来源于同一客体都存在不同特征，因此检材与样本之间的特征存在不同具有普遍性，而出现特征相同则具有相对特殊性。比较检验的内容是分别检验所确定的检材与样本的所有特征，以及补充确定特征。分别检验所确定的特征包括种属特征与个体特征，或一般特征与细节特征，因而比较特征按先种属特征或一般特征，后个体特征或细节特征的顺序实施。比较检验的要求是对分别检验所确定的检材与样本的特征进行全面的逐一对应比对和系统比对，客观全面地记录确定比较的结果，包括相同（相似）与不同的特征以及存疑的特征。在比较过程中，因分别检验检材或样本时可能存在暂时存疑的特征，这部分特征经比较后有的被确定为特征，而有的则作为变化所致而被排除，如指印中存疑的伤痕特征，笔迹中各种非正常书写所致的“虚假”特征，等等。在对分别检验所确定的检材与样本的特征的不同方面、不同种类、不同层次的特征进行逐一比对后，在逐一对应比对的基础上应根据客体的特性及反映特点，对特征之间的构成关系进行系统比较，如印章印文特征比较包括印文的种类、形状、尺寸、边框类型、图案种类及尺寸、字体、字形、字号，图文的排列与组合的位置、距离和形态特征、形态细节、防伪标记、磨损、变形、残缺以及附加特征或多余特征等。

对于不同种类的检材与样本的特征需要采取不同的方法进行比对，其方法有拼接比对法、画线比对法、重叠比对法、几何构图比对法、测量比对法、特征标示比对法、图谱比对法、数据比对法、统计比对法等。比较检验应根据检材与样本的特点确定比对的方法，其应用于比对的方法通常不是单一的，而是多种方法的系统应用。同时，应用各种比对方法应严格遵守相应的鉴定技术规范，以保证比对结果的科学可靠性。

（四）检材与样本的综合评断

综合评断的任务是对比较检验所确定的特征异同数量进行综合分析，进而确定特征异同的价值高低，以及其总体价值与客体特性关系的性质，为作出鉴定意见提供依据。对比较检验特征异同的数量进行分析是综合评断常用的方法，异同的数量可以通过几何图示、图谱数据、统计数据等表达，而异同数量的关系必然出现不同的比例，即有的出现相同或不同特征占绝对多数，而对应的不同或相同特征占极少数；有的出现相同与不同特征数量相当；还有的出现不同程度的特征异同比例。检材与样本之间相同特征的数量在一定程度上反映了特征与客体特性的关系，但这种联系有的是种属性的，有的是客体间高相似度所致，因而对特征与客体特性关系的性质不具有决定性。检材与样本之间不同特征的数量对特征与客体特性的关系认知具有重要影响，如果不同特征的数量多，则来自同一客体及变化的概率低；在有的情况下，虽然不同特征的数量少，但可能是客体特性的本质反映。

检材与样本特征异同的价值高低数量是特征异同综合分析的重要内容。评断时，应依据种属特征、细节特征出现率高低区分特征的价值，并按特征异同价值的高低分别进行数量统计，从而获得不同价值层次的特征总和，为确定特征异同的性质奠定基础。

1. 对差异点的评断

根据同一认定的逻辑，综合评断是从差异点开始的，差异点是指检材与样本的不同特征的总和。差异点的性质分为本质性差异与非本质性差异，本质性差异是指不同客体特殊性的反映，而非本质性差异是指同一客体特性的局部变化所致的差异。差异点的数量、相互关系以及单个特征价值与总和特征价值是评断时必须分析的内容。反映客体本质不同的差异点有的在数量及价值总和上都占绝大多数或大多数，然而在特性存在高相似性的客体之间，虽然有的差异点数量及价值总和占少数，但其价值高也属于本质性差异。对此在综合评断差异点时，应充分注意检材与样本种属或一般特征及其个性或细节特征的异同状况及其层次价值，评断与相同或相似的特征并存的不同特征的共性与个性的关系，从而准确地评断差异点的性质。在评断差异点的性质时，分析差异点及其性质形成的原因是进行科学合理评断的基础。如前文所述，本质性差异的原因是不同客体特性的反映，客体特性的构成、特征反映的方式及稳定程度存在不同，虽然有的差异点数量少，但它稳定程度高，因而往往是不同客体的本质不同的反映，如DNA、指印、印章印文、工具痕迹、整体分离痕迹等。非本质性差异是客体自身质变之前所形成的差异以及客体特性在反映过程中产生的主客观变化所致的差异。客体自身特性的变化因客体特点的不同而有所不同，通常情况下，DNA、指印等生物客体特性自身变化相对较小，人们不仅难以对其自身特性加以人为改变，并且对其反映变化进行控制也有限；习惯类客体特性自身变化相对较多，人们不仅可以相对加速客体特性自身的变化，也能以伪装、模仿等多种方式人为控制其反映变化。对检材与样本客体特性自身的变化导致的差异点的评断，一方面应通过收取与检材形成时间相近的样本以及历时性的样本进行检验，从而判断其差异点的性质；另一方面也可以对差异点形成的原因进行实验分析，从而判断其差异点的性质。检材与样本之间的差异点有的是因样本可比条件欠充分所致，有的是因反映的方式、客观条件以及人为故意改变所致。

对差异点形成的原因的分析方法主要有差异点形成因素变化分析法、差异点价值比较分析法、差异点模拟实验分析法以及补充样本分析法等。形成因素变化分析法是针对检材与样本的形成方式、形成时间、非正常变化以及偶然因素等进行分析，以确定差异点形成的原因及性质。该方法适用于形态特征和动作习惯特征非本质差异点的形成原因分析。差异点价值比较分析法是指对差异点的价值高低进行比较分析，如果差异点的价值高则一般来源于不同客体，而差异点的价值低则一般来源于同一客体的反映变化。差异点模拟实验分析法是指对非差异点可能产生的原因进行模拟实验，从而分析确定差异点形成的具体原因及性质。该方法适用于形态特征和动作习惯特征非本质差异点的形成原因分析。补充样本分析法是指在可能存在多样性变化、伪装变化所致差异点的情况下，通过补充收集同期的自由样本、实验样本来分析差异点的成因及性质，从而合理解释差异点。不同种类的客体所形成的检材与样本的构成特点及特征表现不同，因而差异点的成因及性质也不相同，分析时应针对检材与样本的具体表现采用相应的分析方法。

2. 对符合点的评断

符合点是指检材与样本的相同特征的总和。符合点的性质分为本质性符合与非本质性符合，本质性符合是指同一客体特殊性的反映，而非本质性符合是指不同客体的共性反映，以及模仿、偶合所致的相似性反映。如前文所述，不同的客体存在种属共性，并且在有的情况下，种属共性会在不同的层次中反映出来，在克隆的情况下种属共性甚至覆盖个体全部特殊性。经过比较检验后，如果检材与样本的相同特征从种属特征延伸至个体特征，构成特征系统性的符合，则是本质性符合。当然，若检材与样本的相同特征存在种属特征相同而个体特征不同，则是非本质性符合。

对符合点形成原因的分析方法主要有符合点形成因素变化分析法、符合点价值比较分析法、符合点模拟实验分析法、补充样本分析法等。符合点形成因素变化分析法是针对检材与样本的形成方式（同模、模仿）以及偶然因素等进行分析，以确定符合点形成的原因及性质。该方法适用于形态特征和动作习惯特征差异点的形成原因分析。符合点价值比较分析法是指对符合点的价值高低进行比较分析，如果符合点的价值高则一般来源于同一客体，而符合点的价值低则一般来源于不同客体种属共性符合或偶合。符合点模拟实验分析法是指对符合点可能形成方式进行模拟实验，从而分析确定符合点形成的具体原因及性质。该方法适用于形态特征和动作习惯特征符合点的形成原因分析。补充样本分析法是指在可能存在模仿、仿制、同模产品等所致符合点的情况下，通过补充收集同期的自由样本、实验样本来分析符合点形成的原因，从而合理评断符合点。

3. 结合案情的综合评断

案情是指案件信息，包括案件事实的要素信息及其相应的证据信息。案件中的客体是特定案件事实的结构要素之一，因而构成案件事实的相关结构要素及其关联限定了同一认定客体的识别范围。客体识别范围越大，则对肯定同一的符合点要求越高；反之，则对符合点的要求相对降低。同一认定客体的特定性及其稳定性的不同决定了鉴定技术的方法和特点的不同，对于DNA、指印等客体特定性及其稳定性强的检材与样本的符合点或差异点，从技术及其概率来看，要么具有极高的符合率，要么具有极高的差异率，因而在不考虑案情的情况下都能够得出明确的同一认定意见。对于动作习惯等客体，从技术及其概率来看，要么具有极高的符合率或差异率，要么具有相对的符合率或差异率概率，因而需要结合案情进行评断，并相应地得出明确的同一认定意见或非确定的同一认定鉴定意见。案情分析对符合点与差异点评断的影响一方面有助于判断原因，另一方面是在特定范围内结合相关检材与样本的形成性信息，以及其他相关证据排除合理怀疑，并进行合理的逻辑推理，从而得出相应的同一认定意见。

（五）同一认定鉴定意见的种类及条件要求

同一认定鉴定意见分为确定的鉴定意见与非确定的鉴定意见，确定的鉴定意见分为“肯定同一”与“否定同一”两种，而非确定的鉴定意见分为“倾向肯定”与“倾向否定”两种，有的根据鉴定客体的特点把非确定的鉴定意见分为“极可能”、“较大可能（倾向）”和“可能”是或不是的鉴定意见种类。

同一认定鉴定意见的不同种类在检材与样本的鉴定条件、特征的数量与质量、特征与特性关系的性质等方面形成相应的逻辑一致性。肯定同一鉴定意见要求检材与样本均具备鉴定条件，符合点为本质性符合，而差异点为非本质差异，符合点的价值总和充分反映同一客体的特殊本质。否定同一鉴定意见要求检材与样本均具备鉴定条件或基本具备鉴定条件，种属差异点或细节差异点为本质性差异，而符合点为非本质性符合，差异点价值总和充分反映不同客体的特殊本质。“极可能是”、“较大可能（倾向）是”和“可能是”的鉴定意见种类要求检材与样本基本具备鉴定条件，符合点的价值总和不同程度地多于差异点。“极可能不是”、“较大可能（倾向）不是”和“可能不是”的鉴定意见种类要求检材与样本基本具备鉴定条件或鉴定条件较差，差异点的价值总和不同程度地多于符合点。

第四节 轨迹分析理论

一、轨迹是事件或案件的要素

从一般意义来说，事件或案件中的人和物处于不断运动之中，构成案件事实要素的人和物的运动是特定且相对的，或者说案件事实中人与物的运动存在客观、关联性且以轨迹的物质形态呈现出来。可疑的人和物存在于待证的案件事实之中，一方面需要人和物自身的特性信息，而另一方面需要人和物基于轨迹而呈现的时空关联信息，因此案件事实的轨迹认定理论是在人和物的同一认定理论基础上衍生出的理论。

人和物的运动形成点、线和面的轨迹结构，而行为人及其所支配的物在运动中与处于同一时空中的人和物间相互发生作用，当这种作用后果符合法定的客观情形时，则构成案件事实的客观方面。相互作用形成接触的点，会形成痕迹、破坏、伤害等直接后果，而这些后果就构成了案件主要事实或事实环节。

犯罪轨迹分析是犯罪现场重建的核心内容。犯罪现场重建是指在现场立体勘验、痕迹系统分析、物证种属与同一鉴别的基础上，通过分析物证相互间的关系、位置、状态，结合实验、相关电子数据等，从而合理表现行为人或物的运动轨迹，以及案件事实的整体状况。

（一）轨迹分析的概念

轨迹是指点在空间移动的路径，从整体上看点、线、面的结合构成轨迹体系。案件中所研究的轨迹是指人或物，以及人和物结合在空间移动的路径。从物理层面来看，正常情况下人的运动轨迹一方面是指身体在空间移动的路径，另一方面是指身体器官、肌肉、皮肤的运动。因人的运动分为自我运动、借助工具的运动和外力作用的运动，运动方式的不同使轨迹呈现的状况也有所不同。人的自我运动有的是有意识的，如行走、说话、书写；有的是无意识的，如肢体抖动、肌肉收缩等。

（二）轨迹分析的理论基础

轨迹是由点构成的线，点是客体物自身或痕迹的相对静止状态，而线是客体物空间位移的形态。点与线的关系所反映的信息与事件或案件的事实关联程度存在差别，点或构成线的点，线中的点是否有缺失，以及接触点（相对人或物）的封闭性或开放性等都会对客观事实的求证产生影响。点的自身特性和点的时空连续的唯一性是构成线的充分和必要条件，只有满足这种条件才能构成线的闭环或自洽，从而反映事实本身。

从物理层面来看，人的运动有的具有一定的规律性，而有的是临时性的应急运动，还有的是基于一定目的在主观支配下的变化性或适应性的运动。人经过学习和练习形成走、跑、跳、书写、说话、劳动等技能活动，而在技能形成过程中必然形成习惯，从而使运动轨迹具有一定的规律性。人在社会活动中受外来突发因素或其他干扰因素影响会自发地产生临时性应急反应，从而形成应急性运动，这种应急性运动的轨迹具有反常性。人为了实现某种目的，会有意识地控制、调节自身的运动，从而形成变化的运动轨迹，这种运动具有临时性、变化性和反常性。物的运动有的也具有一定的规律性。有的是在人支配下的物的运动，如刀、斧、剪、锤等各种工具，以及各种车辆（L4 级别以上智能驾驶除外），还有的是生物体自我运动，如动物、人体出血等，以及物的特殊运动，如爆炸、泥石流、塌方等。

人和物的运动轨迹可分为宏观轨迹与微观轨迹。宏观轨迹是人和物在较大的空间自我运动或通过交通工具等运动形成的轨迹。微观轨迹是人和物在较小的空间自我运动形成的轨迹。在两种轨迹状态下痕迹的留存方式不同，人和物的自身运动能在接触物上留下痕迹，而人、物、通过交通工具物的运动则形成复合轨迹，即人和物在交通工具内运动轨迹直接形成痕迹，手机、交通工具的运动轨迹则留下数据痕迹。

数字社会中，人和物的运动轨迹会以数据轨迹形式呈现，一方面卫星、基站、视频监控、网络监控等以实时记录的方式反映人和物运动的数据轨迹，另一方面人使用手机、计算机、网络等会直接生成数据及轨迹。数据轨迹已经成为反映人们生产、生活、管理等的一种常见轨迹。

人和物运动的轨迹因记忆、直接记录得以呈现，也能够经过现场勘验、鉴定和实验以及手机、网络、视频信息记录等综合系统分析而得以呈现。人和物的运动轨迹因自我感知记忆、目击人的感知记忆、手机、网络、视频信息、交通工具等从整体上呈现事件或案件的发生发展过程。

二、轨迹链分析与重建理论

事件或案件中，人与物运动的轨迹生成往往具有随机性和信息反映与变化的复杂性。人在为自身的运动，以及支配物的运动时，一方面要适应运动环境中各种相互作用的因素而改变轨迹，而另一方面人能调整、改变轨迹，甚至出于某种需要而伪装轨迹。犯罪活动的轨迹在历时性和共时性上总是与其他的活动轨迹存在交叉。就犯罪现场及关联的区域来看，总是存在不同主体历时性和共时性活动轨迹，历时性轨迹由不同主体先后在犯罪现场和关联区域活动而形成，包括犯罪活动前或后各种人的活动，甚至是前后两个不同违法犯罪主体的活动形成的轨迹；共时性轨迹是两个或两个以上的犯罪嫌疑人以及受害人、证人在犯罪现场和关联区域活动的轨迹。对此的区分依赖于构成轨迹的人和物（包括物自身和痕迹）要素的特性，尤其是时间性，因为人和物自身有特殊性，依据对其种属特性和同一特性的认知能够实现要素的区分，但是如果不同人和物（包括物自身和痕迹）要素处于相对静止的空间共存状态，所呈现的是轨迹的空间关联，但轨迹的时间关联并不确定，那么案件轨迹重建必须完成人和物（包括物自身和痕迹）要素的特性、时间、空间的统一性关联求证。犯罪嫌疑人个体或共犯可能两次或两次以上进入犯罪现场及关联区域的轨迹，如杀人、藏尸、转移尸体；不同违法犯罪人也可能前后进入犯罪现场及关联区域的轨迹。在这种情况下，时间要素就成为犯罪轨迹区分的核心要素。空间是运动着的物质的广延性，其具有三维性。时间和空间结合起来，被称为四维时空。随着计算机科学技术、卫星技术的发展应用，空间图像变得更加直观、准确，易于识别。人们完全可以通过计算机可视化技术更加清晰地反映空间的原貌，精准地判断研究对象的活动轨迹。

在分析人和物的运动轨迹时，应根据现场所反映轨迹的痕迹、物质、物品、植物的运动方向、连续性信息，物和痕迹的种属和同一信息，路径的变动和破坏状况信息等分析人和物的轨迹，如足迹、指印、血迹、气味等。在分析时必须注意人和物运动轨迹的时空关联的合理性，排除行为人在实施行为后的故意破坏，或者无关人员的改变，以外因素的作用等。当然，需要指出的是，在较大时空范围内，人和物的运动轨迹是通过手机、视频、交通工具数据等及其时空关联来确定的。

轨迹是人和物运动的反映，因而对由点到线的客体自身关联的确定是依据客体的种属认定与同一认定来实现的，实现的方法主要是辨认或鉴定。对于人与物在较大时空中的活动轨迹需要在种属认定和同一认定的基础上，通过实验分析来确定。

犯罪轨迹重建是一个由点到线再到面的过程。“点”是犯罪轨迹的各个时空节点，“线”由时空节点按时空顺序连接而成，“面”由时空节点与时空线段交织而成。可疑的人和物通常位于某个时空节点，以信息的形式反映某一时空节点。当分析人员以时空信息发现某一时空节点时，便可以在此基础上发现更多与该时空信息相关的信息。同时，供重建的物质信息也可能存在于某一时空线段中。原因在于，物质信息可能会因人的行为发生移动、损毁等变化而发生时空动态变化。这就需要关注物质的动态变化，收集信息在前后阶段的不同表现状态。①

基于现场的人和物轨迹重建以个体的种属特性和个体特性为基础，通过反映体及其多元属性叠加的认知结构、反映体之间的时空关系、形成方式的特点，以及种属和同一的鉴定意见，结合逻辑推理、科学原理、生活常识及经验进行综合推断。② 犯罪轨迹重建是一个动态认识的过程，通过已经明确的轨迹“节点”进行信息拓展收集，以最大信息量的轨迹节点、片段为基础，在不断关联拓展和应用人的感知信息、物证信息、数据信息后逐步建构轨迹链，同时通过实验分析、逻辑分析消除不确定性，从而使轨迹重建符合客观且趋于完善。

犯罪轨迹重建的研究意义之一是有助于发现和收集线索和证据。分析人员通过在现有信息的基础上构建犯罪轨迹结构，可以从整体上把握犯罪活动的线性结构和基本路径，从而沿着这一路径进行追查。证据个体总是

① 参见贾治辉、薛楠：《犯罪轨迹重建理论研究》，载《中国人民公安大学学报（社会科学版）》2018 年第 5 期。

② 参见杨立云：《认知科学视野下的司法鉴定错误研究》，法律出版社 2024 年版，第 98 – 99 页。

位于犯罪轨迹的某个时空节点，通过对犯罪轨迹的整体把握可以厘清犯罪活动中人与物的具体时空走向，从而为搜寻新的证据和证据信息奠定基础。

此外，在可疑物证鉴定中也须对物证的形成轨迹进行鉴别，从而为分析物证形成方式是否正常，物证特征结构关系及价值提供依据。笔迹、语音、步法、打印字迹等都具有动态轨迹特性，当其正常形成时，特性构成要素反映自然；当其非正常形成时，特性构成要素反映出异常征象。

第五节　事故、环境污染损害致因理论

在法庭科学领域，鉴定涉案事故、环境污染损害的原因及其参与度的目的在于确定事故责任主体及其致因参与度，为确定主体的责任大小提供依据。事故是由于物体、物质、人或放射线等的作用或反作用，使人员受到或可能受到伤害的、出乎意料的、失去控制的事件。① 在行政执法、刑事诉讼活动中都涉及事故、环境污染损害致因鉴定。我国《刑法》对涉及事故规定的犯罪主要有重大责任事故罪，强令、组织他人违章冒险作业罪，危险作业罪，重大劳动安全事故罪，工程重大安全事故罪，消防责任事故罪，交通肇事罪等。事故一般可分为生产安全事故、交通事故、火灾事故、医疗事故和其他安全事故（矿山事故、建筑事故、水上交通事故等）。根据事故造成的人员伤亡或直接经济损失分为特大、重大、较大、一般事故。

一、事故、环境污染损害致因鉴定的概念

事故、环境污染损害致因鉴定是指为了查明涉案事故、环境污染损害的原因而由具有专门知识的人应用相关专门知识经勘验、调查、检验、分析从而作出致因及参与度判断的活动。该类鉴定主要从涉及事故后果的人的缺点（个体及组织），人的不安全行为（决策、认知、违规、技能差错）或物的不安全状态（异常、管理失职）等方面出发，通过勘验、调查、检

---

① 参见赵立祥、刘婷婷：《海因里希事故因果连锁理论模型及其应用》，载《经济论坛》2009 年第 9 期。

验、分析等，从而作出鉴定意见。

二、事故致因理论

事故致因理论是研究事故发生机理的理论。该理论是从事故本质原因的分析中提炼出的事故机理和事故模型，从事故形成的机理和模型所反映的事故发生规律性出发，为事故原因的定性、定量分析，预测预防，改进安全管理工作等从理论上提供科学、完整的依据。国际上代表性的事故致因理论有海因里希（Herbert William Heinrich）事故因果连锁理论、博德（Frank Bird）事故因果连锁理论、能量意外转移理论、轨迹交叉理论等。其中，海因里希事故因果连锁理论在事故原因分析方面具有广泛指导意义。

（一）海因里希事故因果连锁理论

海因里希事故因果连锁理论事故是一系列原因事件相继发生和相互作用的结果。换言之，事故损害后果与各原因相互之间具有连锁关系。该理论认为，事故因果连锁形成因素依次为人的遗传性格（鲁莽、固执、过激、神经质、轻率）及社会环境、人的缺点（个体及组织）、人的不安全行为或物的不安全状态等间接和直接原因，并且原因的作用具有一定的锁链性（时序性和连续性）。其中，人的遗传性格及社会环境、人的缺点（个体及组织）是基本的、间接的原因，而人的不安全行为或物的不安全状态是造成事故主要的、直接的原因。①

（二）博德事故因果连锁理论

博德在海因里希事故因果连锁理论的基础上，增加了管理原因并深化了对控制不足/管理缺陷以及其他原因的解释，从而丰富了事故因果连锁理论。② 博德将事故因果连锁形成过程的原因依次确定为：管理缺陷、个人因素及工作条件、人的不安全行为或物的不安全状态。同时，将事故看作

---

① 参见孙广通：《基于轨迹交叉理论的电力设施保护策略和措施》，载《电力安全技术》2022 年第 10 期。

② 参见贾鹤、赵秀雯：《基于博德事故因果连锁理论对哈尔滨北龙酒店火灾事故的分析》，载《今日消防》2020 年第 3 期。

人体或结构与超过其承受阈值的能量接触，或人体与妨碍正常生理活动的物质的接触。同时认为事故产生的根本原因在于管理上的缺陷。

英国伦敦大学约翰·亚当斯教授在博德事故因果连锁理论基础上，重点强调造成现场失误的管理原因的作用，认为操作者因管理者失误所致的不安全行为及生产作业中的不安全状态等现场失误，是企业领导和安全技术人员的管理失误造成的。管理人员在管理工作中的差错或疏忽、领导人的决策失误，对企业经营管理及安全工作具有决定性的影响，而管理失误又由企业管理体系中的问题所导致。①

（三）能量意外转移理论

利用能量做功是实现生产、劳动目的的基本手段。能量的种类包括动能、势能、电能、热能、化学能、原子能、辐射能、声能和生物能等。能量既能帮助完成生产劳动的任务，又能使人体、设施设备等致害。

事故是一种不正常的或不希望的能量释放并转移于人体或设施、设备，而能量是否产生人员伤害，除了与能量大小有关外还与人体接触能量的时间、频率、部位以及能量集中度有关，各种形式的能量是造成伤害或损坏的直接原因。② 在用能量转移理论分析事故致因时应先确认涉及事故系统内的所有能量源，分析确定相关的能量，确定可能遭受相关能量伤害的人员及程度，或可能遭受相关能量损坏的设施、设备及程度，进而确定控制该类能量异常或意外转移的方法。该理论优点之一在于把各种能量归结为事故的直接原因。③

（四）轨迹交叉理论

轨迹交叉理论由约翰逊（W. G. Jonson）和斯奇巴（Skiba）提出，是从事故的直接原因和间接原因出发研究事故致因的原理、方法、确定以及预防等的知识体系。该理论认为，任何事故都是人的不安全行为、物的不

---

① 参见郝勇、胡昌桂：《事故因果连锁理论评析》，载《交通科技》2003 年第 Z1 期。

② 参见李万帮、肖东生：《事故致因理论述评》，载《南华大学学报（社会科学版）》2007 年第 1 期。

③ 参见张计考：《能量意外转移与建筑施工安全管理》，载《施工技术》2010 年 S1 期。

安全状态在同一时间和空间相互交叉所导致的，是许多相互联系的事件顺序发展的结果。这些事件包括人和物与环境两大发展系列，当人的不安全行为和物的不安全状态在各自发展过程中轨迹在一定时间、空间发生了接触交叉，使能量转移于人体时，伤害事故就会发生，而人的不安全行为和物的不安全状态之所以产生和发展，又是受多种因素作用的结果。事故中物的不安全状态包括起因物、致害物，而人的不安全行为包括致害人和受害人，其原因由基础原因、间接原因和直接原因构成。①

三、环境污染损害致因理论

环境被污染损害可以归结为是事故造成的，其有的是行为人的过失行为造成的，有的是行为人的故意污染行为造成的，还有的是意外事件发生引发的。根据已经形成的环境污染损害后果进行溯因调查，或进行致因司法鉴定，对查明案件事实、确定责任具有重要的证据价值。环境损害司法鉴定除勘验、取样、检测分析（“固体废物”、“危险废物”、“有毒物质”“有害物质”以及污染物其他物理、化学等定性定量检测）等基础活动外，还涉及因果链及参与度确定、修复方案制订、损害数额量化等方面。其中，因果链及参与度确定需要进行污染源排查、迁移路径验证以及多路径甄别等调查活动。当然，需要明确的是，导致环境污染损害后果的原因有的是单一的，有的是复杂的。在复杂原因中有的是直接原因，有的是间接原因；有的是主要原因，有的是次要原因。在案件事实调查过程中，正确确定损害后果的致因链是查明案件事实的关键环节。在环境污染损害案件处理中，损害后果、原因与责任是不可分割的，所以因果关系鉴定成为环境损害司法鉴定的重要内容之一。

环境损害后果是事故造成的，因而前述的事故致因的因果链理论对确定环境损害因果关系具有理论指导意义，尤其是污染物管理体系及因果链的分析确定方法，对鉴定实践有重要指导作用。

环境污染损害因果关系鉴定是指鉴定人运用专门知识，按照程序，在对污染损害环境进行勘验、调查、检验和综合分析的基础上，确定污染行

---

① 参见孙广通：《基于轨迹交叉理论的电力设施保护策略和措施》，载《电力安全技术》2022 年第 10 期。

为与损害事实是否存在因果关系及其状况的科学证据调查活动。在环境污染损害案件中，要解决环境污染对人体健康、动植物、土地、水资源、大气等的损害问题，都离不开因果关系的科学鉴定。

第六节 仿真伪造证据识别理论

在法庭科学领域，高相似度与仿真伪造客体及反映体的种属认定与同一认定问题，一直是鉴别所面临的技术难题之一。模仿是人学习生存知识和技能的本能，而仿真是人类模仿的方式和所追求的目标。随着人类知识和技术的进步，仿真理论已经形成较为完善的概念、理论基础、技术方法、应用领域等知识体系，其中仿真技术成为广泛运用的技术。按不同的分类标准，仿真技术可分为物理仿真、生物仿真、经济仿真、社会仿真、系统仿真等。仿真是对存在客体特性的仿制，由于仿真伪造者不可能完全掌握被仿真的客体的特性并完全仿制，仿制形成被仿客体与仿制客体之间只会形成不同程度的“相似度”。相似度是事物之间共性的反映，自然物和人们正常制作的产品，都因共性而被划分为不同的种属。物自身在不同运动环节形成反映体，时空、形成方式及其他影响因素变化多少会影响客体及反映体之间相似度的高低，或者说运动的客体及反映体发生量变的数量多少会影响相互间相似度的高低。

仿真伪造是借助仿真知识和技术制作虚假的文件、物品、视听资料、电子数据等的一种非法活动。仿真伪造的对象有的是纸质文件、电子文件，有的是图片、视频和音频，还有的是产品。仿真伪造有的是为了欺诈当事人和管理人，有的是为了侵害他人的知识产权，有的是为了制作虚假证据材料，还有的是为了牟取其他利益等。伪造者的伪造目的不同，伪造行为发生的时间、条件和方式方法也存在差异，而这些差异对伪造的仿真程度高低有一定的影响。

随着技术的发展，仿真伪造证据已从一般仿真伪造发展到现在的智能“深度伪造”（Deepfake），并且“深度伪造”已经成为人工智能发展中新型犯罪的手段。深度伪造是在深度学习（Deep Learning）的基础上实施的伪造，它深刻改变着传统的“眼见为真”“耳听为实”的认知观念。深度伪造始于人工智能尤其是深度学习的人像合成技术，进而在社会活动中发展成为视频伪造、声音伪造、文本伪造和微表情合成等多模态视频欺骗技术。深度伪造技术主要依赖人工神经网络的生成式对抗网络（Generative Adversarial Network，GAN）。GAN 由两个竞争性人工神经网络组成，一个网络（或称为生成器）试图造假，负责生成对抗样本，如复制照片、音频录音、视频的原始数据集。另一个网络，亦称为判决器，负责鉴别伪造数据。基于每次判决迭代的结果，生成对抗网络，不断调整参数以创建越来越逼真的数据，直到不断优化的生成器使判决器无法再区分真实数据和伪造数据。其生成工具包括换脸、重新投射、口型同步、动作传递、图像生成、音频生成、文字生成等。[①] 生成式人工智能（Generative AI）利用机器学习技术在现有大规模数据内容的基础上具备处理多种任务和场景的能力，生成仿真的文本、图像、声音、视频，以及程序代码等数据。如深度伪造人脸方法有：全脸合成、表情交换、属性操作、身份交换。伪造者将从网络上获取的对象信息，使用人工智能生成技术（人工智能换脸、人脸合成、视频生成、语音模拟及文本伪造），将被模仿者的曾经穿着、饰品、声音、体态、面部表情、身体动作与一定场景拼接合成为色情、会议、民事活动等虚假数据图像和视频内容等，用于实施诈骗、敲诈勒索、伪造证据等非法活动。此外，仿真伪造能够实现仿品与被仿品之间存在达到“误认”的相似性，从而成为侵害商标、专利、著作权等知识产权的重要依据之一。

在法庭科学领域，“可疑证据材料”是否存在“仿真伪造”或“深度伪造”，是鉴定面临的经常性问题和疑难问题。无论是一般的物证仿真伪造，还是深度伪造，都包括两种类型：一种是完全虚假的伪造；另一种是局部虚假的变造。按仿真伪造涉及的可疑证据种类不同，分为仿真伪造实物证据与深度伪造电子数据和视听资料证据等。“深度伪造”分为创建式“深度伪造”和篡改式“深度伪造”两种类型。创建式“深度伪造”是指创建全新的视频、图像、音频和文本等内容的伪造，如人脸合成；篡改式“深度伪造”是指篡改真实视频、图像、音频和文本等局部内容的变造，

---

① 参见张晓玉：《深度伪造技术的发展及影响》，载《网信军民融合》2021 年第 3 期。

如人脸替换，属性编辑及表情重演、多模态说话人生成。[1]

深度伪造者通过从开放网络空间和相互接触收集深度伪造所需要的大样本，包括不同时间、场景、条件下的视频、图像、音频和文本及其所包含的个人生物、职业、学习、财务收支信息、社会关系信息、生活方式、情感、隐私、家庭成员等信息，在此基础上根据需要利用“小冰”（Avatar Framework）、ChatGPT、特殊的神经网络算法等软件功能进行深度伪造。深度伪造从最初的“PS”到现在利用生成式神经网络和鉴别式神经网络进行伪造。“深度伪造”具有超拟真、反鉴别、快更迭等特点，这给司法鉴定和诉讼中的证据认定造成困境。[2]

一、仿真伪造鉴别的理论

在行政执法、诉讼、仲裁等活动领域，伪造者企图达到伪造的证据材料不能被“鉴伪”，而可能被“鉴真”的目的，有的甚至扬言“制作虚假证据材料，保证通过司法鉴定”。仿真是伪造的方式，仿真程度是伪造的效果，仿真伪造的程度高低与鉴别难易程度成正比，而与鉴别准确程度成反比。通常，可疑证据材料仿真伪造程度低，则伪造征象明显，鉴别难度小；反之，则伪造征象不明显，鉴别难度大。

仿真伪造是以真实的具体客体及其反映体为伪造对象，而被仿对象有的个性特征信息相对多，种属共性信息相对少；有的则个性特征信息相对少，而种属共性信息相对多。如手工雕刻印章印文的个性特征信息相对多，种属共性信息相对少；同模机制印章印文的种属共性信息相对多，而个性特征信息相对少。仿制技术高低也对仿真程度高低有重要影响，通常仿制技术高低与仿真程度高低成正比。同时，仿真程度的高低与鉴定难易程度成正比。

（一）形成要件“逆向”鉴别理论

仿真伪造由被仿真的对象、仿真的条件、仿真的技术及水平等要件构

---

① 参见王栋、李达等：《基于多模态信息融合的深度伪造检测》，载《电力信息与通信技术》2023年第8期。

② 参见吴进娥、冯树春：《“深度伪造”技术对法官认知的冲击及应对》，载《学习与探索》2023年第9期。

成。被仿真的对象无论是实物还是数据代码都有自己的特性，其特性包括制作工具、方式、方法、顺序、结构，以及表现形态。由于被仿真的对象是以结果的形态呈现，仿真伪造时需要从结果进行逆向认知，如果仿真伪造的对象是产品，需要应用逆向工程技术尽可能地溯源制作工具、方式、方法、顺序、结构、呈现状况等信息。如仿真书写伪造的是签名、指印、印章印文、复制的文件等，需要逆向分析制作工具、方式、方法、顺序、结构等，从而进行相应的仿真伪造；如仿真伪造的是软件，则需要借助逆向工具提取设计信息、架构图、模块关系图、接口信息和处理流程图等进行共性和个性评断；如仿真伪造的是实物，则需要通过逆向拆解提取设计、材料、加工、组装、流程等信息进行共性和个性评断。仿真条件对仿真有重要影响，仿真制作的时间、材料、场所、辅助工具等条件状况对仿真的异同效果有重要影响。现代仿真伪装的制作依赖于仿真技术，一方面决定于仿真所用的设备、软件，另一方面决定于仿真伪造者的技术能力和水平状况。

首先，由于仿真伪造的实施是在不同程度的逆向认知的基础上，应用仿真知识和技术实施完成的，鉴别者也应该对可疑的证据材料进行逆向认知，在此基础上进行伪造鉴别；其次，由于逆向认知受信息量的限制而使认知结果具有不确定性，需要进行逆向实验分析和验证；最后，经过同一性的鉴别，综合认定可疑证据材料的真伪。

当然，由于“深度伪造”依赖于鉴别技术的相应发展，可考虑通过完整性算法、归因算法、表征算法，以及区块链技术，并结合人工审查鉴别进行系统的技术鉴别。

（二）特征相似度鉴别理论

在法庭科学领域，相似度鉴别的对象为可疑物证。从事物的特殊性来说，“世界上没有完全相同的两片树叶”，但同时世界上也必然存在两片高相似度的树叶，或者存在高相似度的人（同卵双胞胎）、动物（克隆）。对于人和物之间的种属鉴别和同一鉴别，依赖于其相互之间的“不同或差异”，因而人与人或物与物之间的相似度越高，则鉴别的难度越高，出错率也越高；相反，则鉴别的难度越低，出错率也越低。这决定了种属认定与同一认定的逻辑起点是从比较对象之间（检材与样本）的“不同或差异”

开始的，当依据其“不同或差异”不能科学合理地作出否定种属相同或否定同一的判断意见时，则需要对其“相同或符合”进行逻辑实证，排除合理怀疑，从而作出两者间种属相同或自身同一的判断意见。

然而，比较对象之间的相似度因仿真伪造，使这种判断丧失逻辑基础，因为在仿真伪造情况下，无论是仿真伪造客体再形成反映体，还是直接仿真伪造反映体，都必然出现供比较对象之间具有高相似度及高似然率，但这种高相似度及高似然率由伪造形成，因而不是客体本质属性的反映，所以不能是“证真”的依据，只能是“证伪”的依据。在这种情况下，只有获取可疑比较对象（检材或样本）的伪造方式、方法及其特点和特征来“证伪”，才能合理解决种属认定和同一认定的判断问题。但是，人们受到比较对象之间“伪造”信息迷惑性的影响，以及认知能力、经验和技术所限，导致形成的认知不确定，引发错误判断。尤其是人们在仿真相似度的认知引导下，往往忽视对伪装征象及其存在的少量特征不同或差异的性质的深究，“理所当然”形成肯定性种属或同一的判断。因此，在对比较对象（检材或样本）伪造方式、方法及其特点和特征存疑的情况下，不确定性判断的做法具有合理性。

在法庭科学领域，对物体或反映体的相似性度量是根据比较对象的特点，依据特征数据+相似度算法来实现的，各种客体及反映体都可以采用针对性的相似性算法来辅助鉴定，增强鉴定依据表达的科学性、提高鉴定的效率。例如，采用编辑距离算法、最长公共子串算法、Heckel 算法、贪心字符串匹配算法等进行字符串相似度计算。① 又如，采用尺度不变特征变换（SIFT）、密集尺度不变特征变换（Dense SIFT）、加速鲁棒特征（SURF）、SURF－128 算法的计算机视觉相似度分析方法进行“常见情形下同类铜币的视觉相似度分析”。②

（三）系统相似度鉴别理论

在鉴定客体处于正常且特性反映充分的情况下，被寻找客体与受审查

---

① 参见牛永洁、张成：《多种字符串相似度算法的比较研究》，载《计算机与数字工程》2012 年第 3 期。

② 参见程冠桦、张俊然、黄江涛：《常见情形下同类铜币的视觉相似度分析》，载《计算机仿真》2023 年第 4 期。

客体之间的“特征相似度”对种属认定和同一认定鉴定具有重要的价值。然而，在可能存在仿真伪造的情况下，“特征相似度”则可能成为鉴定意见错误最主要的影响因素。正常情况下，客体在每一次形成反映体时都具有特定的信息，包含了反映体所反映的客体特性、形成要素、形成方式、影响因素、呈现形态等方面的特点、特征等信息。在仿真伪造时，被仿真的对象有的是客体自身（代码），有的是客体的反映体。就前者来看，仿真伪造物与被仿真的客体之间的“哈希值”不可能保持一致，而在后者情况下，仿真伪造客体与被仿真的客体之间是一种间接关联，而直接关联的是被仿真的特定反映体，因而必然增加反映体自身及制作的特定信息。同时，仿真伪造的客体在形成反映体时，其反映体一方面会反映被仿真反映体的形成要素、形成方式、影响因素、呈现形态等方面的特点、特征等信息，而另一方面又会反映仿真伪造客体自身的特性、形成要素、形成方式、影响因素、呈现形态等方面的特点、特征等信息。因此，仿真伪造客体与被仿真客体之间的相似度包含了客体层特性及特征信息、反映要素的特点信息、反映体的信息和伪造要素的信息，因而种属和同一认定“比较的特征相似度”不能是“机械的特征信息相似度”，而应该是“系统相似度”。

二、仿真伪造的鉴别依据及方法

“知伪”才能“鉴真”，这是仿真伪造证据鉴别的常识。在鉴别仿真伪造证据材料时，比较对象之间“相似度”的性质成为鉴别的核心，即“相似度”是客体自身在不同运动环节反映的相似度，还是仿真伪造形成的客体及反映体与被仿真伪造客体及反映体之间的相似度。简言之，是同一客体的相似度，还是不同客体之间的相似度。因此，在种属认定与同一认定鉴别时，当发现比较对象之间存在高相似度时，必须对相似度形成的要素及特征进行系统分析，确定相似度形成的原因及性质。目前，仿真伪造的方法包括但不限于以下几种：一是通过人的感知书写、雕刻、行走、生活、劳动技能等特征进行学仿伪造，如模仿伪造笔迹、雕刻伪造印章印文等；二是通过计算机视觉分析提取对象特征＋相似度算法＋机能机器进行伪造，如合成语音、视频等；三是利用具有“大数据＋高算力＋强算法”的人形机器人进行伪造，如伪造微信、电子邮件、视听资料等。在人工智能＋高端制造＋新材料等先进技术不断快速发展的情形下，后两类将成为仿真伪造证据的主要发展方向。由于人形机器人引发了广泛的安全风险，尤其是在其掌握了人的生物识别信息、身份证号码、金融账户、医疗健康、特定身份等大量个人信息，实施涉及虚拟空间的数字人、数据财产、虚拟生活或交易场景“代理”等智能法律行为时，“拟人”的仿真伪造证据也就不可避免。①

（一）仿真伪造的鉴别依据

现代仿真伪造证据的目的主要包括两种：一是在诉讼等纠纷处理程序环节中伪造证据，企图获得有利于自己的处理结果，如伪造书证及签名，指印，印文，视听证据材料，微信、短信等电子数据等证据资料；二是在社会活动中通过伪造证据材料欺骗当事人，以进行诈骗，如利用伪造的语音、视频等实施电信网络诈骗。无论是人直接实施完成的仿真伪造证据，还是新型的智能仿真伪造证据都是以被仿对象的特征提取为基础，然后通过一定的制作方法和技术来实现的。

1. 传统物证伪造的鉴别依据

就传统物证而言，其仿真伪造的一种方法是采用复制技术对被仿对象的特征近乎“镜像”复制后，采用“制模”技术制作客体盖印、打印/复印、书写机器人书写方式进行仿真制作；另一种方法是在充分提取被仿客体反映体的特征后，应用相应的软件进行仿真编辑排版后直接打印/复印伪造，或相应的制作技术制作客体进行仿真伪造。因而，传统物证的伪造特征主要是制仿真对象的形成方式、工艺以及附加特征。

通常，传统物证仿真伪造的特征是从反映体中提取的，提取的方法是整体照相、扫描复制、套摹或者利用提取的特征拼合等，如手印、笔迹、印章、打印字迹、足迹、图片的特征等。如果伪造者获取的反映体是具体的单个反映体，因反映体的反映变化而使其难以全局地提取特征，使仿真伪造往往具有提取对象及特征“镜像”复制的特点。值得注意的是，“镜像”复制所提取的往往是特征形态，因而难以复制反映动态特征的被仿对象作用力的特征。采用“制模”技术制作客体盖印、打印/复印、书写机

---

① 参见刘权：《人工智能发展和安全并重的法治探究——以人形机器人为例》，载《东方法学》2024 年第 5 期。

器人书写方式进行仿真制作必然产生相应的机具、制作工艺及附加特征，这些特征是仿真伪造鉴别的主要依据。

2. 视听证据材料深度伪造的鉴别依据

此类伪造的鉴别依据主要包括：生物特征、统计特征和时序特征。生物特征包括眼睛颜色、牙齿、人像轮廓、眨眼频率、面部表情、手部动作、唇动信息、语音信息、文字报道特征等；统计特征是指人脸图像的统计信息差异，包括噪声信息、频域信息、纹理信息、颜色信息等；时序特征主要是视频帧间图像的伪影、不连续性特征。音频深度伪造的鉴别依据主要是语速、声纹、频谱分布等声音信息的差异化特征。现有的检测可以分为前端特征提取和后端模型分类，前端提取音频的时域和频域特征，后端利用深度学习网络模型对提取的特征进行分类。[①]

3. 电子数据深度伪造的鉴别依据

证据法层面，证据因事件、案件的发生而产生，来源于人的行为，电子数据也不例外。电子数据的深度伪造，虽然在内容、形式，甚至在技术层面可以达到高仿真的程度，但由于不是特定人（自然人、法人）真实性的意思表达、形成的时空条件不具备、非人的正常操作所形成，所以，通过电子数据关联性的分析、形成分析、载体分析、内容分析以及印证证明，亦可实现对其的鉴别。当然，需要强调的是，在分析电子数据关联性时，人身份的唯一性证明、数据—设备—人的关系的分析当属重点；在形成分析时，时间、空间、设备、操作行为需要重要关注；在分析载体和内容时，电子数据的溯源分析和内容的完整性证明，则是识别深度伪造的关键。

（二）仿真伪造鉴别的一般方法

1. 传统物证仿真伪造鉴别的一般方法

传统物证仿真伪造鉴别的方法是在应用同一认定鉴定方法进行鉴别的基础上，针对比较所发现和确定的形成方式、工艺及附加特征的不同而展开的进一步检验的方法。其方法包括不同特征的宏观检验法、显微检验法、成因分析法、实验分析法和系统分析法等。

---

① 参见果伸、张丹丹、张一鸣：《公共安全领域深度伪造技术检测与防御研究》，载《中国安防》2024 年第 6 期。

2. 视听证据材料深度伪造鉴别的一般方法

人脸伪造检测的核心依据是伪造方法及过程留下的异常特征。目前将卷积神经网络（CNN）检测模型、Xception 模型、Deepfake 检测等方法用于视频深度伪造检测，这些方法可以在高质量数据集上实现非常好的检测性能。但是，受上传图像或视频时会压缩视频的质量影响，这些方法在低质量数据集和跨数据集上的检测精度将降低，因而卷积块注意力模块（Convolutional Block Attention Module，CBAM）和频率通道注意力网络（Frequency Channel Attention Networks，FcaNet）被应用于 Deepfake 篡改检测中以提升检测性能。此外，还有学者提出使用“多尺度双流的深度伪造检测方法”来提高篡改检测的性能。①

3. 电子数据深度伪造鉴别的一般方法

如前文所述，鉴别电子数据深度伪造的依据主要来自关联性分析、形成分析、载体分析以及内容分析。因此，技术鉴定层面，可运用电子数据形成过程分析、关联分析方法进行存在性鉴定，也可运用电子数据载体分析、元数据分析、日志分析、内容分析、流转过程分析、异常分析等方法开展电子数据真实性鉴定（含形成的时空条件），亦可通过结构、要素、功能、代码等的相似性比较来判断。当然，如果在特定电子设备、云盘、服务器等设备/平台中发现有相应的伪造软件存在时，对软件功能及其使用情况的分析，也可为鉴别提供依据。

① 参见蒋翠玲、程梓源、俞新贵、万永菁：《基于多尺度双流网络的深度伪造检测方法》，载《计算机工程》网络首发，https：//link. cnki. net/urlid/31. 1289. TP. 2024 1023. 1924. 003。

第四章　非同一认定鉴定理论

第一节　非同一认定鉴定概述

非同一认定鉴定，是指除同一认定鉴定以外的，需要具有专门知识的人应用专门知识解决受托的专门性问题，从而为诉讼提供新证据材料的活动。从对案件事实认知的一般情形来看，同一认定鉴定所解决专门性问题数量相对较少，具有特殊性；而非同一认定鉴定所解决专门性问题数量多，涉及范围广，具有普遍性。从法庭科学的发展历史来看，人类知识的不断增长为认知案件事实提供更多的科学方法和途径，而所形成的解决诉讼中专门性问题的理论也在同一认定与非同一认定理论架构下发展，虽然这种理论架构不一定合理，但对复杂多样的专门性问题进行这样的理论区分具有相对的合理性。

一、非同一认定鉴定的专门性问题与专门知识

法庭科学的主要任务是具有专门知识的人通过鉴定为法庭提供“鉴定意见”或“专家意见”，因而在刑事、民事、行政诉讼中都涉及法庭科学的应用问题。具有专门知识的人参与诉讼是由诉讼模式及相应的程序决定的，而参与诉讼的目的是解决诉讼中提出的专门性问题，并通过应用专门知识解决受托的专门性问题以提供新的证据材料。诉讼中专门性问题是基于案件事实调查的需要，由调查、侦查、当事人、公诉人、辩护人、代理人、法官等在已有的证据材料的基础上提出的，与证据事实调查有关的问题。或者说是提问者对证据材料的真伪、事实的有无及存在状况、因果关系等事实的存疑或探寻所提出的问题。这决定了具有专门知识的人解决问题的基础和要求。由于形形色色的案件所涉及的事实问题纷繁复杂，所以需要解决的专门性问题也十分广泛，但在需要解决的问题与能够解决的问

题之间往往存在冲突，而导致这种冲突的原因，一方面是专门知识本身存在不足，尚不能科学地解决所提出的专门性问题；另一方面是供鉴定的证据材料条件受限，不具备解决问题的条件。

专门知识源自人类所创造的科学、艺术和技术等知识，而针对诉讼所要解决专门性问题的知识一方面是指鉴定人、专家所掌握的一般专业知识，另一方面是指鉴定人、专家针对解决具体专门性问题的特定知识和经验。非同一认定鉴定所涉及的专门知识十分广泛，是在不断地解决诉讼专门性问题中发展起来的，包括法医、物证技术、司法会计、资产评估、知识产权、环境污染损害、电子数据、视听资料、产品质量、事故、建设工程、文物、艺术品等鉴定专门知识。

二、非同一认定鉴定理论

非同一认定鉴定的理论包括概念、鉴定对象、鉴定的程序与方法以及鉴定的规范与标准等。由于非同一认定鉴定理论是由不同种类的专门性问题所涉及的专业知识体系所组成的专业群构成的，所以专业群的每一个不同专业的相关鉴定理论就成为非同一认定鉴定理论的组成部分。在组成非同一认定鉴定理论的专业理论中，有的既有解决同一认定鉴定问题的理论，又有解决非同一认定鉴定问题的理论，如文件鉴定、痕迹鉴定、法医学鉴定等；有的只解决非同一认定鉴定问题，如资产评估鉴定、产品质量鉴定、知识产权鉴定等。不同专业的非同一认定鉴定虽然有不同的鉴定对象、鉴定的程序与方法以及鉴定的规范与标准，但是又存在基于鉴定所形成的共同程序规范、鉴定文书表达要求等。

三、非同一认定鉴定的价值

法庭科学服务于刑事诉讼，其任务不仅是追寻作案人，它还包括查明对象所能实施的一切犯罪行为，从犯意的形成、犯罪的准备到犯罪行为的具体实施（用何种手段，克服哪些障碍，造成何种结果），即犯罪行为的具体构成情况，均属法庭科学关注的内容。司法鉴定作为法庭科学应用技术被应用于解决诉讼中问题的重要方法，鉴定结果关系到对行为人的正确定罪量刑。然而，司法鉴定要协助查明具体的行为状况，仅靠同一认定显然不够。例如，为查明行为人主观心理状态——故意还是过失，而鉴定某种打击痕迹，判明打击角度、力度，使用的鉴定方法就不是比对检验的同一认定，而是另一种痕迹方法——对客观的痕迹现象作逻辑推理的方法。因此，非同一认定的鉴定方法，在法庭科学及其各分支学科中同样占有重要地位。①

非同一认定鉴定不依赖于传统的“同一认定理论”，其鉴定的目的是确定犯罪行为的具体构成，其所提供的鉴定结果具有独立的证据意义。非同一认定鉴定主要包括确定事实有无的鉴定、确定可疑证据材料真伪的鉴定、确定事物因果关系的鉴定、确定事实状况的鉴定、确定精神状态的鉴定等。非同一认定鉴定强调灵活性、多元性和情境依赖性，允许鉴定者在进行认定时根据具体情况调整认定标准，以更好地适应鉴定对象的多样性和复杂性。非同一认定鉴定的认定结果可能因为新技术、多维度评估、情境变化等因素而发生变化，从而引发对对象的不同认知，为法庭科学技术领域带来了更具包容性和实用性的鉴定方法。

在民事、行政诉讼中，所涉及的非同一认定鉴定同样具有广泛性，所要解决的专门性问题涵盖文件、法医、建筑、产品质量、会计、估价等相关的鉴定领域，其鉴定意见对查明案件事实具有重要的作用。据我国司法部公共法律服务管理局对“四大类”鉴定委托的统计，我国 2022 年“民事诉讼中的委托最多，共 71. 50 万件，占总业务量的 23. 70% ……行政诉讼中委托的最少，有 6. 15 万件，占业务总量的 2. 04%”②。由于民事、行政诉讼涉及社会治理和社会生活的方方面面，所提出的专门性问题有的具有解决问题的专门鉴定理论、方法，以及鉴定机构和鉴定人；有的尚未形成解决问题的专门鉴定理论、方法，以及鉴定机构和鉴定人，只能从相关行业中聘请具有相关专门知识的人提供鉴定意见或专家意见。总之，非同一认定鉴定在民事、行政诉讼证据调查及事实认定中发挥着越来越重要的作用。

---

① 参见龙宗智：《不应忽视的非同一认定的鉴定理论》，载《犯罪研究》1988 年第 2 期。

② 司法部公共法律服务管理局、司法部：《2022 年度全国司法鉴定工作统计分析报告》，载《中国司法鉴定》2024 年第 1 期。

四、非同一认定鉴定的一般特点

（一）鉴定应用的专门知识和技术具有广泛性

为提升非同一鉴定的准确性与科学性，实践中需综合运用多样化的数据来源、分析工具与评估指标，以增强比对结论的客观性与稳健性。在生物取证领域，非同一鉴定的核心在于对比未知样本与已知样本的遗传标记特征，通过比对结果判断是否来源于不同个体。近年来，随着高通量测序与短串联重复序列（STR）分析等技术的进步，在低质量样本或混合样本条件下的比对精度显著提高，为非同一鉴定提供了更为可靠的技术支持。

在图像鉴定领域，人工智能与计算机视觉技术的发展亦为非同一鉴定带来新的路径。通过深度神经网络的训练，系统能够在分辨率差异、光照变化、姿态变换等复杂条件下提取图像中稳定且具判别力的特征，实现图像样本之间的高精度比对。这类方法显著提升了图像类非同一鉴定的适应性与准确性，特别适用于图像来源异质、采集环境复杂的实务场景。

在金融取证领域，大数据分析技术的应用可以支持非同一认定鉴定。例如，通过分析大规模金融交易数据，可以在不同时间点对资金流动和交易模式进行分析，以识别潜在的异常行为。这种方法可以更好地适应不断变化的金融环境。在文化遗产鉴定领域，跨学科方法的应用可以为非同一认定鉴定带来新的视角。例如，结合考古学、地理信息系统和化学分析，可以在不同地理和历史背景下对文化遗产进行综合认定。这种方法强调多学科合作，使认定更为全面和多维度。这些例子说明了新兴科技和方法在非同一认定鉴定中的应用。通过采用先进的技术手段，可以更好地适应不同情境和变化，为鉴定过程带来更准确、更全面的结果。这种方法可以推动科学技术的创新，使鉴定过程更具适应性和实用性。

（二）鉴定实施具有灵活性和多元性

与传统的认定理论相比，它不局限于单一的认定标准，而是允许鉴定人在不同情境下根据实际情况进行自由裁量。例如，在精神状态鉴定中，一个人的精神状况可能会在不同环境中表现出不同的特征，导致认定结果不一致。这种情况下，鉴定人可能会更注重根据实际情况进行综合评估，而不仅仅依赖于特定的症状列表。在司法会计鉴定中，不同会计方法、审计程序、会计准则或金融政策规定的变化会导致对同一财务数据的认定结果有所不同，这要求鉴定者予以考虑。例如，在不同会计周期内，公司可能会采用不同的会计政策，导致财务报表中的数据发生变化。在这种情况下，鉴定者可能会根据不同会计政策的变化，对财务数据进行不同的认定。这些说明了非同一认定鉴定如何在不同领域中体现出灵活性和多元性，允许认定结果因情境、方法或技术的变化而产生不同。这种方法强调了实际情况的复杂性，要求鉴定人更综合地考虑多种因素，以达到更准确和全面的认定结果。

（三）鉴定结果具有条件限制性

鉴定结果具有条件限制性，指的是鉴定结果的认定可能会因为不同情境的变化而产生变化。这种理论允许鉴定人在不同环境中对同一对象进行综合评估，以获得更准确的认定结果。在法医学领域，尸体的腐败速度可能会因环境温度、湿度等因素而有所不同。非同一认定鉴定要求鉴定者考虑到这些环境因素，从而更准确地判断死亡的时间。例如，同一尸体在不同季节和气候下，可能会呈现出不同的腐败特征，导致认定结果不一致。通过考虑情境依赖性，鉴定者可以更好地适应现实情况，得出更准确的结论。在环境科学领域，地下水或土壤中的污染物浓度可能会受地质特征、降水情况等因素的影响而发生变化。认识到这种情境依赖性，鉴定者才能够更准确地评估环境污染程度。如冬季雨水少，夏季雨水多，通常会认为故冬季地下水中污染物的浓度高，而夏季地下水中污染物的浓度低，运用这些经验在实际鉴定时可能会产生错误，因为夏季有干旱的时候，所以需要在不同情境下进行综合分析，而不是简单地做加法或做减法。非同一认定鉴定需要鉴定者在评估过程中考虑到多种情境因素，从而更全面地了解对象的属性和特征，使认定结果更贴近实际情况，减少因环境变化而引发的认定不一致。

（四）综合评断须充分考虑不确定性

非同一认定鉴定尊重专业判断，以保障认定结果的准确性和可靠性。在毒物毒品鉴定中，由于样本质量、分析方法等因素，结果可能存在一定的不确定性。鉴定者在表达结果时需要考虑到这种不确定性，以增强认定结果的可信度。例如，毒物毒品样本的分析可能会受到污染或检测方法有偏离的影响，导致结果不够确定。鉴定人可以通过在报告中说明不确定性范围，使决策者了解认定的可靠程度。在测谎、司法精神病鉴定等涉及心学的相关领域，其鉴定可能涉及多个方面的信息，包括个体的生活背景、行为表现等。鉴定人可以根据这些多维度的信息，结合自己的专业知识和经验进行综合评估，得出更全面和准确的结论，而非仅仅依赖于固定的标准。尊重专业判断，允许鉴定者在具体情境中作出符合实际的认定；否则，结果可能存在一定的不确定性。在金融取证中，分析交易模式可能涉及大量的数据和复杂的算法，要认识到分析结果中的不确定性，可能源于数据的缺失、模型的假设等。鉴定者可以通过引入不确定性的概念，以及对结果的可信度进行评估，使决策者能够更好地理解分析的可靠性。在文物鉴定中，专家的经验和知识是至关重要的，因为他们通过多年的研究和实践积累了独特的见解。例如，鉴定古代文物的真伪可能需要深入了解历史背景、工艺特点等方面的知识，鉴定者可以借助专家的意见，结合自己的分析，得出更符合实际的鉴定意见。这些例子凸显了考虑不确定性和尊重专业判断在非同一认定鉴定中的重要性。这种方法使认定过程更透明、更可靠，能够在充分考虑情境和专业判断的基础上，得出更准确和有信服力的鉴定意见。

第二节　非同一认定鉴定的种类及特点

根据具体鉴定事项的不同，非同一认定鉴定主要包括确定事实有无的鉴定、确定事物真伪的鉴定、确定事实因果关系的鉴定、确定事实状况的鉴定、确定精神状态的鉴定等五类。

一、确定事实有无的鉴定

确定事实有无的鉴定是指具有专门知识的人对鉴定客体进行检验、分析后，确定某一事实是否客观存在（或发生过），即对某一事实是否具备客观存在性进行鉴定。比如，身体、食物内是否具有某种毒物、毒品，可疑文件上是否存在潜在指印，消退文书是否存在字迹，可疑硬盘中是否存在某种电子数据等，都属于确定事实有无的鉴定。确定案件事实有无的专门性问题，是在可疑的或有争议的证据材料基础上提出的，所要确定的事实应是案件事实的构成部分，而“所谓案件事实就是在司法裁判过程中由当事人（原告和被告）主张（陈述）、证明并由法官或陪审团认定而构成法官裁判根据的事实”①。对可疑或有争议的证据材料中是否存在某种事实的确定是一种科学发现活动，通过技术检验如果明确地发现某种存在物，则该存在物是一种确定的事实，如果未发现某种存在物，则可能是客观上不存在，也有可能是受鉴定材料及检验技术所限不能明确确定。确定事实有无的鉴定一般具有以下几个特点。

（一）被确定的事实具有“潜在性”

确定事实有无的鉴定中，被确定的事实都具备“潜在性”，即通过肉眼观察往往无法观察到某一事实或无法直接确定某一事实是否存在，因而需要具有专门知识的人利用技术方法、专门仪器经过检验才可确定其是否存在。例如，在文书鉴定中确定某份文书是否有擦刮事实、添改事实、消退事实，电子数据检验中的存在性鉴定等，都是因为被鉴定客体具有肉眼无法直接观察的“潜在性”，所以需要通过专业的检验来确定其是否存在。

（二）检验存在风险性

确定事实有无的鉴定的方法有的难免会污染或破坏供鉴定的证据材料，为此需要在鉴定程序和方法上仔细确认，以最大限度地降低风险。在进行检验时必须按“先无损检验，后有损检验”的原则实施鉴定，同时如果需要进行有损检验时，一方面必须征得委托人的书写同意，而另一方面需要优先技术方法尽可能地降低污染或破坏导致的影响。例如，在用化学方法显现文件上是否有潜在手印时，特殊情况下还需先考虑DNA和其他微量物证的提取；用化学方法对字迹形成时间进行检验之前，还应考虑是否有“潜在字迹”。总之，尽可能降低检验所致的破坏风险。

---

① 舒国滢：《“事实”与“案件事实”概念之再探讨——基于哲学与法学双重视角》，载《清华法学》2024年第4期。

（三）检验结果的有限性

通过鉴定解决事实有无的专门性问题，受鉴定材料条件、鉴定仪器、技术方法、检验手段发现能力的影响，检验所确定的结果具有有限性。例如，潜在手印显现过程中会使用物理学、化学等方法或专用仪器设备，①但是根据可能存在的“潜在”事实的状况，当技术方法或仪器设备适配于发现潜在指印时，潜在指印得以显现；反之，则不能显现。因此，通过检验已经在可疑证据材料中确定“有”某种存在事实时，发现的事实存在是明确的，但通过检验在可疑证据材料中并未发现“有”某种存在事实时，则可能有两种认知结果，即客观上的“无”与不能确定的“有无”。换句话说，由于技术的有限性，此种检验只是未发现，并不能代表“一定没有”或“一定不是”。

二、确定事物真伪的鉴定

确定事物真伪的鉴定涉及的基本问题是被鉴定客体自身的“真假”问题。无论是自然之物，还是人为加工之物均具有唯一性，但是模型化制作或仿制使不同物之间具有不同程度的“相似”，从而影响人们对不同物真伪的准确区分。从本体论与认识论来看，“‘存在讲实虚’‘认识讲真假’”②，因而确定事物真伪的鉴定需要以此为基础。

根据伪造事实表现状况不同，将可疑证据材料分为全部伪造与局部伪造。全部伪造有的是按特定对象的特性及特征进行仿制，从而形成仿制品，以冒充“真品”，如伪造青铜器、瓷器、玉器等文物，以及伪造公文、合同等文件；有的是虚拟伪造，即在根本不存在某一事实的情况下，根据诈骗需要臆想进行伪造，如虚拟场景深度伪造视频、电子数据等；而局部伪造又称变造，是以真实的材料为基础，借用或改变局部真实材料，采用挖补、拼接、添改等变造手法制作形成的局部虚假的证据材料。

确定事物真伪的鉴定是指具有专门知识的人对某一可疑证据材料（物

---

① 参见《物证类司法鉴定执业分类规定》第 18 条。

② 舒国滢：《“事实”与“案件事实”概念之再探讨——基于哲学与法学双重视角》，载《清华法学》2024 年第 4 期。

品）进行检验和综合分析，从而得出其为“真”或“伪”的一种专门技术活动。可疑证据材料所指广泛，如可疑文件、物品、电子数据、视听资料等。例如，公安机关在办理关于涉嫌伪造货币犯罪的案件中，就需要对其中重要的物证——货币的真伪进行鉴定；又如，可疑仿制产品的鉴定；等等。除此之外，还有可疑的文物、动植物、药品、电子数据等的鉴定，例如，案件中造假者将未成熟的野生葡萄（产量很大）晒干后染色而成充北五味子，[①] 因而需要进行中医药材真伪鉴定。近年来，随着人工智能技术的发展，“深度伪造”成为伪造视频、电子数据等的主要方式，相应的真伪鉴定面临新的挑战。确定可疑证据真伪的鉴定一般具有以下几个特点。

（一）鉴定比较条件的充分性

对确定事物真伪的鉴定，因具体材料的信息构成与表现不同，涉及材料的理化特性及特征、制作方式、文字内容及形态特征、附加痕迹特征、使用磨损特征等的检验和综合分析。这决定了比较条件的充分性对鉴定具有重要意义。通常，没有比较就没有鉴别，因而在确定事物真伪时应满足“可辨真伪”的鉴定条件。这要求可疑证据材料是原件，供比较的样本材料的种属、个体以及制作方式等的特点及特征是已知的。唯有如此，才具备确定可疑证据材料真伪的鉴定条件。例如，在货币（人民币）真伪鉴定中，通过将已知同版本的真货币（人民币）的纸张、暗记等特点及特征与可疑货币（人民币）的特点及特征进行比较，根据特征异同状况及性质判断其真伪，否则不具备鉴定条件。值得注意的是，在伪造特定物的情况下，由于每一件瓷器、陶器、书画等都是特定物，仿制伪造有的是按特定物的真品仿制，有的是按仿品进行再仿制，还有的是按其一般形制、内容、风格特点进行仿制，在鉴别真伪时需根据仿真程度不同进行一般特征鉴别与细节特征鉴别。

（二）检验方法的多样性

在确定可疑证据材料真伪的鉴定中，鉴定手段具有多样性。通常会使

---

① 参见《75种常见中药材、饮片造假全揭秘》，载中药360，https：//www. zhongyao360. com/zhongyao/2662184. html。

用观察法（肉眼直接观察、显微镜观察等）、近红外光谱、指纹图谱、高效液相色谱、化学分析法等技术手段对可疑证据材料的理化特性、制成方式特征、形态特征、变造方法及特征、附加特征等比对分析，从而达成真伪鉴别的目的。同时，鉴定的技术手段还会随着科学技术发展不断增多。比如，根据《快速鉴定鹿茸真伪及其种属检测试剂的试验研究》一文，相关学者建立了一种双重聚合酶链式反应（PCR）检测体系，根据琼脂糖凝胶电泳目的条带位置及数量快速鉴定花鹿茸、马鹿茸及常见伪品驯鹿茸，①突破了鹿茸鉴定中的传统技术手段，实现了在一个PCR反应体系中鉴定鹿茸真伪的方法。

（三）鉴定意见的依据具有系统性

确定事物真伪的鉴定意见，通常是把可疑证据材料与供比对的样本材料进行比对检验所确定的特征是否一致，作为鉴定的主要依据。然而，样本未能穷尽，或者只有一般的样本，而不能提供被仿制的特定样本，使作出的伪造鉴定意见缺乏科学合理性。例如，在确定可疑文件真伪的鉴定时，印文是真的同一认定结论，并不代表可疑文件是事实的；同样可疑文件上的印文与供比较的样本印文不是同一枚印章盖印形成，也不能就此确定可疑文件为伪造文件，因为不能排除还存在其他样本印文与可疑证据材料上印文同一的可能性。因此，还需要确定纸张特征、字迹的墨迹物质成分及时间变化特征，以及附加特征等差异后，才能综合各方面的依据作出可疑文件证据材料为伪造文件的鉴定意见。在可疑书画真伪鉴定中，有的提供被仿作品作为样本供比对，而有的只能提供作者一定时期的作品供比对，因而在真伪鉴定时，需要通过对纸张特征，字迹特征、字迹物质成分及新旧程度特征，印文特征、印文物质成分及新旧程度特征，绘画构图、技法、用墨、落款等特征进行系统检验后，经过综合各方面的依据进行综合评断，才能作出真或伪的鉴定意见。

对于可疑证据材料是否变造的鉴定，由于可疑证据材料存在正常的修改、修复的事实与变造制作事实的性质区分，只有系统地应用各方面的检

---

① 参见徐宁、马玉贺、马秋贺：《快速鉴定鹿茸真伪及其种属检测试剂的试验研究》，载《药物分析杂志》2023年第8期。

验依据，才能作出是否存在变造事实的鉴定意见。如通过对可疑文件证据材料的检验，发现可疑文件存在拼接事实，且拼接不同部分的纸张不同，字迹特征及物质组分不同，拼接痕迹不完整，不同部分文字内容不符合逻辑等，则综合各方面的依据可作出可疑文件证据材料存在拼接变造的事实。如果在可疑文件材料上发现存在添加、改写等事实，在无其他检验依据进行综合评断的情况下，则不能确定可疑文件存在变造事实。

三、确定事实因果关系的鉴定

确定事实因果关系的鉴定是指具有专门知识的人对两个具体事实之间的因果关系进行检验和综合分析，从而确定一定事实是否由某种原因或多因引起的科学技术活动。如医疗损害鉴定、环境损害鉴定中常常涉及因果关系鉴定。医疗损害鉴定的核心问题就是判断医方的诊疗行为是否存在医疗过错、其医疗过错与患者的损害后果间是否存在因果关系，以及关联程度大小（医疗过错参与度）。医疗过错与损害后果之间因果关系的形式决定了医疗过错在损害后果中的原因力大小，通常情况下直接关系到医疗损害诉讼中医方是否需要承担民事赔偿责任以及应承担多大程度的赔偿责任。在环境损害鉴定中，生态系统环境损害鉴定包括对生态破坏行为与植物物种、动物、微生物、森林生态、草原生态系统、湿地生态系统、荒漠生态系统等损害之间因果关系的分析判断。案件中一些证据事实的存在必然影响检验结果，因而其因果关系具有客观性、时序性、条件性、特定性以及复杂性，这决定了确定事实因果关系的鉴定主要有以下几个特点。

（一）专业性强

在司法实务中，因果关系鉴定往往是认定侵权责任成立与否的关键证据。所以在大多数的医疗侵权案件、环境损害侵权案件中都会分别进行医疗损害因果关系鉴定、环境损害因果关系鉴定。在这些案件中，因果关系鉴定往往是支撑法官认定事实的关键证据之一。比如，在医疗侵权诉讼案件中，其鉴定涉及专业医学问题，法官通常会委托专门鉴定机构对医方的医疗行为是否存在过错、医疗过错行为与患者的人身损害后果之间是否存在因果关系以及医疗过错行为在人身损害后果中的原因力大小等进行医疗损害鉴定，其整个鉴定过程专业性较强，往往涉及多个学科的专门知识及技术手段。

（二）复杂性强

确定事实因果关系的鉴定本身复杂性极强。主要体现在两个事物之间“引起与被引起”的关系本身就极其复杂，多数因果关系可表现为多因一果或者多因多果，单纯明确的一因一果关系相当少见。同时，因与果之间往往涉及较多其他因素，会导致各种作用因素交织在一起，相互影响、相互渗透，并不是各因素间的简单相加，有时也很难准确区分某一因素的原因力大小，因此呈现出事实因果关系的复杂性。比如，在医疗损害鉴定中，确定人身损害后果要考虑以下诸多方面：医方的诊疗过错行为、患者疾病严重程度、医疗机构的硬件水平和就诊环境、医务人员的技术水平和沟通能力、患者的依从性、患者的体质和基础疾病、外界介入因素等。在环境损害鉴定中，损害结果事实复杂、途径多样、损害源种类不一、新型污染源的迁移转化等，均会导致事实因果关系的鉴定变得复杂。

（三）鉴定材料获取的滞后性

在确定事实因果关系的鉴定中，损害行为和开展鉴定之间往往有一个“时间差”，因而在鉴定中使用的鉴定材料往往不是在损害发生时直接后果的客观反映。同时在这个“时间差”内，也有可能会有其他行为的参与，共同导致了目前的损害后果。所以鉴定材料获取的滞后性，甚至包括滞后的时间长短均会对事实因果关系的鉴定造成一定的影响。

四、确定事实状况的鉴定

“状况”意为情形、情况。确定事实状况的鉴定是指具备专门知识的人对证据材料反映的事实进行分析和检验，从而依据一定方法和标准确定其现在的具体表现状况及程度，并提供鉴定意见的专门技术活动。确定事实状况鉴定涉及人身伤害、财物损坏、环境污染等损害程度的确定。如交通事故导致人受伤属于事实因果关系鉴定，但导致的人体残疾等级鉴定，则属于确定事实状况的鉴定。人体残疾等级鉴定是依据相关标准规定的各类损伤（疾病）后以人体组织器官结构破坏或者功能障碍所对应的等级划分，对后遗症的严重程度及其相关的劳动能力等事项进行鉴定。究其本质，人体残疾等级鉴定就是对被鉴定人的人体组织器官结构破坏或者功能的具体状况进行鉴定，然后根据相关标准给予对应的等级。在环境污染损害事实状况鉴定中，需要通过勘验、检验和分析确定人、动物、植物、土壤、水、大气等污染的范围及程度，进而通过评估确定污染损害的损失金额，以及环境修复的金额。确定事实状况的鉴定往往具有以下几个特点。

（一）专业性

确定证据材料所反映的事实状况需要应用多方面的专业技术及经验，才能保证鉴定意见科学可靠。如人体损伤事实状况的鉴定需要由具有法医专门知识和鉴定经验，且能从相关证据材料中准确获取反映事实状况信息，以及能准确掌握和应用相应的鉴定技术标准的鉴定人实施。鉴定人在鉴定时必须对供鉴定的证据材料进行专业性审查和检验，充分获取损伤的状况的事实信息，在此基础上对照相关的鉴定技术标准进行分析和综合评断，从而作出相对应伤残等级的鉴定意见。

（二）客观性

鉴定人在确定事实状况鉴定时，一方面必须从供鉴定的证据材料所反映的事实中应用技术方法客观地获取鉴定依据，另一方面应根据确定事实状况的需要开展规范勘验、检查及客观记录工作，从而获取客观的鉴定依据，保证鉴定依据客观准确。同时，鉴定过程应严格遵循法定的鉴定程序和标准，禁止主观臆断，确保鉴定意见客观公正。

（三）复杂性

确定事实状况的鉴定对象无论是人身，还是财物、环境本身都具有复杂性，同时鉴定对象处于不断地变化之中，而且会受到各种因素的影响，这使确定损害事实的状况具有复杂性和不同程度的不确定性。如对人身伤害所致的损害事实的鉴定，由于个体差异和伤害情况的不同，每个案件的损害状况及不确定性都存在不同，需要在确定时间范围内，依据鉴定资料，在综合分析评断的基础上作出鉴定意见。

五、确定精神状态的鉴定

确定精神状态的鉴定是指运用法医精神病学的科学技术或者专门知识，对涉及法律问题的被鉴定人的精神状态、行为/法律能力、精神损伤及精神伤残等专门性问题进行鉴别和判断并提供的鉴定意见，又可称为司法精神病鉴定、法医精神病鉴定。根据《法医类司法鉴定执业分类规定》第24条的规定，法医精神病鉴定包括精神状态鉴定、刑事类行为能力鉴定、民事类行为能力鉴定、其他类行为能力鉴定、精神损伤类鉴定、医疗损害鉴定、危险性评估、精神障碍医学鉴定以及与心理、精神相关的其他法医精神病鉴定等。确定精神状态的鉴定主要有以下几个特点。

（一）鉴定的专业性强

司法精神病学是法学与医学交叉学科。精神病鉴定专家通过综合运用精神医学与法学知识，对被鉴定人是否患有精神病（医学要件）以及是否具备辨别、控制能力（法律要件）发表个人意见。在进行精神状态的鉴定中，认定被鉴定人是否有精神疾病不仅要运用医学知识，而且认定其在实施某项侵害行为时是否具备辨认、控制能力还需要运用法学相关知识，甚至需要使用心理学、社会学等其他学科的知识，因而确定精神状态的鉴定对鉴定人的专业能力、知识储备要求较高，专业性强。

（二）鉴定对象的复杂性

确定精神状态鉴定的对象是被鉴定人的精神世界，但人的精神世界往往是极其复杂的。精神现象属于人类探索尚未完全成功的一个领域，多数精神病的成因缺乏科学、有力的结论加以证实。精神医学发展所处的初级阶段限制了司法精神病鉴定科学的发展水平，即使在科学技术极其发达的今天，人类所掌握的科学知识尚不能对人类自身的精神世界给予全面、正确的剖析与发现。因此，对于确定精神状态的鉴定，目前尚缺乏精密的检测仪器和分析数据的手段或方法，主要还是依据病史和精神状况检查所见即临床表现来确定。随着脑科学的发展，借助大数据和人工智能将提升确定精神状态鉴定意见的科学可靠性。

（三）鉴定过程的回溯性

确定精神状态的鉴定需要鉴定人对行为人实施行为时的精神状态作出准确、客观的判断，评价被鉴定人在实施相应行为时的动机以及实施行为时自身是否具备辨别、控制能力及程度。人的主观动机只能依靠客观的外在信息进行辅助证明，对于精神状态的鉴定只能依靠鉴定时所掌握的证据材料与相关信息加以回溯性的推理与判断。回溯性判断的准确性依赖于判断所依靠的信息是否充足、准确，出现偏差甚至错误难以避免。

（四）鉴定手段的有限性

在确定精神状态的鉴定中，鉴定人主要依赖的是阅读书面材料（如就诊病历、检查结果、医学影像等）、与被鉴定人交谈、倾听被鉴定人想法或观察其行为等主观性较强的检测手段，再结合自身的专业知识出具鉴定意见。确定精神状态的鉴定中使用的鉴定方法与通常医学上所依赖的实验室化验、检验等客观性较强的诊断手段有明显区别。同时，至今未发现可以确定精神疾病的实验室特殊检测手段，因而很难通过医学仪器或者其他测试手段对其进行客观、准确的检测。此外，司法精神病鉴定还涉及评价被鉴定人在实施相应行为时的动机以及是否具备辨别、控制能力及程度等，现有的技术手段很难对其进行客观、准确的评价。

（五）鉴定结果的相对经验性

在确定精神状态的鉴定中，精神病鉴定专家需要综合运用精神医学与法学知识，对被鉴定人是否患有精神病（医学要件）以及是否具备辨别、控制能力（法律要件）发表个人意见。在鉴定中，鉴定手段存在局限性，鉴定人主要依赖专门知识和经验进行判断，且经验色彩较浓厚。也正因如此，不同鉴定人对同一鉴定对象是否具备刑事责任能力经常持不同意见，因而也较容易引发重新鉴定或多次鉴定问题。

第三节　确定事实有无的鉴定

非同一认定类型的鉴定包含确定事实有无、可疑证据材料真伪、事物因果关系、事实状况以及精神状态等多种子类型，其中确定事实有无的鉴定是其他类型鉴定的基础。只有认定了某一事实确实存在，才能进行后续的可疑证据材料真伪、事物因果关系、事实状况等其他类型的鉴定，否则可能导致法庭质证时所有后续鉴定被全盘推翻。

目前，我国司法部公布的《法医类司法鉴定执业分类规定》（司规〔2020〕3 号）明确规定的确定事实有无的鉴定主要包含以下几类：法医临床鉴定类的性侵害鉴定和诈伤诈病鉴定；法医毒物鉴定类的毒物毒品有无鉴定；痕迹鉴定类的潜在手印显现鉴定、枪弹痕迹鉴定、爆炸痕迹鉴定和交通事故痕迹物证鉴定；电子数据鉴定类的电子数据存在性鉴定。

一、法医临床鉴定类

在法医临床鉴定类中，涉及确定事实有无的鉴定主要为性侵害鉴定和诈伤诈病鉴定。

（一）性侵害鉴定

《刑法》《治安管理处罚法》《未成年人保护法》等法律法规、司法解释将性侵害分为了强奸/轮奸、猥亵和其他类型性侵害等不同类型。这类案件在进行法医学鉴定时，均需要首先进行确定性侵害事实有无的鉴定。

强奸是指行为人违反我国《刑法》的相关规定，违背被害人的意愿，采用暴力、威胁、伤害或其他手段，强迫被害人进行性行为从而构成的犯罪。在涉嫌强奸的案件中，应遵循以下步骤和方法来进行法医临床学鉴定，以确定强奸事实是否存在。

1. 了解案情。如被害人的一般情况，强奸的过程与加害手段，作案人的特征，被害人被侵害后的状况。

2. 现场勘验。对强奸案现场进行勘查，重点查验现场有无搏斗痕迹，地面、床铺上有无可疑斑痕和痕迹。现场上所遗留的凶器、绳索、血痕、精斑、毛发、烟头等物证均应记录、拍照和绘图，对所有提取的物证进行编号后送往实验室检验。

3. 身体检查。检查被害人体表的各种损伤，如被害人因防卫而造成的抵抗伤、作案人实施性侵害时造成的控制伤，尤其要注意检查被害人大腿内侧、外阴部有无微小擦挫伤，处女膜有无新鲜破裂和出血。

4. 物证提取与送检。对被害者或作案嫌疑人体表检查所发现的血痕、精斑、毛发等应全部采集送检，尤其要注意采集被害者的阴道内容物、指甲缝中的皮屑和嫌疑人龟头和阴毛上的黏附物。

5. 个体识别。在实验室中进行 DNA 检验完成个体识别，如果现场中遗留的精斑 DNA 与嫌疑人一致，被害人阴道分泌物中检见精子且 DNA 与嫌疑人一致，且嫌疑人龟头和阴毛上的黏附物 DNA 与被害人一致，只能确定存在二者性交这一事实，不能直接肯定或否定强奸，还必须结合案情资料和现场勘查情况，多种材料相互印证，才能确定是否为强奸。此外，可以推断被害人身上的抵抗伤和控制伤是否为暴力所留，这个过程可以说明性交过程中是否存在暴力行为，但没有暴力行为不等于没有强奸。

猥亵罪是指行为人以暴力、威胁或其他手段违背他人意愿，强制猥亵他人从而构成的犯罪。常见的猥亵行为包括对他人的身体进行抠摸、搂抱、鸡奸等。猥亵既可以发生在异性之间，也可以发生于同性之间。一般情况下，猥亵罪不包括性交行为，但由于我国《刑法》中关于强奸罪的犯罪对象规定不包括男性，因此男性对男性强行发生的鸡奸行为一般被认定为强制猥亵。由于猥亵行为可不涉及性交，且犯罪实施的方式多种多样，对于隔着衣物或触碰非隐私部位进行的猥亵，其事实是否存在往往难以认定。对于触碰隐私部位的猥亵行为，可参照强奸案件对被害人被触碰的部位以及嫌疑人的手指提取棉签拭子，进行 DNA 检验以确认猥亵事实是否存在。对儿童及智力缺陷个体进行的反复猥亵侵犯，还可检查被害人被猥亵部位是否因反复擦拭、搓揉而红肿，以辅助确认猥亵行为。对于男性之间发生的鸡奸行为，可参照强奸案进行鉴定。

（二）诈伤诈病鉴定

诈伤又称造作伤，是指为了达到某种目的，自己或授意他人对自己身体造成损伤或故意扩大和加重原有损伤。诈病是指为了达到某种目的，身体健康的人假装或伪装成患有某种疾病。广义的诈病还包括夸大病情，如伤者故意夸大损伤或疾病的症状与体征。诈伤和诈病往往是为了逃避责任、获取信任、骗取赔偿或是诬陷他人。

这类案件在进行法医学鉴定时，均需要首先进行确定诈伤诈病事实有无的鉴定。在诈伤诈病的鉴定过程中，需要进行详细的身体检查、病史调查和证据收集。根据伤者或病患的陈述、临床表现、体征、实验室检查等多方面情况进行综合分析，必要时还可暗中指派人员对疑似诈伤诈病者进行跟踪观察，确保鉴定结果的准确性和可靠性。

二、法医毒物鉴定类

在法医毒物鉴定类中，涉及确定事实有无的鉴定主要为疑似投毒、中毒或酒驾案件的人体生物检材毒物分析和涉及吸毒或贩毒案件的毒品分析。

在疑似投毒、中毒或酒驾案件中，往往需要先对某种或某些毒物是否存在进行分析鉴定。这类鉴定的检材主要是从被害人活体或尸体上提取的生物检材如胃内容物、血液、尿液等，以及现场中某些可疑物质，通过固相微萃取（Solid Phase Microextraction，SPME）或液相微萃取（Liquid Phase Microextraction，LPME）等技术对检材内的化学物质进行提取，并对这些提取物使用气相色谱—质谱联用法（Gas Chromatography Mass Spectrometry，GC－MS）、液相色谱—质谱联用法（Liquid Chromatograph Mass Spectrometry，LC－MS）和高效液相色谱法（High Performance Liquid Chromatography，HPLC）等进行检验分析。如检测出某种毒物或某些毒物存在且有一定的含量，且被害人生活和工作中不会接触这种或这些毒物，则可以确定存在投毒或中毒。对于酒驾案件，如果检测出每百毫升血液乙醇含量≥20mg 就确定为酒后驾驶，≥80mg 则为醉酒驾驶。

在涉及吸毒或贩毒案件中，除了检测常见的生物检材外，更多的是对疑似毒品的物质进行检验分析。从鉴定方法上来说，与上述毒物分析鉴定基本是一致的。

三、痕迹鉴定类

在痕迹鉴定类中，涉及确定事实有无的鉴定主要为潜在手印显现鉴定、枪弹痕迹鉴定、爆炸痕迹鉴定和交通事故痕迹物证鉴定。

（一）潜在手印显现鉴定

手印包含人的手指指纹按压形成的指印和手掌按压形成的掌印。在犯罪现场中，手印往往分布于现场中的门窗等进出口以及家具、财物和作案工具上。然而，由于并非所有手印都沾染了灰尘或血液等有色物质，能通过肉眼观察到的手印仅占一小部分。潜在手印是指人的手部皮肤上的汗液、油脂、细菌等分泌物所形成的印记，不可见于肉眼。通过科学的鉴定方法，可以从犯罪现场或物品上显现和提取潜在手印，辅助确认犯罪嫌疑人的身份并推断其在现场中的活动路线。

潜在手印的显现技术主要包括粉末显现法、化学显现法和光学显现法。

1. 粉末显现法。粉末显现法是目前最为常用且最基本的潜在手印显现方法，其主要原理是利用粉末附着于手印上有汗液、油脂等的部分，使手印轮廓变得清晰可见。目前在实践中常用的粉末主要有黑色碳素粉末、银色铝粉末、白色氧化锌粉末以及磁性粉末等。粉末显现法的优势是成本低，使用方便，且一般不会破坏手印中潜在的接触性 DNA，但仅适用于相对平滑且无黏性的物体表面。

2. 化学显现法。化学显现法主要是利用某些化学物质与汗液中的成分发生化学反应显色来显现潜在手印的轮廓。目前，在实践中较为常用的是 502 胶水熏显、茚三酮/茚二酮显现、四甲基联苯胺显现、荧光素显现等方法。化学显现法的优势是适用于各种物体表面，灵敏度高，即使是时间久远的陈旧潜在手印也能显现，但部分试剂显色时间有限，有些试剂还会破坏接触性 DNA。

3. 光学显现法。光学显现法主要是利用不同波段的光源对可能存在潜在手印的地方进行照射，由于手印中的汗液、油脂与承载客体表面对不同波长的可见光反射率存在差异，会凸显出潜在手印的轮廓。近年来还有一些学者利用手印中的汗液、油脂与承载客体表面的红外光谱或吸收光谱差异显现手印轮廓，即全衰减傅里叶变换红外光谱成像法（ATR – FTIR）和拉曼光谱成像法。光学显现法的优势是完全无损式检验，不会破坏手印中潜在的接触性 DNA，且适用于各种材质的承载客体表面检验。但是，多波段光源在使用时需要对现场中的重点部位进行多角度照射，拍照固定效果略差，光谱成像类方法则需要将承载客体从现场原位置分离出来检验，且成本较高。

（二）枪弹痕迹鉴定

在疑似枪击案件中，往往需要首先进行确定枪击事实有无的鉴定。在这类案件中，现场勘查时如果发现了弹头与弹壳，往往较为容易确定存在枪击事实，下一步则是对弹头与弹壳形成的枪口痕迹和弹头撞击障碍物和目标形成的弹道痕迹进行鉴定。如果现场勘查时仅见弹道痕迹，没有发现弹头与弹壳，则需要对痕迹的形态特征、数量和分布情况进行分析，判断是否存在抛射性弹道，并沿着弹道去搜寻弹头。如果搜寻到球形弹丸，还需结合射击残留物鉴定来判断是枪击还是弹弓发射的弹丸。

（三）爆炸痕迹鉴定

在疑似爆炸案件中，往往首先需要确定爆炸事实是否存在。在法庭科学实践中，常见的爆炸仅有两类：一类是气体膨胀形成的物理性爆炸，另一类是剧烈燃烧形成的化学性爆炸。无论是哪种类型的爆炸，其特点都是存在爆炸中心，爆炸物碎片、受伤和死亡的人和动物以及周边物体均围绕该中心辐射状分布。因此，在现场中搜寻到了爆炸中心，即可确定爆炸事实存在。对于化学性爆炸，后续还需要进行爆炸残留物的检验与鉴定来分析判断炸药的化学成分、爆炸装置的类型以及相关物证的溯源等问题。

（四）交通事故痕迹物证鉴定

在我国，道路交通事故每年夺走数万人的生命，造成大量经济损失。道路交通事故的发生与驾驶人、车辆状况以及道路状况密切相关，因此在道路交通事故发生时需要对多种可能的因素进行鉴定。车辆制动痕迹是道路交通事故现场较为常见的一种痕迹物证，通过对制动痕迹的鉴定可以辅助确定事故发生时车辆的制动状态及行驶速度。车辆制动痕迹鉴定中，确定事实有无的鉴定主要是判断驾驶员在事故发生时有无踩制动踏板，以及制动系统是否失效。此外，对于有防抱死系统（antilock brake system，ABS）的车辆，在湿滑路面制动时还要鉴定防抱死系统是否失效。如果确认存在制动事实或制动/ABS 系统未失效，则可根据车辆制动痕迹的长度、形状和宽度等特征来判断车速和制动力等。

四、电子数据鉴定类

根据司法部2020年6月23日印发的《声像资料司法鉴定执业分类规定》的规定，电子数据司法鉴定包括存在性鉴定、真实性鉴定、功能性鉴定和相似性鉴定等。涉及确定事实有无的鉴定，主要是电子数据存在性鉴定。电子数据存在性鉴定，具体包括电子数据的提取、固定，以及针对所获电子数据的后处理两项内容。

就电子数据的提取、固定而言，其主要任务是将保存于各类存储介质、电子设备中的数据，以及网络中的电子数据取出，并采取相应措施确保所获数据自身的完整性。涉及的对象包括但不限于硬盘、闪存盘、存储卡、存储芯片、光盘、磁带等存储介质，计算机、光调制解调器、路由器、移动终端、可穿戴式设备、无人机、车载电子设备、电子门锁、智能家电、工业控制计算机等电子设备。根据待取证数据来源的不同，可将电子数据的提取、固定分为本地提取、固定以及网络提取、固定两类；按照待取证数据状态的不同，又可将电子数据的提取、固定分为显在数据的提取、固定，被删除/破坏数据的恢复/修复，加密数据的解密，隐写数据的解读四项内容。

谈及电子数据的后处理，其主要任务有三：一是基于收集到的电子数据，分析确定电子数据的“形成”问题；二是分析用户的操作行为；三是分析电子数据的相关性。具体来讲，司法实践中，与电子数据“形成”相关的问题，包括但不限于形成时间、地点、设备、软件、制作/操作人等；用户的操作行为分析，内容包括但不限于开关机、登入/登出、外部设备接入、文件编辑、打印、软件使用、上网浏览、文件下载/上传/共享、即时通讯、收发电子邮件、USB设备使用，分析依据主要来自操作系统、文件系统、应用程序、文件自身的日志数据、文件系统数据流、配置数据、临时文件、数据库等；电子数据的相关性分析，包含电子数据内容的相关性分析、数据—软件—设备间的相关性分析，以及人—设备—行为的相关性分析等事项。电子数据内容的相关性，刑事司法实践中最具代表性的就是通讯数据、资金交易数据、网络数据、物流数据等。数据—软件—设备的相关性分析，主要服务于电子数据的溯源和原始性判断目的；人—设备—行为的相关性分析，核心在于分析判断行为人身份的“特定性”。分析电子数据证据的证明机理，对人的行为的证明，主要依据的是设备（存储介质）、网络中记录的数据自身，以及可能存在的元数据。要发挥设备对案件事实的证明作用，必须明确设备的实际使用人甚至所有人。自然而言，这就要求设备自身、电子数据具有专属性/特定性。基于此，司法实践中，在确认了设备使用的时空条件之基础上，事实认定者常常利用数字化的指纹、人脸图像、设备的用户账户及登录密码等数据来证明设备的实际使用人、所有人。

第四节　确定事物真伪的鉴定

确定事物真伪的鉴定是非同一认定型鉴定的一种类型，主要对事物的“真”或“伪”进行科学的判断。该类鉴定主要包括物证类真伪鉴定（如文书真伪鉴定、指印真伪鉴定等）、声像资料类真伪鉴定及其他类真伪鉴定（如文物、动植物鉴定等）。

一、确定事物真伪的鉴定概述

确定事物真伪的鉴定是指诉讼活动中，具有专门知识的人利用其专业学识和经验，对某一事物的真伪进行检验和综合分析，从而得出其为“真”或“伪”的一种专门技术活动。该类鉴定最大的特点是鉴定的对象“可辨真伪”，即鉴定对象具有“真”或“伪”的区分，其属“真”的特点是已知的，具有专门知识的人可以利用某些技术手段对检材与样本的特征进行分析，由此得出检材是“真”或“伪”的鉴定意见。

确定事物真伪的鉴定具有以下特点：一是鉴定比较条件的充分性。没有比较就没有鉴别，因而在确定可疑证据材料真伪时应满足“可辨真伪”的鉴定条件。因此，供比较的样本材料的特征必须是已知的，即样本的种属、细节特征、制作材料、制作工艺等是已知的，由此才具备真伪鉴定的前提条件。二是检验方法的多样性。确定事物真伪的鉴定中，可以使用显微镜、光谱、色谱等物理、化学分析方法，对其理化特性、制成方式、特殊形态、变造方法、附加特征等进行比对分析，从而达到真伪鉴别的目的。三是鉴定意见的依据具有系统性。确定事物真伪的鉴定依据主要是检材与已知“真”样本所确定的特征是否一致，但由于样本难以穷尽，因此需要综合各方面的依据进行综合判断，才能作出“真”或“伪”的鉴定意见。

确定事物真伪的鉴定主要是对检材的“真”或“伪”作出判断，但实践中，根据伪造事实表现状况不同，可以将检材的伪造方式分为全部伪造与局部伪造。其中，全部伪造有两种表现：一是按特定对象的特性及特征进行仿制，从而形成仿制品，以冒充“真品”，达到“以假乱真”的目的；二是虚拟伪造，即在根本不存在某一事实的情况下，虚构事实进行伪造，以达到非法目的。而局部伪造又称为“变造”，即在真实事物的基础上，借用或改变局部特征，通常是改变了部分关键事实，企图在真实外衣的包装下蒙混过关。如变造文件就是以真实的文件为基础，借用或改变局部真实材料，采用挖补、拼接、添改等变造手法制作形成的局部虚假文件。

二、确定事物真伪鉴定的主要类型

在司法实践中，确定事物真伪鉴定的类型较多，常见的有物证类真伪鉴定、声像资料类真伪鉴定及其他类真伪鉴定。

（一）物证类真伪鉴定

1. 文书物证类真伪鉴定

在民事诉讼中，文书物证的真伪是法官审查和当事人争议、辩论的主要内容，[①] 文书物证作为争议事实的信息载体，通常是认定事实的关键证据，其真实性成为案件审理的焦点和核心。一份文书可能成为某个要件事实或主要事实的直接证据，从而决定案件的实体结果，也可能成为确认特定实体法律关系是否存在的依据（如遗嘱或者合同）。文书物证类真伪鉴定的目的是确定文书物证的真伪，其主要类型有以下几种：一是笔迹真伪鉴定。通过对可疑笔迹的形成方式、伪造方法进行检验，判断是直接书写形成，还是通过盖印（签名章）、打印复印及机器人书写等方式形成，能够对证明案件事实起到关键作用。如在继承案件中，遗嘱需由立遗嘱人签名，否则可能导致无效，因此遗嘱上的签名是否由立遗嘱人亲笔签名，或

---

① 参见贾晓光：《试析民间借贷纠纷案件中的文书司法鉴定》，载《中国司法鉴定》2012 年第 2 期。

者是通过复制、盖印、转印等方式形成，成为该案审理的焦点问题。二是印章印文真伪鉴定。通过对可疑印文的形成方式、伪造方法进行检验，判断印章是直接盖印形成，还是通过打印、复印、转印等方式形成，能够判断印章印文的真伪。在伪造国家机关印章案件或伪造公司、企业、事业单位印章案件中，可疑印文的真伪对案件事实的认定有关键作用，因此需要对其进行鉴定。三是印刷文件真伪鉴定。通过对可疑印刷文件的印制方式、工艺以及与样本文件的文件制成特征异同，可以判断可疑印刷文件的真伪。如在伪造公文、伪造合同案件中，可以与"真"样本公文、合同的印刷特点、排版特征等关键特征进行比较，以判断可疑印刷文件的真伪。四是特种文件鉴定。特殊文件鉴定是指对具有特殊防伪标识或特定功能的文件进行真伪鉴别的专业技术活动。其对象主要包括货币、护照、身份证、票据等带有特殊标识的文件材料，由于其制作时使用了特殊的材料或工艺，因此需要专业技术来判断其真伪。特别是在伪造证件、伪造货币、金融诈骗等案件中，可以通过防伪标识、显微检验、荧光检验等方法，判断身份证、护照、货币、票据的真伪，这对案件的事实认定起到了非常关键的作用。

2. 痕迹物证类真伪鉴定

痕迹物证类鉴定种类繁多，但较多涉及确认事实、因果关系等方面的鉴定，较常见的涉及真伪鉴定是指印真伪鉴定，其目的是判断可疑指印的真伪。通过对可疑指印的形成方式、伪造方法进行检验，可以判断是直接盖印形成，还是通过指纹章、打印复印、转印等方式形成。如在伪造合同、伪造遗嘱等案件中，若文件上存在可疑指印，则可以通过上述方法对可疑指印进行真伪判断，由此佐证是否存在伪造合同、伪造遗嘱的事实。

（二）声像资料类真伪鉴定

声像资料类真伪鉴定是指对电子载体记录的声像信息的真伪进行鉴定，主要为了判断录音、图像/视频、电子数据等是否为原始状态，是否经过了篡改等。其鉴定主要包括两个方面：一是原始性检验，主要通过分析文件创建时间、修改日志等元数据以及硬盘写入痕迹等物理存储特征，来判断是否为原始记录。二是完整性检验，主要通过核验时间戳、帧序列是否连续，是否存在跳跃以及哈希值校验来确认文件是否被更改等。

（三）其他类真伪鉴定

除物证类真伪鉴定、声像资料类真伪鉴定外，还有一些其他类真伪鉴定，主要包括以下两个方面：一是文物真伪鉴定。文物真伪鉴定是指运用传统方法或现代技术手段，对文物的真伪进行判断的专业活动。文物真伪鉴定既要依赖传统的铸造工艺、纹饰特征、制作手法、地域风格等传统手段，也要以显微检验、材料分析等现代科技为辅助。文物真伪鉴定在青铜器、瓷器、玉器、书画的真伪鉴定中较为常见。如在书画真伪鉴定中，需要通过纸张特征、字迹特征、字迹物质成分及新旧程度、印文特征、印文物质成分及新旧程度、绘画构图、技法、用墨、落款等特征进行系统检验后，经过综合各方面的依据进行评断，才能作出真或伪的鉴定意见。二是动植物真伪鉴定。动植物真伪鉴定是指运用传统方法或现代技术手段，对动植物的真伪进行判断的专业活动。通常用传统形态学方法（对动植物的外观特征进行检验）、分子生物学方法（DNA）等鉴定方法来进行真伪判断。如上海渔政利用 DNA 技术对非法捕捞的中华鲟进行判断，为案件事实认定提供了关键证据。在动植物真伪鉴定中，较为常见的是判断中药材的真伪，如对何首乌、冬虫夏草、天麻等药材进行鉴别。

第五节　确定事实因果关系的鉴定

确定事实，是指已经明确的或者没有变化的事实。在司法实践中，确定事实因果关系的鉴定起着至关重要的作用，其通常需要针对某些确定事实，如伤残等级、损伤程度、死亡原因等开展鉴定工作。对这些确定事实的鉴定，不仅要明确其有无、真伪以及状况等，更需要进行因果关系的鉴定。因为只有确定事实与案件之间存在因果关系，才能认定该确定事实与案件具有关联性，反之则可排除其关联性。

一、因果关系的概念

因果关系是揭示客观存在的、具有普遍联系的事实之间具有先后相继、彼此制约的一对范畴。从确定事实鉴定的角度来讲，原因是引起一定确定事实的一些现象或事实，结果是在原因的作用之下所引起的某些确定事实。例如，行人被车辆碰撞肢体引起骨折、神经血管损伤后，可遗留相应部位功能障碍，此碰撞暴力作用是引起肢体功能损伤（确定事实）的原因，而肢体功能障碍是暴力作用的损害后果（确定事实）。

在因果联系中，存在一个重要的原则，即原因在先，结果在后（简称先因后果），但原因和结果之间必须同时具有必然的联系，即二者的关系属于引起和被引起的关系。这就要求在鉴定确定事实因果关系时，不能仅仅依据时间的先后顺序来判断，更要深入探究二者之间是否存在必然的逻辑联系。

二、确定事实因果关系鉴定的重要性

在司法实践中，确定事实因果关系的鉴定意义重大。它是判断证据关联性的关键依据，直接影响着案件的定性和处理结果。以刑事案件为例，准确鉴定犯罪行为与危害结果之间的因果关系，能够帮助司法人员确定犯罪嫌疑人的刑事责任。如果不能明确因果关系，就可能导致冤假错案的发生。

在民事案件中，因果关系的鉴定同样不可或缺。比如在侵权案件中，确定侵权行为与损害后果之间的因果关系，是判定侵权责任是否成立以及赔偿范围的重要前提。只有准确鉴定因果关系，才能保障当事人的合法权益，维护社会的公平正义。

三、确定事实因果关系的特点

（一）因果关系的客观性

因果关系作为客观现象之间引起与被引起的关系，是客观存在的，不以人们的主观意识为转移。无论人们是否认识到它，它都在客观世界中真实地发生着。在司法鉴定中，必须尊重因果关系的客观性，不能仅凭主观臆断来确定因果关系。例如，在医疗事故鉴定中，不能因为患者家属的主观猜测就认定医疗行为与患者的损害后果之间存在因果关系，而必须依据科学的证据和客观的事实进行判断。

（二）因果关系的特定性

事实之间存在普遍联系，为了分析判断某一确定事实，必须将其从普遍的联系中抽出来，独立地分析判断引起该确定事实的原因和结果。在复杂的现实世界中，各种事实相互交织、相互影响。但在进行因果关系鉴定时，需要聚焦于特定的确定事物，排除其他无关因素的干扰。例如，在分析骨折发生的原因时，要将骨折这一确定事实从打架过程中独立出来，根据骨折的具体部位、具体形态以及周围软组织的损伤情况，利用生物力学的原理，分析骨折发生的具体原因，如打击方向、打击角度、打击力度、外力的传导方向等。

（三）因果关系的时间序列性

原因必定在先，结果只能在后，二者的时间顺序不能颠倒。这是因果关系的基本特征之一，也是鉴定因果关系的重要依据。在实际鉴定过程中，通过确定事实发生的时间顺序，可以初步判断因果关系的可能性。例如，在分析死亡原因时，先要明确死者的损伤、疾病、中毒等情况，才能进一步分析死亡与损伤、疾病、中毒等的因果关系。如果时间顺序颠倒，就无法正确认定因果关系。

（四）因果关系的条件性和具体性

司法鉴定中引起某一后果，危害行为能引起什么样的危害结果，没有一个固定不变的模式。因此，查明因果关系时，一定要从实施危害行为的时间、地点、条件等具体情况出发作具体分析。不同的时间、地点和条件可能会对因果关系产生重大影响。例如，同样的药物在不同的体质、用药剂量和用药时间等条件下，可能会产生不同的效果。在进行医疗过错鉴定时，需要充分考虑这些具体因素，如此才能准确判断医疗行为与患者损害后果之间的因果关系。

（五）因果关系的复杂性

客观事物之间联系的多样性决定了因果关系的复杂性。在现实生活中，因果关系往往不是单一的、直线式的，而是呈现出复杂的网络状结构。一个原因可能会引发多个结果，一个结果也可能由多个原因共同作用导致。例如，在环境污染案件中，某一地区的环境污染问题可能是由多个企业的排污行为、当地的气象条件以及地理环境等多种因素共同作用的结果。这种因果关系的复杂性增加了鉴定的难度，需要鉴定人员具备全面、深入的分析能力。

四、确定事实因果关系的表现形式

（一）一因一果

一因一果，是指一个原因直接或间接地引起一个后果的情形，是最简单的因果关系形式。这种因果关系容易作出判断和认定，是确定事实因果关系鉴定中最简单的类型。如凶手一刀刺破被害人的心脏或大血管，引起被害人大出血死亡。在这种情况下，因果关系明确，原因与结果之间的联系直接而清晰，鉴定人员可以较为容易地判断和认定因果关系。

（二）一因多果

一因多果，是指一个原因可同时引起多个后果的情形，这种因果关系需要分析判断主要后果与次要后果、直接后果与间接后果。如被害人从高处坠落，致颅脑损伤、胸部腹部多脏器损伤而死亡。此时应判断哪些损伤后果是主要的、直接的，哪些损伤是次要的、间接的。在进行鉴定时，需要综合考虑各种后果之间的关系以及它们对最终结果的影响程度。例如，在判断被害人死亡的原因时，要分析颅脑损伤、多脏器损伤等不同后果在死亡过程中所起的作用，确定主要的致死原因。

（三）多因一果

多因一果，是指多个原因共同作用导致一个后果的情形。这种因果关系较为复杂，需要分析各个原因对结果的作用大小和贡献程度。例如，在产品质量事故中，产品的质量问题可能是由原材料质量、生产工艺、管理不善等多个原因共同导致的。在鉴定时，要确定每个原因在事故发生中所占的比例，以便准确划分责任。

（四）多因多果

多因多果，是指多个原因同时引起多个后果的情形，这种因果关系最为复杂。在多因多果的情况下，各个原因和结果之间相互交织、相互影响，需要进行全面、系统的分析。例如，在生态环境破坏案件中，可能是由于工业污染、农业面源污染、森林砍伐等多个原因共同作用，导致了生物多样性减少、水土流失、气候变化等多个后果。在此情况下，鉴定人员需要综合考虑各种因素之间的相互关系，如此才能准确判定因果关系。

五、确定事实因果关系鉴定的方法和步骤

（一）收集证据材料

在鉴定实施前，需要全面收集与确定事实相关的各种证据材料，包括现场勘查记录、证人证言、医疗记录、影像学资料、人身检查结果、法医病理学解剖检验结果、毒物分析等。这些证据材料为确定事实因果关系的鉴定提供了客观的依据，帮助鉴定人员全面了解鉴定对象的全貌，为鉴定工作的开展提供事实依据。

（二）审查证据材料

在鉴定过程中，鉴定人要对收集到的各种证据材料进行深入分析，判断这些证据材料的真实性、关联性和合法性，进而筛选出与因果关系鉴定相关的关键信息，排除无关因素的干扰。在此基础上，利用物理学、化学、生物力学等自然科学的原理和技术方法，揭示这些证据材料的科学价值和意义。

（三）分析论证

分析论证过程是利用逻辑分析的方法，根据医学、生物力学及其他自然科学的理论、原理和技术方法，对各种可能的原因进行全面推理和分析，论证各种可能的原因与后果之间是否符合相关规律和原理，从而判断原因与结果之间是否存在某种因果关系。例如，在法医学鉴定中，可以运用解剖学、病理学等方法来确定死亡原因；在物证鉴定中，可以运用化学分析、

物理检测等方法来确定物质的成分和性质。

（四）结果判断

在分析证据和运用科学方法的基础上，综合考虑因果关系的各种特点和表现形式，对确定事实的因果关系作出准确的判断。在判断过程中，要充分考虑各种可能性，避免片面性和主观性。

六、确定事实因果关系鉴定的注意事项

（一）保持客观公正

鉴定人员必须保持客观公正的态度，不受任何外界因素的干扰。在鉴定过程中，要以事实为依据，以科学为准则，确保鉴定结果的真实性和可靠性。

（二）遵循专业规范

鉴定工作必须遵循相关的专业规范和标准。不同领域的因果关系鉴定都有其特定的方法和程序，鉴定人员要严格按照这些规范和标准进行操作，以保证鉴定结果的准确性和权威性。

（三）加强沟通协作

在因果关系鉴定中，往往需要多个专业领域的人员协同合作。例如，在医疗纠纷鉴定中，可能需要医学专家、法学专家、鉴定人员等共同参与。各专业人员之间要加强沟通协作，充分发挥各自的专业优势，提高鉴定的质量和效率。

确定事实因果关系的鉴定是一项复杂而重要的工作，它涉及多个领域的知识和技能。在实际工作中，需要充分认识因果关系的特点和表现形式，运用科学的方法和严谨的态度进行鉴定，以确保鉴定结果的准确性和可靠性，为司法实践和社会发展提供有力的支持。

第六节　确定事实状况的鉴定

法庭科学通过对证据的分析为案件侦查提供线索，为审判提供科学依据。如谋杀案，若测出嫌疑凶器上的血痕与被害人血液具有相同的遗传标记，则在某种程度上支持嫌疑凶器是作案工具这一事实。在此，该鉴定意见的内容是鉴定人就该案中有关证据与遗传标记匹配这一专门性问题所作的评价，这一问题的解决，使它与案件事实的联系能被人们认识和了解，构成了证据链中间的一环，而对谋杀事实的认定则需要更系统的判断性结论，即确定事实状况的鉴定。

事实状况的确定，是根据所拥有的证据，运用科学方法和逻辑思维对一个已经发生事实的构成进行综合性推断。确定事实状况的鉴定，本质内容是解决两个问题：一是发生与否；二是发生过程如何（包括发生顺序）。因此它是一项综合性工作，涉及多种学科知识的融合。如对凶案发生过程的推断，鉴定人员需要综合运用现场勘查、痕迹学、法医学、侦查学、社会学、犯罪心理学、昆虫学、植物学、气象学等知识，对案件的性质进行合理的分析和判断，尽可能还原当时的整个过程。它不仅包括科学的现场分析、现场形态证据和物证检验结果的解释，而且包括对相关信息的系统性研究和对整个事件的逻辑性表述。

一、确定事实状况的基本原则

确定事实状况的鉴定，其理论基础建立在证据检验的基本原理之上，而物质转移原理是所有法庭科学分析工作的根本基础。在这里的物质转移是一个宏观的范畴，它不仅包括简单接触过程中的物质位移，还包括已被科学所证实的物质传递或变相传递等现象。如根据遗传规律，父母会将遗传信息传递给子女，通过对子女遗传物质的检测可推断其父母的遗传构成。尽管在实际案件中，物质转移信息的匮乏经常限制法庭科学检验工作所具有的价值，但是，随着现代法庭科学研究的不断发展，这一不利因素正在逐步有效地改善。

证据是确定事实状况的基础，逻辑性的、审慎的观察和大量的实验是进行正确的解释、分析以及最终推断事实状况的必要条件。同时应该看到，证据之间的关系不是孤立、静止的，而是相互联系的，应从整体、联系、动态的视角来和案件进行关联，因此，严谨推理的思维模式就显得特别的重要。

整体事实状况的确定，建立在现场检验、实验室分析以及据以推断案件事实的其他独立信息来源的基础之上。在实际工作中，需要将各种类型的现场信息、物证、痕迹信息、分析结果、数据统计和其他书面证据与言词证据进行归纳和逻辑演绎，使各个静态的独立证据转化为动态事实场景，并最终整合成为一个有机的整体。

二、确定事实状况的鉴定步骤

1. 所有案件信息的梳理

梳理证据是一个证据识别的过程，需要辨别是否可以成为证据以及证据的真伪。经过对案件全面细致的了解和勘查，鉴定人员把所有获得的信息进行梳理和总结，对整个案件进行充分认识。

2. 所有物证的发现、提取和检验鉴定

所收集的物证都需要由专业技术人员提取，并由专门的检验鉴定机构使用科学技术手段进行检验、比对和鉴定，明确其客观本质。

3. 所有线索和推断方向的整理与总结

结合案件信息和物证检测结果，分析物证检验鉴定意见与物证之间的相互联系或者矛盾点，综合所有掌握的案件信息对案件的事实状况进行初步分析判断，整理形成证据锁链。

4. 找出矛盾、疑点，作出合理假设与推论

通过案情信息、现场信息、物证鉴定意见信息、证人证言及知情人陈述信息等对案件的事实过程或行为的多种假设进行交互验证，对于发现的疑点或矛盾推论进行进一步的证据收集和检验鉴定。

5. 事实状况的验证及确定

依据逻辑推理的思维方式，找出上述所有信息与案件之间的联系，排除不合常规出现的因素，排除不合理的假设，通过客观的推理、假设、虚拟和实验验证等步骤，完成对案件中各个事实的合理解释，并按时空顺序联结为一个整体过程，形成完整的指向同一事实证据链，最终完成对整个

事实状况的确定并形成鉴定报告。

确定事实状况的鉴定，其鉴定的步骤和阶段需要严格地遵循基本的科学原则、理论表述和逻辑方法。目前，大规模的数据库建设和人工智能的发展，为此类鉴定开辟了新的解决途径。运用计算机的高运算能力，鉴定人员利用这些系统对已有的案件信息和证据进行验证和整合分析，从而对证据的相互关联和事实状况进行动态模拟和推断，必将为此类鉴定提供越来越大的帮助。

第七节　确定精神状态的鉴定

一、概述

在法庭科学的复杂体系中，确定精神状态的鉴定是一项具有专业性与重要性的关键任务。其核心目标在于借助一系列科学且严谨的方法，全面、深入地评估被告或其他与法律案件紧密相关当事人的精神健康状况。具体而言，一方面，要细致排查当事人是否存在各类精神障碍，如精神分裂症、双相情感障碍、抑郁症等；是否有智力问题，如精神发育迟滞、器质性精神障碍等；另一方面，要精准判断当事人是否能够充分理解自身行为所对应的法律后果，这不仅涉及对法律条文的认知，更涵盖对行为本质及可能引发法律责任的深度洞察。

在司法精神状态评估过程中，对当事人精神状态的剖析需遵循多维度、全方位的系统性原则。意识层面，核心在于评估意识清晰度水平，具体涵盖嗜睡、意识模糊、谵妄、昏迷等异常意识状态的甄别；感知觉层面，重点检测感觉过敏、减退、倒错、内感性不适等病理性感觉障碍，以及错觉、幻觉、感知综合障碍等知觉障碍；思维层面，需系统考量思维的逻辑性（即概念形成与判断推理的合理性）、连贯性（即思维进程的流畅性与关联性）、敏捷性（即思维速度与转换效率），并精准识别被害妄想、关系妄想、影响妄想等典型思维内容障碍；记忆层面，聚焦评估记忆的完整性（即信息存储的全面性）、准确性（即回忆内容与客观事实的一致性）、持久性（即信息保持的时间跨度），重点识别顺行性遗忘、逆行性遗忘、错构、虚构等记忆障碍类型；定向力层面，评估涉及时间定向（对年月日、昼夜等的认知）、地点定向（对所处空间位置及环境的识别）、人物定向（对自身及他人身份确认的准确性）；自知力方面，特指个体对自身精神病理状态的认知能力、判断能力及求治意愿；情感层面，需动态观察情绪的稳定性（即情绪波动幅度与频率）、情感表达的适切性（即与情境刺激的匹配度及情感反应模式如情感高涨、低落、淡漠、倒错等的病理性特征）；行为方面，着重分析行为的目的性（即行为与主观意图的一致性）、协调性（即动作与情境及自身认知的匹配度）、社会规范性（即符合社会文化期待的程度）①，同时关注刻板动作、冲动行为、木僵等异常行为模式的表现形式与发生频率。通过对这些维度的综合分析，明确当事人精神状态对法律责任判定的影响程度，为后续的司法决策提供精神状态评估依据。

在法庭科学体系下的精神状态鉴定，英美法系与大陆法系的鉴定制度、程序、法律依据等存在多方面差异。英美法系国家的司法精神病学评估启动权制度采用分立式，司法精神病学评估启动权被平等地赋予诉讼双方②，鉴定活动由当事人自行委托，原被告均可各自聘请专家证人出庭。鉴定人员多为精神科医师，也有临床心理学者参与，但普遍缺乏法学教育背景。在刑事责任能力的判定上，以美国为例，其各州和联邦法庭对其评定标准有分歧。目前在美国使用的具有代表性的条例有：《麦克纳顿规则》（1843）、《达勒姆准则》（1954）、《美国法学会准则》（1962）等。英美法系的鉴定人在诉讼中是专家证人，鉴定人所出具的报告只作为一种专家证词，要在法庭上接受法官和陪审团的考量，鉴定人出庭作证的概率较高。在大陆法系国家，司法精神病学评估启动权制度采用的是中立式，鉴定人被认为是法官的辅助人，由司法机关聘请，当事人只享有司法精神病学评估程序的申请权，是否启动鉴定、鉴定事项有哪些、由谁来进行鉴定取决于法官。我国的司法精神病学鉴定人主要由精神科主治医师及以上的医师构成，还有部分法医师参与其中，并且要求具备一定的法学和犯罪学知识。在刑事责任能力的判定上，依据《刑法》，按照精神病人在案发当时对自

① See Grisso T., *Evaluating Competencies: Forensic Assessments and Instruments*, Springer Science & Business Media, 2018.

② 参见陈立成：《司法精神病学实务研究》，中国人民大学出版社2012年版，第28页。

身行为的辨认和控制能力来划分。鉴定意见属于诉讼证据之一，但需要经过司法机关的审查认证，鉴定人实际出庭率相对较低。

在国际范围内，虽然各国确定精神状态的鉴定存在差异，但也有着共同的目标，即尽可能准确地判断当事人的精神状态，为司法审判提供科学、可靠的依据。研究这些不同国家的精神状态鉴定体系，有助于我们从更宏观的角度理解法庭科学中精神状态鉴定的原理与实践，从而促进全球法庭科学领域在这方面的交流与发展。

由于精神状态鉴定的复杂性和专业性，通常需要精神科医生、心理学家以及法医精神病专家等多领域专业人员紧密协作。精神科医生凭借其在精神疾病诊断与治疗方面的深厚专业知识，能够准确识别各类精神障碍的症状与特征；心理学家运用心理学理论和测评工具，对当事人的心理特质、认知功能、情绪状态等进行量化评估；法医精神病专家则从法律医学的角度，审查送鉴材料是否真实、完整，不同来源的证据是否一致，结合案件实际情况，对精神状态与法律责任的关联进行分析判断。他们各自发挥专业优势，共同为法庭提供关于当事人精神状态的精准、专业且全面的见解。

二、精神状态鉴定的重要性

在法庭科学体系中，精神状态鉴定是连接法医学、精神医学与司法实践的关键环节，不仅深刻作用于司法体系的公正运行，更对整个社会的和谐稳定产生着关键影响。[①] 在司法程序的各个环节，当事人的精神状态都如同一个关键变量，对被告的刑事责任能力界定、证人的可信度评估等核心问题产生重大作用[②]，其重要性体现在司法公正实现、个体权利保障、社会认知提升及治理体系优化等多个维度，为法治社会的平稳运行提供专业支撑。

（一）为司法公正提供科学基准

司法裁决的核心在于“以事实为依据，以法律为准绳”，而个体精神

① See Zapf P. A., Roesch R., *Evaluation of Competence to Stand Trial*, Oxford University Press, 2020.

② See Melton G. B., Petrila J., Poythress N. G., Slobogin C., *Psychological Evaluations for the Courts: A Handbook for Mental Health Professionals and Lawyers*, Guilford Press, 2017.

状态是影响案件事实认定的关键变量。精神状态鉴定通过标准化评估流程，精准界定行为人在行为时的认知水平、意志控制能力及责任能力等级，正是对“主观事实”的专业界定，为法庭平衡“客观行为”与“主观恶性”提供参考。例如，在严重精神障碍患者犯罪案件中，鉴定结果可明确其是否因精神病性症状丧失对行为的辨认能力，避免仅凭行为后果量刑导致的“客观归罪”，确保刑罚强度与行为人的实际责任能力相匹配。

（二）保障特殊群体的基本人权

对于存在精神发育迟滞、器质性精神障碍等情形的个体，其法律行为能力可能存在先天性或后天性缺损。精神状态鉴定通过临床访谈、神经心理测评等手段，科学划分其行为能力等级（完全、限制或无行为能力），防止因认知缺陷导致的权利受损。在刑事领域，可避免对无刑事责任能力人施加刑罚；在民事领域，可否定无民事行为能力人实施的民事法律行为效力，如鉴定确认患有重度阿尔茨海默病的老人在被诱导签署房屋赠与协议时，已完全丧失对财产处置的认知判断能力，从而认定该赠与协议无效，将本可能被侵占的房产重新归属于老人，从制度层面维护弱势群体的合法权益。

（三）推动社会对心理健康认知深化

精神状态鉴定的典型案例及其专业分析，为公众理解精神障碍的病理机制提供了实证样本，生动揭示了精神健康状况与个体行为之间的内在关联，成为社会公众理解心理健康问题的重要窗口。例如，对涉案人员精神状态的鉴定与深入解读，能够让社会大众更为直观、深入地认识到精神障碍的复杂性，阐释双相情感障碍患者情绪波动对社会功能的影响，精神分裂症患者的幻觉、妄想如何对个体辨认能力产生影响等。这种认知上的深化有助于消除社会对精神障碍群体长期存在的偏见与歧视，更能推动社会层面重新审视心理健康的价值，如促使教育系统加强心理素养培育，推动企业完善员工心理支持计划，促使政府进一步健全社区心理健康服务网络，让“主动关注、科学应对心理健康问题”成为社会共识与行动自觉，为精神障碍群体营造更为包容、关爱的社会支持环境。

（四）促进司法与社会治理体系协同优化

精神状态鉴定在实践过程中所积累的经验与暴露的问题，为司法程序的精细化改进以及社会治理体系的优化提供了现实依据。例如，基于实践中出现的问题，推动鉴定标准朝着统一化方向发展，促进鉴定流程不断规范化等。并且，鉴定结果能够为犯罪预防工作提供有价值的启示，助力识别高风险精神障碍群体，并对其实施提前干预。这一系列举措推动司法机关与社会治理部门构建起紧密的联动机制，将司法惩戒手段与社会预防策略有机结合，从源头上减少因精神健康问题引发的违法犯罪行为，实现司法体系与社会治理的协同优化。

三、精神状态鉴定的证据价值

作为法定证据种类中的“鉴定意见”，精神状态鉴定凭借其专业属性，在司法证明体系中承担着事实认定、法律适用辅助及程序正当性保障的多重功能，其证据效力的发挥贯穿诉讼的全流程。

（一）专家意见奠定证据效力基础

精神状态鉴定由具备法定资质的精神科医师等专业人员实施，遵循《法医精神病鉴定精神检查规范》（SF/T 0183—2024）等行业标准及相关法律法规，通过精神检查、神经影像学检查、心理测验等多维评估形成鉴定报告。该过程的科学性确保其具备证据的“三性”：客观性体现在鉴定过程需基于被鉴定人真实的精神状态、客观的病史资料（如既往病历、知情人证言）以及标准化的检查结果（如心理量表数据、神经影像学图像），避免受鉴定人员主观偏见或外界因素干扰；关联性表现为鉴定意见需直接指向案件中与被鉴定人法律能力相关的关键问题；合法性要求包括鉴定机构和鉴定人需具备法定资质，鉴定程序需遵循行业标准，鉴定文书需符合法定格式并由鉴定人签名盖章等，通过合法程序形成的鉴定意见才能作为有效证据被司法机关采纳。

（二）直接影响案件事实认定与法律适用方向

在刑事领域，鉴定结果通过回答“行为人是否具备刑事责任能力”，决定案件走向。完全无能力者可能被决定强制医疗；限制能力者可能获得从轻或减轻处罚。例如，对精神分裂症患者的鉴定，若证实其杀人行为系受“被害妄想”直接支配，可否定“杀人故意”的成立，影响定罪量刑。在民事领域，鉴定可明确行为人实施民事行为时的民事行为能力状态，若被鉴定为无民事行为能力人，由于这类群体缺乏对行为及其后果的理解和判断能力，无法独立实施有效的民事法律行为，则为《民法典》第 144 条的适用提供事实基础，保护无民事行为能力人的合法权益，维护民事法律关系的稳定与公正。

（三）为控辩双方举证质证提供专业依据

鉴定意见是诉讼对抗的核心证据之一，鉴定结果为控辩双方在诉讼过程中的举证与质证环节提供了有力支持。辩护方可依据“限制刑事责任能力”等鉴定意见，提出从轻处罚的辩护意见，并通过专家辅助人对鉴定方法的科学性进行阐释；而控方则能够通过对鉴定程序中可能存在的瑕疵，如质疑病史采集不全面等问题，否定鉴定结果的效力，或者提交补充鉴定意见以强化指控力度。在必要时，根据《刑事诉讼法》第 192 条，鉴定人需出庭对鉴定意见作出说明，接受控辩双方询问，对鉴定所采用的方法、得出结论的依据等进行详细说明，以确保鉴定结果经得起法律层面的严格审查。

（四）保障诉讼程序的合法性与正当性

一方面，精神状态鉴定能够明确“当事人是否具备参与诉讼的能力”，例如判断当事人能否准确理解指控内容、积极配合辩护工作等。若鉴定意见显示当事人无诉讼能力，法庭必须依法中止审理程序，并为其指定监护人，以此避免诉讼程序出现违法情形。另一方面，针对服刑人员开展的精神状态鉴定结果，能够作为“是否适用暂予监外执行”“是否需要实施强制医疗”的重要依据。比如，若鉴定证实罪犯因精神障碍存在自伤风险，那么可据此采取相应措施，确保刑罚执行过程既合法合规，又充分体现人道主义关怀。

四、法医精神病鉴定类型

在法庭科学的广阔领域中，法医精神病鉴定作为一项关键的专业评估手段，并非单一、笼统的概念，而是涵盖了丰富多样的具体类型。法医精神病鉴定是指运用法医精神病学的科学技术或者专门知识，对涉及法律问题的被鉴定人的精神状态、行为/法律能力、精神损伤及精神伤残等专门性问题进行鉴别和判断并提供鉴定意见的活动。由于不同的法律场景、个体状况以及实际需求千差万别，也随之发展出了与之对应的多种鉴定类别。①

（一）精神状态鉴定

精神状态鉴定聚焦于对被鉴定人感知、思维、情感、行为、意志及智力等精神活动状态展开全面评估，其核心任务在于精准判断被鉴定人是否患有精神障碍，若存在精神障碍，需进一步明确障碍的具体类别，这一鉴定类型为后续判断行为能力、精神损伤等提供基础性的精神状态依据。例如在离婚、抚养权争议等家庭法庭案件中，精神状态鉴定用于评估父母或监护人的精神状态以及家庭环境，以确定最符合孩子利益的方案。② 在离婚案件中，评估父母精神状态和心理健康状况，有助于判断其是否具备抚养孩子的能力和条件，比如患有偏执性精神病且未得到有效治疗的一方，可能因自身情绪和心理问题，无法给予孩子足够的关爱和照顾。在抚养权争议中，精神状态鉴定可作为判断孩子抚养权归属的重要依据之一，保障孩子在稳定、健康的家庭环境中成长，避免因父母精神状态不佳对孩子的身心健康造成负面影响。

（二）刑事类行为能力鉴定

刑事类行为能力鉴定包含刑事责任能力鉴定、受审能力鉴定、服刑能力鉴定及性自我防卫能力鉴定等。刑事责任能力鉴定应用于刑事案件中犯

---

① 参见《司法部关于印发〈法医类司法鉴定执业分类规定〉的通知》（司规〔2020〕3号）。

② See Heilbrun K., *Child Custody Evaluation: Critically Assessing Mental Health Experts and Psychological Tests*, Family Law Quarterly 63, 63-78 (1995).

罪嫌疑人或被告人精神状态存疑的情形，需依据被鉴定人实施犯罪行为时是否存在精神障碍以及该精神障碍对其辨认和控制自身行为能力的影响程度，评定其刑事责任能力等级处于完全刑事责任能力、限定（限制或部分）刑事责任能力还是无刑事责任能力。对于患有精神分裂症的犯罪嫌疑人，需评估其发病期间实施犯罪行为时，是否因病症导致无法正确认识行为的违法性及后果，进而确定刑事责任承担情况。

受审能力鉴定针对犯罪嫌疑人、被告人在刑事诉讼过程中的精神状态，判断其是否存在精神障碍及该障碍对其理解诉讼程序、可能面临的后果、自身权利的影响，以及与辩护人配合进行有效辩护的能力的影响，评定其是否具备受审能力。若犯罪嫌疑人因精神障碍无法理解庭审过程和自身权益，可能影响案件的公正审理，需依据鉴定结果采取相应措施。

服刑能力鉴定针对被判决后的罪犯，考量其是否存在精神障碍及该障碍对其理解刑罚性质、意义和接受改造能力的影响，判断其是否具备服刑能力。若罪犯因精神疾病无法理解刑罚，可能需要调整服刑方式或进行强制医疗等。

性自我防卫能力鉴定主要针对女性被鉴定人，在性侵案件中判断其是否存在精神障碍及该障碍对其理解性行为性质、意义和自我保护能力的影响，评定其性自我防卫能力状态（具有性自我防卫能力、无性自我防卫能力或性自我防卫能力削弱）。在性侵案件中，若被害人存在精神障碍，该鉴定结果对案件定性和量刑至关重要。

（三）民事类行为能力鉴定

民事类行为能力鉴定包括民事行为能力鉴定、诉讼行为能力鉴定等。民事行为能力鉴定适用于民事活动发生争议时，需鉴定被鉴定人实施该民事行为时的精神状态，判断其是否存在精神障碍以及该障碍对其意思表示能力的影响，根据当事人对该民事行为的判断和理智地处理该民事行为的能力，评定其具有完全民事行为能力、限制（部分）民事行为能力或无民事行为能力。在判定过程中，会考虑患者的精神状态、认知功能、日常生活能力等因素，不同的行为能力状态对应不同的民事行为效力和法律责任。根据常见的鉴定事由，民事行为能力可基于不同的行为和场景进行分类，如合同行为能力、遗嘱行为能力、结婚行为能力、收养行为能力、监护行为能力、财产处分行为能力等。

诉讼行为能力鉴定用于确定被鉴定人在民事案件、行政案件诉讼过程中的精神状态，判断其是否存在精神障碍及该障碍对其意思表示能力的影响。评定被鉴定人是否具有诉讼行为能力，需考察其病理性精神活动是否构成了其精神活动的主要方面，是否对其判断和理解基本事实的能力产生了影响；被鉴定人对民事诉讼所涉及事实的性质和意义是否能够正确辨认和理解；在诉讼活动中能否恰当维护自己的合法权利，并承担相应的义务；诉讼过程中能否作出恰当的真实意思表示等。

（四）其他类行为能力鉴定

其他类行为能力鉴定涵盖受处罚能力鉴定、强制隔离戒毒适合性鉴定和作证能力鉴定等。受处罚能力鉴定适用于被鉴定人实施触犯治安管理处罚法律法规行为的情况，需判断其是否存在精神障碍及该障碍对其辨认和控制自身行为能力的影响，评定其具有完全受处罚能力、限定（限制或部分）受处罚能力或无受处罚能力，如对于因精神问题违反治安管理规定的人员，该鉴定可决定处罚方式；强制隔离戒毒适合性鉴定用于判断吸毒人员是否存在精神障碍及该障碍对其是否适合强制隔离戒毒的影响，确定其是否具备强制隔离戒毒的条件，以保障戒毒措施的有效性和合理性；作证能力鉴定针对案件中的证人，评估其是否存在精神障碍及该障碍对其正确感知、记忆、表达案件事实能力的影响，评定其是否具有作证能力，若证人因精神问题无法准确提供证言，可能影响案件事实的查明。

（五）精神损伤类鉴定

精神损伤类鉴定是对因伤或因病致劳动能力丧失及其丧失程度，对各类致伤因素所致人体损害后果的等级划分及损伤伤情的严重程度进行鉴定，包括劳动能力、伤害事件与精神障碍之间的因果关系、精神损伤程度、伤残程度、休息期（误工期）、营养期、护理期及护理依赖程度等鉴定。

劳动能力鉴定主要针对因伤或因病导致精神障碍进而影响劳动能力的情况，判断其劳动能力丧失程度，为劳动纠纷、工伤赔偿等提供依据。例如劳动者因工伤引发精神障碍，通过该鉴定确定其劳动能力受损情况，以便进行合理赔偿。因果关系鉴定旨在明确某一伤害事件与被鉴定人精神障碍之间是否存在因果关系，确定伤害事件在精神障碍发生、发展过程中的作用，为刑事处分或民事赔偿提供科学依据，如在交通事故后，受害人出现精神障碍，需鉴定两者之间的因果联系。精神损伤程度鉴定对精神损伤的伤情程度进行评估，判断精神损伤的严重程度，在刑事案件中，这一鉴定结果对犯罪嫌疑人的量刑具有重要影响。伤残程度鉴定对人体损伤后出现的精神伤残等级进行评定，常用于各类民事案件或纠纷中的赔偿确定，同时对刑事案件量刑也有一定的参考价值，如在人身损害赔偿案件中，确定精神伤残等级以计算赔偿金额。休息期（误工期）、营养期、护理期及护理依赖程度鉴定针对人体损伤后出现精神障碍的情况，确定因治疗和康复所需的休息、营养期限以及护理期限和护理依赖程度，为民事赔偿提供详细的赔偿项目和标准依据。

（六）医疗损害鉴定

医疗损害鉴定是对医疗机构实施的精神障碍诊疗行为有无过错、诊疗行为与损害后果间是否存在因果关系及原因力大小进行鉴定。其鉴定范围覆盖精神障碍诊疗全流程，包括诊断行为是否符合临床专业规范、法律与行政规范、治疗方案中药物选择是否契合临床指南、电休克治疗等特殊疗法是否履行充分告知义务、护理行为是否合规以及医患沟通是否有效等。通过回溯性审查病程记录、用药清单、知情同意书等病历资料，结合精神科临床诊疗常规，系统评估医疗机构在精神障碍诊疗中的过错行为，如诊疗行为是否存在违反法定诊疗义务的情形，器质性脑损伤、自伤自杀等损害后果与诊疗行为的因果关系类型，过错行为在损害后果中的原因力大小等。该鉴定通过建立诊疗规范、过错认定、因果关系、责任比例的逻辑链条，为医疗纠纷的调解、仲裁或诉讼提供科学依据，既保障患者获得合理赔偿的权利，也规范医疗机构的诊疗行为。

（七）危险性评估

危险性评估适用于依法不负刑事责任精神病人的强制医疗程序，包括对其被决定强制医疗前或解除强制医疗时的暴力危险性进行评估，是强制医疗程序中的关键技术环节，其核心法律依据为《刑事诉讼法》第 302 ~ 307 条关于依法不负刑事责任的精神病人强制医疗的规定。评估对象聚焦于实施暴力行为造成危害结果的精神障碍患者，评估时点涵盖强制医疗决定前的入院评估与强制医疗期间的解除评估。对精神病人是否具有人身危险性的综合客观评价包括精神障碍治疗效果评估、危险性行为评估、危险性认知评估、社会支持评估等。评估结果为决定或解除强制医疗提供科学支撑，实现对精神障碍患者人身自由与社会公共安全的平衡保护。

（八）精神障碍医学鉴定

精神障碍医学鉴定是对疑似严重精神障碍患者是否符合精神卫生法规定的非自愿住院治疗条件进行评估。评估过程需严格依据《精神卫生法》第30条确立的非自愿住院治疗标准，即患者“有伤害自身的危险”或者有“危害他人安全的危险”的情形，对疑似严重精神障碍患者实施法定评估。鉴定可通过标准化精神检查结合知情人访谈，判断是否符合严重精神障碍的诊断标准，分析其危险行为的现实可能性，如是否存在明确的自杀计划、针对特定对象的攻击威胁，结合其自知力缺失程度与社会功能受损状态等，确定是否满足“非自愿住院治疗”的法定条件，既防止患者因病情未得到控制而发生危险，也杜绝不当限制公民人身自由的情况。

（九）与心理、精神相关的其他法医精神病鉴定或测试

与心理、精神相关的其他法医精神病鉴定或测试，包括但不限于强制隔离戒毒适合性评估、多道心理生理测试（测谎）及心理评估等。强制隔离戒毒适合性评估从心理、精神角度进一步评估吸毒人员是否适合强制隔离戒毒，综合多方面因素确定戒毒措施的合理性。

多道心理生理测试（测谎）通过设置与案件相关的问题，利用多道心理生理测试仪检测被检验人对问题的多项生理反应指标，综合分析其在某一问题上的诚实或说谎情况。但需注意的是，多道心理生理测试（测谎）的结果因受测试环境、焦虑症患者的基线生理异常等被测试者心理特质因素的影响，不得作为独立定案证据，但可在职务犯罪侦查、重大案件突破口供等场景中，辅助判断言词证据的真实性，为进一步收集物证、书证提供方向指引。

心理评估可对被鉴定人的反社会人格特质等人格结构、心理创伤程度、应对方式、冲动控制能力等进行综合评估，为相关法律问题提供心理层面

的参考。例如在涉及未成年人犯罪案件中，心理评估可辅助判断其犯罪原因和再犯风险，为法庭教育、社区矫正方案制定提供心理学依据；在婚姻家庭案件中，可辅助判断家庭暴力受害者的创伤后应激障碍症状，为人身安全保护令的签发提供心理层面的佐证。

第五章　法庭科学鉴定的一般方法

第一节　法庭科学方法概论

在司法证明体系中，法庭科学鉴定作为连接科学与法律的关键纽带，通过系统性应用自然科学原理、技术方法与专业经验，对案件中的专门性问题进行客观解析，其结论已成为现代司法裁判中认定事实的核心依据之一。法庭科学方法是司法实践中科学认知案件专门性问题的规范化路径，其本质是将科学理性注入司法证明过程，通过明确的原理支撑、要素规制、原则约束与技术应用，确保鉴定意见的科学性、可靠性与合法性，最终服务于司法公正的实现。

一、法庭科学方法的基本原理

法庭科学方法的基本原理是支撑鉴定活动科学性的认识论与方法论基础，其核心在于通过科学规律揭示案件中物质、客体与行为之间的客观联系，为证据分析提供逻辑起点。这些原理源于长期司法实践与自然科学研究的融合，具有跨学科性与普适性。

（一）洛卡德物质交换与转移原理

物质交换与转移是法庭科学中认定客体关联性的基础规律，由法国法庭科学家埃德蒙·洛卡德于20世纪初提出，故又称“洛卡德交换原理”（Locard's Exchange Principle）。其核心内涵为当两个客体发生接触或相互作用时，必然伴随物质成分、痕迹形态或能量的交换与转移，且这种交换或转移的强度与接触方式、作用力度及客体属性直接相关。物质交换强调“双向性”，即两客体在接触中相互转移物质，例如肇事车辆与被害人之间的血液与金属微粒交换；物质转移侧重“单向性”，即一客体的物质向另一客体迁移而不伴随反向交换，例如爆炸现场散落的炸药残留物向周围物体的转移。该原理为现场勘验中“从痕迹找客体、从客体溯关联”提供了科学依据，是物证关联性认定的首要准则。

（二）同一认定原理

同一认定是法庭科学中解决“客体自身同一性”的专门化认知方法，其逻辑基础是客体的特定性、特征的稳定性与反映性，以及人类对特征的可认知性。特定性指任何客体（人、物或分离体）均具有区别于其他客体的独特属性，如指纹的终生唯一性、DNA 的个体特异性。稳定性指客体特征在一定时空范围内保持相对不变，如笔迹特征在数月内的稳定性。反映性指客体特征可通过痕迹、样本等形式被感知和提取，如工具痕迹对工具刃口特征的反映。可认知性指通过科学方法可对反映特征进行解析与比对，如通过 STR 分型技术识别 DNA 特征。同一认定的对象可分为三类：整体同一认定，如嫌疑人与监控录像中行为人的同一；分离体同一认定，如断裂刀刃与刀柄的原属关系；特征反映体同一认定，如手印与指纹的同一。同一认定的方法包括分别检验、比较检验和综合评判，其操作过程需深度融合专业领域的理论框架、技术手段与经验认知，并辅以统计学方法的量化支撑，最终形成具有排他性的鉴定意见。

（三）种类鉴别原理

种类鉴别是通过客体特征的种属属性分析，确定物证与源客体所属类别关系的科学方法，其依据是事物种属关系的层级性与特征的种属差异性。种属属性的层级性指客体可依特征差异划分为不同层级的种属，如“纤维”可分为“天然纤维”“合成纤维”，进一步细分至“棉纤维”“涤纶纤维”；种属特征的稳定性指同一类别的客体具有共同的本质特征，如某品牌油漆的特定成分比例；种属特征的反映性指客体的种属特征可通过检验被识别，如通过气相色谱—质谱联用技术识别毒物的化学类别。种类鉴别的操作路径包括确定待鉴特征、建立种属特征数据库、通过比对分析划定客体所属类别。其结论虽不具有唯一性，但可为缩小调查范围、构建证据链提供重要支撑。

二、法庭科学方法的关键要素

法庭科学方法的关键要素是确保鉴定活动规范化、标准化的核心构成，其逻辑关系体现为“目标—主体—过程—结果”的闭环：通过明确专门性问题，由具备资质的主体依托科学方法与数据，最终形成符合标准的鉴定报告。

（一）专门性问题的界定

专门性问题是鉴定活动的逻辑起点，特指超出法官一般认知能力、需依赖科学技术解答的案件事实问题，如“死者的死亡时间”“笔迹是否为某人所写”。其界定需符合“关联性”与“必要性”原则，关联性要求问题与案件待证事实直接相关，必要性要求问题无法通过其他证据或常识判断解决。在诉讼中，专门性问题通常以“鉴定委托书”的形式明确，其精准度直接影响鉴定方法的选择与结论的有效性，相关法律依据可参见《刑事诉讼法》第146条、《民事诉讼法》第79条。

（二）鉴定主体的资质与中立性

鉴定主体（鉴定人或鉴定机构）需具备“专门知识”与“法定资质”双重属性。专门知识体现为在某一学科领域的理论储备与实践能力，如法医学、痕迹学等；法定资质需符合《全国人民代表大会常务委员会关于司法鉴定管理问题的决定》中的登记管理要求。更重要的是，主体需保持“程序中立”，即不受当事人意志或案外因素干扰，以确保鉴定过程的客观性，这是专家意见可采性的核心要件，《司法鉴定程序通则》第4条对此有明确规定。

（三）数据收集与分析的科学性

数据收集需遵循“无损性”与“完整性”原则。如对于生物检材、电子数据等易受外界因素影响而损坏的证据，提取方法必须符合行业标准，以保障检材的原始状态与信息完整。对于现场痕迹，需借助多角度摄影、三维扫描等技术手段，实现对痕迹特征及空间关系的全面记录，确保无关键信息遗漏。数据分析过程需依托具有可重复性的科学方法，通过标准化流程控制主观因素干扰。例如，对毒物的定量分析需采用规范的校准方法，对指纹的比对需遵循特征点匹配规则及严谨的逻辑验证流程，以此保证分析结果的客观性与科学性，避免因主观臆断导致结论偏差。

（四）鉴定标准的层级与适用

鉴定标准是评估鉴定意见有效性的标尺，按效力层级可分为国家标准（GB）、行业标准（如 GA/T、SF/Z）、地方标准与技术规范。标准的适用需遵循“就高不就低”原则，若无上述标准与规范，则使用该专业领域多数专家认可的技术方法，确保方法的科学性与结果的可比性。

（五）鉴定报告的规范性

专家意见或鉴定意见是法庭科学鉴定的重要成果，它是专家或鉴定人根据鉴定任务所作的详细记录和分析。鉴定报告应当包括鉴定的目的、方法、过程、结论等内容，以及对鉴定结果的科学解释和证据支持。鉴定报告的撰写应当证据客观、逻辑清晰、术语准确，为法庭审查提供可追溯的依据。

三、法庭科学鉴定的原则

法庭科学鉴定是一项严谨的工作，基于科学原理和专业知识，旨在为司法决策提供准确、可靠的信息。在进行法庭科学鉴定时，需要遵循一些重要的原则，以确保鉴定结果的公正性、科学性和可靠性。法庭科学鉴定的原则是贯穿鉴定活动全程的行为准则，是平衡科学理性与司法需求的核心保障。

（一）独立性与中立性原则

独立性体现为鉴定活动不受司法机关、当事人或其他外部力量的干预，鉴定机构需具备独立的法人资格与财务自主权。中立性要求鉴定人在立场上不偏向任何一方，仅以科学事实为依据。这是避免“鉴定偏向性”的制度基础，也是专家意见公信力的前提。

（二）科学性与专业性原则

科学性要求鉴定方法需经过同行评审、实践验证，如 STR 分型技术的检测原理、操作规范及结果判读标准均符合国际法庭科学领域的严苛要求，是经过国际专业领域验证的成熟技术方法。专业性强调鉴定人需运用所属领域的专业知识，如法医病理学家需掌握尸体解剖与组织病理学技术，避免超出专业范围的判断。

（三）准确性与可靠性原则

准确性指鉴定意见与客观事实的吻合度，核心在于通过系统的方法学验证控制误差，如检测限（LOD）与定量限（LOQ）的确定、精密度试验、准确度验证。可靠性强调鉴定结果的重现性与稳健性，即相同实验条件下，不同时间、操作者或实验室重复鉴定应得出一致或可接受的结果，通常通过实验室间比对、盲样测试等方式验证，确保鉴定过程科学与鉴定结果可信，为决策提供可靠依据。

（四）透明性与可验证性原则

透明性要求鉴定过程完整记录，如检材处理、仪器参数，确保“过程可追溯”。可验证性指其他具备资质的机构可依据报告重现检验过程并验证结论。透明性与可验证性原则是对抗式诉讼中交叉询问的基础，也是排除“黑箱操作”的关键。

四、法庭科学方法的关键技术

法庭科学方法的关键技术是支撑鉴定活动从证据获取到事实认定的核心工具，其发展依赖于自然科学与工程技术的进步，按其在司法证明流程中的功能定位，可分为“物证发现与提取技术”“物证分析与识别技术”“证据关联与逻辑还原技术”三大类，遵循了法庭科学鉴定的核心流程逻辑：从“发现并获取物证”，到“分析物证本质与特征”，再到“将零散证据串联为完整逻辑链条”，层层递进，符合司法实践中证据处理的实际路径，也能清晰体现不同技术的功能定位。三类技术层层递进，共同构成完整的证据处理体系。

（一）物证发现与提取技术

此类技术是法庭科学鉴定的初始环节，其核心任务是从案件现场、关联载体或数字空间中精准识别并无损获取具有证明价值的物证，为后续分析保留原始信息。这一环节的技术应用直接决定了证据的完整性与真实性，例如通过多波段光源激发潜在指纹、血迹的荧光特性以发现微量痕迹，利用真空吸附技术收集纤维、涂料碎屑等微粒物证，借助写保护设备对电子数据进行固化以防篡改，或是通过卫星遥感、无人机航拍锁定大范围区域内的环境类物证。这些技术操作严格遵循“无损性”原则，确保提取的物证能真实反映其原始状态，为后续分析提供可靠的物质基础，是整个鉴定流程中保障证据有效性的首要屏障。

（二）物证分析与识别技术

物证分析与识别技术承接于物证发现与提取之后，聚焦于通过科学手段解析物证的本质属性、特征信息或来源，是将“原始物证”转化为“有效证据”的关键步骤。该环节通过专业化技术揭示物证的独特性或种属属性，比如利用 DNA 分型技术对生物检材进行 STR 基因座检测以实现个体识别与亲缘关系鉴定，借助指纹自动识别系统通过特征点比对确认身份，通过气相色谱—质谱联用技术分析毒物、爆炸残留物等有机化合物的成分与含量，或是通过声纹分析、图像增强等技术解析声像资料中的关键信息，实现说话人身份的识别与语音真实性判定，还原监控录像、现场照片中的模糊信息，辅助目标识别。这些技术依赖精密仪器与标准化流程，以客观数据为支撑，为案件事实认定提供具体且可验证的科学依据。

（三）证据关联与逻辑还原技术

此类技术是在物证分析的基础上，通过整合多维度信息构建证据与行为、事件之间的逻辑链条，实现从“孤立证据”到“完整事实”的跨越。这一环节通过技术手段强化证据间的关联性并还原事件全貌，例如利用法庭科学数据库比对将现场物证与已知个体或物品关联，使用犯罪现场三维重建技术，利用激光扫描、摄影测量等手段构建现场三维模型，结合物证空间分布信息还原事件过程，借助计算机动力学模拟重现交通事故、火灾等事件的物理过程，通过电子数据溯源技术串联聊天记录、支付痕迹与行为轨迹。而心理分析技术则通过解析涉案人员的行为模式、言语特征、情绪反应等，结合物证反映的客观信息，如根据犯罪现场遗留物品的摆放方式、尸体所反映的死亡原因、作案手法等信息，推断行为人的心理状态、作案动机及行为关联性，构建“证据—行为—事件”的逻辑链条，与其他证据交叉验证以排除逻辑矛盾，实现从孤立信息到事实还原的跨越。这些技术不仅依赖硬件工具，更需融入逻辑推理与专业经验，通过多证据的相互印证确保证明体系无断点、无矛盾，最终形成能够清晰还原案件事实的完整证据链，为司法决策提供严密的逻辑支撑。

综上，法庭科学方法是科学原理、规范流程、专业技术与司法需求的有机融合，其核心目标是通过系统化的科学认知，将案件中的客观事实转化为可被司法程序采纳的证据，最终实现“以科学促公正”的司法理念。

第二节　定性分析方法

法庭科学中的定性分析方法是一种通过观察和描述物证或证据的性质、特征来确定其属性的方法，不涉及数量或定量测量。这种方法通常用于识别、分类和描述物证，以协助法庭解决刑事案件和民事案件中的问题，有助于确定证据的性质、来源和可能的相关性。常见的定性分析方法包括理化检验法、生物检验法和仪器分析法。

一、理化检验法

（一）物理检验法

物理检验属于无损检验，可以节省检材，不破坏检材的原貌，具有排除、筛选和指向的作用，可缩小检验的范围。物理检验法包括形态结构检验法、不可见光及荧光检验法、物理性质检验法。形态结构检验法是在常温常压下用肉眼或借助各类显微镜观察物证的方法。显微镜观察可扩大人们的视觉，是司法鉴定中进行观察的主要工具。利用显微镜对检材放大的作用可反映出检材的形态及结构等特征，进行观察、比较从而确定被检物体的属性。形态结构检验法也可采用摄影技术迅速地记录客体形象。司法摄影按任务可分为现场摄影、检验摄影、辨认摄影。在不可见光及荧光检验法中，物证中的某些物质在一定波长的光线照射下会发出一定的荧光，利用检材受到激发而发出荧光的颜色和强度的不同，可以大致区分物证种类。物理性质检验法则指鉴定人通过测定、检验物证的物理性质，应用天平、比重计、厚度仪检查物证的厚度、重量、气味、熔点等，从而区分检材的种类。

常见的显微仪器类型主要有以下几种，它们在不同领域的定性分析中发挥作用：(1) 体视显微镜。体视显微镜亦称立体显微镜，通常适用于物证的扩大检验，在痕迹、文书物证检验中较为常见。(2) 生物显微镜。生物显微镜是最为常见的光学显微镜之一，主要用于透明或半透明物体的微观结构与形态观察，如木材、淀粉、纤维等理化物证以及生物物证的定性检验。(3) 比较显微镜。比较显微镜主要用于痕迹以及文书物证的定性分析。(4) 金相显微镜。金相显微镜常用于工具痕迹、金属附着物以及枪弹等的金属定性或微观结构检验。(5) 偏振光显微镜。偏振光显微镜亦称极化显微镜，可用于对玻璃、金属、纤维、岩石、矿物等微量物证的检验。(6) 荧光显微镜。荧光显微镜主要用于对微量的血痕、炸药、油脂、火药、精斑等物证的成分进行定性分析。(7) 电子显微镜。电子显微镜在不破坏检材的基础上将物证分析的范围拓宽至微观领域，既能对物证的形态进行直观的比对，又能利用能谱分析等功能检测物证的元素组成与含量分布，以便准确地对其进行定性检验。物证鉴定中，射击残留物、金属屑、火药、泥土、油漆、纤维、油墨灰尘、纸张填料等物质均可以使用电子显微镜进行检验。

(二) 化学检验法

化学检验法是利用某些物质与检材作用，产生改变物质性质的化学反应的方法。反应在溶液中进行则称为湿法；在固体之间进行则称为干法，如焰色反应、熔珠实验都属于干法。在司法化学检验中的常见对象是毒物及在现场勘探时发现的各种微小物质，可通过化学检验查明成分，为侦查工作提供线索。该检验方法是一种有损检验，物证一旦与化学试剂产生反应即被破坏，因此在进行化学反应前需预留足够的检材备用。其优点是能反映物质组成的内在特征、元素、原子团，实用性强、简单且方便。依据反应原理，化学检验法可分为如下几类。

1. 显色反应法

显色反应是利用化学反应的产物的颜色变化来确定物证的存在。其优点是操作简单、灵敏度高、可靠性强，而且可同时检测多种物质。多数情况下，嫌疑人在刑事案件现场遗留的肉眼看不见的手印，通过茚三酮试剂与手印汗液显色生成蓝紫色化合物可显现出手印纹线。

2. 气体反应法

某些检材与试剂发生化学反应时可生成气体，从而可根据这一现象判断检材的属性。该法的特点是检材不需要分离，灵敏度也很高。例如，有毒重金属砷可采用古蔡氏法进行检验，其原理就是新生态的氢气与砷盐反应生成的气体遇见溴化汞试纸可产生黄色至棕色的砷斑。

3. 结晶反应法

特定物质之间经过化学反应会产生具有特殊形态的结晶体，利用显微镜对结晶体进行观察，即可判断属于何种化合物。结晶反应法多数情况下用于微量物证中某些阳离子或阴离子的检测。例如，爆炸残留物中无机炸药成分的检验即可通过醋酸试剂显微结晶法进行检测。

4. 沉淀反应法

检材与试剂产生化学反应后产生不溶于试液的物质，形成沉淀，通过观察沉淀的特征从而鉴别检材中所含的物质种类，可用于检查物证中含有的金属阳离子等物质。

5. 燃烧、焰色反应法

燃烧法是根据检材在燃烧过程中产生的火焰和烟的颜色、燃烧时的气味及检材燃烧的速度不同来鉴别检材属性，根据在高温条件下产生的不同现象来区分物证的类别。焰色反应是某些金属或它们的化合物在无色火焰中灼烧时使火焰呈现特征的颜色的反应。常见的焰色反应有：钠（黄）、锂（紫红）、钾（浅紫）、钙（砖红）、铜（绿）、钡（黄绿）。

二、生物检验法

法庭科学技术领域中，经常涉及生物物证的定性分析。生物物证是指来自生物体（人体、动物和微生物）能够揭露和证实案件真实情况的各类可以进行法医学检验的生物样品。如人体和动物的血液、毛发、唾液、精液、汗渍斑、皮屑，植物的根、茎、叶、花、果与种子，以及一切可能黏附有脱落细胞的物质载体。此类客体必须运用生物学的检验方法进行定性分析。通常，生物检验法具体包括细胞学检验法、电泳分析法、免疫学分析法与DNA分子标记法等。

（一）细胞学检验法

细胞学检验法是一种用于进行微观层面上的组织和细胞观察的定性分析技术。这一方法的主要应用领域包括经过特殊处理的人体或动植物组织、切片和粉末的检验。细胞学检验通常涉及多种显微镜，如生物显微镜、偏振光显微镜、荧光显微镜和电子显微镜，以便对细胞的特征进行详尽的观察和分析，包括细胞的种属鉴定、结构、数量、大小、颜色以及形态变化等。在细胞学检验中，一般鉴定只需对组织切片进行苏木精—伊红染色法（H. E）染色后，利用光学显微镜进行分析即可。但在特殊情况下，还可对其切片进行特殊染色、免疫组织化学染色、组织化学染色等进一步增强对细胞的鉴定和分析。此外，为了更深入地研究细胞结构，透射电子显微镜和扫描电子显微镜也被用于细胞观察和检验。

（二）电泳分析法

电泳指的是带电颗粒在电场作用下，向着与其电性相反的电极移动的现象。根据不同的分离方法，电泳分析技术可分为凝胶电泳、等电聚焦电泳、毛细管电泳和醋酸纤维素薄膜电泳等。为了提高分离效果，电泳分析技术还可以与层析法、免疫学方法等相结合使用。电泳分析法主要适用于血清型、酶型和DNA指纹等方面的检验，此外还能判断血痕、精斑等物证是否存在。

（三）免疫学分析法

免疫学分析法主要依赖于抗原与抗体之间的特异性相互作用，这种相互作用在实验中反应为各种免疫应答现象，如发光、显色、颜色变化等。在法庭科学中，主要可以运用免疫学分析法对血型、毒物、毒品以及生物种属等是否存在进行定性分析。在案件检验实践中，免疫学分析法能够有效地检测和鉴定样本中的特定分子或生物标志物，主要包括以下若干方面：酶联免疫分析、生物发光分析、电化学发光免疫分析、化学发光免疫分析、荧光偏振免疫分析、时间分辨荧光免疫分析等。

（四）DNA 分子标记法

DNA 分子标记技术是一种标识、检测和分析 DNA 分子的方法和工具，它可以用来鉴定、检测和分析 DNA 分子的存在以及特定 DNA 序列的特征。如通过 PCR 和 DNA 探针标记技术，可以检测特定基因是否存在于样本中，从而进行基因鉴定；DNA 分子标记技术可用于建立 DNA 指纹图谱，用于个体鉴定和犯罪学调查，还可以通过比对 DNA 指纹，确定样本的来源或关联性；DNA 分子标记技术还可用于检测毒物或药物的存在，包括药物代谢产物和毒物代谢产物，从而进行毒物学和药物学的定性分析。DNA 分子标记技术在定性分析方法中广泛应用，可用于确定 DNA 分子的特性、鉴定基因、检测病原体、测序 DNA、建立 DNA 指纹图谱、检测毒物和药物等多个领域。

三、仪器分析法

仪器分析的优点在于：（1）快速、灵敏、可靠：仪器分析为超微量分析方法可检测出百万分之一（PPm）级或十亿分之一（PPb）级的物质。（2）仪器可联用：达到互补、高自动化、计算机数据处理。

（一）光谱分析法

根据物质发射电磁辐射或物质对辐射的相互作用，建立物质的浓度、结构或某种性质与光学性质的关联，利用检测能量（电磁辐射即光）作用于待测物质后产生的辐射信号（光谱）或所引起的变化（波长和强度）进行分析的方法称为光谱分析法。

原子吸收光谱法（Atomic Absorption Spectroscopy，AAS）是基于测量蒸气相中被测元素的基态原子对其原子共振辐射的吸收强度，从而测定试样中元素的一种分析方法。AAS 因具有检出限低、灵敏度高、分析速度快、应用范围广、操作方便等特点，在法庭科学中对于微量物证的定性分析有着不可替代的作用。

原子发射光谱法（Atomic Emission Spectroscopy，AES）是用火焰、电弧、等离子炬等作为激发源，使气态原子或离子的外层电子受激发发射特征光学光谱，利用这种光谱进行分析的方法。根据光谱图中是否出现某些特征谱线，可判断是否存在某种元素从而实现定性分析。该方法具有灵敏度高、选择性好、分析速度快的特点。在法庭科学鉴定中，主要用于泥土、油漆、粉尘类物质及其他物质中微量金属元素成分的定性分析。

原子荧光光谱法（Atomic Fluorescence Spectroscopy，AFS）的基本原理是基态原子（一般蒸汽状态）吸收合适的特定频率的辐射而被激发至高能态，而后在去激发过程中以光辐射的形式发射出特征波长的荧光。由于各种元素的原子荧光光谱具有特定性，可用于定性分析。AFS 具有分析灵敏度高、重现性好、干扰少、线性范围宽和分析速度快等特点，在刑事法庭中可为金属毒物中毒案件的检验鉴定提供很大帮助，是目前测定微量砷、锑、铋、汞、硒、碲、锗等元素最成功的分析方法之一。但不足之处是原子荧光光谱检验需要对样品进行溶解提取，对检材有一定程度的破坏。

紫外 – 可见分光光度法（Ultraviolet – Visible Spectrophotometry，UV – Vis）是基于分子内电子跃迁产生的吸收光谱进行分析的一种常见的光谱分析法。每种物质有其特有的、固定的吸收光谱曲线，通过特定波长范围内样品的光谱与对照光谱或对照品光谱的比较，或通过确定最大吸收波长，或通过测量两个特定波长处的吸收比值而实现定性分析。UV – Vis 具有操作简便快速、灵敏度较高等特点，在法庭科学中的应用十分广泛，可用于微量物证的检验、毒物毒品的检验等。

红外光谱法（Infrared Spectroscopy，IR）是利用分子在红外区的振动 – 转动吸收光谱来测定物质的成分和结构，从而实现定性分析的一种方法。IR 可广泛用于各种状态（气态、液态、固态）物证的鉴定，并且鉴定中样品用量少、快速、结果可靠，测定后检样易回收。红外光谱技术可以鉴别物证的种类，同时可以对物证与嫌疑物品进行比对分析，得出物证碎片的种类及来源信息，能够为法庭断案提供依据。

拉曼光谱法（Raman Spectroscopy，RS）是对与入射光频率不同的散射光谱进行分析以得到分子振动、转动方面信息，并应用于分子结构研究的一种分析方法。拉曼光谱的最大特点是具有鲜明的特征性，定性分析能力强，每种物质都有其特异性的拉曼光谱，其谱带的数目、位置、形状和强度都随化合物结构及其聚集态的不同而不同。因此，可以根据化合物的拉曼光谱特征，确定化合物的结构或其官能团。目前，拉曼光谱技术因其准确、无损、原位、快速、灵敏、简便等优势，在法庭科学领域中发挥着越来越重要的作用。

（二）色谱分析法

色谱分析法（Chromatography）是利用物质在固定相（固体或液体）以及流动相（气体、流体、液体）之间亲和力、溶解度、吸附能力以及阻滞能力等物理、化学性质的不同，对混合物的各组分进行分离分析的方法。将待检物品与标准对照品（或经确证的已知物质）在相同的条件下进行色谱分离，并进行比较，根据两者保留行为和检测结果是否一致来对物证进行定性分析。物证司法定性分析中常用的色谱分析法有薄层色谱法、气相色谱法和高效液相色谱法。色谱分析法可用于毒品、爆炸物、化学品以及法医中的有毒物质的定性定量分析。

薄层色谱法（Thin－Layer Chromatography，TLC），系将适宜的固定相涂布于玻璃板、塑料或铝基片上，成一均匀薄层。待点样、展开后，根据斑点的颜色（或荧光）、位置、比移值（Rf）与对照物按同法所得的色谱图作对比，用以进行物证鉴别的方法。Rf＝溶质移动的距离/溶液移动的距离，表示物质移动的相对距离。

气相色谱法（Gas Chromatography，GC）是以气体为流动相的色谱方法，主要用于分离分析挥发的物质，具有效能高、灵敏度高、选择性强、分析速度快、应用广泛、操作简便等特点，是司法鉴定中检测有机化合物的重要分析手段。气相色谱法在法庭科学中常用于纺织纤维及其制品、爆炸及射击残留物、黏合剂、木屑的检验，另外，气相色谱法在对烟蒂、矿物油、圆珠笔油墨、橡胶、塑料及毛发等多种微量物证的分析中也具有很大的优势。定性方法有：（1）对照品对照法：在有对照品的情况下，主要根据同一种物质在相同色谱条件下保留时间相同的原理进行定性。如果试样较复杂，峰间的距离太近，或操作条件不易控制，此时最好将适量标准对照品加到未知试样中混合进样，对比标准对照品加入前后的色谱图，若加入标准对照品后某色谱峰相对增高，而峰宽不变，则该色谱组分与标准对照品可能为同一物质。（2）利用相对保留值定性：对于一些组成比较简单的已知范围的混合物，或在无对照品的情况下，可将所得各组分的相对保留时间与色谱手册数据对比定性。(3) 利用保留指数（Retention Index）定性：许多手册上都刊载各种化合物的克瓦兹（Korats）保留指数，只要固定液及柱温相同，就可以利用手册数据对物质进行定性。(4) 化学鉴定法：利用专属性的化学反应对色谱分离后收集的组分进行定性分析，观察反应（颜色变化或产生沉淀）来判断该组分含什么基团或属于哪类化合物。再参考保留值，便可粗略定性。(5) 两谱联用鉴定法。

高效液相色谱法（High Performance Liquid Chromatography，HPLC）是以液体为流动相，采用高压输液系统、高效固定相及高灵敏度检测器进行复杂样品分离分析的色谱方法，具有分离效率高、选择性好、分析速度快、检测灵敏度高、操作自动化的特点。高效液相色谱法在法庭科学微量物证的分析检验中广泛应用，适用于爆炸及射击残留物、染料、化妆品、纸张中色料、签字笔墨水、喷墨打印墨水、印章印油、生物检材中毒物毒品等的检验。其定性方法与气相色谱法类似，包括：(1) 对照品对照法；(2) 利用相对保留值定；(3) 化学鉴定法；(4) 两谱联用鉴定法。

（三）联用分析法

联用分析技术（Hyphenated Techniques）就是将多种分析仪器以及计算机进行联用，在物证鉴定中充分发挥了各种分析技术的优点，同时弥补了各自的不足，并运用计算机系统对分析得到的数据进行处理，再整合为更有用的信息。而质谱法（Mass Spectrometry，MS）是将被测物质离子化后，在高真空状态下按离子的质荷比（m/z）大小分离，而实现物质成分和结构分析的方法。物证鉴定中，质谱分析法是进行定性鉴定和确定分子结构的重要分析方法，它具有分析速度快、损耗检材少、能够提供多维结构信息以及适用范围广等特点。在文书鉴定领域可用于书写色料、污损文件、文件制作形成时间、印刷文件、笔迹检验等。

为满足日益增长的复杂组合物证分析要求，气相色谱—质谱联用分析法（GC－MS）、高效液相色谱—质谱联用分析法（HPLC－MS）、电感耦合等离子体—质谱联用分析法（Inductively Coupled Plasma－Mass Spectrometry，ICP－MS）、气相色谱—傅里叶变换红外光谱联用分析法（GC－FTIR）、气相色谱—红外光谱—质谱联用分析法（GC－FTIR－MS）等已成为法庭化学家的得力助手。目前，色谱—质谱联用是最成熟和最成功的一类联用技术，主要用于生物样品中微量物证、炸药探测以及射击、爆炸残留物的检验。在此联用系统中，色谱仪相当于质谱仪的进样和分离系统，质谱仪相当于色谱仪的检测器，将色谱法的分离能力与质谱法的结构鉴定能力有机结合，从而快速、高效地完成复杂样品组分的定性、定量和结构分析。在法庭科学领域，ICP－MS 技术主要用于鉴别和分析玻璃、纤维、油漆、生物检材等。质谱与裂解色谱分析法（Pyrolysis Gas Chromatography，Py－GC）联用时，还可对纤维、塑料、黏合剂等进行鉴别。

（四）其他方法

核磁共振法（Nuclear Magnetic Resonance，NMR）。核磁共振研究的是处于磁场中的原子核对射频辐射的吸收，它是对各种有机物和无机物的成分、结构进行定性分析的最强有力的工具之一。核磁共振分析测定时，样品不会受到破坏，属于无破损分析方法。

中子活化分析法（Neutron Activation Analysis，NAA）是通过鉴别和测试式样因辐照感生的放射性核素的特征辐射，进行元素和核素分析的放射分析化学方法。活化分析的基础是核反应，以中子或质子照射试样，引起核反应，使之活化产生辐射能，用 γ 射线分光仪测定光谱，根据波峰分析确定试样成分。中子活化分析法的灵敏度、准确度、精确度都很高，对样品进行的是非破坏性分析，且无试剂污染现象，目前已是应用非常广泛的分析方法。在司法鉴定中可应用于对油漆、玻璃、纺织品等的鉴定，毛发检验，射击残留物的检验，毒物分析，文物分析等。但中子活化分析一般只能做元素分析，不能测定元素的化学状态和结构，且所需设备较复杂、昂贵。

热分析法（Thermal Analysis，TA）是指在程序控制温度下，准确记录物质理化性质随温度变化的关系，研究其受热过程所发生的晶型转化、熔融、蒸发、脱水等物理变化或热分解、氧化等化学变化以及伴随发生的温度、能量或重量改变的方法。热分析技术可以在－260～2800℃范围内定性定量分析物质的热学性能，目前在物质表征方面应用最广的是热重分析仪（Thermogravimetric Analyzer，TGA）、差热分析仪（Differential Thermal Analyzer，DTA）和差示扫描量热仪（Differential Scanning Calorimeter，

DSC）。在法庭科学领域，热分析通过比较检材与样品的 TG、DSC 或 DTA 曲线之间的差异，可对同种类微量物证进行区分检验。

第三节　定量分析方法

定性分析与定量分析是源自分析化学中的概念。定性分析是鉴定物质中含有什么元素、离子或官能团等，并不确定其含量。定量分析是确定物质中各种构成成分的含量，有重量分析、容量分析和仪器分析三类。在广义的研究工作中，定性分析被引申为从质的方面研究事物，即从事物的构成要素及其相互关系中把握事物的质的规定性。定性分析要在占有大量第一手材料的基础上，运用辩证逻辑的形式、逻辑的思维方法，通过归纳、演绎、比较进行分析与综合，从而把握事物的属性与特征。简言之，定性分析是描述物体的性质，涉及可以观察到但无法测量的现象，它是一种经验性方法，其中的数据通常是非数字形式的，不过也可以转化为数字形式。在法庭科学研究和鉴定方法的基本范式中，通常可以将一项鉴定方法纳入定量分析或定性分析之列。例如，种属认定类的鉴定，通常须判断被鉴定对象是否可归类于某种类别或确定其是否具有某种特定属性，这一类鉴定属于典型的定性分析。常见的血型鉴定、毒品种类识别、伪造变造文书鉴定等皆属此列。

定量分析被引申为用数学方法从量的分析中把握事物的质的方法。近年来，社会科学研究中也逐渐采用定量分析，但由于社会现象千变万化，定量比较困难，在形式化的过程中丧失了事物的丰富多采的动态性。在社会科学中常用的定量分析是社会统计和抽样调查。通过分析政治、经济、文化等社会现象的数量，用运算推导社会现象的规律和特征，如经济统计、人口调查、工业统计、农业统计、商业统计等。

质与量是辩证的统一关系，一定的质表现为一定的量，一定的量又反映一定的质，因此在法庭科学鉴定中，最可靠的是把定性分析与定量分析结合起来，防止认识客体的片面性。定性分析与定量分析的统一是社会科学与自然科学一体化的重要表现。

一、定量分析及其特征

如前文所述，狭义的定量分析是分析化学学科确定物质中各种构成成分的含量的常用方法，有重量分析、容量分析和仪器分析三类。本节讨论的定量分析方法，是指在法庭科学研究和鉴定中通过收集可量化的数据并运用统计、数学或计算技术对各类人体、自然和法律现象进行系统研究。定量分析用数量来表示问题与现象，进而去分析、检验、解释，从而得出鉴定意见。定量就是以数字化符号为基础去测量，定量分析就是通过将被鉴定客体（人体、事物或现象）的特征按照某种标准作量的比较来确定该客体特征数值，或找到某些因素间的量的变化规律。基于其目的是对鉴定客体及其变化的量的属性作出回答，故名定量分析。

在法庭科学研究和鉴定中，定量分析方法适合回答以下三类主要问题：

1. 需要定量的答案。例如，在法医物证鉴定中，根据《车辆驾驶人员血液、呼气酒精含量阈值与检验》（GB 19522—2010）（已失效）的规定，交警在查酒驾的时候会对驾驶人进行酒精含量检测，如果驾驶人血液中酒精含量阈值达到20mg/100ml就属于酒驾，如果大于或者等于80mg/100ml就构成醉酒，需要承担刑事责任。又如，在枪支鉴定中，公安部于2007年发布《枪支致伤力的法庭科学鉴定判据》（2008年3月1日实施），将原有的枪支认定标准修改为枪口比动能1.8焦耳/平方厘米。2010年施行的《公安机关涉案枪支弹药性能鉴定工作规定》进一步明确规定，对不能发射制式弹药的非制式枪支，“枪口比动能大于等于1.8焦耳/平方厘米时，一律认定为枪支”。很显然，这类明确定量的问题，定性的、非数值的方法无法提供我们想要的答案，而必须通过测量的方法来回答。

2. 精准研究数值变化。例如，近年来现场勘查部门刑事现场痕迹物证的提取率是增加了还是减少了？某区域内电信诈骗类案件是增加了还是减少了？智能管控技术的运用是否降低了精神障碍患者的犯罪率？伪造视频和声音是否会带来图片像素、声音频率的变化？我们需要通过定量分析来研究上述问题。

3. 解释某些现象。因果解释是定量分析的主要解释模式。在因果解释模式中，揭示变量的因果关系是核心内容。在文书鉴定实践中，我们常常需要解释诸如什么因素（温度、湿度、光照、存放时间）会导致文书材料

（纸张、印油、墨水等）的自然老化，哪些人为做旧手段会加速其老化过程。在医疗纠纷鉴定中，当事人遭受的人身损害是医疗过失还是疾病发展所致，抑或兼而有之？这类问题也可以通过定量方法进行研究。许多统计学方法已开发，使我们能够根据一个或多个变量的得分来解释这些专门性问题。

对定量分析方法的掌握，需要理解定量研究的意义和特征：

1. 定量分析的方法论基础是逻辑实证主义、实用主义。在社会科学中倡导实证主义方法的代表是社会学创始人之一法国学者奥古斯特·孔德。孔德认为，科学的研究方法是统一的，无论是自然还是社会科学研究，其方法都要遵循实证的原则，即在实践中将观察和理性结合起来，去认识自然和社会世界的客观规律。逻辑实证主义强调人类的经验是人类认识或知识的唯一源泉，因此，科学研究要以经验方法为基础。实用主义曾是美国社会科学界广泛流行的理论，倡导将抽象的观念转换为具体操作实践；在社会科学研究方面，则强调工具、操作的重要性。所以，社会科学中的定量研究通常从一些命题或假设出发，然后对假设中的概念进行操作化，再编制出相应的测量工具，在经验中测量和收集经验材料，最后根据数量分析去检验假设。

2. 定量分析强调事物和社会现象的客观规律的存在。对客观规律的信念和追求是定量研究的出发点，并且定量研究以揭示客观的、不以人的意志为转移的规律为研究的目标和任务。

3. 定量分析注重通过数量关系来解释事物的客观规律。为了保持现实规律的客观性，定量研究的分析和解释通常以数量关系为主，即通过变量之间的数量关系来说明事物的规律。

4. 定量分析重视对经验材料的收集，并将其用作实证的证据。社会科学中的定量研究一般遵循归纳—假设—演绎的逻辑路线：首先从经验观察中归纳出一些理论假设，然后利用从经验中所收集的资料进行研究，来检验假设。

5. 定量分析借助数理逻辑和统计分析。定量研究在分析和解释过程中，通常要借助数理逻辑和统计分析方法，以揭示变量变化及其相互关系的客观规律。同时，数理逻辑和统计分析方法的应用，也有助于更加简明和精确地揭示规律。

二、法庭科学中的测量

（一）测量的定义及特征

将从犯罪现场、原告/受害人、嫌疑人（或其他相关场所和个人）处提取的检材与现场有关的样本进行鉴定和比较，始终是法庭科学的核心任务。这种比较分析，既包括不确定性可以被量化和验证之明确的客观性测量（如对于新精神活性药物的分析及其与标准品、标准图谱的比较），也包括不确定性难以被明确界定，更多依赖于专家经验的主观性测量（如工具痕迹、枪弹痕迹、足迹、笔迹等的比较）。

理解与分析结果的解释、评价和交流有关的不确定性是法庭科学方法的一个重要组成部分，它需要对痕迹、物证、信息等要素的转移、持久性、误差、决策和交流有关的不确定性进行研究。法庭科学鉴定的最终结果大多需要在法庭上进行交流，以便事实裁判者能够理解科学检验结果在其决定中所贡献的价值。法庭科学鉴定存在大量“需要定量的答案”问题，如物理量的测量（如车速鉴定、伤者创口测量、毒品重量等）、化学物质含量（血液酒精含量、法医毒物血药浓度、基因型频率等）等，本质上均系科学测量问题。这样的测量往往会借助现代测量工具和分析仪器，如电子天平、螺旋测微器、色谱分析、光谱分析、质谱仪、电化学分析等进行。可以说，测量是科学调查的特定类别，本质上也是一个经验过程。可能有人不假思索地认为测量是一个机械过程，相关的量由测量仪器产生。然而，这种机械活动只是测量过程的一部分而已。测量并非被动的机械探索和发现过程，可以把它理解为一个基于经验和信息的推断活动，需要测量人的主动输入。此外，任何分析方法和技术均存在系统误差。因此，要开展法庭科学定量分析工作，必须理解误差和不确定度的用法和意义。

（二）不确定度与误差

1. 测量误差定义及特征

误差定义是测量值与真值之差，是一个确定值，在数轴上表示为一个点。但真值是一个理想的概念，真值的传统定义为：当某量能被完善地确定并能而且已经排除了所有测量上的缺陷时，通过测量所得到的量值。真值虽然客观存在，但通过测量却得不出（因为测量过程中总会有不完善之处，因此一般情况下不能计算误差，只有少数情况下，可以用准确度足够高的实际值来作为量的约定真值，即对明确的量赋予的值，有时叫最佳估计值、约定值或参考值，这时才能计算误差），误差也就无法知道。误差加前缀的名词如标准误差、极限误差等的值是可以估算的，但它们表示的是测量结果的不确定性，与误差定义并不一致。

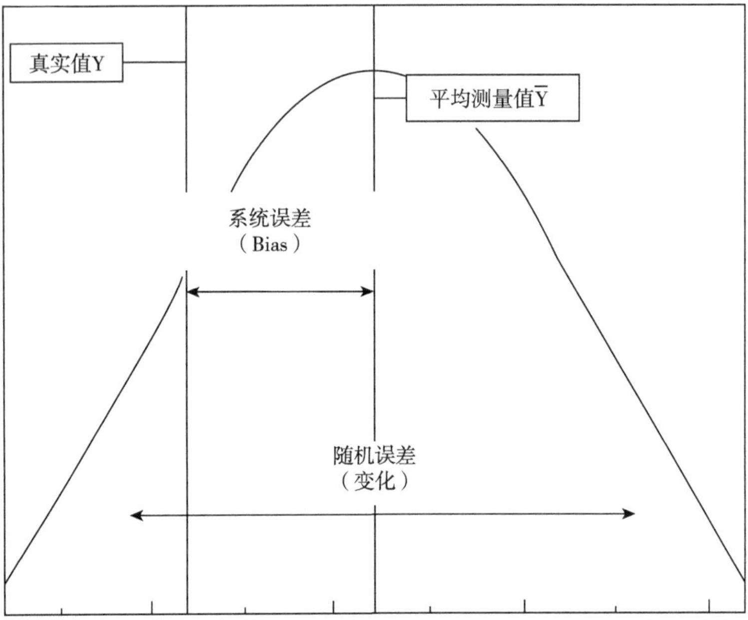

图 5-1 测量误差原理

根据来源和性质的不同可以将误差分为随机误差和系统误差（见图5-1）。随机误差一般由影响量的不可预测性或其在时间或空间上的随机变化所引起。这种变化量的影响称为随机影响，它引起被测量在重复观测中的变异性。测量结果的随机误差不能补偿，但通常可以通过增加观测次数来减小，其期望或期望值为零。总体来说，测量结果中的随机误差和变化近似地服从正态分布。系统误差是测量方法或仪器产生相当于被测量的“真实”值的一致的（平均）人为增加或减少的值的趋势，其定量表征为偏差。系统误差与随机误差一样也是不可能被消除的，但通常可以被减小。如果一个系统误差来源于测量结果的某个影响量中已识别的影响（以下称为系统影响)，这种影响可以定量给出，且其对测量所需的准确度而言比较大，则可用修正值或修正因子予以补偿。可以假设，修正后由系统影响引起的误差的期望或期望值为零。

综上所述，随机误差和系统误差描述了测量的物理状态的各个方面，它们构成了测量误差。

2. 测量不确定度定义及特征

测量不确定度定义为“表征合理地赋予被测量之值的分散性，与被测量结果相联系的参数”。“测量结果”作为测量对象的特定量，应理解为被测量之值的最佳估计，是指对观测结果或测得值进行恰当处理、修正或经过必要计算而得到的量值或报告值。在不会引起混淆的情况下，有时也将测得值或观测值称为测量结果。一般来说，观测值是指在一次观测中从显示器上所得到的单一值，有时也称为测得值。狭义的“被测量之值”是指被测量的真值，但是真值是一个理想的概念，不可能被确切地知道。在GUM①以及我国计量技术规范《测量不确定度评定与表示》（JJF 1059—1999）（已失效）中，为了区别与误差的概念，测量不确定度的定义中既没有使用被测量的“真值”，也没有使用被测量的“约定真值”，而是采用了“被测量之值”。“合理地”是指被测量应处于系统控制状态之下，即测量过程是受控的，已识别的系统效应应予修正，修正不掉的贡献给了不确定度。“分散性”是一个区间，是表示测量结果之间相互不一致程度的一个量，如重复性、复现性，以及测量不确定度。重复条件下测量按贝塞尔法（Bessel's Method）② 计算得到的实验标准偏差就是表示测量结果分散性的一个量。所有的不确定度分量均贡献给了分散性，包括那些由系统效应引起的（如与修正值和参考测量标准有关的）分量。

测量不确定度是测量结果带有的一个参数，用以表征合理赋予被测量值的分散性，它是被测量真值在某一个量值范围内的一个评定，它以分布区间的半宽度表示，因此在数轴上它表示一个区间。显然，不确定度表述

① 1993年，标准化组织、电工委员会、法制计量组织等7个组织联合发布了《测量不确定度表示指南》（Guide to the Expression of Uncertainty in Measurement，GUM）。

② 贝塞尔法的提出者是德国天文学家、数学家弗里德里希·威廉·贝塞尔（Friedrich Wilhelm Bessel，1784～1846）。他是天体测量学和数学物理领域的先驱，以“贝塞尔函数”和恒星视差测量闻名，同时在误差分析领域也贡献了经典的贝塞尔公式。

的是可观测量——测量结果及其变化，而误差表述的是不可知量——真值与误差，所以，从定义上看不确定度比误差科学合理。

由此可见，测量不确定度通过从根本上重新定义解释测量的方法来弥补误差分析的不足，并提供了定量指标，将测量值映射到那些可以合理归因于被测量的值。在这个新的范式中，不确定度取代误差成为分析焦点。

案例：血液酒精测量的不确定度及测量结果计算

一名司机涉嫌酒后驾驶，警方对其进行了血液酒精含量的测试。测试采用 GC 进行分析。在测试过程中，进行了多次分析以确定血液酒精含量。测量结果如下（单位：g/L）：X = {0.20，0.21，0.22，0.20，0.19}。

计算过程：

（1）计算平均值$\overline{X}$

$$\overline{X} = \frac{1}{n}\sum_{i-1}^{n} X_i$$

其中，n 是测量次数，X_i是第 i 次测量结果。假设 $n=5$，则

$$\overline{X} = \frac{0.20 + 0.21 + 0.22 + 0.20 + 0.19}{5} = 0.204\text{g/L}$$

（2）采用贝塞尔公式计算标准偏差 δ

$$\delta = \sqrt{\frac{1}{n-1}\sum_{i-1}^{n}(X_i - \overline{X})^2}$$

其中，n 是测量次数，X_i是第 i 次测量结果。假设 $n=5$，则

$$\delta = \sqrt{\frac{(0.20-0.204)^2 + (0.21-0.204)^2 + \cdots}{4}} \approx 0.0114\text{g/L}$$

（3）计算标准不确定度 u

标准不确定度是标准偏差除以测量次数的平方根，即 $u = \frac{\delta}{\sqrt{n}}$

$$u = \frac{0.0114}{\sqrt{5}} \approx 0.0051\text{g/L}$$

（4）计算扩展不确定度 U

扩展不确定度是标准不确定度乘以一个覆盖因子 K_p，一般取 $K_p=2$，以覆盖 p 约 95% 的测量结果（见表 5-1）。

$$U = k_p \times u$$

$$U = 2 \times 0.0051 = 0.0102\text{g/L}$$

（5）得到测量结果

测量结果 = 最佳估计值 ± 扩展不确定度

故测量结果为 0.204 ± 0.0102g/L（p = 95%，K_p = 2），即表示真实值有 95% 的概率落在 0.1938 ~ 0.2142g/L 区间内。

表 5 – 1　假设正态分布时具有包含概率 p 的区间的包含因子 K_p

包含概率 p（%）	包含因子 K_p
68.27	1
90	1.645
95	1.960
95.45	2
99	2.576
99.73	3

3. 误差与测量不确定度的区别与联系

由于测量不确定度表示在重复性或复现性条件下被测量之值的分散性，测量不确定度仅与测量方法有关而与具体测得的数值大小无关。此处所述的测量方法应包括测量原理、测量仪器、测量环境条件、测量程序、测量人员以及数据处理方法等。根据定义，测量结果的误差仅与测量结果以及真值有关，而与测量方法无关。例如，用钢尺测量某一物体的长度，得到测量结果为 14.5mm。如果为测量得更为准确而改用游标卡尺进行测量，并假设得到的测量结果仍为 14.5mm，不少人可能会认为由于游标卡尺的测量准确度较高，所以测量误差更小一些。但实际上两者的测量结果相同，真值也相同，因此它们的测量误差是相同的。两者的测量不确定度则是不相同的，因为如果分别用两种方法进行多次重复测量的话，它们的测量结果的分散性无疑是不同的。

需要强调的是，尽管测量不确定度和测量误差有着不同的定义，但两者之间存在联系。测量误差是测量不确定度理论的基础，而测量不确定度理论是误差理论的发展和延伸。在评定和计算测量不确定度时，只有对各个误差源的性质、分布进行合理的分析和处理，才能确定出各分量的不确定度和合成不确定度。测量不确定度概念的引入，使不能确切知道的误差可以用一个定量计算的指标加以说明，使测量结果的质量有了一个统一的比较标准。测量不确定度是绝对值，它避免了测量误差与其包含的随机误差的混淆，产生与误差定义相矛盾的情况。同时，测量不确定度也回避了作为理想概念而不可知的真值。测量不确定度只与测量条件有关，故它可通过对影响测量的诸多因素的分析得出，较之测量误差更便于量化评定。

4. 测量不确定度在法庭科学鉴定中的意义

（1）科学可靠性与精确度。测量不确定度反映了司法鉴定结果的可靠程度和精确度。它允许确定鉴定意见的范围，告知对于结果的信心水平，以确保鉴定的科学基础和精度。例如，一位法医物证专家通过对尸体进行DNA分析来确定嫌疑人是否参与了该起谋杀案。通过报告测量不确定度，法医可以表明DNA分析结果在特定置信水平下的可靠性。这种明确的不确定度范围使法庭能够理解结论的可能范围，评估DNA匹配的确凿性，并在判定时考虑可能的误差。

（2）法庭决策和证据审查依据。法庭依赖科学证据作出决定。测量不确定度提供了评估司法鉴定意见的依据，帮助法官和陪审团理解鉴定结果的可信程度，从而作出明智、公正的判决。假如一位法官需要考虑DNA分析的测量不确定度，以决定是否接受DNA匹配作为关键证据，他可以将不确定度与其他证据一起考虑，如目击证人陈述或物证，以得出全面的判断。此外，明确测量不确定度可以促进对司法鉴定结果的审查。它有助于审查案件，避免可能的错误或误解，防止冤假错案的发生。

（3）公众信任和专业信誉。准确评估测量不确定度有助于提高司法鉴定的信任度和专业信誉。公众和法律界对于科学依据的信任取决于其科学可信度和透明度。法庭通过公开讨论和向公众展示鉴定意见的测量不确定度，一方面可以提高司法透明度，另一方面司法鉴定机构也得以展现其科学性和专业程度，从而提升公众对法庭科学的信赖程度。

第四节　概率统计的方法

生活中观察到的很多现象都是随机出现的，如抛硬币出现正面还是反面，投骰子出现的点数，射击打中的环数等。虽然这些事件单次结果是随机的，但多次重复却能发现一定的规律。比如，抛 10000 次硬币，正面和反面出现的次数大约都是 5000 次。正因为有这些统计规律，我们才有研究它的价值和意义，继而有了概率论和统计学。概率反映的是随机事件出现的可能性大小，概率论研究的是随机现象的发生规律。统计学是研究收集数据、整理数据和分析数据，从而认识数据特征，揭露事物间的相互关系、变化规律和发展趋势的方法论学科。概率论是用数学方法对事件的不确定性进行描述，是统计学的理论基础，它对统计方法加以推导证明，为统计提供理论支撑。

概率论的起源得追溯到 1494 年卢卡・帕西奥利出版的《算术、几何、比例总论》一书中提出的奖金分配问题。假设 A、B 两人玩一种游戏，赢一局得 10 分，输一局得 0 分，无平局，先得 60 分者获胜。因某原因两人分出胜负前终止了比赛，此时 A 得 50 分，B 得 30 分，问奖金如何分配给 A 和 B 才公平？1654 年，帕斯卡对此问题提出了解答，他假定 A、B 赢下一局的可能性相同，若 A 赢，A 总分 60 分，游戏胜出；否则 B 总分 40 分，在此基础上，继续下一局，直到分出胜负为止。整个过程可以用状态空间图的方式进行描述，如图 5－2 所示。A 胜的可能局面有 3 种，总的可能性为 $\frac{1}{2}+\frac{1}{2}\times\frac{1}{2}+\frac{1}{2}\times\frac{1}{2}\times\frac{1}{2}=\frac{7}{8}$，B 胜的局面只有 1 种，可能性为 $\frac{1}{2}\times\frac{1}{2}\times\frac{1}{2}=\frac{1}{8}$。因此，最后根据 A、B 胜的可能性来分配奖金金额，A、B 的奖金金额比例为 7∶1。帕斯卡对自己计算结果的正确性不是很确认，写信给他的朋友费马，费马用另外的方式给出了解答思路，结果与帕斯卡的一致。二人基于此持续讨论了很多概率方面的问题，因此后世认为概率论的创立者是帕斯卡，费马也是主要的贡献者之一。概率论创立之后，由 19 世纪的古典概率论到 20 世纪的现代概率论，数理学家们逐步建立起了一套公理化系统，推动了概率论和统计学的发展与应用。

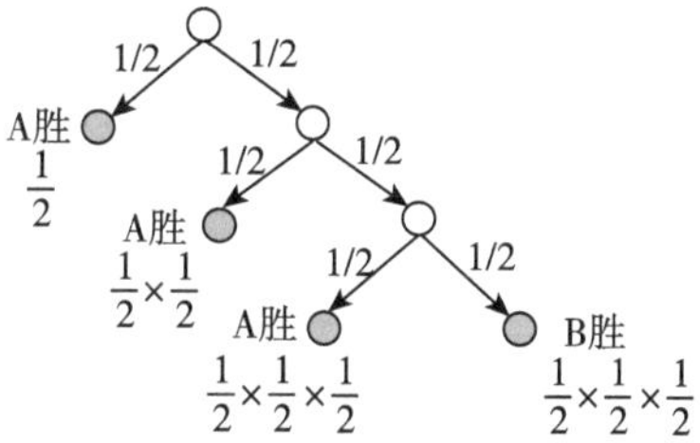

图 5－2　奖金分配问题状态空间

随着法庭科学的兴起，概率与数理统计的方法在微量物证、指纹鉴定、DNA 技术、语音检验、图像检验等领域也发挥了重要作用。例如，在证据科学中，DNA 证据在鉴定意见的表述上就率先采用了概率形式，使对证据的描述更加客观。本节介绍概率统计的原理和一般方法，以及其在法庭科学中的相关应用。

一、描述统计

根据方法研究的功能，统计学可以分为描述统计和推断统计两大类。描述统计研究如何对数据进行收集、整理和分析，获得客观现象数量特征。它的内容包括统计数据的收集方法、显示方法，统计数据的基本特征计算，统计数据的分布形态等。描述统计是对庞大的数据进行简化的过程，提取出数据的特征加以展示，以方便人们对数据有更深入的、全盘的认识。

（一）基本统计特征

数据的基本统计特征主要包括平均数、中位数、众数、期望、方差、标准差、百分位数、变异系数、协方差与相关系数等。这些基本统计特征可以帮助我们快速了解一组数据的大致情况。比如，中位数是取一组按大小排序的数的中间位置的数；众数是指一组数中出现次数最多的数；期望反映的是随机变量平均取值的大小；方差刻画的是随机变量取值在重心附近的分散程度（或波动程度），通常用来描述数据（或结果）的稳定性。方差与标准差的区别主要在于量纲，方差的量纲不同于随机变量和数学期望，因此在实际应用中，人们通常选用标准差。期望或方差描述的是随机变量 X 自身的特征，当我们需要研究两个随机变量 X，Y 之间的线性相关关系，就可以使用相关系数（也称“皮尔逊相关系数”），定义为 X，Y 的协方差除以两者的标准差。当随机变量 X 和 Y 相同时，协方差和方差相等，即方差是协方差的一种特殊情况。相关系数刻画的是变量 X，Y 之间的线性相关程度。当相关系数的值越接近 1，表示 X 与 Y 的相关程度越高；当相关系数的值越接近 0，表示 X 与 Y 的相关程度越低。与变异系数一样，相关系数对随机变量关系的描述也不受量纲影响。

（二）统计表与统计图

对数据的展示方式也是描述统计学研究的内容之一，包括统计图与统计表。统计表是以表格的形式对统计分析结果进行表达。统计图包括散点图、直方图、饼图、线图、箱式图等。相比于冗长的文字描述，统计表与统计图能更加简洁、直观、生动地展示数据分析结果，有助于对数据的理解。

二、推断统计

统计是用科学的方法对不确定性进行推断。概率论发展至今诞生出了两大主要学派：频率学派和贝叶斯学派。频率学派认为概率必须基于大量可重复试验才能得出结论。采用试验次数趋于无穷时事件发生的频率来刻画概率。频率学派认为概率模型中的参数是固定的，需要利用观测数据去反推这个参数。贝叶斯学派则认为参数是变量，会随着获取到的信息的增加而改变。贝叶斯学派使用概率去描述模型参数的不确定性。

（一）随机事件及其概率应用

随机事件是指在随机试验中，可能出现也可能不出现，而在大量重复试验中具有某种规律性的事件。基于这些规律，我们可以计算出随机事件发生的概率。在司法鉴定中，通常将每个痕迹或特征都视为独立的随机事件。以指纹特征为例，一枚指纹中是否出现小桥特征是随机的，但通过大量的指纹特征统计可以得出指纹中小桥特征出现的概率值。一枚指纹中出现小桥、小点两个特征是独立的，即小桥特征出现与否的概率不会对小点特征的出现与否产生影响。因此，当多个独立事件同时发生的概率就可以单个事件发生的概率的乘积进行计算。由于每个事件发生的概率都小于1，多个独立事件同时发生的概率会随着事件数量的增加而减小，即痕迹特征的联合概率会随着特征数量的增加而减小。当这样的概率小到一定程度就可以认为是几乎不可能发生的事件。因为独立事件之间是不存在联系的，所以当多个独立事件同时发生了，这就一定不是巧合了，由此所呈现出来的概率数值就有相当大的证明价值。

在指纹特征统计中，有学者指出9种细节特征中的起点、终点、分歧、结合的出现率较高，分别为20%左右，小点和小棒的出现率为4.5%左右，小勾的出现率为2%左右，小眼的出现率为1.5%左右，小桥的出现率低于1%。根据这些统计值，在对指纹进行同一认定的时候就可以采取概率的方式进行评估。在指印鉴定中，每一个相符合特征的出现与否都是一个随机事件，可以用概率表示。如果多个相符合特征同时出现，则可以用相应概率的乘积来表示该事件出现的概率。因此，两枚指印同一的概率就可以用公式 $P = 1 - \prod_{i=1}^{n} P_i$ 来计算，其中，P_i 为第 i 个符合特征出现的概率，n 为符合特征的总个数。有学者指出，指纹同一的概率值大于等于 99.9% 的鉴定意见才具有较高的证据证明力。

案例：基于概率的指纹同一认定

在某一案件中，提取了现场遗留的指纹（检材）与嫌疑人指纹（样本），要求对检材指纹与样本指纹进行同一性鉴定。通过特征提取，发现有 7 个相符合的特征，其中起点 3 个、终点 3 个、小勾 1 个，问检材指纹与样本指纹为同一人遗留的概率为多少？

根据上述统计的指纹特征的出现率，我们可以计算出检材指纹与样本指纹为同一人遗留的概率为 $P = (1 - 0.2^3 \times 0.2^3 \times 0.02) \times 100\% = 99.99872\%$。

在法庭科学领域，基于概率统计的鉴定方法和意见表述一直是学者们努力探索的方向。相较于经验性结论，用概率值来表述鉴定意见，能够更加客观公正地反映鉴定结果。例如，如果鉴定报告书中使用“送检的指印与样本指印来源于同一个个体”，可能会让司法人员排除其他证据直接定案。如果使用“送检指印与样本指印为同一人遗留的概率为 99.8%”，司法人员可能就会考虑另外 0.2% 的概率的可能性，从而综合所有证据作出更加公正的司法判定。

除了指纹鉴定，在笔迹、DNA、血液、毛发等同一性鉴定领域也同样采用了基于频率的概率统计思想。例如，在笔迹同一性鉴定中，鉴定专家选取检材和样本的多个特征符合点，根据经验或者统计结果测量出每个符合点出现的概率，再根据上述公式计算出两者同一的概率。相较于指纹鉴定，笔迹鉴定的稳定性相对弱一些，它容易受到心理、生理或环境因素的影响。DNA 鉴定也是运用了基因座基因频率相乘的原理，以概率形式得出鉴定意见。

（二）贝叶斯推理

贝叶斯推理是目前统计推理的主流方法之一，在很多领域都有广泛应用。近年来在司法鉴定和法庭证据评价方面，贝叶斯推理也受到越来越多国内外法庭科学家和法律工作者的认可。贝叶斯推理的核心是贝叶斯定理，是由18世纪英国数学家托马斯·贝叶斯（Thomas Bayes）提出的条件概率计算公式，英国法庭科学委员会将贝叶斯定理誉为“法庭科学解释的基本公式”。贝叶斯定理旨在对不确定事件进行概率推理，在知道结果的前提下，计算导致该结果的可能原因的概率，即解决的是“逆概率”问题。贝叶斯公式的具体形式如下：

$$P(A|B)=\frac{P(A)P(B|A)}{P(B)}$$

其中，$P(A)$ 和 $P(B)$ 分别为事件 A、事件 B 的先验概率，且 $P(B)$ 在公式中起归一化的作用；$P(B|A)$ 为事件 B 的后验概率，即事件 A 发生后事件 B 的概率；$P(A|B)$ 为事件 A 的后验概率，即事件 B 发生后事件 A 的概率。

根据贝叶斯公式我们可以看出，与传统的统计推断方法不同的是，贝叶斯推理得出的结论不仅依赖当前观测到的样本信息，还取决于过去的相关经验和知识，并利用新证据对原信息进行修正。换句话说，一开始对事件 A 的认知是 $P(A)$（先验认知），随着事件 B 的知识的加入，对事件 A 的认知结果就更新成了 $P(A|B)$，即在 B 发生的条件下对 A 的认知（后验认知）。

通过贝叶斯公式更新后的后验概率可以重新当作先验概率进行迭代更新，因此可以看作一个自我学习的模型，不断利用新的知识来修正已有的认知。既然可以不断迭代更新，也意味着当新的知识越来越多，最初的先验知识的准确性就变得不那么重要了，因为随着迭代次数不断增加，修正后的知识越能接近我们所期望的真实结果。这与机器学习的思想有异曲同工之妙，伴随着计算机能力的不断提高，基于贝叶斯统计推理的应用也越来越广泛。该思想应用于司法领域，意味着通过获得的新证据去推断案件的原因的概率，会随着证据的增加不断修正原有的概率，从而越来越逼近事件的真相。

在法庭科学领域，贝叶斯公式可以表达为以下形式：

$$P(H_{so}|E)=\frac{P(H_{so})P(E|H_{so})}{P(E)}=\frac{P(H_{so})P(E|H_{so})}{P(H_{so})P(E|H_{so})+P(H_{do})P(E|H_{do})}$$

其中，H_{so}为同源假设，即检材和样本同源；H_{do}为非同源假设，即检材和样本不同源；E为证据，即观测到的信息。

上述贝叶斯公式为其概率形式，法庭证据上经常采用其分数形式，两者之间可以相互转换。贝叶斯公式的分数形式为：

$$\frac{P(H_{so} \mid E)}{P(H_{do} \mid E)} = \frac{P(E \mid H_{so})}{P(E \mid H_{do})} \times \frac{P(H_{so})}{P(H_{do})}$$

即后验比$P(H_{so} \mid E)/P(H_{do} \mid E)$等于似然比$P(E \mid H_{so})/P(E \mid H_{do})$（likelihood ratio，LR）与先验比$P(H_{so})/P(H_{do})$的乘积。先验比来自法庭的主观信念，一般由案件的其他证据和相关信息决定，是证据出现之前对检材和样本同源与否的认知；似然比为在同源条件下发现证据的概率与非同源条件下发现证据的概率之比，由专家给出；后验比则由法庭根据先验比和似然比求出。

似然比可以用来衡量证据的价值和力度。例如，在案发现场发现玻璃窗被打碎，在嫌疑人的外套上发现有黏附玻璃碎片，需要判断嫌疑人外套上的玻璃碎片是否来自案发现场。在这个例子中，通过实验测得两处玻璃折射率作为已有证据E，两处玻璃同源的假设为H_{so}，两处玻璃不同源的假设为H_{do}，似然比为$LR = P(E \mid H_{so})/P(E \mid H_{do})$，似然比越大，表明对两者同源的证据的支持力度越大。似然率在法庭证据评价中的运用将在第六章第三节中进行详细阐述。

案例：基于似然比的人脸检测

在一起刑事案件中，警方提取了附近一条必经之路的监控记录，判定某时间段经过的人中有1人为犯罪嫌疑人。经过排查，发现该时间段共有100人经过（包括犯罪嫌疑人）。通过对比监控视频截取的人像与嫌疑人的证件照片，声像资料检验专家得到的似然比值为1000。那么，该嫌疑人为与监控视频人像同源的概率为多少？

在这个例子中，嫌疑人为与监控视频人像同源的先验概率为$1/100 = 1\%$，先验比为$0.01/(1-0.01) = 1/99$，似然比为1000，则两者同源的后验比为$(1000/1) \times (1/99) = 1000/99$，同源的后验概率为$1000/(1000+99) \approx 90.99\%$。因此，有了似然比证据之后，嫌疑人与监控视频人像同源的概率就从1%（先验）更新为90.99%（后验）。

综上可以看出，相较于频率学派，贝叶斯学派探讨不确定性发生概率的出发点是不一样的。频率派是从事件本身出发进行建模，利用试验次数趋于无穷时的频率表示概率，以大量试验得到的数据说话，结果相对客观，也更加无偏；贝叶斯学派则从观察者的角度出发，认为事件的随机性并不是事件本身具有客观随机性，而是观察者在知识不完备条件下观察到的一种结果。贝叶斯学派认为我们对事物的认知是在事物的发展中不断优化的，观察者试图通过增加知识来修正观察到的结果，这是一种相对主观的推理方法。

结合应用领域，频率学派的推断方法在一些比较保守的领域比贝叶斯推断更受信任，但在一些相同条件下不能重复试验的场景中，贝叶斯推断则更具优势。比如，在法庭科学领域，案件是无法重复的，虽然有些情况可以通过模拟实验的方式进行验证，但很多情况依旧无法依据大量实验得到的统计频率结果来对问题进行分析，因此贝叶斯推理就显示出了它的优越性。它可以利用专家的经验以及其他先验信息来帮助分析和决策。例如，经验丰富的痕迹物证专家可以通过打斗痕迹判断使用了何种作案工具，法医专家可以通过现场血迹的分布走势和形态判断伤者的受伤部位和凶手所在位置等。

采用科学的方法进行统计推理可以摆脱经验束缚和可疑猜测，让人们在追求司法公正的道路上不断迈进。

第五节　数据分析方法

近年来，随着数据生产、传输、处理技术的发展，各行各业聚集了海量的“大数据”，对信息处理技术提出了挑战，也深刻影响着社会生活的各个方面。大数据时代的到来催生了一门新的学科——数据科学。鄂维南院士曾经概括：“数据科学主要包括两个方面：用数据的方法研究科学和用科学的方法研究数据。二者有机地整合在一起，才能形成整个数据科学的全貌。”其中第一个方面包含着深刻的哲学和方法论意义，即某领域的大数据中包含着科学的规律，以大数据技术为代表的数据处理分析方法已经成为科学研究的“第四范式”。“科学大数据”已经在高能物理、气候气象、药物化学、社会人文科学等领域得到了广泛应用。

数据分析方法不同于定量分析、统计分析的地方在于其对数据价值的侧重。传统方法聚焦于研究者通过数据对科学规律的发现，数据分析方法则认为大量数据中本身就包含着科学规律，通过一定的处理方法可以显现出这些规律。常用的数据分析方法有机器学习、深度学习。

下面所讨论的数据分析方法的具体内容都是基于机器学习、深度学习的要求，是从数据中显现科学规律的部分实现路径。

一、数据理解和特征提取

数据分析的前提是数据理解和特征提取，即按照特定的格式描述数据，按照特定的方法度量数据。特征提取是为进一步机器学习等做好准备工作。

（一）数据理解

数据智能分析的目标是在对数据进行预处理的基础上进行有效建模，并为具体的应用目标提供服务支撑。为此，需要有效响应以下数据层的各种挑战。

1. 数据格式多样性

具体应用中，异构的数据类型有数值、文本、图形、图像、音频、视频等。必须对这些多样的数据类型进行有效处理，以确保数据建模的有效实现。

2. 数据组织方式多样性

实际应用数据组织方式千差万别，为了进行有效的数据分析，通常将数据转化表示为“属性-值”型数据和“图”数据。

“属性-值”型数据指的是一个数据对象包含用于描述这个数据对象的若干数据属性值和标签属性值。

图数据是由一组点以及点与点之间的边构成的，用于描述个体对象之间的关系。例如，人与人之间打电话或者发邮件组成的图数据等。处理图数据有专门的图数据挖掘、社会网络分析等方法。

3. 数据时序性

传统的研究和分析一般是数据对象在某个时刻的数据快照，但是在很多应用情境下，数据分析面对的数据是一个以时间为下标的数据序列，这样的数据就是时序数据。时序数据分析需要时序数据挖掘、流数据分析等专门技术方法。

4. 数据伪装性

在问卷调查等数据收集过程中，如果被调查对象知道被调查的目的，往往会掩盖修改某些方面的特征，如行为、偏好等。针对这类数据的建模必须考虑这种伪装特点。博弈机器学习就是针对这个问题的数据分析方法。

（二）数据规范化

为了统一数据不同维度属性的权重，使数据度量方法更加合理有效，需要对数据进行规范化。所谓数据规范化，是指将数据按比例缩放，使之映射到一个特定的区域，如［0，1］。还有一些应用场景需要去除度量单位的影响，需将数据转化为无量纲的纯数值，以便不同单位或量级的指标能够进行比较和加权。常用的数据规范化方法有两种。

1. 最小—最大规范化

最小—最大规范化（Min－Max Normalization）也称离差标准化，是对原始数据进行线性变换，使结果映射到某个小区间（如［0，1］，［－1，1］，［－1，0］等）。

2. Z－分数规范化

Z－分数规范化（Z－score Normalization）是利用均值和标准差对样本的每个元素进行规范化，使经过处理的数据符合标准正态分布。

（三）度量方法

在机器学习中经常需要比较两个特征的相似性。这些相似性要能够通过计算给出。相似性度量方法很多，常用的有相似系数函数和距离函数两类。

1. 相似系数函数

按直觉，两个“数据”越相似，相似系数的值应该越大，越不相似，相似系数的值应该越小。一般取值范围设为［0，1］或者［－1，1］。常用的相似系数函数有：

（1）夹角余弦。几何学中，两个向量夹角的余弦可以表示两个向量的方向差异。推广到 n 维空间中的两点 A（x_{11}，x_{12}，…，x_{1n}）和 B（x_{21}，x_{22}，…，x_{2n}）间的夹角余弦为：

$$\cos\theta = \frac{\sum_{k=1}^{n} x_{1k}x_{2k}}{\sqrt{\sum_{k=1}^{n} x_{1k}^2}\sqrt{\sum_{k=1}^{n} x_{2k}^2}}$$

由公式可知，夹角余弦取值范围为［-1，1］，夹角余弦值越大表示两个向量夹角越小，夹角余弦值越小表示两个向量夹角越大，当两个向量方向重合时夹角余弦是1，当两个向量的方向完全相反时夹角余弦是-1。

（2）杰卡德相似系数（Jaccard Similarity Coefficient）。杰卡德相似系数用于比较两个集合的相似度，指两个集合的交集元素在其并集中所占的比例。其公式为：

$$J(A,B) = \frac{|A \cap B|}{|A \cup B|}$$

（3）相关系数（Correlation Coefficient）。相关系数是衡量两个随机变量相关程度的方法。其数学公式为：

$$\rho_{X,Y} = \frac{Cov(X,Y)}{\sqrt{D(X)}\sqrt{D(Y)}}$$

其中，分母中的$D(X)$、$D(Y)$表示随机变量X与Y的方差，方差的算数平方根是标准差，方差的定义为：

$$D(X) = \frac{\sum_{k=1}^{n} (X_i - \overline{X})^2}{n}$$

分子$Cov(X, Y)$表示两个随机变量的协方差，即两个变量总体误差的期望。如果X、Y变化趋势一致，则$Cov(X, Y)$为正值；如果X、Y变化趋势相反，则$Cov(X, Y)$为负值；如果X、Y统计独立，那么$Cov(X, Y)$为0。

$$Cov(X,Y) = E\{[X - E(X)][Y - E(Y)]\}$$

相关系数的取值范围是［-1，1］，相关系数绝对值越大，则X、Y相关度越高；当X、Y正线性相关时，相关系数取值为1，当X、Y负线性相关时，相关系数取值为-1。

基于相关系数，可以定义相关距离：

$$d(X, Y) = 1 - \rho_{X,Y}$$

2. 距离函数

距离函数把每个数据看作高维空间中的一个点，进而用某种距离表示数据之间的相似性。距离近的样本点性质较相似，距离较远的样本点性质差异较大。常用的距离函数有欧氏距离、曼哈顿距离、切比雪夫距离、汉明距离等。

（四）特征工程

特征工程是机器学习的基础，指利用领域知识从演示原始数据中提取用于后续机器学习和数据挖掘的特征向量的过程，包括特征表示、特征提取、特征选择等内容。

1. 特征表示

特征表示是将数据转化为有利于后续分析处理的形式的过程。特征表示研究对象是原始数据，原始数据具有不同的类型，如文本、音频、图像、视频等，相应的特征表示方法也会不同。特征表示方法往往还要考虑后续应用目标和领域知识。特征表示的最终输出都是可计算的特征向量。

2. 特征提取

特征提取是指从原始特征 $X=(x_1, x_2, \cdots, x_N)$ 重构出一组新特征 $Y(y_1, y_2, \cdots, y_N)$ 的过程，其数学描述为：$Y=f(X)$。

特征提取是一个降维映射过程。降维的原因是高维特征向量包含冗余信息和噪声，会影响数据分析的效率和准确性。维数过高还会掩盖事物间的联系和规律。降维可以使变量个数减少，提高变量独立性，提升分析效果。

常见的特征提取方法有主成分分析（PCA）、线性判别分析（LDA）、独立分量分析（ICA）、粗糙集属性约简等。

3. 特征选择

特征选择也称属性选择，是从维数为 D 的特征向量中选出 d（d < D）维作为新的特征。在机器学习应用中，特征向量维数往往很大，其中很多与应用目标关系不大，也有很多特征之间存在依赖关系，导致训练时间长、模型过于复杂、模型泛化能力弱等问题。

特征选择的依据要考虑搜索策略和选择效果评价准则。

二、机器学习数据建模

在上述准备工作的基础上就可以开始数据建模。建模实质上是从大量数据中找出知识的过程。根据数据组织形式的不同，数据建模分为数据挖掘和机器学习两大类。

数据挖掘实际上是机器学习在数据库数据上的应用，下面详细分析机器学习方法。机器学习是通过对样本数据不断迭代而逐渐提高模型准确性的过程，也是知识或规律不断显现的过程。机器学习分为无监督学习和监督学习。

（一）无监督学习

无监督学习（Unsupervised Learning）不对样本数据打标签，而是让学习算法自己推断出数据的结构和规律。常用无监督学习算法有关联规则挖掘、K – Means 算法等。

1. 关联规则挖掘

现实生活中有很多事物之间存在相互关联的现象，如“啤酒、尿不湿”经常被同时购买。为了从大数据中发现潜在的关联规则，往往需要用统计学的支持度和置信度来描述关联规则的关联性。

支持度是指同时包含事件 X、Y 的概率 P（X，Y）。置信度是指包含 X（条件）的事物中同时又包含 Y（结果）的百分比，即条件概率 P（Y | X），置信度描述了这条规则在多大程度上可信。

关联规则的挖掘一般先找出满足最小支持度的集合，然后在此集合中再找出满足最小置信度的集合。

2. K – Means 算法

K – Means 算法是一种基于距离的聚类算法。其基本思想是：两个对象距离越近，其相似度越大；相似度接近的若干对象组成一个簇；该算法的目标是从给定数据集中找出 K（指定）个紧凑且独立的簇。

算法流程是：

（1）从数据对象中任意选择 K 个对象作为初始聚类中心；

（2）计算每个对象与聚类中心距离，把对象重新划入距离最近的簇；

（3）重新计算每个簇的聚类中心（均值）；

（4）循环执行（2）、（3）。

K－Means 算法简单，效率高且可伸缩，时间复杂度基本接近于线性。其缺点是 K 值难以确定，初始聚类中心对聚类结果有影响。

（二）监督学习

监督学习（Supervised Learning）是利用已标记训练样本进行的机器学习。每个输入实例都包含一个属性集和一个标识，监督学习首先根据属性集建立预测模型，再将预测结果与给定标识进行比较，经过不断调整达到预期的准确率。根据标识是连续的还是离散的，可以将监督学习分为回归和分类。训练集标识是连续性数值的对应回归方法，训练集标识是离散性标签的对应分类方法。

1. 回归

回归是研究一组随机变量对另一组随机变量依存关系的统计分析方法。当函数形式是未知参数的线性函数时，称为线性回归模型；当函数形式是未知参数的非线性函数时，称为非线性回归模型。

建立回归模型一般是把训练数据代入因变量和自变量，求解模型的未知参数，然后评价回归函数能否很好地拟合测试实例。主要步骤是：

（a）确定假设函数；

（b）构造损失函数；

（c）调整未知参数使损失函数最小。

（1）线性回归。线性回归模型假设自变量和因变量之间是线性关系，对于单因变量回归模型，取自变量为 $X=(x_1, x_2, \cdots, x_N)$，因变量为 Y，训练参数为 $W(w_1, w_2, \cdots, w_N)$，则目标函数定义为：

$$Y(W,X) = w_1x_1 + w_2x_2 + \cdots w_nx_n$$

基于最小二乘法定义损失函数为

$$J(W) = \frac{1}{2}\sum_{i=1}^{m}(Y_i - W^TX_i)^2$$

其中，X_i 和 Y_i 分别表示训练集中第 i 个样本的自变量和因变量；m 为训练集中样本个数。

调整参数 W 使损失函数最小，即满足：

$$\frac{\mathrm{d}J(W)}{\mathrm{d}W} = 0$$

数值计算时可以采用梯度下降法、最小二乘法等。梯度下降法的计算步骤：对 W 随机赋一组初值，不断迭代改变 W 的值使 J 减小，直到最终收敛（实际操作中往往取一个极小的误差阈值，小于该阈值即可终止迭代过程）。具体迭代计算公式为：

$$W_{j+1} = W_j - \varepsilon \frac{\partial}{\partial W_j} J(W) = W_j - \frac{\varepsilon}{2} \frac{\partial}{\partial W_j} \sum_{i=0}^{m} (Y_i - W_j^T X_i)^2$$

$$= W_j + \varepsilon \sum_{i=0}^{m} (Y_i - W_j^T X_i) X_i$$

其中，ε 是每次迭代误差量的调整系数，称为学习率；j 表示迭代次数。

实际应用中，往往会通过对不同输入特征进行加权或对输入特征向量进行函数变换以实现输入特征的规范化，提高回归学习效果。

（2）Logistic 回归。Logistic 回归一般用于分类问题，其本质是在线性回归模型的连续值结果上增加一层函数映射，将连续值映射到一个区间，然后在该区间内取一个阈值作为分类判断标准。常用的映射函数有 S 形曲线函数、双曲正弦函数等。S 形曲线函数形式为：

$$\phi(x) = \frac{1}{1 + e^{-x}}$$

2. 分类

分类过程也是从训练集中建立因变量和自变量映射关系的过程。不同于回归问题，分类问题的因变量取值是离散的，常见的有二分类问题（如“男”或者“女”）、三分类问题（如“支持”“中立”“反对”）。在分类问题中，因变量称为标签，自变量称为属性或特征。

常见的分类算法包括：基于实例的分类算法，以 K 近邻（K – Nearest Neighbor，KNN）为代表；基于概率模型的分类方法，以贝叶斯算法、最大期望算法（EM）为代表；基于线性模型的分类算法，以支持向量机（Support Vector Machine，SVM）为代表；基于决策模型的算法，以 C4.5、AdaBoost、随机森林算法为代表。

（1）KNN 算法。KNN 算法是把每个样本数据看作其特征空间中的一个点，如果 K 个与其距离最近的点中大多数都属于某一类，则该样本数据也属于这个类别。其运算步骤为：

输入数据为 n 个带标签的训练数据（X_i，Y）、K 值、测试用例 $X=(x_1, x_2, \cdots, x_N)$，输出数据为测试用例的标签值。

（a）计算每个训练数据与测试用例的距离 D_i（$i=1, 2, \cdots, n$）；

（b）从 D_i 中选择最小的 K 个训练数据；

（c）统计 K 个训练数据类别标签出现的频率；

（d）返回出现频率最高的类别作为测试用例的预测类别。

（2）贝叶斯分类算法。贝叶斯分类是用统计学中的贝叶斯定理来预测成员的概率。如果每个属性相互独立，则每个属性对分类问题产生的影响一样。求解每个待分类数据出现时各个类别出现的条件概率，哪个条件概率最大，待分类数据就属于哪个类别。

三、深度学习数据建模

深度学习的基础是人工神经网络。人工神经网络通过模拟人类大脑的功能来实现机器学习。成人的大脑有上千亿的神经元细胞，这些神经元组成非常复杂的网络来进行记忆、思维和推理。这个仿生学基础是可信可靠的，如果能够深入解析人工神经网络的原理，并在适当的应用场景加以实现，该算法将演变为一种方法论。

下面将介绍人工神经网络的发展过程和深度学习中的基础——卷积神经网络（Convolutional Neural Network，CNN）的原理。

（一）从人工神经网络到深度神经网络

人类大脑神经网络是由神经元细胞构成的。神经元细胞由细胞体、轴突、树突等部分组成。身体各部分传感器产生的信息传递到神经元，神经元对其进行处理后传递信息给予其连接的其他神经元。神经元组成的神经网络能够完成复杂的任务。

1. 单层神经网络

经过对神经网络生物模型的长期研究，我们总结出了神经元的数学模型：

$$y = f\left(\sum_{i=1}^{n} x_i w_i - \theta\right)$$

其中，x_i 为不同路径的输入信号；w_i 代表不同路径上的权重；θ 是设置的阈值；f是激励函数，决定最后响应的内容。

神经元数学模型是单层神经网络，它分为输入层和输出层。输入层只负责数据传输，不对数据进行运算处理；输出层需要对前面一层的输入进行计算。需要完成计算功能的层称为“计算层”，拥有一个计算层的网络就是单层神经网络。

单层神经网络相当于一个 Logistic 回归模型，可以解决简单的线性分类问题。

2. 双层神经网络

单层神经网络功能有限，为了解决更加复杂的问题，人们发明了双层神经网络。双层神经网络的代表是反向传播（Back Propagation，BP）神经网络。

BP 神经网络由输入层、隐含层和输出层组成，隐含层、输出层都具有计算功能。神经网络的本质就是通过参数与激励函数来拟合特征与目标之间的真实函数关系。双层神经网络可以无限逼近任意连续函数。对于复杂的非线性分类任务，双层神经网络也能够很好地胜任。

BP 神经网络中的反向传播指的是从输出层开始沿着相反的方向来逐层调整参数的过程。网络中的各初始权值和偏置量初值随机赋值，根据这些参数初值，BP 神经网络产生一个输出值 z_p，其真实目标值假设为 z，则定义损失函数 $loss = (z - z_p)^2$，优化参数，让损失函数的值最小，即完成 BP 神经网络的构建。优化参数常用梯度下降法，即沿着导数为 0 的反方向进行，最终找到损失函数的最小值。

3. 深度神经网络

2006 年，加拿大多伦多大学辛顿（Hinton）教授研究团队发表了首篇关于深度学习的论文。论文表述：具有很多个隐层的人工神经网络具有优异的特征学习能力，学习得到的特征对数据具有更本质的描述；深度神经网络训练可以通过逐层初始化简化学习难度。

深度神经网络因其优异的性能得到了广泛应用，在图像识别、语音识别、自然语言处理等方面得到了快速发展，产生了种类繁多的变异模型。但是，这些模型都基于一个共同的卷积神经网络模型。下面着重介绍卷积神经网络的原理和典型的改进深度神经网络。

（二）卷积神经网络及改进型

1. 卷积神经网络

卷积神经网络（Convolutional Neural Network，CNN）是一种前馈神经网络，它与普通神经网络结构相似，层的功能和形式得到了改进，加上深度学习为多层网络训练提供了新方法，使卷积神经网络重新受到重视并得到广泛应用。

卷积神经网络的结构包括输入层、卷积层、池化层、全连接层和输出层。

（1）输入层：输入层输入的是图像矩阵或向量化的文本矩阵。

（2）卷积层：主要进行卷积运算，完成特征提取的核心功能。卷积运算在功能上类似于人类视觉的感受野，它用一个称为卷积核的小矩阵（如 3×3 矩阵）与图像矩阵的对应区域进行内积运算，能够把一个像素附近像素的特点综合成一个总体结果，经过多层网络，可以大大约简模型参数数量，节省存储和计算开销。

CNN 中每个卷积层安排多个卷积核，每个卷积核都是一个过滤器，一个过滤器可以提取一种特征。卷积运算包含内积运算和滑动窗口步骤，通过滑动窗口，逐像素给出其局部特征。

（3）池化层：卷积层一般输出的特征维度很大，池化实际上就是对卷积层输出的矩阵进行降采样，以约简维度。常用的降采样方法有均值采样、最大值采样、重叠采样、均方采样等。

（4）全连接层：把所有局部特征组合成全局特征，用来进行最后的分类计算。全连接层用 softmax 函数作为激励函数。其他卷积层常用 RELU 作为激励函数。

（5）输出层：实现分类效果。

典型卷积神经网络有 AlexNet 模型、全卷积模型、残差神经网络模型、DeepFace 等模型结构。

2. 循环神经网络

循环神经网络（Recurrent Neural Network，RNN）除了层间连接外，同层隐层各单元也有连接，并且可以构成有向图序列。RNN 记忆以前的信息并应用于当前输出计算中，这使它具有时间序列处理功能。

RNN 适合于连续手写识别、语音识别等任务。

3. 生成式对抗神经网络

生成式对抗神经网络（Generative Adversarial Networks，GAN）基于二人零和博弈。博弈双方分别为一个生成器和一个判别器。生成器尽量去学习真实的数据分布并生成假数据去欺骗判别器；判别器尽量去识别输入数据是真实数据还是生成器生成的假数据。生成器和判别器都需要不断优化，分别提高生成能力和判别能力。理想情况下，生成器生成足以以假乱真的数据，判别器难以判定生成的数据是否真实。

原生的 GAN 模型在训练时容易出现梯度消失和过拟合现象，经过改进，出现了很多改进模型，其中深度卷积生成对抗网络（deep convolutional generative adversarial network，DCGAN）最为典型。DCGAN 的生成器和判别器都改为采用 CNN，并且对 CNN 的结构进行了改进：使用全卷积网络；取消全连接层；使用 Tanh 激励函数等。

第六章　鉴定意见质证及证据评价

第一节　鉴定意见审查

鉴定意见是我国民事、行政、刑事诉讼法所确定的法定证据种类之一，是指具有鉴定资格的专业人员根据相关科学原理、技术方法，利用自己的专门知识和经验进行分析判断所得出的一种专门性意见。对鉴定意见的审查是事实认定者的法定义务，鉴定意见只有经查证属实才能作为定案的依据。

一、鉴定意见审查的启动

从本质上讲，鉴定意见是鉴定人对诉讼、仲裁、行政执法等证据调查活动中解决专门问题做出的科学意见。鉴定意见证据属性要求其必须具有合法性、客观性和关联性，因此对鉴定意见的审查应是对其是否具备证据特点的审核和查验的判断活动。对鉴定意见的审查包括内部审查与外部审查两种。

（一）内部审查

内部审查是鉴定机构按照鉴定质量管理要求，由技术负责人对鉴定意见的质量是否符合质量管理要求进行审核和查验的一种质量管理活动，包括对与作出鉴定意见有关的“人、机、料、环、法”及程序环节的审查。

（二）外部审查

鉴定意见的外部审查是程序法上规定的由事实认定者对鉴定意见的客观性、合法性和关联性的证据特点进行审核，以判断鉴定意见是否具有可采信的法定审查活动。对鉴定意见的审查一般指外部审查。

二、鉴定意见审查的基本任务

鉴定意见证据有自身的程序和实体特点，其鉴定程序包括启动、决定、委托、受理、实施、送达等程序环节；其实体是鉴定人基于专门性问题、鉴定材料和鉴定专门知识及技术解决专门性问题并作出鉴定意见。由于鉴定意见的程序分为受理前的程序阶段与受理后的程序阶段，因而对鉴定意见两个程序阶段相关问题都进行的审查称为广义的审查，而只对受理后程序阶段相关问题审查称为狭义的审查。《司法鉴定程序通则》第 12 条第 1 款规定："委托人委托鉴定的，应当向司法鉴定机构提供真实、完整、充分的鉴定材料，并对鉴定材料的真实性、合法性负责。司法鉴定机构应当核对并记录鉴定材料的名称、种类、数量、性状、保存状况、收到时间等。"由于无论在哪个程序阶段作出鉴定意见的材料来源都必须保持真实性和同一性，因而不能完全割裂两个程序阶段对鉴定意见进行审查，鉴定机构及鉴定人对委托人提供的鉴定材料的真实性、合法性负有审查的附随义务。

对鉴定意见"三性"审查是鉴定意见审查的基本任务。鉴定意见合法性的审查在不同程序阶段要求不同，受理前阶段鉴定意见的合法性由委托人负责，而受理后合法性由鉴定机构及鉴定人负责，因而审查要求不同。通常，如果委托人是事实认定者，则对鉴定意见的合法性进行狭义的审查；如果委托人不是事实认定者，则需要对鉴定意见的合法性进行广义的审查，如检察机关的监督审查、二审法院的审查等。对鉴定意见合法性审查的内容包括鉴定对象、鉴定启动程序、鉴定委托与受理、鉴定机构和鉴定人资质、鉴定实施程序，以及鉴定文书规范等。鉴定意见的客观性包括鉴定材料的真实性、专门知识的科学性，鉴定实施的正确性、鉴定依据的可靠性，以及分析说明的合理性等方面。由于鉴定意见涉及对象、范围、专门问题、专门性知识等广泛内容，因而鉴定意见的客观性不仅是鉴定意见的核心，而且是审查的重点和难点。对鉴定意见关联性审查内容包括鉴定材料的关联性和鉴定意见科学可靠性两个关联环节及内容，如果鉴定材料与案件事实存在关联，鉴定意见科学可靠，则鉴定意见具有关联性；如果鉴定材料与案件事实缺乏关联性，或者鉴定意见本身不具有科学可靠性，则不具备关联性。鉴定意见的科学可靠性所呈现的关联受鉴定意见种类的影响，如果鉴定意见是确定性的则关联程度较高，如果鉴定意见是非确定性的则关联程度相对较低，或者关联程度不确定。

在司法鉴定实践中，不可避免地存在鉴定意见的质量参差不齐，部分鉴定存在证据收集不全、鉴定方法不当、鉴定程序违法、事实认定错误、法律依据不准确、鉴定人资格不足以及重复鉴定等问题。因此，事实认定者在确定是否采信鉴定意见之前，应对其进行全面、详细的审查，只有这样才能确保鉴定意见的真实性和权威性，从而在司法实践中发挥重要作用。

三、鉴定意见审查的原则

（一）全面审查原则

审查鉴定意见以鉴定意见书为对象，而鉴定意见书一方面反映了解决专门性问题的鉴定程序和鉴定技术原理，另一方面反映了解决专门性问题的技术方法、依据，以及结论性的意见。从鉴定意见书构成来看，其包含了文字叙述和说明部分、鉴定材料、鉴定图片、图表和图谱、鉴定人承诺书、鉴定机构及鉴定人的资质等内容，而这些内容构成了鉴定意见证据“三性”的基础。同时，与鉴定意见书相关的鉴定文书还包括鉴定委托书、受理登记表、检验记录表、仪器设备使用记录表、流转记录表、复核记录表、讨论记录表、签发记录表等鉴定档案文书，这些鉴定文书反映鉴定活动程序、步骤和技术方法应用等内容，对鉴定意见的“三性”有重要的影响。这要求审查鉴定意见时不仅要审查鉴定意见书的形式，而且应重点审查鉴定意见书的内容。通过全面审查发现鉴定意见书是否存在“瑕疵”，是否存在错误，进而综合评价是否具备证据的“三性”。此外，对鉴定意见书的审查应结合案内其他证据进行审查，发现鉴定意见与其他证据之间是否存在矛盾，通过综合证据分析，发现鉴定意见可能存在的错误。

（二）专业审查原则

鉴定意见书是由具有专门知识和技术的人员作出的，而事实认定者往往不具有专门知识和技术，因此审查鉴定意见书面临认知上的难题，这可能导致对鉴定意见书的审查流于形式。对此，在必要时，审查人员可以聘请或指派有专门知识的人员对鉴定意见书进行独立审查或协助审查并提出审查意见，尤其是对疑难复杂问题的鉴定意见、重新鉴定的鉴定意见的审查。这有利于弥补审查人员认知上的不足，降低审查失误的风险，提高审查的科学性。

（三）存疑审查原则

在审判活动中，鉴定意见书在开示前由委托人进行审查，而在开示后则由当事人及其代理人、辩护人通过法庭调查进行质证，并发表质证意见。在刑事诉讼的侦查阶段，将鉴定意见向犯罪嫌疑人、被害人及其辩护人、代理人告知后，他们可能提出相应的质疑意见。对此，侦查人员应将质疑意见与鉴定意见书进行对照审查，发现和确定鉴定意见书是否存在质疑的问题，如果存在质疑的问题应进行补充鉴定和重新鉴定。

四、鉴定意见审查的步骤与方法

（一）审查的步骤

对鉴定意见的审查按照从形式到内容的步骤实施。第一，审查者应依据法律、法规的要求对鉴定意见书的形式是否完备进行审查，具体审查鉴定意见书文字部分的名称、格式、内容提纲、鉴定机构盖章和鉴定人签名是否符合规范要求；审查图片、图谱、图表是否完备；是否附有鉴定人承诺书和鉴定机构及鉴定人的资质证书等。第二，审查鉴定委托的要求、鉴定材料、指定鉴定人等与鉴定书所述是否一致；鉴定机构及鉴定人是否具有所委托解决的专门性问题的资质，是否存在超范围鉴定等情况。第三，审查鉴定实施的步骤及方法是否正确，尤其是方法是否能够满足解决问题的要求，所用的仪器设备是否经过检定、校准等。第四，对鉴定依据的文字表述与图片、图谱、图表是否一致进行审查，确定其是否一致，尤其是图片、图谱、图表来源是否真实，是否符合规范要求。第五，审查鉴定分析说明是否存在前后矛盾，是否符合逻辑。第六，审查鉴定文书的语言文字是否规范，逻辑条理是否清晰等。

（二）审查方法

1. 对照审查法

对照审查法是指审核人一方面将鉴定意见书的材料、委托要求、图谱、图表、图片、数据等与文字叙述部分逐一进行核对，审查其真实性与一致性；另一方面将鉴定意见书的鉴定步骤、方法、技术路径与要点等与相应的鉴定技术规范进行对照审核，从而发现和确定鉴定意见书是否满足证据“三性”的要求。

2. 矛盾审查法

矛盾审查法是指审查人把鉴定意见置于整个已经收集的案内证据材料之中，按照证据材料之间的证明对象及关联性进行审查，从而发现鉴定意见与其他证据是否存在冲突，从而判断鉴定意见是否正确的一种审查方法。鉴定意见与案内证据出现矛盾，不一定表明鉴定意见就必然存在错误，也不能简单判断与鉴定意见相矛盾的其他证据不客观，因此应对与鉴定意见冲突的证据进行进一步审查，以确定是否客观。经审查后与鉴定意见相冲突的证据如果满足证据“三性”的要求，则需要深入地审查鉴定意见的客观性和关联性是否存在错误或缺陷，如果存在错误或缺陷则应重新鉴定并加以纠正。

3. 专家咨询审查法

专家咨询审查法是指审核人针对鉴定意见书所涉及的专门性问题与专门知识聘请相关的专家对鉴定意见书进行全面审查，从而提出对鉴定意见书是否满足证据“三性”的要求的书面审查意见。对于一般性的案件一般聘请 1 ~ 2 名具有高级职称且鉴定经验丰富的专家进行审查，而对于重大、疑难复杂的案件需要聘请 3 名或 3 名以上专家进行咨询，必要时可以组织咨询会议，由专家共同出具咨询意见，如果专家意见不一致应分别出具专家咨询意见。

五、鉴定意见审查的基本内容

无论是同一认定鉴定意见还是非同一认定鉴定意见都应当按照证据的“三性”进行审查。鉴定意见是诉讼中非常重要的证据之一，对于揭示案件真相、确定案件性质具有至关重要的作用。在审查鉴定意见时，应根据以上原则进行全面、客观、公正的评估，确保其真实可靠，具有科学依据和法律效力，提供有效的证据支持。对鉴定意见审查的内容和要求包括以下十个方面。

(一)鉴定机构和鉴定人是否具有相应的法定资质

根据《司法鉴定机构登记管理办法》、《司法鉴定人登记管理办法》及《司法鉴定程序通则》等的规定，司法鉴定机构和司法鉴定人均应依法登记，应在司法鉴定行政管理部门登记的执业范围内从事司法鉴定工作，不得超范围执业。审查时，应核对出具鉴定意见的鉴定机构和鉴定人是否在登记执业范围内，超出登记执业范围内的鉴定意见不具法律效力。

(二)鉴定人是否存在应当回避的情形

为保证司法鉴定的公平公正，《司法鉴定程序通则》规定，司法鉴定人本人或者其近亲属与诉讼当事人、鉴定事项涉及的案件有利害关系，可能影响鉴定人独立、客观、公正进行鉴定的，应当回避。有证据证明司法鉴定人应当回避而未回避的，可主张该鉴定意见不具法律效力。

(三)检材/样本的来源、取得、保管、送检是否符合相关规定，检材是否充足、可靠

为保证用于鉴定检材/样本能够满足鉴定要求，对不同的来源、取得、保管、送检及检材是否充足等均有严格规定。审查时，应注意核对用于鉴定的检材/样本是否符合上述规定，对不符合上述规定的，应质疑该鉴定意见的客观性、科学性，可主张该鉴定意见不具法律效力。

(四)鉴定程序、步骤是否符合相关规定

鉴定程序包括受理前的启动、决定、委托、送达程序与受理、实施、送达等程序。受理前的程序为法定程序，而受理及受理后既有法定程序，又有技术实施的步骤规范，因而应分别进行审查，尤其是重点审查技术实施的步骤。例如，同一认定鉴定应对分别检验、比较检验、综合评断的步骤是否完备，是否按鉴定技术规范实施进行审查，从而判断鉴定意见是否符合技术规范的要求。

(五)检查/检验方法是否现行有效，记录是否客观、全面

为保证鉴定的客观性、科学性和可重复性，近年来我国不断推出一系

列鉴定标准、检查/检验方法和规范。这些标准、检查/检验方法和规范对各项检验/检查内容、使用仪器设备、工作流程均明确规定，要求鉴定中所有的检查/检验均须遵循。审查时，可要求提供检验/检查时的相关记录、表格，照相录像资料，逐一核对其使用的标准、检查/检验方法和规范是否正确和现行有效，使用仪器设备是否经过校准，检验/检查记录是否全面，数据是否准确可靠等。

（六）分析论证是否符合相关科学的理论和原理，是否客观、全面

鉴定意见的分析论证应建立在不同鉴定所涉及的科学原理、技术方法和客观的检验/检查结果的基础上，利用鉴定人专业知识和经验进行推理论证，运用相关原理和理论对检验/检查结果进行全面、科学推理和解释，要求证据充分，具有科学性、客观性，符合相关原理和理论，不得牵强附会、不得违背相关原理和理论。审查时，应注意分析论证的依据是否充分可靠，推理是否符合相关理论和原理，是否客观、科学等。

（七）鉴定意见是否明确

鉴定意见必须全面、明确，不得缺失、不得有歧义。根据文献资料，目前一些鉴定意见书的鉴定意见存在两个方面的问题：（1）鉴定意见存在欠缺，鉴定意见没有全面反映所有的检验/检查结果，存在不同程度欠缺，有的甚至连委托事项都没有得出明确的鉴定意见；（2）鉴定意见存在歧义，可能有不同解读结果，以致鉴定意见难以运用。审查时，应注意分析鉴定意见是否全面，语言是否存在歧义，对不全面、存在歧义的鉴定意见，可向鉴定人提出疑问。

（八）鉴定意见的形式要件是否完备

鉴定意见书属于法定证据类型之一，具有严格的形式要件，包括文字和图片两部分。文字部分包括与委托单位、委托时间、委托事项、检材/样本等检验对象相关的案件基本信息，与鉴定时限、鉴定地点等相关的基本鉴定信息，基本案情，资料摘录，与检验/检查标准、规范及方法、使用的仪器设备等相关的检验/检查信息，分析论证，鉴定意见等部分；图片部分

包括与检验/检查相关的重要阳性/阴性图片，该图片应与检验/检查结果相互印证。审查时，应关注上述形式要件是否完备，核对图片与文字描述是否一致。对形式要件不完备的或图片与文字描述不一致的鉴定意见，应认为该鉴定意见存在明显缺陷，而主张不予采信。

（九）鉴定意见与勘验、检查笔录及相关照片等其他证据是否矛盾

鉴定意见是刑事诉讼中非常重要的证据之一，对于揭示案件真相、确定案件性质具有至关重要的作用。在审查鉴定意见时，应根据以上原则和方法进行全面、客观、公正的评估，确保其真实可靠，具有科学依据和法律效力，提供有效的证据支持。从案件证据查证的情况来看，勘验、检查笔录及相关照片往往是固定鉴定材料的来源，如果鉴定意见与之存在矛盾，应认真审核提交鉴定的勘验、检查笔录及相关照片是否完备、清晰，同时审查鉴定过程中是否正确分析或检验了勘验、检查笔录及相关照片，从而找出形成矛盾的原因，科学地解决矛盾。通常，鉴定意见与案件中的证人证言、口供、电子数据等其他证据之间应保持一致，当出现矛盾时，一方面应审查其他证据的可靠性，确定其是否存在不真实、不完整的情况；另一方面应对鉴定意见进行复核，确定其是否存在错误或明显瑕疵，必要时依法启动重新鉴定或补充鉴定程序，在此基础上消除矛盾，从而保证鉴定意见的正确性。

（十）鉴定意见与案件的其他待证事实的关联性

鉴定意见是案件的证据之一，审查时应注意审查该意见与其他待证事实是否存在关联性，与勘验、检查笔录及相关照片等其他证据是否存在矛盾。若鉴定意见与勘验、检查笔录及相关照片等其他证据间存在不可解释的矛盾时，应重新全面梳理整个案件，逐个审查各个证据资料。在可排除其他证据资料存在问题的情形下，应认为该鉴定意见存在问题，可主张对其进行重新鉴定。

第二节　鉴定意见质证

“质证”是中国法律语境下的一个概念术语，其本身并无统一定义。本节鉴定意见质证是指针对鉴定意见的法庭审查，即通过庭前准备、鉴定人出庭等程序进行质证前的准备与积极防御，并通过庭审询问以及专家辅助质证等方式，由控（或原告）、辩（或被告）、审三方共同推动并致力于发现案件事实真相的证据调查活动。

一、鉴定意见质证的法理基础与制度保障

（一）鉴定意见质证的法理基础

无论是诉讼案件还是非诉案件，鉴定意见并不必然具备优于其他证据的证明力，其同样必须经过严格的审查认定，才能确定该鉴定意见是否可采、是否能够作为定案根据。

1. 鉴定意见质证是严格贯彻证据裁判原则，实现公正司法的必然要求

“以审判为中心”及“庭审实质化”改革的核心要求是充分发挥庭审作用、严格贯彻证据裁判原则，基本目标是“保证庭审在查明事实、认定证据、保护诉权、公正裁判中发挥决定性作用”，具体任务是实现“诉讼证据出示在法庭、案件事实查明在法庭、控辩意见发表在法庭、裁判结果形成在法庭”。鉴定意见质证，即通过庭审质证这一诉讼机制，对鉴定意见合法性、相关性、客观真实性进行事后审查，倒逼司法鉴定人及管理部门加强监管，从源头上提高鉴定质量，从而有力地保障司法鉴定质量与公信力，保障公正司法与严格司法诉讼目标的实现。

2. 鉴定意见质证是鉴定人履行出庭义务，保障当事人诉讼权利必不可少的程序设计

对鉴定意见进行质证，通常要求鉴定人必须出庭作证，接受各方质询。在法院依法通知要求鉴定人出庭作证的前提下，对鉴定人而言，出庭作证是一项法定义务。对诉讼当事人而言，请求传唤鉴定人出庭作证应视为诉讼当事人的一项基本诉讼权利，这有其正当法理基础。在英美法系国家，

证人必须到庭接受询问，否则其证言等将作为传闻证据予以排除，为此立法上规定“对质权”，也就是针对不利的专家证据，诉讼当事人有权要求传唤鉴定人出庭作证，并对其进行面对面的询问。大陆法系国家虽然未规定对质权，但一般都规定直接言词原则，这间接地保障了对质权的实现。

我国并未规定直接言词原则或传闻证据排除规则，也未规定对质权。我国虽规定当事人有权申请鉴定人出庭，但法院具有决定权；同时，法院还允许以宣读书面鉴定意见代替鉴定人出庭作证，但法律并未规定鉴定人不出庭作证的具体情形。这不利于保障当事人诉讼权利，降低了鉴定人出庭率，导致对鉴定意见无法实质化质证，不利于查明案件事实真相。因此，在我国，鉴定人出庭作证以当事人申请或法官依职权决定而启动，是以法院通知为前提的法定义务，更是保障当事人“对质权”、查明案件争议事实必不可少的制度设计。对此，鉴定人应站在更高的诉讼价值目标视角理解、履行这一法定义务。

3. 鉴定意见质证是打破鉴定意见“科学可靠性”根深蒂固的传统认知，遏制“以鉴代审”的必然要求

实践中，一些法官将鉴定人等同于“科学的法官”，将鉴定意见等同于“科学的判决”，疏于对鉴定意见的审查，导致“以鉴代审”，这极易诱发事实认定错误。因此，对鉴定意见进行质证，应当要求鉴定人出庭作证，同时允许当事人聘请专家辅助人，使鉴定意见质证趋向实质化，这样才能够去伪存真，准确认定事实，进而形成公正判决。

（二）鉴定意见质证的制度保障

鉴定意见庭审质证作为证据分类审查的诉讼程序制度，要实现对公正司法、诉讼权利以及庭审实质化的保障作用，需要以相关配套制度为前提，即鉴定人出庭作证制度、专家辅助质证制度以及交叉询问制度。

鉴定人出庭作证制度，即诉讼当事人对鉴定意见有异议，申请鉴定人出庭作证，或法官依职权通知鉴定人出庭作证接受各方质询的制度。只有鉴定人到庭，才能对其进行面对面的询问，否则鉴定意见质证将成为对鉴定报告的书面审查。我国《刑事诉讼法》规定，当事人对鉴定意见有异议，人民法院认为鉴定人有必要出庭的，鉴定人应当出庭作证；我国《民事诉讼法》规定，当事人对鉴定意见有异议或者人民法院认为鉴定人有必

要出庭作证的，鉴定人应当出庭作证。由此可以看出，我国《刑事诉讼法》和《民事诉讼法》规定的鉴定人出庭作证的判断标准的宽严程度是不同的，不过鉴于大陆法系的职权主义审理传统，事实上无论是刑事诉讼、民事诉讼，还是行政诉讼，法官对鉴定人是否出庭作证具有最终决定权，并在实践中演化为限制鉴定人出庭作证的方法。这是鉴定人出庭率低、当事人对质权得不到保障的根本原因。对此，不少专家及司法界人士都意识到这一问题并提出了保障刑事被告人对质权、约束法官自由裁量权的主张。如龙宗智教授认为："应当在对质权理念之下，建立职权对质与申请对质并存的制度。"也就是说，一方面，只要当事人对鉴定意见有异议而要求鉴定人出庭，或者人民法院认为有必要传唤鉴定人出庭，都应当传唤鉴定人出庭；另一方面，当被告人或其辩护律师申请鉴定人出庭对质时，原则上应当准许，除非有容许鉴定人不出庭的法定例外情形。① 换言之，我国《刑事诉讼法》有关鉴定人出庭作证的规定应当借鉴《民事诉讼法》第 81 条②之立法经验，实行职权对质与申请对质并存的制度，同时，对鉴定人出庭必要性审查应仅限于宽松的形式审查。

专家辅助质证制度，通过赋予当事人聘请专家辅助人出庭的诉讼权利，实现鉴定人、专家辅助人之间势均力敌的对抗，是平等武装与对抗式质证程序的体现，是促进鉴定意见质证实质化必不可少的制度设置。我国《刑事诉讼法》第 197 条规定，控辩双方可以申请法庭通知有专门知识的人出庭，就鉴定意见提出意见，法庭应当作出是否同意的决定；《民事诉讼法》第 82 条规定，当事人可以申请人民法院通知有专门知识的人出庭，就鉴定人作出的鉴定意见或者专业问题提出意见。此处"有专门知识的人"即"专家辅助人"，《刑事诉讼法》的专家辅助人制度规定更为严苛，法院具有决定权，专家辅助人质证范围仅限于"对鉴定意见提出意见"，且专家辅助人发表的意见不能作为定案根据，只能作为法官判案的参考，证据地位低；民事诉讼中申请专家辅助人出庭，法院一般较少限制，专家辅助人庭审中除了对鉴定意见提出意见，还可以就专业问题进行说明，其发表的

---

① 参见龙宗智：《论刑事对质制度及其改革完善》，载《法学》2008 年第 5 期。

② 《民事诉讼法》第 81 条第 1 句规定："当事人对鉴定意见有异议或者人民法院认为鉴定人有必要出庭的，鉴定人应当出庭作证。"

意见视为“当事人陈述”，从而具有证据效力。

交叉询问作为庭审发问方式，将鉴定意见质证推向高潮，真正体现以庭审为中心。如果说鉴定人出庭作证制度解决了鉴定人与被告人“面对面”的问题，实现了被告人的“对质权”；鉴定人出庭后，当事人、专家辅助人对鉴定人进行面对面的询问，则体现了被告人的询问权。美国联邦最高法院在 Crawford v. Washington 判例中指出，“对质条款禁止采纳未出庭证人的证言性陈述，除非陈述人不能到庭，并且被告人在先前已经被给予了交叉询问的机会”①，该判例充分体现了交叉询问对询问权保障的重要意义。从一定意义上讲，交叉询问权成为对质权的代名词，是刑事被告人最低限度诉讼权利的直接体现。由此可见，交叉询问是被告人对质权的集中体现，也是庭审质证过程中核实证人证言可靠性的有效程序性手段；另外，交叉询问程序不仅平等保障控辩双方的询问权，也使询问程序变成对抗式的，有利于发现案件事实并实现公正审判。正因如此，著名证据法学大师威格摩尔教授对“交叉询问”赞誉有加，称“交叉询问无疑是迄今为止为发现真实所发明的最伟大的法律引擎”，法律人在庭审中也广泛运用此种方法进行法庭询问。

二、庭审质证程序与交叉询问

（一）开庭前准备程序

开庭前鉴定人通常必须先到法庭向法官报到，表明鉴定人已在规定时间到达法庭。正式庭审通常分为法庭调查、证人/鉴定人/有专门知识的人出庭、法庭辩论三个环节，由于鉴定人、有专门知识的人不得参与法庭调查与法庭辩论，因此，鉴定人在被传唤进入法庭开始质证活动前，需要在法庭外等候。当然，也有些复杂案件，将本次开庭专门用于解决鉴定意见质证，此种情形下就无须在庭外等候，直接进入庭审质证环节。

正式庭审质证前，通常由书记员核实鉴定人、专家辅助人身份，并要求其签署如实作证保证书。由于鉴定人、专家辅助人是“广义的证人”，鉴定人出庭通常参照证人出庭规则，故法院一般让鉴定人、专家辅助人签

---

① 王跃：《对质权如何适用于科学证据——Williams v. Illinois 判例及启示》，载《现代法学》2014 年第 4 期。

署证人如实作证保证书，并当庭宣读该保证书。

（二）庭审交叉询问程序

1. 询问主体

职权主义诉讼的首要目标在于查明案件争议事实，庭审中同等保障各方询问权利，对此法院具有关照义务，诉讼各方轮替对鉴定人进行询问。在公诉案件中，有权对鉴定人进行询问的主体通常包括公诉人、被害人及其代理人、被告人及其辩护人；在控辩一方或双方聘请了专家辅助人的情况下，专家辅助人也有权对鉴定人进行询问；另外，法官也有权询问鉴定人，由此表现出询问主体的多元化。在民事、行政诉讼中，诉讼双方当事人及其代理人、专家辅助人、法官都有权向鉴定人发问。

询问主体的多元化要求询问顺序的安排合理，但是由于交叉询问规则的不完善，目前的司法操作已出现混淆不清的现象，尤其是专家辅助人加入质证程序后该如何组织交叉询问还无统一、规范的做法。一些法院将专家辅助人视为询问主体，专家辅助人作为控或辩一方对鉴定人进行交叉询问；还有一些法院将专家辅助人视为被询问对象，与鉴定人一样接受控辩双方的交叉询问，而且鉴定人与专家辅助人在庭审中必须相互回避（不能在庭上“面对面”）；还有个别法院不清楚鉴定人、专家辅助人的角色地位，在质证程序中安排了鉴定人对专家辅助人进行询问的程序。因此，在多元主体并存的情况下，正确区分询问主体与被询问对象、合理安排交叉询问顺序，这不仅关乎质证效率，还深刻影响鉴定意见的质证效果，故有必要对鉴定意见质证的交叉询问方式进行介绍。

2. 询问方式

单就庭审询问程序而言，《最高人民法院关于适用〈中华人民共和国刑事诉讼法〉的解释》（以下简称《刑事诉讼法司法解释》）规定，通常由申请鉴定人出庭的一方先问，再由各方询问。但实践中不少庭审询问事实上是英美式典型的交叉询问顺序，如在刑事庭审中，鉴定人若为侦查机关一方的鉴定人，则由检察官先进行主询问（examination in－chief），再由被告方进行反询问（cross－examination）。但无论何种方式，法官都有询问权以及庭审指挥权，英美法系、大陆法系概莫能外，只不过两大法系在庭审询问中法官职权强弱不同。以下是两类常见的庭审询问方式（以刑事庭审为例）。

规范做法1：典型交叉询问方式（假定鉴定意见对辩方不利、专家辅助人为辩方聘请）

（1）核实鉴定人、专家辅助人身份，如实作证声明；（2）公诉人向鉴定人发问（主询问）；（3）专家辅助人向鉴定人发问（反询问）；（4）公诉人向鉴定人补充性发问（再主询问）；（5）专家辅助人向鉴定人补充性发问（再反询问）；（6）鉴定人总结性陈述；（7）专家辅助人总结性陈述；（8）鉴定人、专家辅助人签字退庭。

规范做法2：非典型交叉询问方式（假定鉴定意见对辩方不利、专家辅助人为辩方聘请）

（1）核实鉴定人、专家辅助人身份，如实作证声明；（2）专家辅助人向鉴定人发问；（3）公诉人向鉴定人发问；（4）专家辅助人向鉴定人补充性发问；（5）公诉人向鉴定人补充性发问；（6）专家辅助人总结性陈述；（7）鉴定人总结性陈述；（8）鉴定人、专家辅助人签字退庭。

上述两种做法代表了比较规范的质证程序，其主要特点为：将专家辅助人定位为控辩双方各自的技术辅助人，其职能主要在于辅助当事人，因此，专家辅助人能够对鉴定人进行面对面的询问、质疑，专家辅助人沦为“被审对象”的现象得以避免，专家辅助人与鉴定人之间也不用相互回避，质证效果好。

民事诉讼中多采用“规范做法2”的方式进行交叉询问，即在鉴定意见对一方当事人不利，该方当事人申请鉴定人出庭，并聘请专家辅助人的情况下，法官通常会让申请鉴定人出庭的一方先对鉴定人进行询问，而该方通常会让其专家辅助人代为发问。

上述两种交叉询问方式实践中都在运用，但相较而言，基于笔者个人多次的出庭经验观察，非典型交叉询问方式在实践中运用较多。究其原因，可能是多方面的。首先，该种询问方式为《刑事诉讼法司法解释》所规定，不仅有法可依，而且有近二十年的实践经验可供借鉴。其次，我国实行职业法官审理制而非陪审制，询问顺序的不同本身并不影响职业法官对事实的判断，但由异议方对鉴定人首先发问，能够快速地聚焦争点，在第一时间进入对鉴定意见的“弹劾”，可以省去不必要的铺垫，不仅有助于发现事实真相，而且大大节约了诉讼时间，这或许是多数法官选择由鉴定异议方先行发问的内在原因。与此相反，如果先由公诉人对鉴定人进行主询问，在鉴定人本质上就是控方证人的背景下，极有可能避重就轻地掩饰鉴定报告可能存在的缺陷，空洞乏力地重申鉴定意见的可靠性与准确性，导致浪费诉讼时间；而一旦辩方有根有据地进行强烈质疑，公诉人、鉴定人之前极力掩饰的缺陷即暴露无遗，由此也显示出鉴定人证言的脆弱性；并且一旦赋予公诉人优先询问权，则还存在这样的风险，即公诉人可能通过主询问占用过多的庭审时间，而留给辩方反询问的时间就很少，以至于反询问草草收场，导致控辩双方询问机会不对等，影响反询问的效果。最后，由于多数鉴定人出庭因当事人申请而启动，并且当事人要向鉴定人支付一定的必要费用，此种情况下由申请方先行询问也有其合理性，这也是非典型交叉询问方式得以广泛运用不可忽略的原因。

另外，在诉讼双方都申请了专家辅助人出庭的情况下，依据《最高人民法院关于民事诉讼证据的若干规定》（以下简称《民事证据规定》）第84条，专家辅助人之间还可以就案件中的专门性问题进行“对质”，对质询问程序可以参照上述规范做法1、规范做法2，只不过交叉询问的双方替换为各自的“专家辅助人”。

3. 询问规则

在诉讼双方、代理人、鉴定人、专家辅助人、法官多元主体参与的鉴定意见质证程序中，遵守庭审相关询问规则，以防止庭审询问无序，影响诉讼效率与发现事实。依据国内外普遍实践以及笔者长期出庭观察，我国的庭审询问并无系统规则，或散见于相关司法解释，或在实践中通行，依据《民事证据规定》第60～84条的规定，庭审中针对鉴定意见质证，鉴定人、专家辅助人都应当遵守如下询问规则：

（1）问答规则。通常有“一问一答”或“始末连续陈述”两种，而以“一问一答”形式最适合于对鉴定人的询问。“始末连续陈述”更适合于普通事实证人，而不太适合于对鉴定人的询问。

（2）禁止诱导性询问规则。诱导性询问是指“暗含询问者想要的答案的问题”。我国《刑事诉讼法司法解释》第261条即为禁止诱导性询问规则的规定，但该法条并未界定何为诱导性询问，因此庭审质证中如何判断该规定的适用，一方面取决于询问人、被询问人如何利用或规避禁止诱导性询问规则，另一方面取决于法官的自由裁量。

（3）意见排除规则。我国现行《民事诉讼法》《刑事诉讼法》将“鉴定结论”的证据表述修改为“鉴定意见”，这表明鉴定意见仅是鉴定人基于检验所获得的数据、结果并进行推论而形成的专家个人意见，明确了鉴定意见的言词证据属性。

鉴定意见的言词证据属性，表明鉴定人较之于普通事实证人具有较多的意见表达与评价自由，因此鉴定人就检验方法原理、操作程序、检验结果等对于案件事实的证明价值进行评价，其并不属于意见禁止范畴，因而也不违背询问规则。但鉴定人的意见表达自由也会受到一定限制，鉴定人不应就被告人是否构成被指控犯罪或者刑事责任能力等法律问题发表意见，也不得就某些本属法官职权判断范围内的争点进行法律评价，这些限制虽未被法律及相关司法解释明确规定，但笔者认为，这应当是鉴定人、专家辅助人应当知晓并理解的基本法律常识，故在法庭询问中应当遵守此项规则。

（4）相关性规则。就询问鉴定人而言，询问是否相关，每个人可能有不同的理解角度或看法，因此询问的相关性难以形成完整的技术规则，故相关性判断通常属于法官的自由裁量范围。笔者认为，就相关性规则而言，相关的询问应当助益于鉴定意见与案件待证事实之间的司法证明过程，因此，无助于司法证明并查明案件事实的询问可界定为无关询问。我国《刑事诉讼法司法解释》第 261 条规定，“发问的内容应当与本案事实有关”，指的就是发问内容应与案件争议事实的证明相关，或者说，有助于查清案件争议事实的发问才具有相关性。

（5）询问鉴定人、专家辅助人时不得有威胁其人身安全、损害其人格尊严的言行。鉴于此规则无深奥的学理、法理基础，故不再赘述。

上述五项询问规则是我国庭审询问的主要规则，违反上述规则即可形成我国《刑事诉讼法司法解释》第 262 条规定的“不当询问”或“无关询问”，但是该司法解释并未就“不当询问”或“无关询问”进行列举或界定，导致其含义不明，故实践中也由诉讼各方自由利用、法官自由裁判。依据笔者的出庭经验以及对国内外文献的研究，庭审中的“不当询问”或“无关询问”通常表现为以下具体情形：①欠缺关联性的提问；②欠缺重要性的提问；③涉及法律评价的提问；④不当诱导性发问；⑤容易混淆、误导争点以及意思含混不清、难以理解的提问；⑥复合性提问；⑦重复提问；⑧不当弹劾专家可信性的提问等。①

诉讼一方对鉴定人进行交叉询问时，另一方如遇上述“不当询问”或“无关询问”，应向审判长适时声明异议，否则，该“不当询问”或“无关询问”的瑕疵则视为治愈。

三、鉴定人出庭作证方法技巧

（一）鉴定人出庭作证的基本原则

鉴定意见庭审质证是法庭证据调查的重要内容，是重要的法律程序制度，因此，鉴定人出庭作证理应受相关法律原则约束。依据相关法律规定，鉴定人出庭作证应遵守以下基本原则。

1. 遵守庭审证据调查程序、秩序

鉴定人到庭接受诉讼当事人及法官询问时，首先，鉴定人应当遵守庭审证据调查程序。有关询问顺序、询问方式是否适当，总体上由法官自由裁量，鉴定人应服从法官的诉讼指挥，而不能干预法官的职权调查行为，更不能越俎代庖。其次，鉴定人应当自觉遵守庭审秩序，即便是激烈辩论，也应控制在适度范围，而不能将法庭变成无序争吵的“战场”，为此，鉴定人应有理有节地进行回答，自觉维护法庭秩序，如果对询问方式、询问内容有异议，可以向庭审法官提出异议，由法官进行程序性裁断。

2. 在鉴定意见的范围内质证

鉴定人出庭作证并接受各方询问，实质上也就是诉讼当事人及庭审法官针对鉴定意见进行询问，因此，无论是询问主体，还是作为被询问对象的鉴定人，各主体都应当在鉴定意见的范围内质证。鉴定人应当充分利用询问规则，在控辩双方询问的内容与本案无关或者发问方式不当时，可拒绝作答，或请求审判长予以制止。

3. 公正客观地提供证言

鉴定人作为“科学的法官”“法官的辅助者”，其立场应当像法官一样中立，为此，鉴定人的庭审证言应当以鉴定意见的客观性、科学性为前提，以保障人权为最终目的，不得作虚假陈述。

---

① 参见王国忠：《刑事诉讼交叉询问之研究》，中国政法大学2006年博士学位论文。

4. 注重质证策略与技巧

鉴定人在公正客观的基本前提下，事实上也承担着“说服”的证明责任。也就是说，出庭鉴定人在保证鉴定意见客观、科学的情况下，应积极推动鉴定意见被法官采纳，尤其是让当事人及法官明白、理解、认可鉴定意见，从而使法官准确地认定事实并作出裁判，也使当事人更乐意服判息讼，从而维护鉴定意见的公信力。因此，质证策略与技巧对于鉴定人庭审作证而言也是必要的。这就对出庭鉴定人提出了更高的素质要求，鉴定人不仅应是优秀的“专家”，更应是优秀的“证人”，能够帮助法官正确理解、采信鉴定意见证据。

（二）鉴定人出庭作证的注意事项

鉴定人出庭作证除了遵守以上基本原则，通常还有其他相关事项需要注意。

1. 穿着整洁、举止得体、熟悉鉴定人的法定权利与义务

鉴定人作为专家，应当有专家的风范。一方面，鉴定人出庭时应穿着整洁，举止得体；另一方面，鉴定人应知晓其法定权利，懂得在庭审中维护自己的正当权利，同时不推卸自己的法定义务。如果鉴定人不熟悉自己的权利与义务，则不仅影响出庭效果，也极大地贬损了鉴定人的形象。

2. 自信沉着、尊重对方

鉴定人在陈述时应口齿清楚，言简意赅，论证有据，逻辑严密，避免答非所问或前后矛盾、误导法庭。总之，鉴定人庭审言行应当体现鉴定人良好的业务素质和精神风貌。

3. 庭审中时刻保持清晰思维与预判力

鉴定人应明白所提问题的内、外含义及司法证明目的。防止同一鉴定人的前后陈述不一致，或不同鉴定人的陈述不一致，或掉入提问人所设陷阱。

4. 时刻洞悉法庭动态、充分利用各种对鉴定人有利的因素

如法官是居中听审还是积极地询问鉴定人；当事人的情绪是比较平和，还是比较激动；对鉴定人进行询问的律师是业务精湛型，还是外强中干型。不同情形下鉴定人的质证策略也有差别。

（三）鉴定人回答质询的基本技巧

1. 避免夸大其词或说话绝对

科学并不总是非黑即白，而是存在灰色地带的，在某些情况下专家也只能出具不确定性鉴定意见。因此，鉴定人回答时尽量避免说话过于绝对，因为这样等于不给自己留余地，而且往往带来对方更多、更尖锐的盘问。

2. 针对提问进行回答

一般鉴定人应针对提问进行回答，不要过分发挥、超范围答题，须知言多必失。

3. 避免使用缺乏自信的回避性词汇

如果鉴定书中表达的意见是鉴定人内心确信的表现，则鉴定人在庭审中应自信地向法庭陈述。相反，鉴定人如果使用诸如“我猜想”“我个人认为”“大概是这样”的表达方式，则往往会被认为鉴定人不自信、鉴定意见不太可靠。

4. 不要回避问题

对于本来可以明确回答的提问，鉴定人如果回避问题、闪烁其词，则很容易让法官对鉴定人及其鉴定意见产生不信任感。事实上，如果对方律师或专家辅助人的专业性较高，他/她是不会轻易让鉴定人回避问题的，其会刨根问底式地问下去，鉴定人根本无从回避，与其如此，倒不如尽早坦诚回答。

5. 不清楚的问题弄清楚后再回答

不清楚的问题不要乱回答，免得被对方律师或专家辅助人抓住矛盾或不正确之处。此时，鉴定人不妨要求提问人进一步澄清问题，态度上尽量礼貌，而且不必针锋相对。

6. 在某些情况下不必以“是”或“否”简单贸然回答，并说明为什么不能这样作答

在某些情况下，以“是”或“否”简单贸然回答，极容易被对方律师或专家辅助人“牵着鼻子走”或者掉入其设计的问题陷阱，此时，鉴定人可以回答“我无法以‘是’或‘否’简单地回答这个问题”，这会迫使对方允许你多讲几句或重组答案。

7. 尽量庄重诚恳，不要乱发脾气或使用侮辱性语言回答

法庭是庄严的场所，态度好显然是为了取信法官，以示作证认真、谨慎、诚恳。

8. 多于一个问题时，可以要求询问人提炼问题，进行归纳性回答

在“反对复合式及其他混乱性问题”的规则下，对于冗长、意思含混不清的问题，鉴定人可以要求询问人提炼问题，对其进行归纳性回答，以免浪费庭审时间。

9. 坦白承认不知道或犯有错误的事项

对于回答错误或者表达不准确之处，在有合理理由时，鉴定人应尽早纠正，防止被对方律师或专家辅助人利用。若届时才纠正，会被视为被逼迫出来的，此时鉴定人意见的可信度将大打折扣。

第三节　鉴定意见证据评价

证据评价（evaluation of evidence），证据对所认定的事实具有“证明价值”，决策者通过审查判断证据的证明价值而认定事实，这是一种评价性活动。① 在法庭审判程序中，从事实认定者的角度看，证据评价是为了认定待证要件事实而评价证据的过程，以证据的证明力评价为核心，追求的是事实认定的准确性。在法庭科学中，从法庭专家的角度看，证据评价是对某项证据进行分析检验和作出价值评估，并形成鉴定意见，合理体现该项证据的证明力，为事实裁/认定者提供判案依据，评价过程需要解决的是如何科学客观地进行分析检验，如何科学地量化评估证据的价值，如何提高检验结果的准确性和可靠性，如何实现司法检验的客观化、标准化和定量化等问题。因此，以法庭专家作为主体的法庭科学中的证据评价，通过对单项证据的分析检验，为法庭审判中事实裁/认定者的综合证据评价提供判量依据。

本节介绍的是法庭科学中法庭专家视角中的证据评价，是对已然具有

---

① 参见樊传明：《证据评价论——证据法的一个阐释框架》，中国政法大学出版社 2018 年版，第 28 页。

相关性和可采性的证据，进行分析检验和做出价值评估，提供客观的专家意见及合理解释，确定证据证明力可以在多大程度上证明案件事实。首先，从法庭科学不断面临着“科学性”的质疑、挑战和信任危机出发，分析了法庭证据科学评价的重要性；其次，从法庭科学证据评价的科学性要求出发，结合法庭证据检验和价值评估的特点，对基于似然比（Likelihood Ratio）方法的证据评价模式及其在法庭证据评价中的应用原理、可行性、评价结果的表述等问题进行了阐述；再次，采用似然比证据评价模式对一起法庭说话人识别案例进行了应用解析，表明该证据评价模式的实践应用及其应用的科学性和合理性；最后，对似然比证据评价模式在法庭证据评价中的应用前景进行了展望。

一、法庭证据科学评价的重要性

近年来，法庭科学及其证据检验无论是在理论基础方面，还是在技术方法方面都取得了很大进展。法庭证据的类别也从传统的形态类证据（如指纹、足迹、工具痕迹、枪弹痕迹、轮胎痕迹、咬痕、笔迹、印章等）和分析类证据（如DNA、油漆、纤维、血清、爆炸物等）逐渐扩展到新兴的电子类证据（如录音、录像、电子数据等）。毋庸置疑，这些法庭证据技术为大量刑事和民事案件的侦破、起诉和审理提供了强有力的技术支撑，已经成为司法诉讼和审判活动中不可或缺的技术保障。然而，各种因素导致的检验鉴定偏差、失误甚至错误，也不容忽视。

2015年4月18日，据美国《华盛顿邮报》报道，美国司法部（DOJ）和联邦调查局（FBI）正式承认，在2000年以前的20多年里，FBI的物证鉴定部门中几乎所有的检验人员在多起涉及毛发比对鉴定的案件中都给出了有瑕疵的、不利于被告人的证词。[①] 该报道来源于美国全国刑事辩护律师协会（NACDL）和法律援助机构开展的“无辜者拯救项目（IP）”，该项目对1972年至1999年存疑的约2500起涉及毛发鉴定的案件展开了审查。有报道称，FBI物证鉴定实验室的毛发显微比对部门共有28名检验人员，截至2015年，在审阅的268起毛发比对刑事案件中，有26名检验人员在

---

① See Spencer S. H. , *FBI Admits Flaws in Hair Analysis over Decades*, The Washington Post, 18 April 2015.

257起案件中（超过95%）夸大了毛发比对（匹配）的结果，提供了不利于被告人的证词。这些案件中，有32名被告人被判处死刑，其中14人已经被执行死刑或死在狱中。这一报道引起美国司法界的一片哗然。然而，所报道的这一审查结果恐怕只暴露了问题的“冰山一角”，因为审查工作还没有全部完成，而1985年以前的很多案件已经难以追踪审查。那么，在指责FBI“提供虚假科学信息”“30年来运用微观毛发分析给被告人定罪的做法是一场彻底的灾难”的同时，人们不禁要问：其他法庭证据的鉴定是否也存在同样的“夸大”问题？

早在2004年发生在西班牙首都马德里火车站的爆炸案，就曾引发了国际范围内对包括“证据之首”指纹在内的所有证据技术的可靠性质疑及讨论。2004年3月11日，马德里火车站发生了一起爆炸案，导致191人死亡，1900多人受伤。西班牙警方在发生爆炸火车站附近的车里发现了装有爆炸物的塑料袋，并从上面提取到一枚指纹。FBI的指纹检验人员检验后认定该枚指纹属于美国一位名为布兰登·麦菲尔德（Brandon Mayfield）的律师，因而将其逮捕关押。后来证实，该枚指纹另有所属，这是一次错误的指纹鉴定。被冤枉的麦菲尔德最终获得FBI的道歉和200万美元的赔偿。①

关于错案发生的原因，2005年，萨克斯和科勒对已经定案但后来经DNA检验证明是错案的86起案件进行了原因分析（见图6-1）。结果表明：目击证人的错误指认是最大原因（占71%），还有就是法庭科学的检验错误（占63%）。此外，法庭科学家提供的错误或误导性证词也是重要原因之一（占27%）。② 有些错案则是多重原因导致的。由此可见，对法庭证据进行科学检验和提供客观的专家意见及合理解释对于法庭正确判案是多么的重要。

① See Lichtbau E. U. S., Will Pay $2 Million to Lawyer Wrongly Jailed - New York Times, New York Times, 30 November 2006.

② See Saks M. J., Koehler J. J., *The Coming Paradigm Shift in Forensic Identification Science*, Science, Vol. 309: 5736, p. 892-895 (2005).

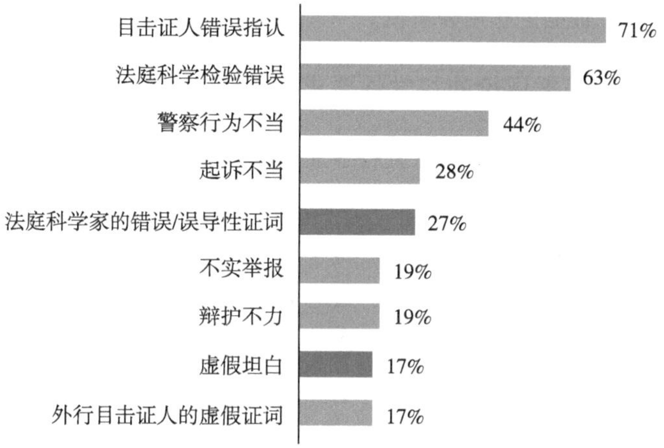

图 6－1　造成 86 起错案的原因分析

关于证据检验中的错误率问题，来自美国各物证实验室能力水平测试中不同证据鉴定的错误率数据应该具有一定的代表性。该调查数据表明：采用图谱方法进行语音鉴定的错误率为 63%，笔迹鉴定的错误率平均为 40%，咬痕的错误认定率为 64%，毛发显微比对的错误率为 12%。中国缺少这样的统计数据，但在各类证据的检验鉴定上也都曾出现过错误。如果回顾国内近年来纠正的典型错案，尽管其中案情各有曲折，但是无一不与证据的提取及检验不利有关。

综观世界各国的司法鉴定实践，在检验鉴定过程中都不同程度地出现过技术操作失误、鉴定意见表述不当、夸大证据价值，甚至鉴定错误等现象。专家们带有误导性的或有瑕疵的鉴定意见和证词则直接或间接地导致了冤假错案的发生，给受害人造成了难以挽回的损失，并带来了严重的社会影响。这些问题的存在，一方面是由于不同证据技术方法本身科学性的局限，法庭证据技术本身远非美剧《犯罪现场调查》中展示的那么神奇。目前，包括 DNA 和指纹在内的法庭证据技术还不完美，各项技术方法的科学性、准确性和可靠性还有待进一步提高。另一方面与法庭证据的价值评估体系、检验人员的素质和技术水平、司法鉴定管控体制等方面也有很大关系。其中，特别是法庭证据价值的评估方法亟须改革完善。法庭专家及检验鉴定人员必须认识到法庭证据技术的局限性，在证据检验鉴定工作中尽量提供客观严谨的鉴定意见和科学合理的解释，绝不能超越“科学的界限”，“夸大”证据的作用和价值。

二、法庭证据评价的科学性要求

20 世纪以来，国际上对法庭科学证据技术的科学性问题的关注越来越多，对于科学证据的采信也提出了一系列标准和要求。如 1923 年美国哥伦比亚地区上诉法院确立的法庭证据准入的弗莱伊准则①和 1993 年美国最高法院颁布的道伯特准则。② 它们的核心要求都是法庭证据技术的科学性、准确性和可靠性，要求法庭专家的意见和证词要建立在科学的技术方法之上，所采用的技术方法必须得到科学界的接受和同行的普遍认可，错误率已知并且可以接受等。道伯特准则已经成为国际公认的法庭证据准入的“标杆式”准则，很多国家和法庭都以它为参照，来规范各自的法庭科学实践。

2009 年，美国国家研究委员会在提交给国会的报告中再次强烈呼吁提高法庭科学的科学性，如要求所采用的技术方法具有：“(1)可靠性和准确性的定量测量结果；(2)含测量真实值在内的较高概率区间报告；(3)法庭技术方法的准确性研究等。”③

2014 年，英格兰和威尔士的法庭科学管理者在其实践和行为规范中则要求：“所采用的技术方法和程序必须经过验证，即便这些方法是标准的和被广泛使用的。还要利用案件模拟材料甚至实际案件材料（条件合适时）进行验证。同时还需要证明检验人员能够提供可重复的、有效的和可靠的结果。”④

从上述标准和要求可以看出，法庭证据的科学评价应该：(1) 以客观测量为基础，不能仅凭专家的主观判断；检验的程序方法必须标准、透明，经得起反复测试及验证。(2) 检验结果必须准确、可靠，案件现实条件情况下的错误率必须限定在合理的、法庭接受的范围内。(3) 在反映案件现实条件下进行验证，“不科学”的鉴定意见法庭不予采纳。

---

① See Frye v. United States, 293 F. 1013 (D. C. Cir. 1923).

② See Daubert v. Merrell Dow Pharmaceuticals, Inc. 113 S. Ct. 2786 (1993).

③ National Research Council, *Strengthening Forensic Science in the United States: a Path Forward*, National Academies Press, 2009.

④ Forensic Science Regulator, Codes of Practice and Conduct for Forensic Science Providers and Practitioners in the Criminal Justice System (Version 2.0). Birmingham UK, 2014.

由此，提高法庭证据技术的科学性、准确性、可靠性和客观性已经成为当前的国际共识。在法庭证据的检验方法、证据价值的客观评估、鉴定意见的科学表述和合理解释等方面，世界各国都在进行积极的探索、研究和改进，包括我国在内的各个国家每年开展的实验室认可和熟练水平测试也都是为了向这一目标靠拢。这些措施取得了一定的成效，在保障技术方法的科学化、标准化、规范化，提高检验鉴定质量和操作人员技术水平等方面起到了监督和促进作用。

在法庭科学实践中，法庭专家应该尽可能地为法庭提供关于证据价值的科学、客观的鉴定评估意见，并给出正确合理的解释。此外，对于检验中所采用的检验方法或鉴定系统，应该表明其分析的准确性和可靠性，特别是在案件环境条件下的准确性和可靠性。并且，方法或系统的准确性和可靠性应该达到科学界和法律界所能认可和接受的合理程度。只有这样，才能够为法官和陪审团等事实裁定者提供清楚、客观的判量依据，使他们能够对案件事实作出正确的裁定和公正的判决。

三、法庭证据的价值评估

关于法庭证据的检验及其价值评估，现在正处于新旧模式的转换进程中，萨克斯和科勒将其定义为“法庭鉴定科学的范式转变”①，并把新的证据评估模式描述为：“以经验为先的科学”和“以数据为基础的概率评估”。这就是DNA检验中所采用的评估模式，即基于似然比方法的证据评估模式，其包含三个核心要素：以似然比体系为逻辑框架，利用相关数据、量化测量和统计模型计算似然比，对检验的程序方法进行案件条件下的准确性和可靠性验证测试②。

似然比方法是建立在著名的贝叶斯理论基础上的。贝叶斯定理是针对不确定事件进行概率推理的基本公式，被英国法庭科学委员会誉为“法庭

① Saks M. J., Koehler J. J., *The Coming Paradigm Shift in Forensic Identification Science*, Science, Vol. 309: 5736, p. 892 - 895 (2005).

② See Willis S. M., McKenna L., McDermott S., O'Donell G., Barrett A., Rasmusson B., Nordgaard A., Berger C. E. H., Sjerps M. J., Lucena - Molina J., Zadora G., Aitken C. C. G., Lunt L., Champod C., Biedermann A., Hicks T. N., Taroni F., *ENFSI Guideline for Evaluative Reporting in Forensic Science*, Technical Report, ENFSI, 2015.

科学解释的基本公式”①，它的表达式有比值形式和概率形式两种，其比值表达式②如下：

$$\frac{p(H_{so} \mid E)}{p(H_{do} \mid E)} = \frac{p(E \mid H_{so})}{p(E \mid H_{do})} \times \frac{p(H_{so})}{p(H_{do})}$$

posterior odds 后验比　*likelihood ratio* 似然比　*prior odds* 先验比

该公式表明：后验比等于似然比与先验比的乘积。式中，H_{so}为同源假设，即假设检材和样本同源；H_{do}为不同源假设，即假设检材和样本不同源；E代表证据，即观察到的检材和样本之间的特征；$p(H_{so} \mid E)$代表证据条件下同源假设为真的概率；$p(H_{do} \mid E)$代表证据条件下不同源假设为真的概率。等式左面为后验比，代表证据条件下同源假设为真的概率与不同源假设为真的概率之比；等式右边第一部分为似然比，代表同源假设条件下获得证据的概率与不同源假设条件下获得相同证据的概率之比；等式右边第二部分为先验比，代表证据引入之前支持同源假设的概率与支持不同源假设的概率之比。

在概率形式下，后验概率等于似然比与先验概率的乘积。后验概率是指“证据条件下检材和样本同源（假设为真）的概率”，先验概率是指“证据引入之前支持检材和样本同源的概率”。后验概率和后验比之间可以进行转换。例如，在一起案件中，警察截获了一段犯罪电话录音，并找到了一名嫌疑人。经调查，包括犯罪嫌疑人在内有机会接触并拨打该电话的人共有10个，那么先验比就是1/9；法庭语音专家对语音检材和语音样本进行比较以后，得到的结果是“假设检材和样本来源于同一个人条件下获得证据的概率是假设检材和样本来源于不同人条件下获得该证据概率的1000倍”，即似然比＝1000。由此，后验比就是：（1/9）×1000＝1000/9。将其转换为概率形式就是：1000/(1000＋9)＝99.1%，即犯罪嫌疑人拨打该电话的（后验）概率是99.1%。

---

① Aitken C. G. G., Taroni F., *Statistics and the Evaluation of Evidence for Forensic Scientists*, Wiley. 2004.

② See Lindley D. V., *A Problem in Forensic Science*, Biometrika, Vol. 64: 2, p. 207－213 (1977).

由此可见，检材与样本同源的概率不仅取决于对检材和样本的比较结果，还取决于先验概率的多少。相同先验概率条件下，似然比越大，检材和样本同源的概率也就越大；似然比相同，但先验概率不同，二者同源的概率也会不同。传统的鉴定意见（如认定/否定，倾向认定/否定等）实际上是直接给出了后验概率，按照贝叶斯的推理逻辑原则，这种情况下只有两种可能：要么是法庭专家忽略了先验知识对检验结果的推断作用（将先验比假定为1/1），要么是其自己进行了先验概率估计（超越了法庭专家的角色范畴），而这两种做法都是不合适的。此外，在似然比计算中，既考虑了检材和样本特征的相似性（分子），又考虑了特征在相关背景人群中的典型性（分母）。传统的法庭证据检验一般只考虑了检材和样本特征的相似性，忽略了特征在相关背景人群中的典型性。

就法庭证据而言，案件中的检材和样本可能同源，也可能不同源。从逻辑的角度讲，对于这类不确定事件，采用概率估计是最客观和最科学的方法。DNA 检验为法庭证据的价值评估树立了很好的典范①，国际上很多法庭科学家都倡导在其他法庭科学分支的证据评估上也采用似然比方法②，因为该方法不仅适用于 DNA 检验，也同样适用于其他证据的检验。该方法通过概率估计来量化评估证据对控、辩双方的支持力度，不仅可以客观地表明单一证据的证明力，还可以对同一案件中的多种证据检验结果进行合并计算和综合评价，从而有利于法庭从整体上把握证据的价值。

贝叶斯统计推理可以解决两个问题：一是估计证据的价值和力度（似然比），二是估算证据支持假设的可能性有多大（后验比），进而通过（新）证据的引入来修正原有（先验）信念。然而，由于先验比是证据引入前法庭及事实裁定者的主观信念，由案情相关信息和其他证据情况决定，所以通常情况下法庭专家并不知道也无从知道先验比是多少，因此逻辑上也就无法给出后验比。有鉴于此，在法庭证据评价中，法庭专家的任务就是提供证据检验的似然比，即 LR 值，而先验比和后验比的估计推算则是

① See Baldwin D. J., *Weight of Evidence for Forensic DNA Profiles*, Wiley, 2005.

② See Morrison G. S., *Distinguishing Between Forensic Science and Forensic Pseudoscience: Testing of Validity and Reliability*, *and Approaches to Forensic Voice Comparison*, Science & Justice, Vol. 54: 3, p. 245 - 256 (2014).

法庭的任务，由法官、陪审团等事实裁定者根据法庭专家提供的证据似然比（新信息）乘以其先验信念（先验比），最后得到证据引入后的修正信念（后验比）。

LR 值代表证据价值的大小以及证据支持起诉假设或辩护假设的程度。以 1 为分界，LR 值大于 1，表明证据支持起诉假设（同源假设）；LR 值小于 1，表明证据支持辩护假设（非同源假设）。LR 值越大或越小（于 1），其证据价值越高，其支持起诉假设或辩护假设的程度也就越大。LR 值越接近于 1，表明证据支持起诉假设和辩护假设的程度越接近，因此证据价值越低。LR 值等于 1 则表明证据支持两种假设的程度相等，因此没有价值。

不同的 LR 值等级对应不同的证据价值和强度，似然比的数值相对应的证据力度的文字分级表达如表 6－1 所示①。该分级表达只是为法庭的事实裁定者提供关于证据价值大小的一个大体概念。由于不同证据、不同条件下的 LR 值会有较大级差（如 DNA 分型的 LR 值可以达到百万级），而且分级表达存在边界“坠崖”效应，因此实际案件检验中法庭专家应该提供具体的 LR 数值②。应该指出的是，法庭证据的价值不在于其 LR 值究竟有多大，而在于它是否对事实裁定者的信念有更新作用。

表 6－1 LR 值所对应的证据力度的文字分级表达③

LR 值	证据力度的对等文字表述	假设
>10000	非常强的证据支持	起诉假设
1000～10000	强的证据支持	
100～1000	中等强的证据支持	
10～100	中等程度的证据支持	
1～10	有限的证据支持	

---

① See Broeders A. P. A., *Some Observations on the Use of Probability Scales in Forensic Identification*, Forensic Linguistics, Vol. 6: 2, p. 228－241 (1999).

② See Morrison G. S., Stoel R. D., *Forensic Strength of Evidence Statements Should Preferably be Likelihood Ratios Calculated Using Relevant Data, Quantitative Measurements, and Statistical Models—A Response to Lennard (2013) Fingerprint Identification: How Far Have We Come?* Australian Journal of Forensic Sciences, Vol. 46: 3, p. 282－292 (2014).

③ See Broeders A. P. A., *Some Observations on the Use of Probability Scales in Forensic Identification*, Forensic Linguistics, Vol. 6: 2, p. 228－241 (1999).

续表

LR 值	证据力度的对等文字表述	假设
1 ~ 0.1	有限的证据支持	辩护假设
0.1 ~ 0.01	中等程度的证据支持	
0.01 ~ 0.001	中等强的证据支持	
0.001 ~ 0.0001	强的证据支持	
<0.0001	非常强的证据支持	

此外，采用似然比方法还可以通过案件条件下的系统测试，定量地表明案件条件下所采用的检验方法及其结果的可靠和准确程度，如计算对数代价函数 C_{llr}、各种错误率、95% 可信区间等①。这也正好符合道伯特准则的基本要求，因此被许多法庭科学家认为是目前最科学、最正确和最符合逻辑的法庭证据评估方法②③④。

随着人们认识的加深和研究水平的提高，法庭证据的科学评价体系也在不断发展完善中。似然比方法已经逐渐被世界各国的法庭科学界和法律界所接受。例如，2010 年，英国的法庭科学部门的主管就曾指出，仅将似然比体系应用于 DNA 检验而不用于其他证据的检验是不符合逻辑的。2011 年，欧洲法庭科学研究机构联盟的 31 名法庭科学家、法庭统计学家和法律界学者代表 33 个国家的 58 个实验室，联名发表声明支持似然比框架，称

① See Morrison G. S. , *Measuring the Validity and Reliability of Forensic Likelihood - ratio Systems*, Science & Justice, Vol. 51: 3, p. 91 - 98 (2011).

② See Robertson B. , Vignaux G. A. , *Interpreting Evidence*, Wiley, 2005.

③ See Berger C. E. H. , Buckleton J. , Champod C. , Evett I. W. , Jackson G. , *Evidence Evaluation: a Response to the Court of Appeal Judgment in R v T*, Science & Justice, Vol. 51: 2, p. 43 - 49 (2011).

④ See Kinder J. D. , Olsson T. , Berger C. E. H. , *Expressing Evaluative Opinions: A Position Statement*, Science & Justice, Vol. 51: 1, p. 1 - 2 (2011).

其为法庭证据评价的最科学和最符合逻辑的框架①。2012 年，美国国家标准与技术研究院在指纹调查报告中也明确表明支持似然比框架②。2015 年，欧洲法庭科学研究网络工作组再次对此予以强调，并制定了面向欧盟乃至全球的法庭科学证据评价指南③。

四、法庭证据评价的结果（鉴定意见的表述）

鉴定意见的表述很大程度上取决于证据的检验评估方法。传统的鉴定意见表述一般按照专家的信心程度，给出对应的可能性等级，如三级模式、五级模式和七级模式等。我国目前基本上采用五级模式，即“认定、倾向于认定、无结论、倾向于否定（排除）、否定（排除）”。然而，由于受司法制度和体系的限制，倾向性意见在我国司法应用中的作用非常有限。法庭对这种“非确定性”的检验意见基本持“不予采纳”态度，因而，五级模式最后往往演变成二元模式，即“非认即否”。

二元模式也好，多元模式也罢，这些评价基本都是靠专家的专业和经验判断，不可避免地带有一定的主观性。这些主观性带来的影响表现在以下几个方面：第一，绝对的认定/否定过高估计（夸大）了证据的价值和力度，正如 FBI 对毛发显微比对案件的审查结果一样。第二，可能性分级偏主观，级别界限也比较模糊，缺乏足够的量化依据和客观的评价标准。第三，它混淆了专家证人与事实裁定者（法官、陪审团）的角色，特别是绝对的认定/否定几乎等同于有罪/无罪的判定，这不仅迫使检验人员承担

---

① See Evett I. W., Aitken C. G. G., Berger C. E. H., Buckleton J. S., Champod C., Curran J. M., Dawid A. P., Gill P., Gonzále – Rodríguez J., Jackson G., Kloosterman A., Lovelock T., Lucy D., Margot P., McKenna L., Meuwly D., Neumann C., Nic Daéid N., Nordgaard A., Puch – Solis R., Rasmusson B., Radmayne M., Roberts P., Robertson B., Roux C., Sjerps M. J., Taroni F., Tjin – A – Tsoi T., Vignaux G. A., Willis S. M., Zadora G., *Expressing Evaluative Opinions: A Position Statement*, Science & Justice, Vol. 51, p. 1 – 2 (2011).

② See Expert Working Group on Human Factors in Latent Print Analysis, Epstein J., *Latent Print Examination and Human Factors: Improving the Practice through a Systems Approach, The Report of the Expert Working Group on Human Factors in Latent Print Analysis*, National Institute of Standards & Technology, 2012.

③ See Willis S. M., et al., *ENFSI Guideline for Evaluative Reporting in Forensic Science*, European Network of Forensic Science Institutes, Wiesbaden, Germany, 2015.

相当的风险，也容易误导法庭判决，造成冤假错案，影响司法公正①。

基于“相关数据、定量测量和统计模型”的似然比证据评估方法不是给出“检材和样本是/否同源”或“倾向于同源/不同源”的结论，而是给出“同源假设条件下获得检材和样本特性的概率与非同源假设条件下获得相同检材和样本特性的概率之比”，即似然比 LR 值。法庭根据 LR 值的大小来评判证据的价值和强度，即该证据是支持同源假设（起诉假设）（LR > 1），还是支持非同源假设（辩护假设）（LR < 1），以及支持的程度如何。

法官和陪审团等事实裁/认定者首先根据案件调查的情况和他们的先验知识进行先验概率估计（不一定很精确），然后与法庭专家提供的似然比结果相乘，计算得到后验概率。就法庭证据专家来说，他们无法仅就单一证据的检验进行先验概率估计，因为他们对某一证据进行检验时，既不了解案件调查的进展情况，也不知晓其他证据的检验情况。事实上，他们也不应该被告知这些情况，因为这样容易使其检验受到影响，产生偏见或先入为主。因此，在似然比证据评估体系中，法庭专家的职责就是根据对检材和样本的分析比较，为法庭提供表明证据强度的似然比 LR 值。

当然，除了为法庭提供 LR 数值以外，法庭专家还应该就其代表的含义，结合案件中具体的起诉假设和辩护假设给出科学合理的解释，以避免引起误解。例如，在法庭说话人鉴别案件中，如果检验得到的 LR 值为 1000，意见表述上可以考虑如下说法：“根据我对该语音证据的检验评估，我的计算结果是（1）检材语音和样本语音同源假设条件下获得二者声学差异的概率是（检材语音和样本语音）不同源假设条件下获得该声学差异的 1000 倍；或者（2）假设检材语音来源于嫌疑人/被告人条件下获得检材和样本声学差异的概率是假设检材语音来源于其他人条件下获得该声学差异的 1000 倍；或者（3）假设检材语音是嫌疑人/被告人所讲条件下获得检材和样本声学差异的概率是假设检材语音是其他人所讲条件下获得该声学差异的 1000 倍”……它的含义就是：不管在引入该语音证据之前你的信心如何，现在你应该 1000 倍地相信检材语音和样本语音来源于同一个人（嫌

① 参见张翠玲、Rose P.：《基于似然率方法的语音证据评价》，载《证据科学》2008 年第 3 期。

疑人/被告人）。反之，如果LR值为0.001，那么，不管在引入该证据之前你的信心如何，现在你应该1000倍地相信检材语音和样本语音来源于不同人（检材语音不是嫌疑人/被告人所讲）。

五、典型案例应用解析

下面我们以一起典型案件中的说话人识别为例，将法庭证据评价的新范式应用于案件检验实践。通过相关数据、定量测量和统计建模计算似然比，量化评价语音证据的价值，并将分析结果体现在鉴定意见中，最后在反映该案实际条件下进行系统的有效性和可靠性验证。

（一）案例资料

在一起民事案件中，原告利用自己的手机（OPPO智能手机，R809T型，OS4.2安卓系统，中国移动GSM/TD－SCDMA网络）将其与另一名女性的通话进行了录音（以下简称检材录音）。检材录音总时长约为25分钟，谈话双方均为女性，讲汉语普通话。检材录音中需要进行身份鉴别的是与原告对话的女性语音（以下简称检材语音）。原告声称检材语音的说话人是被告（以下简称说话人A），而被告则声称检材语音的说话人不是她，而是她妹妹（以下简称说话人B）。

根据该案情况以及控辩双方的主张，我们采用以下两个互斥的竞争假设：

起诉假设H_A：检材语音来自说话人A。

辩护假设H_B：检材语音来自说话人B。

案件中的“证据”用E表示，即检材语音的声学特性，其测量方法见声学分析部分。

法庭专家的任务就是计算似然比（LR），即证据E在控辩双方假设条件下出现的概率之比，具体而言：

假设检材语音来自说话人A条件下获得检材语音声学特性的概率与假设检材语音来自说话人B条件下获得检材语音声学特性的概率之比。通过似然比的大小来量化录音证据的价值，即对控方假设或辩方假设的支持强度。似然比（LR）的计算表达公式如下：

$$LR = \frac{p(E \mid H_A)}{p(E \mid H_B)}$$

（二）检验程序和方法

1. 样本采集及数据处理

为了与检材语音进行比较，需要采集嫌疑人 A 和 B 的语音样本。法院办案人员使用原告提供的检材录音手机进行了样本采集。在两天之内，法院办案人员分别用该手机拨打两名嫌疑人的电话，通过电话交谈方式，录得两个人的语音样本。因此，检材录音与样本录音在信道、设备、言语风格等方面基本相同，不存在实质性的条件失配。最后，对 A、B 两人各取样 5 次，共得到 10 段录音，每段录音时长为 10 分钟左右。

对检材录音和样本录音进行信号处理。首先，对录音进行格式转换，使用 FFmpeg 2. 7. 2 软件①将全部录音由“. amr”格式转换为“PCM. wav”格式。其次，使用 SoundLabeller 软件②对检材录音和样本录音中的目标语音（检材语音、说话人 A 语音和说话人 B 语音）进行了音段边界点的人工手动标注。

2. 声学分析与测量

采用说话人自动识别中的标准测量方法③，从目标语音信号中提取声学信息，即美尔频率倒谱系数（MFCC）④。共提取了 14 个 MFCC 参数及其 delta 参数，后者是用当前 MFCC 向量的前两个和后两个 MFCC 矢量来计算的⑤。提取 MFCC 向量时的频率范围为 300 ~ 3300Hz，帧长为 20ms，帧移为 10ms。最后，说话人 A 的 5 段样本语音中提取的 MFCC 向量数在 41742 ~ 68331 之间，从说话人 B 的 5 段样本语音中提取的 MFCC 向量数在 51118 ~

---

① See FFmpeg 2. 7. 2：https：//www. ffmpeg. org/.

② See SoundLabeller：http：//geoff – morrison. net / #SndLbl.

③ See T. Kinnunen，H. Li，*An overview of text – independent speaker recognition：From features to supervectors*，Speech Commun，Vol. 52，p. 12 – 40（2010）.

④ See S. Davis，P. Mermelstein，*Comparison of parametric representations for monosyllabic word recognition in continuously spoken sentences*，IEEE Trans. Acoustics，Speech Signal Proc，Vol. 28，p. 357 – 366（1980）.

⑤ See S. Furui，*Speaker – independent isolated word recognition using dynamic features of speech spectrum*，IEEE Trans. Acoust. Speech Signal Process，Vol. 34，p. 52 – 59（1986）.

82805之间，从检材语音中提取的MFCC向量数为91070。

3. 统计建模

在法庭说话人识别中，标准的建模方法是用MFCC特征向量进行高斯混合模型（GMMs）拟合。GMM通常需要较大规模的参数数据进行训练，如果数据有限或规模很小，则估计效果往往很差。解决的办法则是在后期对单一得分进行校准，即使用第一模型阶段产生的同一话者得分和不同话者得分来训练相对而言所需训练数据量较小的简化模型。例如，作为常用的校准方法，逻辑回归在将得分转换为易于解释的似然比时，只需要两个参数估计值①②③④。本案中，辩护假设（备择假设）并非一个非常大的群体，而是某一特定说话人。此外，两个说话人A和B每人只有5段录音可用作训练数据。由于语音数据相对有限，本案采用了不需要后期校准的简单生成模型。

由于可用于训练的录音数量有限，最后仅使用了最初提取的14个MFCC参数及其delta系数前4个MFCC参数，用第1～4个MFCC参数（第0个MFCC反映的只是信号的平均强度，因此被舍弃）来量化语音信号的频率分量，代表其频谱的短时平滑。然后，计算每段语音所有MFCC向量的平均值，这些向量均值是后期所有分析的基础。

使用典型线性判别函数⑤⑥（CLDF）来减维，通过线性组合训练数据中分类效果最好的原始维数来描记新的维度CLDF。对于只有两个类别（说话人A和说话人B）这种情况来说，如果线性分离是最佳的，那么一

---

① See N. Brümmer, J. du Preez, *Application – independent evaluation of speaker detection*, Computer Speech and Language, Vol. 20, p. 230 – 275 (2006).

② See D. Ramos – Castro, J. González – Rodríguez, J. Ortega – Garcia, *Likelihood ratio calibration in a transparent and testable forensic speaker recognition framework*, Proc. IEEE Odyssey 2006: The Speaker and Language Recognition Workshop, p. 1 – 8 (2006).

③ See J. González – Rodríguez, P. Rose, D. Ramos, D. T. Toledano, J. Ortega – García, *Emulating DNA: rigorous quantification of evidential weight in transparent and testable forensic speaker recognition*, IEEE Trans. Audio Speech Lang. Process, Vol. 15, p. 2104 – 2115 (2007).

④ See G. S. Morrison, *Tutorial on logistic – regression calibration and fusion: converting a score to a likelihood ratio*, Aust. J. Forensic Sci, Vol. 45, p. 173 – 197 (2013).

⑤ See M. M. Tatsuoka, *Discriminant analysis*, Illinois Institute of Personality and Ability Testing, Champaign IL, 1970.

⑥ See W. R. Klecka, *Discriminant Analysis*, Sage Publications, Beverly Hills CA, 1980.

个 CLDF 就可以捕捉所有的相关信息。简便起见，我们只使用了第一个 CLDF 维度。首先，将说话人 A 语音中提取的 MFCC 均值向量编码为一类，将说话人 B 语音中提取的 MFCC 均值向量编码为另一类。其次，对所有说话人 A 的语音、说话人 B 的语音和检材语音的 MFCC 均值向量进行 CLDF 转换。这样，4 维的 MFCC 向量就被投影为 1 维空间的无量值，即 CLDF 值。分别计算说话人 A 和说话人 B 的 CLDF 值的算数平均值μ_A和μ_B，然后利用说话人 A 和说话人 B 的 CLDF 值进行总体标准差 σ 的无偏估计，这里采用 t 分布进行参数估计，平均值和标准差为前面计算得到的 μ 和 σ，表达公式如下：

$$f(x \mid \mu,\sigma,v) = \frac{\Gamma\left(\frac{v+1}{2}\right)}{\sigma\sqrt{\nu\pi}\Gamma\left(\frac{\nu}{2}\right)}\left(1+\frac{\left(\frac{x-\mu}{\sigma}\right)^2}{\nu}\right)^{\frac{\nu+1}{2}}$$

其中，Γ 是伽马函数；x 是 CLDF 值；ν 是计算标准差的自由度。由于合并标准差是使用两个说话人的数据计算的，因此自由度是说话人 A 的录音段数与说话人 B 的录音段数之和再减去分类数，即 $\nu = 5+5-2=8$。由此产生说话人 A 的概率密度模型（以下称模型 A，MA）和说话人 B 的概率密度模型（以下称模型 B，MB）（见图 6－2）。其中，圆圈代表说话人

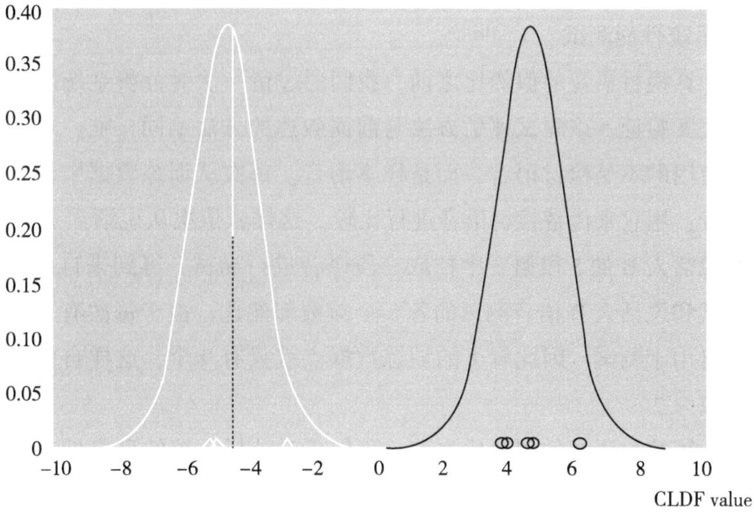

图 6－2　说话人 A（右侧曲线）和说话人 B（左侧曲线）的概率密度函数模型

A 的每段语音的 CLDF 值，三角代表说话人 B 的每段语音的 CLDF 值，“×”字代表检材语音的 CLDF 值。检材语音的似然比为其 CLDF 值所对应的说话人 A 曲线与说话人 B 曲线的相对高度（相对概率）。计算似然比之前，先要计算检材语音的 CLDF 值所对应的模型 A 的似然值（概率密度）和模型 B 的似然值，前者与后者的比值就是似然比。

对数似然比的计算表达式如下：

$$\log(LR) = \log(l(M_A, x)) - \log(l(M_B, x))$$

其中，$l(M, x)$ 是 CLDF 值为 x 时所对应模型 M 的似然值。

注意，这里采用的统计建模方法只有在检材语音和样本语音录音条件基本匹配的情况下才适用，即录制设备、信道和言语风格基本一致。如果录音信道不同，MFCC 特征参数受其影响会产生变化从而影响最终结果。一般来说，如果说话人 A 的语音与检材语音信道相同，而说话人 B 的语音为不同信道录音，那么计算结果将偏向于说话人 A。作为一个主观先验问题，由于该案在采集所有语音样本时采用的是与检材基本相同的录音条件，因此可以认为录音条件不存在实质性的不匹配问题。此外，我们没有采用倒谱均值减法或特征弯折等特征失配补偿技术，因为如果在录音条件基本匹配情况下，使用这样的技术反而会减弱说话人信息，使系统的性能更差。①

4. 系统性能测试

在计算检材语音的似然比之前，我们通过留一法对分析系统的准确性进行了交叉验证。该测试评估方法与前面叙述的方法相同，唯一不同的是测试时使用的不是检材语音，而是样本语音。每次从训练数据中抽取一段样本语音，用它来代替检材语音进行比较。这样，依次从说话人 A 的 5 段语音和说话人 B 的 5 段语音中抽取一段语音进行测试，得到来自说话人 A 语音测试和说话人 B 语音测试的各 5 个对数似然比。由于每次有一个数据点被抽出用于测试，因此剩下的训练数据点就只有 9 个，这样自由度 ν 也就由 8 减为 7。

在计算检材语音的似然比之前，我们还对分析系统的可靠性进行了测

---

① See D. A. Reynolds, *Speaker identification and verification using Gaussian mixture speaker models*, Speech Comm, Vol. 17, p. 91 – 108 (1995).

试评估。这里我们考虑的主要问题是，训练数据较少可能会造成统计建模的不精确。我们采用多变量正态分布的 Monte Carlo 仿真法进行系统的可靠性评估。将说话人 A 和说话人 B 的全部 MFCC 均值向量的经验总均值和协方差矩阵用作伪随机数发生器中的参数值，这样，全部样本录音（说话人 A 的 5 段录音和说话人 B 的 5 段录音）的 MFCC 均值向量共产生 1000 个模拟向量组。如前文所述，每组数据用于训练一个 CLDF 及其在 CLDF 维上的 *t* 分布。分别利用说话人 A 的 5 个原始 CLDF 值和说话人 B 的 5 个原始 CLDF 值计算每个 CLDF 值对应的对数似然比。这样，就产生了 10 组（每组 1000 个）对数似然比。将每组的各个值减去其中位数后再乘以其中位符，这样，正负值就代表与参考值 log LR = 0 的偏离程度。将全部 10 组值合并排序，这些值的分位数就作为评估系统可靠性的量度指标。

因此，计算检材语音似然比同时，还要计算检材语音的 CLDF 值 10000 个似然比，通过重复 Monte Carlo 仿真过程来评估该似然比值的可靠性。

（三）结果分析

系统准确性的测试结果表明：对数似然比代价函数 C_{llr} 值①很低，为 0.003，说明系统的准确性非常好。基于 Monte Carlo 仿真的系统可靠性测试结果表明：95% 的值分布在相对中数 -2.35 ~ 2.85 个量级之间，说明系统的可靠性相对较差。

计算得到证据强度 LR 的最佳估计值为 1/58562，即假设检材语音来自说话人 B 条件下获得其声学特性的概率与假设检材语音，来自说话人 A 条件下获得其声学特性的概率之比约为 60000。根据系统的可靠性验证结果，我们可以 90% 肯定证据强度 LR 至少约为 7000（确切值为 7036），99% 肯定证据强度 LR 至少约为 60（确切值为 58）。该结果的逻辑含义就是：基于该似然比数据结果，不管事实裁定者之前认为检材语音来源于 A 与来源于 B 的相对概率（先验比）是多少，现在他们应该将其乘以 1/60000（简便起见，取整）来更新自己的信念（后验比）。

---

① See D. A. van Leeuwen, N. Brümmer, *An introduction to application - independent evaluation of speaker recognition systems*, C. Müller (Ed.), Speaker Classification I. Fundamentals, Features, and Methods, Springer, p. 330 - 353 (2007).

本案中仅用了10段录音的训练集，结果得到了5个数量级之高的似然比，分析其原因，其实也显而易见。从图6－2中可以看出，说话人A和说话人B在CLDF空间基本上完全分离，而检材语音的CLDF值非常接近说话人B的分布中心。然而，需要强调的是，本案的分析结果并非基于图6－2的视觉检验，而是基于统计模型的计算输出。该案鉴定报告中，我们提供给法庭的分析结果不仅包括表明证据强度的似然比值，还包括系统验证的准确性和可靠性测试结果。统计处理时需要考虑数据量大小对统计结果的影响，训练数据较少时可以考虑使用正则逻辑回归等方法，合理缩减似然比结果。该研究表明：似然比框架可以用于法庭语音证据的评价，其结果也可以在反映案件实际条件下进行验证。当然，该框架方法也适用于其他法庭科学证据的评价，只是具体的路径和方法有所差别而已。

六、小结

当然，对于任何新事物的认可和接受都需要一个过程。关于似然比方法的法庭证据评估体系，目前仍有一些学者，特别是一些检验鉴定人员，对其持保留甚至是反对态度。其原因大致可以归纳为：（1）传统的鉴定评估模式已经根深蒂固；（2）复杂的逻辑分析和概率推理晦涩难懂；（3）大量的数学计算和统计分析令人望而生畏；（4）缺乏大规模的相关人群样本数据库和特征的统计数据；（5）有些证据的特征难以进行量化提取；（6）基础研究还不够，技术条件尚不成熟；等等。然而，这些理由都不是无法逾越的障碍，也不应该成为阻碍技术进步和方法变革的枷锁。与冤假错案和司法不公所付出的代价相比，再多的努力和投入都是值得的。

诚然，就目前的法庭科学技术水平而言，各类证据的分析方法和技术水平参差不齐。有些证据特征的量化提取相对容易，如DNA、油漆、纤维、血清、爆炸物、化学物质等分析类证据；有些证据的特征量化提取则相对困难，如指纹、足迹、笔迹、毛发等形态类证据。形态类证据的检验鉴定目前主要依赖专家的经验判断，在技术方法和基础研究尚不充分的情况下，可以继续沿用传统的评估模式，但是应该尽可能采用规范和客观的评估标准，细化评价指标，最大限度地减少主观判断成分。同时，应努力加强基础研究和相关数据库建设，提高和改进技术方法，待条件成熟时，尽早采用国际认可的统一评价模式和标准。

将似然比体系应用于法庭证据的评价，既是技术方法的改进，更是思维模式的革新，对于法庭科学的发展具有里程碑式的意义。从法庭的实际应用情况来看，澳大利亚和欧洲一些国家已经将该体系应用于本国的证据评估实践。欧洲在这方面已经走在国际前列，如荷兰的法庭研究所规定，全国所有的法庭科学学科、对每起案件的调查和检验都必须一律采用似然比体系。目前，国际上包括美国和英国在内的其他国家也都在加强这方面的基础和应用研究。我国目前仍处于法庭证据评估的基础研究阶段，与付诸实践还有相当长的距离。

综上，法庭科学证据是司法活动的重要依据，法庭证据的检验既是科学办案和司法公正的前提和保障，也体现了一个国家的法治先进水平。检验中如果出现任何偏误，不仅会导致冤假错案，严重损害当事人的合法权益，还会使公民对司法公正产生怀疑，造成司法公信力的下降，影响社会安定。因此，法庭专家和检验鉴定人员必须认识到法庭科学技术的局限性，遵循科学规律，实事求是地为法庭提供检验结果和鉴定意见，科学客观地评估证据的价值，既不夸大，也不缩小，同时给予正确合理的解释说明，避免出具误导性的、有瑕疵的检验意见。

第七章　法庭科学管理

第一节　法庭科学管理的理论基础

一、法庭科学管理的界定

法庭科学是一个舶来品，涉及的范围过度广泛，所以法庭科学管理与我国现有制度之间难以衔接。从当前来看，我国理论研究与立法实践，都主要讨论的是司法鉴定管理问题。在宽泛意义上，司法鉴定大致可以视为法庭科学的重要组成部分，所以本书把法庭科学管理限缩为司法鉴定管理。同时，由于我国当前只对法医类鉴定、物证类鉴定、声像资料鉴定与环境损害鉴定进行统一管理，所以本书把法庭科学管理的讨论进一步限缩为4大类司法鉴定的管理。

司法鉴定管理的内容主要包括以下几个方面：(1) 司法鉴定准入管理(登记管理)。主要有司法鉴定机构登记管理制度、司法鉴定人登记管理制度、司法鉴定人和司法鉴定机构名册管理制度、司法鉴定机构许可证和司法鉴定人执业证管理制度、执业活动分类管理制度和司法鉴定机构仪器设备配置标准管理制度等。(2) 司法鉴定执业管理。主要有司法鉴定机构内部管理制度、司法鉴定质量管理制度、司法鉴定资质评估制度、司法鉴定诚信等级评估制度、司法鉴定收费管理制度、司法鉴定教育培训制度和司法鉴定高级专业技术职务评审制度等。(3) 司法鉴定实施活动管理。主要有司法鉴定实施程序制度、司法鉴定技术标准制度、司法鉴定技术方法评价制度、司法鉴定技术装备强制认证制度和司法鉴定人出庭作证制度等。(4) 司法鉴定监督管理。主要有司法鉴定职业道德和执业纪律、司法鉴定执业责任制度、司法鉴定执业活动投诉查处制度、司法鉴定档案管理制度和司法鉴定活动重大案件报告制度等。

综上，笔者认为司法鉴定管理应界定为“对司法鉴定活动负有责任的司法行政机关，为了保障司法鉴定活动的顺利进行，在职权范围内对司法鉴定的审核登记、行政许可、名册编制、执业监督、违规处理、教育培训、质量建设、资质评估、检查指导内容进行规范协调的活动”。当然，司法鉴定管理活动除司法行政机关的行政管理活动外，还包括司法鉴定机构的内部管理活动和司法鉴定行业协会的自律管理活动。

二、司法鉴定管理的功能

1. 有利于促进司法鉴定行业的可持续发展。根据《全国人民代表大会常务委员会关于司法鉴定管理问题的决定》（以下简称《决定》）第1条，“司法鉴定是指在诉讼活动中鉴定人运用科学技术或者专门知识对诉讼涉及的专门性问题进行鉴别和判断并提供鉴定意见的活动”。由此定义可知，司法鉴定具有科学性与专业性。这种科学性与专业性要求加强司法鉴定管理，一方面保障鉴定人、鉴定机构具有提供可靠鉴定意见的能力基础；另一方面为鉴定人、鉴定机构提供可靠鉴定意见设置合理的激励机制，如此方能促进司法鉴定行业的可持续发展。

2. 有利于提高鉴定意见质量。无论是市场竞争下的利益驱动，还是自侦自鉴的体制构造，抑或人性的普遍弱点，都可能驱使鉴定人有意无意偏离科学、客观的鉴定立场。这些主观故意或客观偏差，影响鉴定人对鉴定材料的选择与判断、检测结果的解读与解释。所以鉴定意见不可靠的问题在中外国家均不鲜见，甚至成为冤假错案的重要推手。司法鉴定管理的重要功能，就是为了提高鉴定意见的可靠性。

3. 有利于提高司法鉴定公信力。鉴定人与当事人、办案人员之间的知识鸿沟，意味着鉴定意见更多被“信任”，而不是被理解。信任多于理解的认知结构，说明一个具有高度公信力的司法鉴定行业具有双重优势：一是提高诉讼效率、降低鉴定成本，减少重新鉴定、鉴定人出庭、专家辅助人质证等制度装置的使用率。二是避免鉴定纠纷，防止当事人不接受鉴定意见而与公检法机关产生冲突，导致鉴定争议社会化、政治化，同时减少鉴定投诉，降低当事人不满鉴定意见引起的行政复议、行政诉讼以及各类闹鉴事件。就此而言，提高鉴定意见的可信度是强化司法鉴定管理的重要维度。

第二节　司法鉴定管理结构

司法鉴定管理结构可以理解为“涉及司法鉴定管理的各个组成部分的搭配和安排”。我国司法鉴定管理的组成部分可以概括为：司法鉴定管理主体、司法鉴定管理对象和司法鉴定管理内容。这些组成部分的定位与安排，决定了我国司法鉴定管理的基本结构。

一、司法鉴定管理主体

司法鉴定管理主体，即负责管理司法鉴定机构、鉴定人及其执业活动等内容的主体。1998 年，国务院办公厅发布《关于印发〈司法部职能配置内设机构和人员编制规定〉的通知》（国办发〔1998〕90 号，俗称“三定方案”），司法部被国务院授权指导面向社会服务的司法鉴定工作。2005 年 2 月 28 日，第十届全国人民代表大会常务委员会第十四次会议通过《决定》，其第 3 条规定：“国务院司法行政部门主管全国鉴定人和鉴定机构的登记管理工作。省级人民政府司法行政部门依照本决定的规定，负责对鉴定人和鉴定机构的登记、名册编制和公告。”这是国家通过法律性质的《决定》，授权司法行政机关代表国家对司法鉴定进行跨地区、跨部门的全行业动态化管理。[①] 据此可知，国务院司法行政机关（即司法部）与省级人民政府司法行政部门（即省、自治区司法厅与直辖市司法局）——被确立为我国司法鉴定行业的主管部门。

《决定》从宏观层面对司法行政机关的鉴定管理权限进行了配置。《决定》第 2 条一方面授权司法部主管[②]全国鉴定人和鉴定机构的登记管理工作，另一方面又规定省级司法厅或司法局具体负责鉴定人和鉴定机构的登记、名册编制和公告。《决定》的上述规定，建立起司法部宏观主管、省

① 参见霍宪丹、郭华：《中国司法鉴定制度改革与发展范式研究》，法律出版社 2011 年版，第 5 页。

② 所谓主管，是指司法部并不负责具体的登记管理事项，而是对登记管理工作进行领导、规范和监督。

级司法行政机关具体负责的分工管理模式。2005 年司法部颁布的《司法鉴定机构登记管理办法》第 2 章、《司法鉴定人登记管理办法》第 2 章分别细化了司法部与省级司法行政机关的具体管理职责，并规定了省级司法行政机关可以委托下一级司法行政机关协助办理相关管理工作。但一方面，上述两个“办法”并未明确省级司法行政机关可以委托下一级司法行政机关协助办理的具体管理工作范围；另一方面，在这一委托关系中，权责主体依然应是委托机关，而非作为被委托机关的下一级司法行政机关，委托关系并未改变司法鉴定管理权集中于省级司法行政机关的制度规定。

然而，司法行政机关事实上只是对四大类第三方社会鉴定机构、鉴定人进行实质性管理。侦查机关的内部鉴定机构、鉴定人依然由设置主体即侦查机关进行管理，这些鉴定机构、鉴定人只是到司法行政机关进行备案登记。就此而言，司法行政机关更多是作为侦查机关内部鉴定机构、鉴定人的形式管理主体。

二、司法鉴定管理对象

1. 鉴定机构。《司法鉴定机构登记管理办法》第 3 条规定：“本办法所称的司法鉴定机构是指从事《全国人民代表大会常务委员会关于司法鉴定管理问题的决定》第二条规定的司法鉴定业务的法人或者其他组织。司法鉴定机构是司法鉴定人的执业机构，应当具备本办法规定的条件，经省级司法行政机关审核登记，取得《司法鉴定许可证》，在登记的司法鉴定业务范围内，开展司法鉴定活动。”成立鉴定机构需要满足一定的条件。根据《决定》第 5 条，“法人或者其他组织申请从事司法鉴定业务的，应当具备下列条件：（一）有明确的业务范围；（二）有在业务范围内进行司法鉴定所必需的仪器、设备；（三）有在业务范围内进行司法鉴定所必需的依法通过计量认证或者实验室认可的检测实验室；（四）每项司法鉴定业务有三名以上鉴定人”。《司法鉴定机构登记管理办法》第 14 条具体细化为：“法人或者其他组织申请从事司法鉴定业务，应当具备下列条件：（一）有自己的名称、住所；（二）有不少于二十万至一百万元人民币的资金；（三）有明确的司法鉴定业务范围；（四）有在业务范围内进行司法鉴定必需的仪器、设备；（五）有在业务范围内进行司法鉴定必需的依法通过计量认证或者实验室认可的检测实验室；（六）每项司法鉴定业务有三名以上司法鉴定人。”

我国司法行政机关统一管理的司法鉴定机构主要包括两大类：一类是第三方社会鉴定机构，主要是由科研院所、医院、其他主体申请设立的鉴定机构。另一类是侦查机关内设鉴定家机构，即公安机关、检察院、国家安全机关等设立的鉴定机构。根据《决定》第7条第1款，“侦查机关根据侦查工作的需要设立的鉴定机构，不得面向社会接受委托从事司法鉴定业务”。

需要注意的是，在我国，司法鉴定机构并非司法鉴定主体。基于鉴定人负责制原理，我国司法鉴定主体是具体的鉴定人。考虑到保障司法鉴定质量、鉴定人需要在司法鉴定机构执业等情况，司法鉴定家机构一方面需要统一受理公检法机关的司法鉴定委托，另一方面需要承担对鉴定人的管理职责，所以司法鉴定机构可以视为司法鉴定辅助实施者。

2. 鉴定人。鉴定人是我国司法鉴定的适格主体。《司法鉴定人登记管理办法》第3条第1款、第2款规定：“本办法所称的司法鉴定人是指运用科学技术或者专门知识对诉讼涉及的专门性问题进行鉴别和判断并提出鉴定意见的人员。司法鉴定人应当具备本办法规定的条件，经省级司法行政机关审核登记，取得《司法鉴定人执业证》，按照登记的司法鉴定执业类别，从事司法鉴定业务。”关于司法鉴定人的条件，《决定》第4条第1款规定：“具备下列条件之一的人员，可以申请登记从事司法鉴定业务：（一）具有与所申请从事的司法鉴定业务相关的高级专业技术职称；（二）具有与所申请从事的司法鉴定业务相关的专业执业资格或者高等院校相关专业本科以上学历，从事相关工作五年以上；（三）具有与所申请从事的司法鉴定业务相关工作十年以上经历，具有较强的专业技能。”该条第2款规定，“因故意犯罪或者职务过失犯罪受过刑事处罚的，受过开除公职处分的，以及被撤销鉴定人登记的人员，不得从事司法鉴定业务”。《司法鉴定人登记管理办法》第12条进一步规定：“个人申请从事司法鉴定业务，应当具备下列条件：（一）拥护中华人民共和国宪法，遵守法律、法规和社会公德，品行良好的公民；（二）具有相关的高级专业技术职称；或者具有相关的行业执业资格或者高等院校相关专业本科以上学历，从事相关工作五年以上；（三）申请从事经验鉴定型或者技能鉴定型司法鉴定业务的，应当具备相关专业工作十年以上经历和较强的专业技能；（四）所申请从事的司法鉴定业务，行业有特殊规定的，应当符合行业规定；（五）拟执业机构已经取得或者正在申请《司法鉴定许可证》；（六）身体健康，能够适应司法鉴定工作需要。”

在诉讼地位方面，我国民事诉讼法、刑事诉讼法都将鉴定人规定为独立的诉讼参与人。他们既不是大陆法系法官的“科学助手”，也不是普通法系的“专家证人”，而是帮助公安司法机关了解案件中涉及专门性问题的诉讼参与人。鉴定人负有如实鉴定并出庭作证的义务，其法律地位是中立的、独立的，不受当事人、办案单位、行政管理部门的干扰。司法鉴定人只对鉴定意见负责，对科学、对客观事实负责。

三、司法鉴定管理内容

1. 统一管理的鉴定类别。根据《决定》第 2 条第 1 款规定，“国家对从事下列司法鉴定业务的鉴定人和鉴定机构实行登记管理制度：（一）法医类鉴定；（二）物证类鉴定；（三）声像资料鉴定；（四）根据诉讼需要由国务院司法行政部门商最高人民法院、最高人民检察院确定的其他应当对鉴定人和鉴定机构实行登记管理的鉴定事项”。这就是通常所说的司法行政机关代表国家对法医类鉴定、物证类鉴定、声像资料鉴定三大类鉴定的统一管理。2015 年 12 月 21 日，最高人民法院、最高人民检察院、司法部联合发布《关于将环境损害司法鉴定纳入统一登记管理范围的通知》，据此通知司法行政机关将司法鉴定统一登记管理的范围，从原来的“三大类鉴定”扩大为“四大类鉴定”，即法医类鉴定、物证类鉴定、声像资料鉴定和环境损害司法鉴定。

2. 司法鉴定机构与鉴定人职业资格管理。职业资格是对从事某一职业所必备的学识、技术和能力的基本要求。职业资格包括从业资格和执业资格。从业资格是指从事某一专业（工种）学识、技术和能力的起点标准。执业资格是指政府对某些责任较大、社会通用性强、关系公共利益的专业（工种）实行准入控制，是依法独立开业或从事某一特定专业（工种）学识、技术和能力的必备标准。目前，我国对“面向社会”提供服务的第三方社会司法鉴定机构和鉴定人的职业资格，主要采取行政许可的方式进行管理，实行的是申请审批制。而侦查机关内部的鉴定机构、鉴定人基本实行的是内部审批制，虽然遵循《决定》的相关规定，但其鉴定机构与鉴定人的从业范围、设立条件等与司法行政部门的规章有所差别，其具体规定分别见于各自系统内部的鉴定机构、鉴定人登记管理办法（见表7－1）。根据上述管理办法可知，司法行政机关与侦查机关对司法鉴定机构、鉴定人职业资格的管理，主要围绕职业资格的准入、变更和退出进行动态管理。

表7－1 司法行政机关及侦查机关有关鉴定人、鉴定机构登记管理办法

年份	文号	部门	名称
2005	司法部令第95号	司法部	司法鉴定机构登记管理办法
2005	司法部令第96号	司法部	司法鉴定人登记管理办法
2006	高检发办字〔2006〕33号	最高人民检察院	人民检察院鉴定机构登记管理办法
2006	高检发办字〔2006〕33号	最高人民检察院	人民检察院鉴定人登记管理办法
2019	公安部令第155号	公安部	公安机关鉴定机构登记管理办法
2019	公安部令第156号	公安部	公安机关鉴定人登记管理办法

3. 司法鉴定活动管理。司法鉴定活动存在狭义与广义之分。广义的司法鉴定活动包括鉴定的申请、决定、委托、受理、实施，鉴定意见的出具，鉴定人出庭等内容。而狭义的司法鉴定活动主要围绕鉴定的实施展开，可以理解为司法鉴定人依法运用科学技术方法对鉴定资料进行观察、检验和评断后作出判断的科学实证活动。相关规定对司法鉴定活动进行了规范。例如，司法部2016年发布的《司法鉴定程序通则》（司法部令第132号）第2条规定："司法鉴定是指在诉讼活动中鉴定人运用科学技术或者专门知识对诉讼涉及的专门性问题进行鉴别和判断并提供鉴定意见的活动。司法鉴定程序是指司法鉴定机构和司法鉴定人进行司法鉴定活动的方式、步骤以及相关规则的总称。"具体来说，司法鉴定活动包括司法鉴定的委托与受理、司法鉴定的实施、司法鉴定意见书的出具、司法鉴定人出庭作证等内容。与此同时，侦查机关也对司法鉴定程序进行了规定，且与司法部的《司法鉴定程序通则》存在一定差异（见表7－2）。

表 7-2　司法鉴定程序规范

年份	编号	部门	名称
2016	司法部令第 132 号	司法部	司法鉴定程序通则
2017	公通字〔2017〕6 号	公安部	公安机关鉴定规则
2006	高检发办字〔2006〕33 号	最高检	人民检察院鉴定规则（试行）

4. 司法鉴定责任管理。司法鉴定的法律责任可以分为行政法律责任、民事法律责任和刑事法律责任三类。

一是司法鉴定的行政法律责任。司法鉴定的行政法律责任是指司法鉴定主体违反了司法鉴定的行政法律规范应当承担的法律责任。例如，《司法鉴定人登记管理办法》第 29 条规定："司法鉴定人有下列情形之一的，由省级司法行政机关依法给予警告，并责令其改正：（一）同时在两个以上司法鉴定机构执业的；（二）超出登记的执业类别执业的；（三）私自接受司法鉴定委托的；（四）违反保密和回避规定的；（五）拒绝接受司法行政机关监督、检查或者向其提供虚假材料的；（六）法律、法规和规章规定的其他情形。"《司法鉴定机构登记管理办法》第 39 条规定："司法鉴定机构有下列情形之一的，由省级司法行政机关依法给予警告，并责令其改正：（一）超出登记的司法鉴定业务范围开展司法鉴定活动的；（二）未经依法登记擅自设立分支机构的；（三）未依法办理变更登记的；（四）出借《司法鉴定许可证》的；（五）组织未取得《司法鉴定人执业证》的人员从事司法鉴定业务的；（六）无正当理由拒绝接受司法鉴定委托的；（七）违反司法鉴定收费管理办法的；（八）支付回扣、介绍费，进行虚假宣传等不正当行为的；（九）拒绝接受司法行政机关监督、检查或者向其提供虚假材料的；（十）法律、法规和规章规定的其他情形。"

二是司法鉴定的刑事法律责任。司法鉴定的刑事法律责任是指鉴定人违反刑事法律规范并构成犯罪而应当承担的法律责任。例如，《决定》第 13 条第 3 款规定，"鉴定人故意作虚假鉴定，构成犯罪的，依法追究刑事责任"。这是由于鉴定人故意作虚假鉴定可能构成伪证罪，其构成要件需要符合我国《刑法》第 305 条规定，"在刑事诉讼中，证人、鉴定人、记录人、翻译人对与案件有重要关系的情节，故意作虚假证明、鉴定、记录、翻译，意图陷害他人或者隐匿罪证的，处三年以下有期徒刑或者拘役；情节严重的，处三年以上七年以下有期徒刑”。

三是司法鉴定的民事法律责任。司法鉴定的民事法律责任是指鉴定机构、鉴定人违反相关规定需要向当事人承担的损害赔偿责任。《司法鉴定机构登记管理办法》第41条规定，“司法鉴定机构在开展司法鉴定活动中因违法和过错行为应当承担民事责任的，按照民事法律的有关规定执行”。《司法鉴定人登记管理办法》第31条规定：“司法鉴定人在执业活动中，因故意或者重大过失行为给当事人造成损失的，其所在的司法鉴定机构依法承担赔偿责任后，可以向有过错行为的司法鉴定人追偿。”此时，司法鉴定机构或司法鉴定人承担的是一种违约责任或者侵权责任。[①]但从理论研究与司法实践来看，鉴定机构、鉴定人的民事责任目前还是聚讼纷纭。

5. 司法鉴定监督管理。《司法鉴定机构登记管理办法》和《司法鉴定人登记管理办法》，司法行政机关负责对面向社会提供服务的司法鉴定人、鉴定机构的登记管理情况及鉴定活动进行监督。具体来说，司法行政机关针对鉴定机构监督的内容主要包括：（1）遵守法律、法规和规章的情况；（2）遵守司法鉴定程序、技术标准和技术操作规范的情况；（3）所属司法鉴定人执业的情况；（4）法律、法规和规章规定的其他事项。针对鉴定人，司法行政机关的监督内容主要包括：（1）遵守法律、法规和规章的情况；（2）遵守司法鉴定程序、技术标准和技术操作规范的情况；（3）遵守执业规则、职业道德和职业纪律的情况；（4）遵守所在司法鉴定机构内部管理制度的情况；（5）法律、法规和规章规定的其他事项。

侦查机关的鉴定机构、鉴定人由设立主体监督。例如，《公安机关鉴定机构登记管理办法》第5条规定：“公安部和各省、自治区、直辖市公安厅、局设立或者指定统一的登记管理部门，负责鉴定机构资格的审核登记、年度审验、变更、注销、复议、名册编制与备案、监督管理与处罚等。”《人民检察院鉴定机构登记管理办法》第27条规定：“登记管理部门应当对所辖范围内的鉴定机构进行不定期检查。”第4条第2款、第3款规定：“最高人民检察院负责本院和省级人民检察院鉴定机构的登记管理工作。省级人民检察院负责所辖地市级、县区级人民检察院鉴定机构的登记管理工

① 参见王素芳等：《司法鉴定人民事赔偿责任探析》，载《探索与争鸣》2010年第2期。

作。”第 5 条规定：“最高人民检察院检察技术部门和各省级人民检察院检察技术部门是人民检察院鉴定机构的登记管理部门，具体负责鉴定机构资格的登记、审核、延续、变更、注销、复议、名册编制与公告、监督及处罚等。”所以检察系统鉴定机构、鉴定人的监督，一般由上级检察院的检察技术部门监督。

第三节　司法鉴定管理体制

司法鉴定管理体制是指司法鉴定管理主体对司法鉴定机构、鉴定人进行管理的制度规定。从 1978 年改革开放至今，我国司法鉴定管理体制经历了多个阶段。

一、1978～1997 年：形式化的分散管理阶段

1978 年“文化大革命”结束之后，随着《刑事诉讼法》《民事诉讼法》《人民法院组织法》《人民检察院法医工作细则（试行）》等制度规范的陆续颁布，公安机关、检察院、法院等政法部门根据办案需要，从中央到地方，分别组建了系统内部的鉴定机构，并购买仪器设备，招募、培养了一批鉴定人。同时，司法部在上海重建了司法鉴定科学技术研究所，①司法部直属 5 所政法院校也于 20 世纪 80 年代后期逐一成立了司法鉴定中心，并由司法行政部门主管。

这一时期，政法部门分别管理各自系统内部的鉴定机构、鉴定人及其执业活动，部门之间的鉴定管理体制，类似一个个没有关联的独立蜂窝，除了偶尔有所交集，彼此互不关联，更无隶属关系。在各政法部门内部，不仅没有明确规定鉴定机构与鉴定人的准入资格、资质，而且几乎没有出台鉴定管理规范与不同鉴定类别的技术标准。从中央到地方的政法部门，既各行其是，又相互竞争，各自动用国家给予的行政编制、地方财政支持，

---

① 20 世纪八九十年代，当时司法部直属的 5 所政法院校——中国政法大学、西南政法学院、华东政法学院、中南政法学院、西北政法学院，也或迟或早建立了司法鉴定中心，形成了司法部独特的司法鉴定体制。

最终形成了以公安机关鉴定机构、鉴定人处于绝对优势的多元、分散的司法鉴定管理格局。

此外，尽管20世纪八九十年代，政法机关特别是公安机关的鉴定机构、鉴定人承担了司法鉴定的主要工作，但在司法实践中，同样存在其他类型的鉴定机构、鉴定人参与司法鉴定——尽管数量偏少，他们同样缺乏技术规范与制度规则的约束，也没有统一的管理机构，而是分别隶属不同国家机关、企事业单位。就此而言，20世纪八九十年代的司法鉴定管理体制，是一种极度分散的形式化管理模式。

二、1998～2004年：分散管理的延续阶段

从20世纪90年代开始，过度分散的司法鉴定管理体制逐渐暴露出负面后果：国家鉴定资源配置的结构性缺陷，造成政法部门重复建设与地方财政紧张；鉴定利益之争，异化了国家赋予政法部门鉴定机构与鉴定人的法律职责；形式化的司法鉴定管理也是滋生鉴定争议、重复鉴定、多头鉴定的重要原因。

面对上述问题，如前文所述，1998年6月24日国务院办公厅发布《关于印发司法部职能配置内设机构和人员编制规定的通知》（国办发〔1998〕90号），将“指导面向社会服务的司法鉴定工作”的职责赋予司法部。司法部由此宣称，“凡是经司法部批准的面向社会服务的司法鉴定机构，必须由司法部统一向社会公告”。[1] 此后，司法部迈开了统一管理面向社会服务的鉴定机构、鉴定人的步伐，陆续出台司法鉴定管理的制度规范，启动了实质化管理的制度化进程（见表7－3），同时催生出一批自筹自支、自负盈亏的第三方社会鉴定机构。

表7－3　1998～2004年司法部颁布的有关司法鉴定管理的主要规范

年份	司法行政机关颁布的管理规范
2000	《司法鉴定执业分类规定（试行）》（已失效）
2000	《司法鉴定机构登记管理办法》

① 司法部《关于公告面向社会服务的司法鉴定机构的通知》（司发通〔1999〕077号）。

续表

年份	司法行政机关颁布的管理规范
2000	《司法鉴定人管理办法》(已失效)
2001	《司法鉴定程序通则》

到2003年、2004年，司法行政机关管理的面向社会服务的鉴定机构与鉴定人渐成规模（见表7-4）。在2004年司法行政机关审批设立的2864个鉴定机构中，教科文卫部门设立鉴定机构632个（约占22%），其他性质的鉴定机构1976个（约占69%），政法部门设立的鉴定机构只有256个（约占9%）。[①] 这说明，司法行政机关的统一管理对象，主要是教科文卫部门设立的鉴定机构与其他性质的鉴定机构，而对公检法机关数量庞大的鉴定机构、鉴定人的统管力度极其有限（见表7-5），公检法机关差不多还是排他性的管理系统内部的鉴定机构、鉴定人。

表7-4　2003～2004年司法行政机关审批设立面向社会服务的鉴定机构与鉴定人

年份	司法鉴定机构（个）	司法鉴定人（人）
2003	2453	32294
2004	2864	36417

数据来源：木子：《2003年面向社会服务的司法鉴定工作统计报告》，载《中国司法鉴定》2004年第4期；李禹、李奇：《2004年司法行政机关司法鉴定工作统计报告》，载《中国司法鉴定》2005年第3期。

表7-5　2003年、2004年司法行政机关管理公检法机关内部的鉴定机构

政法部门	年份	数量（个）	说明
公安机关	2004	3298	县市级公安机关设立的鉴定机构
检察机关	2004	1669	仅地市级检察机关设立的鉴定机构
人民法院	2003		中级以上各级法院普遍设立鉴定机构

① 1976个其他性质的鉴定机构，除部分从事建筑工程类和产品质量类鉴定机构是事业性的，其他主要是企业和中介性质机构。参见李禹、李奇：《2004年司法行政机关司法鉴定工作统计报告》，载《中国司法鉴定》2005年第3期。

续表

政法部门	年份	数量（个）	说明
司法行政机关	2004	256	审批设立的政法机关的鉴定机构

数据来源：张书杰等编著：《刑事科学技术发展简史》，中国人民公安大学出版社 2014 年版，第 215 页；白宁波：《我国检察系统法医工作现状》，载法医临床专业委员会主编：《中国法医学会全国第十次法医临床学学术研讨会论文集》2007 年，第 139 页；《人民法院对外委托司法鉴定管理规定》（法释〔2002〕8 号）。

2002 年，最高人民法院发布《人民法院对外委托司法鉴定管理规定》，赋权人民法院司法鉴定机构建立社会鉴定机构和鉴定人名册，并在《人民法院报》发布公告，对社会鉴定机构与鉴定人进行年度审核。2004 年，最高人民法院印发《人民法院司法鉴定人名册制度实施办法》，进一步完善鉴定人名册的动态化管理。显然，人民法院是在司法行政机关鉴定机构与鉴定人名册的基础上，另建一套社会鉴定机构与鉴定人名册。与公安机关、检察机关相比，人民法院对司法行政机关鉴定管理权的回应显然更为积极。但由于缺乏明确、具体的管理手段与措施，[①] 法院系统也只是满足于形式化的统一管理。

当然，司法行政机关采取实质性管理手段的统一化趋势，部分改变了我国既往过度分散化与形式化的司法鉴定管理体制，但没有根本动摇司法鉴定管理体制的“蜂窝状”结构。同时，除教科文卫部门面向社会服务的鉴定机构、鉴定人外，参与司法鉴定的其他政府部门、企事业单位的鉴定机构、鉴定人，同样没有进入司法行政机关统一管理行列。

三、2005 年至今：形式化统一管理与实质化统一管理的交错阶段

多元、分散的司法鉴定管理体制之弊，在 21 世纪因为现代网络媒体的曝光而声名狼藉，并被一些社会公案推向风口浪尖。[②] 2004 年中共中央转发《中央司法体制改革领导小组关于司法体制和工作机制改革的初步意

---

① 虽然最高人民法院 2004 年印发的《人民法院司法鉴定人名册制度实施办法》有一些管理措施的规定，但主要涉及鉴定人的法律责任方面。

② 这在号称“中国网络第一案”的黄静案件中表现得一览无余。2003 年湖南湘潭女教师黄静非正常死亡后，政法部门进行了 5 次尸检、6 次鉴定。参见吴少军、李永良：《黄静裸死案鉴定之谜》，载《中国审判》2006 年第 7 期。黄静案成为《鉴定管理决定》能够在 2005 年得以颁布的第一推动力量。

见》，提出了“建立统一司法鉴定管理体制”的改革目标。借此契机，2005年全国人大常委会颁布早已酝酿多年的《鉴定管理决定》，① 要求：（1）司法行政机关与法院系统剥离或撤销内部鉴定机构；（2）侦查机关的鉴定机构、鉴定人只能承担与侦查工作相关的鉴定业务；（3）司法行政机关统一管理从事法医类鉴定、物证类鉴定与声像资料类鉴定的鉴定机构与鉴定人。

《鉴定管理决定》驱动司法行政机关自上而下大刀阔斧地启动了司法鉴定统一管理进程：首先，司法部2006年成立司法鉴定管理局（2016年与其他相关部门合并成立公共法律服务管理局），主管全国司法鉴定管理工作；地方司法行政机关也逐步组建司法鉴定管理部门。② 据统计，截至2015年，全国31个省、自治区、直辖市的司法部门建立了司法鉴定管理局（处），237个地（市）级司法局相继设立了司法鉴定管理科室，配备了司法鉴定专职管理干部。其次，司法行政机关相继颁布了涉及司法鉴定管理方方面面的规章、地方性法规、规范性文件、鉴定技术标准——仅司法部就颁布了100余部司法鉴定管理方面的规章制度，较大程度地实现了对“三大类”（2016年前）或“四大类”（2016年后）鉴定机构、鉴定人的实质化管理。③ 最后，司法行政机关的统一管理规模，也从2005年的1385家“三大类”鉴定机构，增加到2017年的2606家“四大类”鉴定机构，12年年均增长7.35%。

另外，2005年之后，部分地方司法行政机关依旧登记、注册管理“三大类”外的鉴定机构、鉴定人。例如，2006年全国25个省（区、市）的

① 2001年，全国人大内务司法委员会起草了《关于司法鉴定管理问题的决定草案》，并于2002年12月23日提请九届全国人大常委会第31次会议审议。当时有关部门对司法鉴定的管理体制、管理内容等问题意见分歧较大，难以在短时间内提出草案修改稿提请常委会会议进一步审议。两年后，各方面对司法鉴定管理制度的认识已经基本一致，全国人大法律委员会对原草案进行了逐条审议并提出修改意见，形成新的草案修改稿，经第十届全国人大常委会第13次、第14次会议审议后最终获得通过，于2005年颁布。参见霍宪丹、郭华：《中国司法鉴定制度改革与发展范式研究》，法律出版社2011年版，第1页。

② 2018年，司法部相关职能部门调整，司法鉴定管理局与其他相关部门，重新组建成立了公共法律服务管理局，司法鉴定管理成为该局的主要职责之一。

③ 2015年12月21日，《最高人民法院、最高人民检察院、司法部关于将环境损害司法鉴定纳入统一登记管理范围的通知》将环境损害司法鉴定纳入了司法行政机关统一登记管理范围。

司法行政机关对 2017 家从事知识产权司法鉴定、司法会计鉴定、建筑类司法鉴定、产品质量类司法鉴定等其他类的鉴定机构、鉴定人进行登记管理。但根据 2017 年《司法部关于严格准入　严格监管　提高司法鉴定质量和公信力的意见》，司法行政机关将不再登记管理“四大类”之外的其他类鉴定机构、鉴定人。据此，除个别省级司法行政机关之外，其他地方的省级司法行政机关统一管理的范围逐渐限缩到四大类鉴定机构、鉴定人。截至 2022 年年底，司法行政机关统一管理的四大类社会鉴定机构、鉴定人分别为 2837 家、36767 人。①

虽然有国家授权，司法行政机关的统一管理进程依然在《鉴定管理决定》颁布后至少遭遇下述挑战。2005 年 4 月 20 日，《鉴定管理决定》尚未实施，公安部就发出《关于贯彻落实〈全国人民代表大会常务委员会关于司法鉴定管理问题的决定〉进一步加强公安机关刑事科学技术工作的通知》，要求公安机关的鉴定机构和鉴定人一律不准到司法行政机关登记注册，自 2005 年 10 月 1 日起，已在司法行政机关登记注册的将自动失效；公安机关将实行统一的鉴定机构和鉴定人名册制度，准予登记的鉴定机构和鉴定人，将统一编入公安机关鉴定机构和鉴定人名册。②

与此同时，最高人民检察院“依样画葫芦”，对检察机关的鉴定机构、鉴定人进行排他性的内部名册管理。③ 2007 年 8 月 23 日，被撤销鉴定机构的最高人民法院下发《对外委托鉴定、评估、拍卖等工作管理规定》，试图建立法院系统的鉴定管理制度：（1）在司法行政机关登记注册的“三大类”鉴定机构、鉴定人的基础上择优编制“册中册”；（2）对“三大类”

---

① 参见司法部公共法律服务管理局：《2022 年度全国司法鉴定工作统计分析报告》，载《中国司法鉴定》2024 年第 1 期。

② 2005 年 12 月 29 日，公安部出台《公安机关鉴定机构登记管理办法》和《公安机关鉴定人登记管理办法》，规定公安部和各省、自治区、直辖市公安厅、局设立或者指定统一的登记管理部门，负责公安系统鉴定机构、鉴定人资格的审核登记、延续、变更、注销、复议、名册编制与公告、监督管理与处罚等事项。

③ 最高人民检察院于 2006 年 11 月 30 日颁布《人民检察院鉴定机构登记管理办法》《人民检察院鉴定人登记管理办法》，要求最高人民检察院负责本院和省级人民检察院鉴定机构、鉴定人的登记管理工作，省级人民检察院负责所辖地市级、县区级人民检察院鉴定机构、鉴定人的登记管理工作；最高人民检察院检察技术部门和各省级人民检察院检察技术部门是人民检察院鉴定机构、鉴定人的登记管理部门，具体负责鉴定机构、鉴定人资格的登记、审核、延续、变更、注销、复议、名册编制与公告、监督及处罚等。

外的鉴定机构、鉴定人选择性登记注册；（3）法院对外委托只能委托上述名册中的鉴定机构、鉴定人；（4）对名册中的鉴定机构、鉴定人进行监督。①

公检法机关的分权化管理，导致我国司法鉴定管理体制呈现如下特点：对侦查机关的“三大类”鉴定机构、鉴定人，公安、检察机关实施实质性的统一管理，司法行政机关只有名义上的管理权；对“四大类”社会鉴定机构、鉴定人，司法行政机关积极推进实质化的统一管理；法院系统通过建立对外委托名册制度，对登记入册的“四大类”社会鉴定机构、鉴定人以及其他类鉴定机构、鉴定人进行统一管理，但因为没有配套的管理制度，法院的管理水平，至多停留于形式化的统一管理阶段。

司法鉴定管理权的争夺，驱使中央政法委员会于2008年1月17日出台《关于进一步完善司法鉴定管理体制遴选国家级司法鉴定机构的意见》。中央政法委权力斡旋的结果，便是采取“双重管理模式”：侦查机关的鉴定机构和鉴定人实行所属部门的直接管理和司法行政部门的备案登记管理。② 换言之，侦查机关进行实质化的统一管理，司法行政机关获得形式化的统一管理权。但遗憾的是，部分公安、检察机关至今依然拒绝内部鉴定机构、鉴定人到司法行政机关备案登记。

针对法院的“越权管理”，全国人大常委会法工委在《对如何处理省高级人民法院制定的规范性文件的意见》（法工委复〔2008〕10号）中明确指出：“黑龙江省高级人民法院发布公告，规定由省高级人民法院统一编制辖区内法院系统司法鉴定工作名册，与全国人大常委会上述决定的规定

---

① 《对外委托鉴定、评估、拍卖等工作管理规定》规定，人民法院对外委托鉴定……按照公开、公平、择优的原则，实行对外委托名册制度，最高人民法院司法辅助工作部门负责《最高人民法院司法技术专业机构、专家名册》的编制和对入册专业机构、专家的工作情况进行监督和协调……法医、物证、声像资料三类鉴定的专业机构名册从司法行政管理部门编制的名册中选录编制。其他类别的专业机构、专家名册由相关行业协会或主管部门推荐，按照公开、公平、择优的原则选录编制。法院司法行政辅助部门应对名册中的专业机构、专家履行义务的情况进行监督。

② 随后，最高人民法院、最高人民检察院、公安部、国家安全部、司法部联合发布《关于做好司法鉴定机构和司法鉴定人备案登记工作的通知》，对双重管理模式进行了细化：公安机关履行内部鉴定机构和鉴定人的资格审查、年度审验、资格延续与变更注销、技术考核和监督检查等职责；司法行政机关对经公安机关审查合格的鉴定机构和鉴定人免费进行备案登记，编制和更新鉴定机构、鉴定人名册并予以公告。

不符。同时，地方法院对属于司法鉴定行政管理工作的事项作出规定，也超出了地方法院的职权范围。”然而，全国人大常委会法工委的上述意见并无法律约束力，最高人民法院与省级人民法院依然另行建立鉴定机构、鉴定人名册。

第四节　法庭科学标准化与认证认可

法庭科学承担着保障司法公正、维护社会安定的重要任务，对其过程、管理、技术环节均应严格要求。标准化，是现代法庭科学的必由之路。法庭科学标准缺失，可能导致案件定性、审批的严重错误。如“赵作海”案，因“编织袋同一认定”“无头尸体被认定”“DNA 鉴定无结果”等错误的法庭科学技术与管理环节而致使实际上的受害人“赵作海”被判处死缓；“海尔布隆幽灵杀手”案，40 余个犯罪现场的 DNA 检验结果均指向同一名“女性连环杀手”，而她却是棉签拭子工厂的一名无辜女工；在“3·11 马德里恐怖袭击”案的调查中，美国联邦调查局（FBI）根据现场指印错误逮捕了美国律师梅菲尔德，最终不得不公开致歉并赔偿。为了确保法庭科学的严肃性、准确性，进而为各类案件的侦查和审判提供坚实可靠的证据基础，法庭科学工作的规范化、标准化已成为不可或缺的要求。加强司法鉴定标准化的建设，是当前迫切需要进行的一项重要任务。

一、法庭科学标准化发展历程

（一）域外法庭科学标准化发展历程

1970 年，美国材料与试验协会（ASTM）创立了法庭科学领域的技术委员会，负责制定并颁布法庭科学相关标准，获得了国际上的广泛认可。同时，在法庭科学领域，多个美国政府部门的技术机构，诸如美国国家标准技术研究院（NIST）等，也积极参与标准制定工作。例如，1986 年 NIST 就发布了指纹识别数据交换标准。此外，美国科学工作组（SWG）在标准化领域也扮演着重要角色。值得一提的是，1988 年，美国联邦调查局（FBI）为了推进 DNA 分析技术的专业化和标准化，设立了 DNA 分析方法技术工作组（TWGDAM），后更名为 DNA 分析方法科学工作组（SWGDAM）。该工作组的主要职责是研究和开发更加准确、可靠的 DNA 分析技术，并制定相应的操作规范和技术标准。SWGDAM 目前由来自国际、联邦、州和地方法医 DNA 实验室的专职法医科学家以及代表学术界和其他联邦机构的专家组成。其主要目标是推动新技术的交流和制定相应的工作指导方针。

2009 年，美国国家研究委员会在经过深入且全面的研究后，发布了一份备受瞩目的权威报告，即《美国法庭科学的加强之路》。该报告全面审视了美国法庭科学领域的现状与挑战，呼吁建立国家法庭科学研究所，制定法庭科学标准，以标准化解决法庭科学中的突出问题。这份报告受到了广泛的关注和认可，并引起了美国科技政策办公室（OSTP）的高度重视。OSTP 在国家科学技术委员会（NSTC）下组建了法庭科学分委会（SoFS），负责全面协调、推动和监督美国法庭科学领域的改革与发展。通过 SoFS 的努力，美国法庭科学得以在技术支持、标准制定、教育培训等方面取得显著进展，进一步提升了法庭科学的准确性和公正性。2014 年 2 月，美国法庭科学国家委员会（NCFS）正式成立，并设立了“科学领域全体委员会”（OSAC）。这一变革不仅提升了法庭科学在美国司法体系中的地位，还为全球法庭科学的发展树立了新的标杆。

欧洲标准化委员会（CEN）是 1961 年在布鲁塞尔成立的非营利性国际科技标准化机构，由西欧国家标准化机构组成，为欧洲三大标准化组织之一。其颁布的欧洲标准被其成员国所采纳。虽然 CEN 成立了法庭科学过程技术委员会，但至今主要是转换和适用 ISO 法庭科学技术委员会（ISO/TC 272）国际标准，尚未形成自有标准。除了标准，CEN 还发布技术规范、技术报告、指南和研讨会协议等文件。

1992 年，西欧各国政府设立的负责法庭科学研究的实验室主管意识到，为了更有效地探讨和解决共性问题，有必要建立一个定期会议的机制。次年，欧洲 11 个法庭科学实验室代表在荷兰赖斯韦克聚会，决定成立欧洲法庭科学研究机构联盟（ENFSI）。该联盟发布最佳实践手册和法庭科学指南，前者主要提供最佳实践方法，后者基于专家共识提供指导建议。

作为全球最具权威性的国际标准制定机构之一，国际标准化组织（ISO）在全球范围内拥有举足轻重的地位。为了促进法庭科学技术的持续进步，ISO 于 2012 年专门设立了法庭科学技术委员会。该委员会的主要使命是负责制定法庭科学领域的国际标准，尤其是承担 ISO 21043 法庭科学系列国际标准的编制工作，为国际法庭科学的发展提供技术支撑。这一标准体系涵盖了术语和定义，物证的识别、记录、采集，运输和储存，分析与检验，以及结果解释和报告等五个关键部分。

2018 年，ISO 已经正式颁布了 ISO 21043 系列标准的两个部分。其中，ISO 21043. 1 作为术语篇（Vocabulary），为整个系列标准提供了 31 个核心术语定义，为标准的理解和应用奠定了重要基础。ISO 21043. 2 则专注于现场物证的识别、记录、采集、运输和储存（Recognition，recording，collecting，transport and storage of items），通过对这一标准的主要内容和特点进行深入分析，为相关部门在制定和应用相关标准时提供了宝贵的参考。2025 年，ISO 对第一部分进行了更新，并发布了 ISO 21043. 3、ISO 21043. 4、ISO 21043. 5 三个部分，分别对法庭科学中的分析（Analysis）、解释（Interpretation）、报告（Reporting）进行了详细规定。

（二）我国法庭科学标准化发展历程

与域外法庭科学标准化的发展历程相比，我国的法庭科学标准化建设在时间上稍显滞后。1991 年刑标委成立，标志着我国法庭科学标准化建设迈出了坚实的第一步。

虽然刑事技术领域的标准化工作起步较早，但在“司法鉴定”领域的标准化工作起步较晚。2005 年，《鉴定管理决定》施行，该决定对加强司法鉴定管理，规范司法鉴定活动具有重要意义。《鉴定管理决定》规定司法鉴定应“遵守技术操作规范”，司法鉴定机构应“通过计量认证或实验室认可”。该决定的施行有力推进了司法鉴定的“标准化”工作。

随着认证认可工作的推进，司法鉴定标准的缺乏问题愈显突出。2010 年，司法部（司法鉴定管理局）发布了第一批部颁标准（技术规范），计 25 项。至 2023 年年底，司法部已发布标准共计 9 批次。这些标准不仅涵盖了现行四大鉴定类别，为司法鉴定行业的全面发展提供了有力支撑。近年来，《司法鉴定行业标准体系》《司法鉴定技术规范编写规则》《司法鉴定标准化工作指南》等标准的出台，标志着我国司法鉴定标准化工作进一步走向规范化。

二、我国现行法庭科学标准化工作现状

（一）制标主体

刑标委是全国范围内法庭科学领域标准化工作的专业技术组织，负责推动该领域的标准化进程。自成立之初，刑标委设立了毒物分析、刑事信息、指纹检验、理化检验、刑事照录像和法医检验6个技术委员会，2009年增设了电子物证检验、痕迹检验、刑事技术产品和文件检验4个专业技术委员会。

截至2023年12月，刑标委已经制定和修订了大量的标准，其中包括79项相关国家标准（其中67项为现行标准，12项已废止），以及424项相关现行行业标准。这些标准涉及法庭科学工作的多个核心领域。它们不仅明确界定了专业术语，规范了现场勘查和物证提取的操作流程，详细阐述了检验鉴定所采用的方法和技术细节，还涵盖了鉴定文书的编制要求，实验室的建设与管理准则，以及刑事技术产品的研发与应用方向。

尽管刑标委在法庭科学标准化领域作出了出色的工作，但其公安工作属性仍不能完全替代司法行政部门。依据《鉴定管理决定》，各级司法行政部门在司法鉴定领域中具有核心管理职责。同时，《司法鉴定标准化工作指南》也规定司法鉴定标准化专家委员会、秘书处、专业组分工负责司法鉴定领域的标准化技术工作，并受司法部标准化归口管理部门指导。

自2010年发布首批部颁技术规范以来，截至2023年年底，司法部共发布了9批共203项司法鉴定技术规范，涵盖了法医、物证、声像、环境损害评估四个领域。

（二）标准分类

法庭科学标准按其内容可分为基础标准、技术标准以及管理标准三大类别。

基础标准是法庭科学活动的通用指导原则，主要涵盖两大类别。第一类是构成其他标准基础的通用性标准，它们通常具有广泛的适用性，不局限于特定的领域或情境。第二类则是可以直接应用于实践的基础性标准，

它们通常与特定领域或行业相关，为相关领域的从业人员提供了明确的行为准则和评价标准。

技术标准是专为解决法庭科学活动中涉及的技术问题而设立的规范。这些标准涵盖了取证技术规范和检验鉴定技术准则等多个方面，为法庭科学的检验鉴定工作提供了重要的指导和参考。取证技术标准主要着眼于检材和样本的提取过程，确保这一过程的科学性和准确性；检验鉴定技术标准则详细规定了各种技术方法，以便对检材和样本进行精确无误的检验和鉴定。这些标准的制定和实施，对于提升法庭科学活动的专业性和可靠性具有重要意义。

管理标准是为了确保法庭科学标准化领域内的各项管理活动能够协调统一而制定的标准。这些标准涵盖了人员、设施管理、环境安全管理以及质量控制等关键领域。以《司法鉴定行业标准体系》（SF/T 0061—2020）为例，它明确界定了司法鉴定行业应遵循的管理规则和操作准则，为司法鉴定行业的规范化管理提供了全面的指导。这些规定的实施，旨在确保司法鉴定工作的有序开展和质量的稳步提升。

三、我国法庭科学标准化发展趋势

（一）不断完善标准管理

目前，全国范围内法庭科学领域标准化的主要推动者是刑标委和司法鉴定标准化专家委员会，二者分别由公安部、司法部组织并在其指导下开展工作。法庭科学是典型的交叉学科，其标准化工作需多个部门协作。

多部门推动的法庭科学标准制定工作带来了标准间的协调问题。不同的标准之间，或者标准与法律、法规以及其他文件之间，未能进行很好的配合，从而导致一些混乱，如重复、冲突，或者一些部分缺失。如法医临床鉴定方面，曾长期缺乏统一的人身伤残鉴定标准。在 2017 年 1 月之前，涉及伤残（残疾）等级鉴定的各种标准纷繁复杂，包括道路交通事故标准、职工工伤标准、医疗事故标准以及各地方制定的区域性标准等。同一个损伤情况，依据不同的标准可能会得出不同的评定结果。2016 年，最高人民法院、最高人民检察院、公安部、国家安全部以及司法部联合发布了《人体损伤致残程度分级》，并在全国范围内统一实施。

为了提升司法鉴定工作的专业性和标准化水平，必须建立统一的管理机制。依据《全国专业标准化技术委员会管理办法》，有望成立全国范围内的，兼顾司法鉴定标准化、刑事技术标准化及其他部门的标准化工作协调委员会，有效组织标准的制定、修订，共同推动法庭科学工作的日益标准化。

（二）不断完善法庭科学标准体系

标准化既是现代法庭科学发展的必然要求，也是法律法规的明确要求。《司法鉴定程序通则》要求司法鉴定需依次采用国家标准、行业标准和技术规范，在上述两类标准缺乏的情况下，方可采用“多数专家认可”的技术手段或方法。

法庭科学涉及的管理、技术过程繁多，现有的标准仍远未能覆盖法庭科学的全部领域。“多数专家认可”不仅是权宜之计，也容易引起争议，是目前行业乱象的滋生之源。长期来看，仍然需要大力推进标准建设工作。

以法医、物证、声像资料、环境损害评估“四类”司法鉴定为例，虽然司法部、刑标委已经推出了相应的标准体系，但仍然远未能满足复杂多变的司法鉴定需求。目前现行有效或即将实施的法庭科学类（分类号：A92）国家标准共计 73 项，远不能满足需求。刑标委推出的《法庭科学文件检验标准体系表》（GA/T 1687—2019）中总共列举了 119 项标准，大部分仍处于拟编、在编状态。

我国法庭科学还面临标准陈旧问题。标龄，即标准从实施之日起到其复审、修订或废止所经过的时间，是标准适应性和生命力的体现。一个标准标龄过长，通常意味着它可能已经无法适应当前技术发展的步伐。在法庭科学这一技术快速演进的领域，对于标准的要求更加严格。因此，对于标龄过长的标准，我们需要重新审视其适用性，考虑是否需要进行修订或废止，以确保其能够适应现代法庭科学技术的需求。

（三）规范标准执行力度

法庭科学相关标准的执行力度并未达到理想状态。一些机构和相关从业人员在实际操作中并未严格遵循科学标准，导致实际操作与标准之间存在明显的偏差。这种偏差不仅影响了司法鉴定案件工作的准确性和公正性，对法律决策也可能产生深远影响。原因主要有以下几点：首先，相关机构和人员重视程度不够、认知不足；其次，我们的标准以“推荐采用”为主，约束力不强；最后，现有标准可行性仍待改进，需提高标准的可操作性。

（四）引进和吸收国际标准

虽然我国法庭科学标准化有自身特色，但美国、欧盟和澳大利亚在标准化工作方面的经验仍然可作为我国法庭科学标准化的他山之石。法庭科学领域的他国标准不宜直接在我国采用。参与国际交流合作，积极吸收国外法庭科学优秀标准精髓，通过引进、吸收国外标准的先进做法并结合我国国情进行改良，仍然是加快我国法庭科学标准化建设的重要路径之一。

四、法庭科学与认证认可

全国人大常委会颁布的《鉴定管理决定》第5条从业条件中明确指出，司法鉴定应当“有在业务范围内进行司法鉴定所必需的依法通过计量认证或者实验室认可的检测实验室”。该决定以法律形式将认证认可引入司法鉴定行业，作为司法鉴定机构设立的必要条件之一。此后，司法部以及国家认证认可监督管理委员会等出台了一系列法规和文件，将司法鉴定机构的认证认可由自愿活动转变为强制性要求，从而使司法鉴定机构管理和司法鉴定活动模式走向并提升至标准化、规范化、科学化和国际化的层面。

（一）国内外法庭科学机构的认可发展

国际上实验室认可体系起源于1947年澳大利亚国家检测机构协会（NATA）。检查机构的国际认可始于20世纪80年代。在国际法庭科学领域，有认可需求的机构主要包括刑事技术部门和司法鉴定机构（以下统称法庭科学机构）。20世纪70年代，美国即尝试建立美国法庭科学实验室认可制度。1982年伊利诺伊州8个法庭科学实验室通过认可，加拿大、欧盟各成员国、澳大利亚、中国香港等国家和地区的部分法庭科学实验室均启动了认可（基于ISO/IEC 17025标准）。至2002年，美国已有71%的公立法庭科学实验室通过了实验室认可。2004 年欧洲法庭科学研究机构联盟（ENFSI）的 52 家机构中有 17 家通过了实验室认可，占总数的 32.7%。获得权威机构认可，成为发达国家司法鉴定机构证明其技术能力和管理水平的自我要求和通行做法。多国法庭科学实验室以及香港特别行政区政府化验所的认可实践为我国司法鉴定机构/刑事技术部门的认可提供了示范和借鉴。

《认证认可条例》指出：认证，是指由认证机构证明产品、服务、管理体系符合相关技术规范、相关技术规范的强制性要求或者标准的合格评定活动；认可，是指由认可机构对认证机构、检查机构、实验室以及从事评审、审核等认证活动人员的能力和执业资格，予以承认的合格评定活动。

法庭科学“认证认可”中的“认证”来源于适用实验室的“计量认证”和适用检查机构的“审查认可”。2006 年颁布《实验室和检查机构资质认定管理办法》（已失效）后统称为“资质认定”。我国《计量法》第 22 条明确规定，“为社会提供公证数据的产品质量检验机构，必须经省级以上人民政府计量行政部门对其计量检定、测试的能力和可靠性考核合格”。《检验检测机构资质认定管理办法》也规定，为司法机关作出的裁决、为行政机关作出的行政决定、为仲裁机构作出的仲裁决定、为社会经济、公益活动出具具有证明作用的数据和结果的检验检测机构，应当取得资质认定。计量认证（资质认定）是我国法律规定的适用于各行各业的一项基本制度，也是我国参考国际认可形式而在国内设置的相类似的评价方式。我国司法鉴定机构的资质认证最早案例之一是司法鉴定科学研究院（原司法鉴定科学技术研究所）于 21 世纪初通过评审，获得“检验检测机构资质认定证书”。

法庭科学“认证认可”中的“认可”来源于适用实验室的“实验室认可”和适用检查机构的“检查机构认可”，其评审依据分别为 ISO/IEC 17025 和 ISO/IEC 17020。我国司法鉴定机构的较早通过认可的机构是北京市公安局（2003 年）和司法鉴定科学研究院（2004 年）。

（二）法庭科学认证认可的必要性

随着鉴定意见在诉讼中的证据作用日趋重要，诉讼各方和社会公众往往会对其过程的透明性、结果的科学性产生一定的怀疑，亟须适格的独立第三方能够对鉴定机构、刑事技术机构进行全方位的权威、客观、有效评价。认证认可是目前最为有效、最为直接的方式之一。

认证认可有助于推进司法鉴定公信力建设。现代诉讼涉及的技术问题复杂，无论是审判人员还是诉讼参与人不得不依赖法庭科学机构对其进行鉴定和解释，以审判为中心诉讼制度改革进一步强化了对证据的要求。基于鉴定意见在证据体系中的关键作用，必须采取相应措施保障鉴定结果的科学、可靠，实现司法鉴定的公信力建设。2017 年 7 月，中央全面深化改革领导小组《关于健全统一司法鉴定管理体制的实施意见》明确要求“不断提高司法鉴定质量和公信力，保障诉讼活动顺利进行，促进司法公正”。但司法鉴定行业，依然面临着鉴定机构、鉴定人综合素质参差不齐，鉴定技术水平有待提高，多次鉴定、重复鉴定问题依然制约诉讼的进程，质量低下，甚至错误的鉴定意见依然屡见不鲜的问题，严重影响司法公正结果。面对公众对司法鉴定的公信力的质疑，认证认可这一独立于司法鉴定的第三方能够对行业进行评价，可帮助社会公众对出具鉴定意见的主体的各项能力进行基础性判定，促进鉴定机构、鉴定人提升综合实力，促进司法鉴定公信力建设。

认证认可有助于推进诉讼活动的顺利运行。在诉讼活动中，法官需从实体和程序两个方面对鉴定意见进行全方位的审查。然而，对现代法庭科学鉴定结果的审查，实质上往往限于形式审查；即便有专家辅助人制度的支持，法庭仍然难以在有限的时间内对鉴定过程、鉴定意见进行实质审查。认证认可提供了对法庭科学机构软硬件实力的综合、系统评价，既涵盖程序问题，也包括实质性的技术审查，并由独立第三方提前完成，可作为对鉴定意见的科学性的初步保障，能够有效减少司法鉴定行业乱象，提高诉讼效率。

认证认可有助于推进司法鉴定意见的国际互认。通过认可机构出具的鉴定报告，可在不同国家或地区之间的互认的基础上，获得国际认可。该机制可以有效保障我国鉴定机构、鉴定人根据我国法律、技术标准等出具的鉴定意见，在其他国家或地区得到承认。

（三）我国司法鉴定认证认可实践

我国司法鉴定机构的认证认可实践始于 2002 年，司法鉴定科学研究院

(原司法部司法科学鉴定技术研究所) 于2002年率先通过计量认证。2005年《鉴定管理决定》的颁布，在法律层面对司法鉴定机构认证认可提出要求。之后司法部、公安部、最高人民检察院相继出台各自领域的鉴定机构登记管理办法，均规定鉴定机构应有“依法通过计量认证或者实验室认可的检测实验室”。2008年7月，司法部和国家认证认可监督管理委员会联合决定在北京、江苏、浙江、山东、重庆、四川6个省（市）开展为期2年的司法鉴定机构认证认可试点工作。2009年4月，司法部、国家认证认可监督管理委员会联合印发了《司法鉴定机构资质认定评审准则（试行)》(已失效)。2012年4月，司法部、国家认证认可监督管理委员会联合下发《关于全面推进司法鉴定机构认证认可工作的通知》（已失效)，要求全面推进司法鉴定机构依法通过资质认定或认可工作；2012年9月，司法部、国家认证认可监督管理委员会联合印发了《司法鉴定机构资质认定评审准则》。2015年，国家质量监督检验检疫总局（已撤销）颁布《检验检测机构资质认定管理办法》（已修改）以及国家认证认可监督管理委员会颁布《检验检测机构资质认定　司法鉴定机构评审补充要求》（已废止)，在统一标准的前提下体现司法鉴定活动的特殊要求。

在法庭科学认可领域，初期认可评价体系采用实验室认可和检查机构认可并存的方式，即法医物证、法医毒物、微量物证、声像资料、电子物证领域采用CNAS－CL01《检测和校准实验室能力认可准则》（ISO/IEC 17025）进行实验室认可，而法医病理、法医临床、文书鉴定、痕迹鉴定领域采用CNAS－CI01《检查机构能力认可准则》（ISO/IEC 17020）进行检查机构认可。2013年发布的《司法鉴定/法庭科学机构能力认可准则》(CNAS－CL08)，覆盖了ISO/IEC 17025的全部管理要求和技术要求，同时部分条款和注解引用了ISO/IEC 17020和《法庭科学机构认可指南》(ILAC－G 19：2002）的部分内容及我国法律法规的相关要求，以满足司法鉴定领域和鉴定活动的法律属性。该准则的发布和实施，标志着中国合格评定国家认可委员会（CNAS）创建了适用于司法鉴定/法庭科学机构的专项认可制度，我国的法庭科学领域认可工作进入了一个新阶段。

自《鉴定管理决定》实施以来，我国法庭科学机构认证认可工作取得了显著成效。认证认可有效促进了机构的规范化建设，促进机构完善管理体系，强化硬件建设、队伍建设、能力建设，进入良性发展轨道；认证认可对“人机料法环”等多要素的全面要求，切实降低了主客观因素所致的质量问题，增强了鉴定结果的可靠性，使行业乱象得到初步治理，提升了法庭科学/司法鉴定的行业形象和公信力。

第八章　中外现代法庭科学比较

法庭科学是一门自然科学与法律相互交叉融合的应用科学，起源于19世纪下半叶的欧洲，在最近的100多年不断发展壮大，形成了如今以法医学和刑事科学技术为主体的学科体系。在法庭科学发展的过程中，由于各国的社会制度、法治体系以及历史文化千差万别，因此在建立和发展法庭科学相关学科体系方面也存在较大的差异。本章对各国的法庭科学相关法律制度、证据立法、证据标准以及意见质证与采信方式进行比较，以便读者能够从更广阔的视角来深入了解法庭科学。

第一节　中外法庭科学法律制度比较

法庭科学在刑事司法中具有重要的作用，它为查明真相、保障公正、维护法治提供了科学依据和技术支持。不同国家和地区的法庭科学发展水平和应用范围各不相同，这与其法律制度和文化传统有着密切的关系。本节将从以下几个方面对中外法庭科学的法律制度进行比较，以期揭示其异同和特点，为我国法庭科学的发展和完善提供参考。

一、法庭科学的定义和范围

不同国家对于法庭科学的定义和范围有着不同的理解和规定。在西方国家，法庭科学一般被理解为一门应用自然科学和社会科学的知识和方法，对与司法活动相关的物证进行检验、分析、鉴定和评估的一门综合性学科。这种理解主要强调了法庭科学的自然科学性和技术性，而较少涉及人证、文书等其他类型的证据。这与西方国家刑事诉讼制度中物证优先原则有关。物证优先原则是指在刑事诉讼中，物证具有高于其他类型证据（如人证、文书等）的价值和效力，因为物证更能客观地反映犯罪事实，而其他类型证据则容易受到主观因素（如记忆、情感、意志等）的影响。因此，在西方国家的刑事诉讼中，物证通常被视为最可靠和最有说服力的证据，而人证则被视为次要或辅助性的证据。在我国，法庭科学一般被理解为一门应用自然科学和社会科学的知识和方法，对与司法活动相关的各种类型的证据（如物证、人证、文书等）进行检验、分析、鉴定和评估的一门综合性学科。这种理解主要强调了法庭科学的综合性和多元性，而不仅限于物证。这与我国刑事诉讼制度中各种类型证据平等原则有关。各种类型证据平等原则是指在刑事诉讼中，各种类型证据（如物证、人证、文书等）都具有相同的价值和效力，没有优劣之分，只有真实与否之别。因此，在我国刑事诉讼中，物证并不一定优于其他类型证据，而是要根据其真实性、相关性、充分性等因素进行综合评价。

二、法庭科学的法律地位和作用

不同国家对于法庭科学在刑事司法中的地位和作用有着不同的认识和规定。在西方国家，法庭科学被视为刑事司法的重要组成部分，为查明真相、保障公正、维护法治提供了科学依据和技术支持。西方国家对于法庭科学提出了严格的要求和标准，要求其符合科学性、可靠性、有效性等原则，并通过相应的程序规则来保障其合理使用。例如，美国联邦最高法院在 1993 年作出的多伯特等诉梅里尔·道药品公司（Daubert v. Merrell Dow Pharmaceuticals）案中，明确规定了法庭科学证据在刑事诉讼中的地位和作用，并提出了评价其可靠性和有效性的标准。英国刑事诉讼规则委员会在 2015 年发布的《刑事诉讼规则》中，也明确规定了法庭科学证据在刑事诉讼中的地位和作用，并提出了相关的程序规则。欧洲委员会在 2016 年发布的《欧洲联盟刑事司法领域使用法庭科学证据指南》中，也明确规定了法庭科学证据在刑事司法领域使用的目标和原则，并提出了相关的建议。在我国，法庭科学被视为刑事司法的重要组成部分，为查明真相、保障公正和维护法治提供了科学依据和技术支持。我国对于法庭科学提出了明确的要求和标准，要求其符合真实性、相关性、充分性等原则，并通过相应的工作规则和管理规则来保障其合理使用。我国已经逐步建立了法庭科学的标准体系，国家标准、行业标准、企业标准逐步建立完善。例如，最高人民检察院在2011年发布的《关于办理刑事案件审查判断证据若干问题的规定》中，明确规定了对鉴定意见审查的内容及要求。最高人民法院在2019年最新修正的《最高人民法院关于民事诉讼证据的若干规定》中，也明确规定了司法鉴定在民事诉讼中应遵守相应的勘验、鉴定技术标准。司法部在2016年发布的《司法鉴定程序通则》中，也明确规定了司法鉴定技术标准种类、使用的原则和要求，并组织制定了一系列的司法鉴定行业技术标准。

三、法庭科学的组织机构和人员

不同国家对于法庭科学的组织机构和人员有着不同的设置和管理。在西方国家，法庭科学的组织机构和人员一般具有独立性、专业性和多样性的特点。这些特点既保证了法庭科学的客观性和公正性，又满足了法庭科学的多元化和个性化的需求。同时，西方国家也对法庭科学的组织机构和人员有着严格的质量管理和监督，要求其符合相关的标准或规范，并通过相应的认证或评估来保障其水平和信誉。例如，在美国，法庭科学的组织机构主要包括联邦层面、州层面和地方层面的各种实验室，这些实验室各自负责不同类型或不同范围的案件，相互之间有着协调和合作的机制。在英国，法庭科学的组织机构主要包括政府层面和私营层面的各种实验室，这些实验室通过竞争性招标或合同方式为警方或检察方提供服务，受到相应的质量认证和监督。在欧洲，法庭科学的组织机构主要包括欧洲层面和各成员国层面的各自的实验室，这些实验室通过欧洲法庭科学机构联盟（ENFSI）等组织进行交流和合作，推动法庭科学的标准化和一体化。在西方国家，法庭科学的人员一般具有高度的专业素养和技能，他们需要接受严格的教育和培训，获得相应的资格或证书，并参与相关的研究或发表相关的论文。他们在刑事司法中扮演着重要的角色，他们不仅要为警方或检察方提供专业的鉴定意见或报告，还要在法庭上作为专家证人出庭作证，为法官或陪审团提供科学的解释或建议。

在我国，法庭科学的组织机构和人员一般具有统一性、多元性和发展性的特点。例如，法庭科学的组织机构主要包括司法机关层面、公安机关层面、司法行政机关层面和高等院校或科研机构层面的各种司法鉴定机构，这些机构各自负责不同类型或不同范围的案件，相互之间有着协调和合作的机制。在我国，法庭科学的人员主要包括司法鉴定人、司法技术人员、司法专家等。这些人员分别具有相应的资格条件、职责范围、权利义务等。在我国，法庭科学的组织机构和人员还处于不断发展和完善的过程中，随着社会需求的增加和技术的进步，不断增加新的专业领域和技术手段。从上述设置可以看出，我国对于法庭科学的组织机构和人员有着较强的统一性、多元性和发展性，既保证了法庭科学的规范性和效率性，又满足了法庭科学的广泛性和创新性。同时，我国也对法庭科学的组织机构和人员有着明确严格的管理和监督，要求其符合相关的条例或规定，并通过相应的考核或评估来保障其能力和质量。

总之，中外法庭科学在定义和范围、地位和作用、组织机构和人员等方面都存在一些异同和特点。这些异同和特点反映了不同国家和地区在刑事司法理念、文化等方面的差异。我们可以参考西方国家在法庭科学方面的先进经验和做法，同时更应该结合我国的国情和实际，不断完善和发展我国的法庭科学法律制度，为我国的刑事司法提供更加科学、公正、有效的服务。

第二节　法庭科学证据立法比较

一、法庭科学的法律背景

（一）法庭科学的法律接受

法庭科学，最终是要在法庭上证明相应的工作成果，法庭科学专家面对的是与其所学完全不一样的情况，必须学会用法律护航。同样地，律师也应该懂得基础的科学知识。在相当大的程度上，专家证据的法律接受应该是可采性规则与专家证据的本质、有效性之间的交互作用的产物。

从法庭科学的发展历史来看，在各种科学、半科学和伪科学技术出现之前，教会和民间执法等使用各种来源的证人陈述，利用上帝的全能来验证被告人有罪或者无罪，使用包括刑讯在内的手段来讯问嫌疑人以获得供词。然而，科学证据不仅能更准确地解决谁做了什么，还使犯罪调查更加人性化。从一些较早的案例中可以发现，科学具有协助解决犯罪调查和法庭举证问题的潜在作用。例如，1699 年，在斯宾瑟·考珀（Spencer Cowper）谋杀案中，在河里发现了受害者。控方认为，被告人杀死受害人后抛尸河中。这个问题需要通过验证受害者是死后抛尸还是死于溺水来解决，法医通过把狗杀死后用水淹没，并与直接把狗溺死后解剖检查它们的肺部，找到了答案。

法庭科学的法律上的接受，因不同国家的法律制度和文化的不同而有所不同。大陆法系国家，特别是欧洲和亚洲国家，法官通常从一个预定的名单中选择任命专家，通常法官接受专家的结论。因此，法院已经认定专家的基础专业知识是有效的并且在专业知识方面是擅长的。相比于更容易提起挑战的英美法系，大陆法系中很少有机会质疑专业知识的可靠性和专家的能力。

（二）法庭科学证据

法庭科学证据的应用与发展显然与法庭科学的发展与应用密切相关，他们相互制约、相互促进。美国司法制度中关于法庭科学的证明力、可信度、可采性的分立质疑对法庭科学本身的发展无疑起到鞭策与促进的作用。理解法庭科学证据标准，对我国法庭科学及其证据的研究与应用有所启迪。

法庭科学证据，与所有其他证据一样，作用在于重建历史事件也包括被起诉的犯罪。法庭科学证据的概念是随着法庭科学的概念而提出的。法庭科学证据倾向于科学的含义，一般指通过科学实验分析得出的证据，不同于早期的证据概念，随着 21 世纪科技的发展，法庭科学证据的内涵也在不断丰富和深化。

法庭科学证据的核心形态，在英美法系一般被归属于意见证据之中，也称“专家证据”“专家证言”“专家意见”“专家证人”等。鉴定意见作为科学活动的产品，常常因为其科学性而可靠，可靠性是证据采纳的先决条件。由于大多数法庭科学证据被归类为意见证据，所以与证据有关法律规定同样对意见证据适用，除了一般证据提到的相关性、证明力、证据能力之外，科学证据还涉及科学性、有效性和可靠性等属于科学范畴的基本概念。例如，保管链的相关要求，包括样本收集、运输、处理、储存；可采性的相关要求，包括非法证据排除、传闻证据规则等，都适用于法庭科学证据。一般有专门的法律或指南来规范收集和处理用于法庭科学的样本，取自人或其财产的样本，往往受制于宪法和人权法案相关的个人隐私。

法庭科学证据的挑战通常集中在可采性。可采性决定了什么样的专家证据可以在庭审中呈现在实施审判者面前。大多数法庭科学证据被归类为意见证据，而意见通常是不可采的，为了在刑事（以及大多数民事）程序中具有可采性，法庭科学必须相关并且满足司法要求已成为禁止意见证据的一般规则的例外。除此之外，还有强制排除责任和酌情排除责任等可涉及法庭科学证据。

以下对国外关于法庭科学证据立法相关条款作一介绍，相关立法条款包括但不限于以下内容。

二、英国法庭科学相关立法

英国证据法中，证据实际上是法官或陪审团用以认定案件事实的材料，且这种材料符合法律规范的要求。据此，英国的证据有两个突出的特点：(1) 证据以法官或陪审团认可为原则。只要法官或陪审团认为该材料具有可采性，就可作为定案的证据。(2) 证据具有法律性。证据的法律性表现在证据的形式（符合英国法律对证据的分类）、证据的取得方式和手段(非法证据排除规则)、证据的认可标准等方面。英国证据法是指规范和调整何种案件事实应在法庭上有相应的证据材料加以证明，什么样的证据材料能用以证明这些事实，以及以何种形式向法院提出这些材料的法律规范综合。由英国法律体系的传统所决定，作为英国法律体系的一个重要组成部分的英国证据法，其表现形式也带有英国法律的多样性的固有特点，具体可分为以下三部分：

第一，普通法或称习惯法（common law）。在英国法律体系中，普通法占有非常重要的地位。所谓普通法，是指人类经验的累积和文明发展过程中所逐步形成的具有普遍约束力的行为规则。英国普通法的历史源远流长，始于奴隶制，到封建时期达到鼎盛，英国资产阶级革命后仍然沿袭大量的普通法内容，其中包括许多的证据规则，如无罪推定原则、排除传闻证据规则、证据的确认规则、最好证据规则等。普通法上的这些证据规则，在当今英国司法中，对运用证据和定案有重要意义。

第二，法院的司法判例（law of case）。在英国，法官既是法律的执行者，又是法律的制定者。由法官制定的法律规则称为司法判例法，即法官立法。按照英国的司法传统，上议院、高等法院、上诉法院及刑事法院对典型案例所作的判决或处理决定，自然形成具有法律约束力的判例，成为下级法院对类似案件判处的法律依据。这种司法判例法既包括实体法和程序法的规则，也包括证据法的规则。例如，以非法方法获取的证据是否一律加以排除的问题，根据英国上诉法院判例中对此类证据运用的解释，非法证据并非一律排除于法庭之外，能否被采用取决于该种证据是否造成了诉讼的相反结果，即审判对被告人是否公正。这一规则成为以后下级法院判案中对非法证据取舍的重要依据。

第三，成文法（written law）。有关英国证据制度的成文法，是英国证据法的最重要组成部分。在英国，专门规范证据制度的成文法有：1898 年的《刑事证据法》、1968 年的《民事证据法》（以后不间断地修改）、1984 年的《警察与刑事证据法》等。

法庭科学证据的开始，可以追溯到 1781 年英格兰诺福克地区有关港口损害原因的福克斯诉查德案（Folkes v. Chadd），当时所确立的专家证据规则为“科学人员在其领域内，可以根据已被证明的事实提供意见”。英国法庭鉴于科学证据的专业性质，赋予法官很大自由裁量权，允许法官在庭审过程中“全程”控制当事人聘请专家的使用，可以参与对专家的询问，对当事人的提问随时提供法庭建议，向陪审团就专家作证的证明价值发表看法等。英国从 19 世纪 60 年代开始，实施一种新的审判方式，即将涉及专家证据的案件由原来的陪审法庭审判，改由大法官法庭审判（chancery court）。最初，这类尝试是在专利案件中，但是到了 1875 年，英国议会通过法案，要求所有涉及科学证据的民事案件，均应由法官自由裁量。按照他们的意见，不应再采取陪审团审判的方式。由此，英国法庭对专家证据的做法很像大陆法，在科学证据问题上，着重于法官职权的主动运用。

英国所制定的关于专家意见证据的法律在其现代化进程中并没有发生很大变化，与专家意见证据相关的立法制定得并不完善。对刑事诉讼中的专家意见证据的规定主要体现在《刑事诉讼规则》（criminal procedure rules）和《刑事审判法》（criminal justice act）两部法律之中。

英国《刑事诉讼规则》由刑事诉讼规则委员会制定，其职责是对治安法院、刑事法院、上诉法院中的刑事案件以及高等法院的上诉案件进行管理和规范。近年来，该规则一直处于不断修订之中。从 2005 年起至今，先后制定了《刑事诉讼规则（2005）》《刑事诉讼规则（2010）》《刑事诉讼规则（2012）》《刑事诉讼规则（2014）》。以《刑事诉讼规则（2014）》为例，对专家意见证据的相关规定主要集中在第 33 部分（规则 33.1 – 33.9），并做出以下几个方面的规定。（1）专家在法庭上的职责。规则中要求专家应当具有某一领域内的专业知识，并且其本身必须是公正无偏的。当一份报告作为证据使用时，应写明其专业领域及对当事人和法庭的告知义务。（2）对专家意见证据做出介绍。其中包括了对诉讼当事人使用专家证据的要求。（3）对一份专家报告的内容做出具体的要求。（4）当诉讼双方当事人均提出专家意见时，应进行对意见证据的审前听证，并且提出对专家的要求。（5）法庭有权指定独立的专家。于2003 年施行的《英国刑事审判法》，第 127 条中简要提到了对专家意见证据的相关筹备工作以及对专家的要求。此外，英国刑事法庭于 1997 年公布了名为 Advance Notice of Expert Evidence 的法律文件。英国治安法院也于同年公布了北爱尔兰地区关于专家意见证据的法定规则，该规则包含了专家意见证据的适用规则、对专家意见证据开示的要求、对专家意见证据的抑制以及对未签署姓名的专家证据的举证等内容。

对 DNA 证据来说，在《警察与刑事证据法》和 1994 年《刑事审判与公共秩序法》中对 DNA 样本的采集、授权以及 DNA 数据库需求等进行了相关要求。随着 20 世纪 90 年代 DNA 数据库的出现，法医学参与更多的法律的执行。DNA 数据库除了将犯罪和犯罪嫌疑人联系在一起的基本功能之外，还提供了犯罪事件和犯罪的信息库。数据库中有任何被判有罪、被指控，或者被怀疑卷入了“可记录犯罪”的实施过程的个体的 DNA 样本。授权提取样本的特权可赋予具有最低级别的警官。法案《刑事审判和警察法案 2001》（criminal justice and police act 2001 UK）允许将任何本应销毁但还未销毁的样本用于对后来发生的犯罪事件所做的调查中。立法机关剔除了因被判无罪而随之销毁相关样本的要求，并在法案中插入了这样一条规定，即允许将相关样本保留在这类环境中以便用于“对犯罪行为进行阻止和侦查，对任何犯法行为或者任何指控的行为进行调查等相关目的”。

英国作为英美法系的发源地，其专家证人制度的发展历史悠久并由此衍生出了专家意见证据规则。随着社会的不断进步与发展，越来越多的案件最终判决的得出都与专家意见证据有关，相关案例不胜枚举。从 1968 年至今有10个与专家意见证据相关的比较著名的判例，这些判例依次是：DPP v. A & BC Chewing Gum Ltd.、R v. Chard、R v. Lowery、R v. Turner、R v. Gilfoyle、R v. Dallagher、R v. Clark、R v. Hodges、R v. Cannings、R v. Somanathan。有些判决确立了运用专家意见证据的指导原则，如R v. Turner。由于相关立法并不完善，英国法庭不仅对专家证据的可采性标准持相对开放的态度，也没有对该证据可被采纳的程度进行重新评估。同时，专家证据的可靠性通常并不作为该证据是否可以被采纳的一个因素，因而使很多案件都因不可靠的专家证据而作出了错误的判决，以下三个判例正是因为不可靠的专家证据而导致错误判决的作出：R v. Dallagher，R v. Clarkand R v. Cannings。

三、美国法庭科学相关立法

（一）选择专家

美国的法庭科学证据主要分为物证、书证和言词证据，刑事和民事诉讼当事人广泛使用专家证言（鉴定意见）。在选择专家证人时需要考虑许多因素，包括专家的可用性、花费、经验和声望。当专家作为顾问时或在诉讼的审前阶段，选择专家的标准可能受限于专家在该领域的能力。然而，作为一名庭审证人，专家的诚信、魅力以及作为证人的整体有效性都将被考虑。因此，应该考虑的不只是专家的正式培训，还有专家的品格、举止和向陪审团组织、表达、解释复杂概念的能力。专家的品格、客观性和公正性很大程度上决定了法官或陪审团赋予专家意见的价值。当然，专家证书的质量也是需要考虑的重要因素。

法庭必须规定证人是否有资格作为专家证人。美国《联邦证据规则》第702条规定，证人必须具备知识、技能、培训、经验和教育的基础才有资格作为专家。专家证人必须具备这些特征中的一项，法官才会裁定专家有资格给出意见。此外，对陪审员来说，专家证人的经验和培训经历往往比学术背景更为重要并且更有价值。

美国《联邦证据规则》第702~706条有关专家证人证言的内容，重点在于规定专家证人证言在符合何种条件时才具有可采性（第702条规则），专家证人提出专家意见可依据哪些事实与数据，不能依据哪些事实与数据

(第703条规则)，专家证人证言的适用范围（第704条规则)，将专家证人证言作为证据使用时应当遵循的程序（第705条规则)，法院指定专家证人的程序（第706条规则）进行了规定。

（二）可采性规则

美国法院对法庭科学证据的判定标准主要有两个：可靠性、可采性。在美国法庭中，陪审团可对证据的证明力和可信度进行充分质疑，法官则决定证据的可采性。陪审团成员最大限度地对证据科学性和可信性进行论证。

美国法庭科学证据可采性若干判例如下：1923年的弗赖伊案确立了“普遍接受”规则（Frye Rule)，核心在于科学专业领域对该技术的“广泛接受性”，如果该科技为科学专业领域所普遍接受，则该科学证据可以被采用；反之，则不具有可采性。有资格判断科学证据可采性的主体，既包括那些本专业领域内的科学专家，也包括那些相关科学领域的科学专家。1976年5月，加利福尼亚州最高法院在审理“People v. Kelly”案中指出，在对提交的声纹证据的可采性审查中，既要检验普遍性和可靠性，还要检验专家所依赖的科学程序的正确性。由此确立的“正确程序”进一步补充和完善了“普遍接受”的标准。

在1993年的多伯特案中，多伯特夫妻的两个儿子生下来就存在肢体残疾现象，由于多伯特太太在怀孕期间服用了防孕吐的药物本涤汀（Bendection)，怀疑由此所致，于是向联邦地方法院提起了民事诉讼，要求药物生产商进行赔偿。围绕着本涤汀是否导致两个孩子的先天残疾，原告和被告聘请了强大的专家阵容出庭作证。1993年联邦最高法院驳回了美国地区法院对该案科学证据采纳问题上的立场。联邦最高法院在该案的法律意见书中阐述道，根据美国1975年《联邦证据规则》的立法背景和在该法第402条和第702条的法律条文的行文中，并没有将某一理论的“普遍接受”性作为法院采纳的充分必要条件。联邦最高法院认为，面对专家科学证言，审判法官必须一开始就根据美国《联邦证据规则》第104（a）条来审定专家所提供的证言：（1）是否能帮助陪审团理解证据或者裁断有争议的事实，是否已经能够被科学理论所检验；（2）理论或技术是否经历同行审议并有公开出版物发表；（3）就一项特定的科学技术来说，法院通常应当考虑已知或可能存在的错误率，并且考虑是否存在对该技术操作进行错误控制的标准；(4) 供演绎用的科学原理或研究方法在其所属的专业领域里是否为科学团体所承认以及接受的程度。

在 1997 年的通用电气公司诉乔伊纳案（General Electric v. Joiner）中，乔伊纳是一名电工，主要工作是维修变压器。1991 年乔伊纳被诊断出小细胞肺癌，怀疑是由变压器的制冷剂含有多氯联苯（polychlorinated biphenyls，PCBs）所引起，第二年起诉了相关公司，主张自己在工作中接触了 PCBs 及其衍生物是自己得肺癌的直接原因。最高联邦法院在裁决书中表态，地区法院在一审中有权判定专家提供的证据是否具备可采性，上诉法院不能推翻地方法院对科学证据可采性的认定，除非地方法院滥用自由裁量权。乔伊纳案件澄清了多伯特检验的两个重要方面。首先，乔伊纳案使法庭不但可以审查专家运用的方法论，而且可以仔细审查专家的推理过程的可靠性，法庭可以自由地推断在客观材料和表达的观点之间是否存有较大的出入。其次，乔伊纳案确认了这样一个事实，即审理案件的法官排除特殊的科学证据不属于自由裁量权的滥用。

在多伯特案中虽然重新确立了审查科学证据的可采性标准，但是没有解决如何判断并非以科学知识为基础的“技术性”的或者其他类型的专家证言问题。这一问题在 1999 年的锦湖轮胎公司诉卡迈克尔案（Kumho Tire Co. v. Carmichael）中得到了解答。在该案中，原告提出一名轮胎瑕疵分析专家的证言，这名专家主要基于视觉和触觉上观察经验得出轮胎存在质量瑕疵导致了爆胎的结论。初审法院以专家证言没有满足多伯特的标准为由排除了此证言。在上诉审中，第十一巡回法院撤销了法院的裁决，认为多伯特规则仅适用于涉及科学知识的专家证言，而本案专家证言只是根据长期观察的经验而作出。地区法院与上诉法院的不同理解，催生出了多伯特规则的适用范围问题。联邦最高法院作出意见认为，美国《联邦证据规则》第 702 条没有对依据“技术的”、“经验的”和“科学的”证言进行区分。因此，多伯特标准不仅适用于以科学知识为依据的专家证言，也适用于“技术的”和其他专门“知识”类型的专家证言。

2000 年，美国联邦最高法院颁布了新版本的美国《联邦证据规则》。这一新的证据规则吸收了多伯特案、锦湖轮胎案等判决的精神，对多伯特标准的严格解释最终形成成文法，成为美国《联邦证据规则》第 702 条。

第702条规定，“如果科学、技术或其他专业知识，将辅助事实裁判者理解证据或裁断有争议的事实，因其知识、技能、经验、培训或教育而具备专家资格的证人，可以意见或其他形式对此作证。但必须符合下述条件：(1) 证言基于充足的事实或数据，(2) 证言是可靠的原理或方法的产物，(3) 证人将这些原理和方法可靠地适用于案件的事实”。多伯特规则的应用范围拓展到带有技术性但又不属于科学知识的专家证言，进一步降低了专家证人的准入门槛，使专家证人的范围从科学家扩大到工程师，丰富了多伯特标准的内涵和外延。

（三）DNA相关问题

随着DNA分析技术的出现与成熟，引发了人们对传统法庭科学技术有效性的质疑。通过对法庭科学采纳标准的发展历程总结，指出了法律体系确定科学证据可采性的标准随着科学的进步而演变。1975年，指导民事诉讼和刑事诉讼的美国《联邦证据规则》成为法律，并在之后对证据采纳进行了大量辩论和多次修改。

美国法庭中，陪审团可对证据的证明力和可信度进行充分质疑，法官则决定证据的可采性。陪审团成员最大限度地对证据的科学性和可信性进行论证。我国在法庭上对证据论证由法官决定。无罪组织积极推进2004年的《全民正义法案》公布。小布什于2004年10月30日签署此法案，使其成为法律。该法案包括“无辜者保护法案”，其赋予联邦囚犯向联邦法院请求DNA检测以支持无罪声明的权利，鼓励各州采取措施保存证据，向寻求证明自己清白的囚犯提供认罪后DNA检测。通过DNA发现错误的定罪，并在这个过程中重塑了关于美国刑事司法系统的探讨。

DNA证据的保存和获取DNA作为免除错误定罪的工具的成功突出了评估这种证据的现有系统的一个问题：大多数州没有要求政府在定罪后保存生物证据，以便将来检测，并且大多数州没有规定获取此类证据进行定罪后DNA检测的权利或机制。伊利诺伊州和纽约州最早通过立法规定在DNA可能证明无罪时，当事人申请定罪后DNA检测的权利。联邦政府和其他州很快跟进，许多州还需要在定罪后保存生物证据。

允许从已被定罪的罪犯那里采集DNA样本并将采集来的DNA存储起来的第一个司法管辖权于1989年在弗吉尼亚州联邦政府获得立法通过。通过 DNA 数据库搜索进行个体识别的第一个死刑案例于 2002 年 4 月发生在美国。至今，各个国家都在进行 DNA 数据库的建立。然而，DNA 数据库的发展总是领先于现有法律的修订，或者领先于全新法律的制定，新的法律将警方获得并保存 DNA 样本的权利制定成法律条款，并且通常扩展这种权利。总体来说，这种立法涵盖了可以自从犯罪嫌疑人和背叛有罪的罪犯那里获取 DNA 样本的法律基础，并对创建 DNA 数据库以及对数据库进行管理作出相关的法律规定。

另外，早在 1984 年，美国各个州就开始考虑制定可以涵盖从背叛有罪的罪犯（通常是性犯罪）那里强制性获取 DNA 样本这类行为的法律。到 1994 年，美国已有 29 个州通过了某些形式的 DNA 立法，到 1998 年所有的州都完成了同样的立法。1994 年国会引入了 DNA 鉴定法案，该法案特别授权 FBI 创建 DNA 图谱索引。

（四）其他

在 1791 年生效的《联邦宪法修正案》中，美国联邦政府考虑到刑事证据规则的一些内容与人权保障具有密切联系，将一些刑事证据规则的内容上升为宪法规定。如第四修正案关于搜查与扣押的规定，就涉及非法证据排除规则；第五修正案规定的反对强迫自证其罪特权，就涉及作证特免权规则与自白任意性规则；第六修正案规定的对质权，就涉及交叉询问规则与传闻专家证人提出专家意见可依据哪些事实与数据，不能依据哪些事实与数据，而对专家证人应当如何鉴定，却无规定。

此外，美国《联邦证据规则》第 401 ~ 415 条对证据相关性的判断标准、证据相关性的限制及其例外情形进行规定。除了正规的可采性标准，大多数司法管辖权通常以自由裁量权（如美国《联邦证据规则》第 403 条）排除其他的可采性证据，包括专家意见。

四、德国法庭科学相关立法

在德国《刑事诉讼法典》中，第 7 章对鉴定人的选任、如何进行鉴定、如何进行勘验进行了具体规定；第 8 章对如何扣押物证、书证，如何实施技术侦查措施的程序进行了详细规定；第 10 章对如何讯问犯罪嫌疑人、对违反禁止讯问的方法所取得的证据应当如何处理进行了明确规定。

德国在《刑事诉讼法典》中对DNA证据进行了相关的规定，第81条规定，“为了确定案件程序事实，法官可以命令鉴定人检查被指控对象人的身体。在保证不伤害被指控对象身体的情况下，可以不经被指控人的同意，由法医鉴定专家根据医疗规则，检查被指控对象身体或抽取其血液。检查鉴定的决定权由法官所有，若检查活动具有紧迫性，检察院和它的辅助官员也可以决定开展检查”。这一规定的目的主要是授予控方一定的强制权，只要在不伤害被指控对象的情况下，就可以抽其进行身体检查，甚至可以提取血液，虽然没有规定血液可以用来鉴定，但对血液的用途按照最普遍的认知就是作DNA鉴定。但基于法律的空缺，国家权力机关的“法无规定即禁止”的原则，该行为还是遭到公众和法学工作者的声讨。于是，德国联邦参议院增加第81c条规定，“为了证明犯罪现场遗留的生物物证是否与被告人、犯罪嫌疑人或被害人有关，可以对当事人（犯罪嫌疑人、被告人或被害人）采集生物样本，进行DNA鉴定”。

在德国《刑事诉讼法典》中，刑事证据规则有非法证据排除规则（如自白任意性规则，第136a条规定的通过禁止讯问方法获得的被告人供述不得作为证据使用、第136a条实际也涉及了自白的任意性问题）、意见证据规则（如第73～83条有关鉴定人进行鉴定的规定）、传闻证据规则（如第250～254条规定的直接采证原则，笔录代替法庭询问，实际就具有与传闻证据规则异曲同工的效果）、交叉询问规则（如第239条规定的证人、鉴定人询问顺序与法官的补充询问权，实际也是一种交叉询问规则，只是该条规定在实务上并未得到施行）。对于其他证据规则，如证据相关性规则、最佳证据规则、证据补强规则，却未见明确规定。

德国的非法证据排除规则。德国《刑事诉讼法典》第244条虽然规定，证据的收集为不准许时，法庭调查应当拒绝查证申请，即法庭调查对此类证据不加以调查，但按德国刑事诉讼实务与理论，证据举证禁止并非一定导致证据使用禁止，即违法收集的证据并非必须加以排除，而德国《刑事诉讼法典》对于哪些情形下违法收集的证据应当加以排除，哪些可不排除，却缺乏相应的规定。

五、外国法庭科学比较

（一）鉴定基本制度比较

1. 法庭科学鉴定的委托

鉴定的委托问题包括鉴定事项的提出和鉴定人的选任，其实质是谁有权决定应否进行鉴定和让谁进行鉴定的问题。由于这个问题在很大程度上决定了一个国家鉴定活动的特征，所以它是鉴定制度的核心内容。世界各国的诉讼制度主要有两种：一种是英美法系国家的对抗式诉讼制度，又可称为当事人主义的诉讼制度；另一种是大陆法系国家的审问式诉讼制度，又可称为职权主义的诉讼制度。与此相对，世界各国的鉴定委托制度主要也有两种：一种是当事人委托制度，另一种是司法官委托制度。英美法系国家一般采用当事人委托制度。大陆法系国家一般采用司法官委托鉴定制度，但具体有权委托的官员又因各国传统而有所不同。例如，德国的鉴定可以由法官委托，也可以由检察官委托。

由于两种鉴定制度各有优劣，所以英美法系国家和大陆法系国家都采取了一些取长补短的措施。例如，美国的《统一证据规则》《联邦证据规则》中采用了一些措施来保证鉴定的公正性，包括由法院决定当事人应向鉴定人支付报酬的数额并禁止当事人额外付酬，以及法院可以在必要时出面聘请中立的鉴定人等。另外，为减少中立鉴定制度的错判危险，德国允许被告人在不妨碍官方鉴定人工作的情况下聘请自己的鉴定人参与案件的鉴定活动。由此可见，在一定程度上集两种制度之长的混合式鉴定制度是当今各国的一个发展趋势。

2. 法庭科学鉴定人的诉讼地位

鉴定人的诉讼地位是鉴定制度中另一个重要的理论问题，即鉴定人是否属于证人的范畴。在这一问题上，英美法系和大陆法系国家也是大相径庭。

英美法系国家一般不区分鉴定人和证人。换言之，他们的法律把鉴定人规定为一种特殊的证人——专家证人，而鉴定结论是一种特殊的证言——专家证言或意见证言。诚然，英国和美国的法律也承认专家证人和普通证人之间有所区别，所以他们在使用法律规则上亦有所差异。例如，英美证据法中有一个重要的规则，即证人出庭作证时只能陈述自己了解的事实，不能发表自己根据这些事实得出的结论或意见。但专家证人不受此规则的限制，因为他们的功能就是依据自己的专门知识或经验就案件中某些专门问题向法官或陪审团提供鉴定意见。不过，英国和美国的法律认为专家证人和普通证人之间的区别仅在于其掌握的知识不同，二者的陈述无论是在诉讼地位上还是在法律意义上，都没有本质区别。

大陆法系国家的法律一般都明确地把鉴定人与证人区分开来，并赋予鉴定人较证人更高的诉讼地位。

3. 法庭科学鉴定人的资格

鉴定制度中一个颇具实践意义的问题是鉴定人资格问题。虽然各国的法律都把鉴定人解释为就案件中某些专门问题提出意见或作出推论的专家，但不同国家对案件专门问题及专家的界定并不相同。大陆法系国家趋向于对专门问题和专家作狭义解释：专门问题主要指物证技术、法医学等专业学科领域内的问题；专家则是指在上述领域内受过较高层次的教育并具有较高的学术或专业水平的人。英美法系国家倾向于对专门问题和专家作广义解释：专门问题包括案件中所涉及的各个学科、职业乃至生活领域中非常识性问题；专家也不一定受过高等教育或具有较高的专业水平，汽车修理工、木工、电工都可以以专家身份出庭作证，只要他或她对案件中某个专门问题具有一般人不具有的专门知识或经验。英美法系中，英国内政部经常公布一些在各个领域内具有鉴定人资格的专家名单，美国的国际鉴定协会等也经常向一些人颁发鉴定资格证书，但这些“资格”对司法机关和案件当事人都没有约束力。大陆法系中，一般有以下三种情况：第一种情况是将鉴定权授予个人。第二种情况是将鉴定权授予某些机构。第三种是前两种情况的结合。例如，德国法院中既有以个人名义享有鉴定权的医师鉴定人，也有以集体名义享有鉴定权的法院医师委员会；德国既有专门从事鉴定工作的政府机构，也有民间的鉴定机构和具有鉴定人资格的个人。

鉴定人资格审查也是鉴定制度的重要内容之一。在这一问题上，各国规定主要有以下几种情况：第一种情况是由具有鉴定权的机构自行审查。第二种情况是由授予鉴定权或确定鉴定人资格名单的机关负责审查。第三种情况是由法官或其他负责办案的司法官员负责审查。例如，德国的法官和检察官在选任其承办案件中的“个体鉴定人”时应对这些人的专业知识和水平进行审查。第四种情况是由当事人或其律师对鉴定人资格进行审查。

（二）其他方面的比较

从宏观层面来看，两大法系的刑事证据规则除了在立法模式上存在显著区别，其差异性还体现在大陆法系国家的刑事证据规则主要规定于刑事诉讼法典，英美法系国家的刑事证据规则主要规定于一些专门的证据立法，如美国《联邦证据规则》。另外，在英美法系国家，判例也是其刑事证据规则的重要渊源。当然，大陆法系国家并非不承认判例的证据法效力，下级法院一般都会遵从上级法院的相关判例。除此之外，我国学者认为两大法系的刑事证据规则还存在以下几个显著区别。

1. 刑事证据规则的精细程度有异

比较两大法系的刑事证据规则立法，一个最明显的差异在于两者有关刑事证据规则的规定存在精细程度的差异：英美法系国家有关刑事证据规则的规定比较多而成体系，而大陆法系国家的相关规定则比较少而零散。这主要体现在两点：一是英美法系国家有数量较多的明确规定的刑事证据规则，而大陆法系国家数量较少；二是英美法系国家的刑事证据规则有比较具体的规定，而大陆法系国家的刑事证据规则一般只有原则性的规定。

首先是刑事证据规则数量方面的差异。一般而言，英美法系国家对刑事证据有大量的规定，从证据的收集到在法庭提出证据，再到证据的审查与认定，均有相应的刑事证据规则予以规范。例如，在美国《联邦证据规则》中，有关证据收集的规则有证据相关性规则、非法证据排除规则、作证特免权规则、自白任意性规则等；有关证据的法庭提出的规则有传闻证据规则、意见证据规则、最佳证据规则等；有关证据审查与认定的规则有交叉询问规则、证据补强规则等。在大陆法系国家的刑事诉讼法中，一般只有其中的若干证据规则，而缺乏其他相应的证据规则。例如德国，对于其他证据规则，如证据相关性规则、最佳证据规则、证据补强规则，却未见明确规定。

其次是刑事证据规则具体程度方面的差异。将英美法系国家与大陆法系国家在法律中均有规定的刑事证据规则加以比较，一个特别显著的差异在于，英美法系国家有关证据规则的规定一般比较具体，可操作性强，而大陆法系国家有关证据规则的规定，除作证特免权规则、传闻证据规则与交叉询问规则有比较具体的规定外，其他证据规则的规定均比较原则，可操作性不强。如德国《刑事诉讼法典》虽然有关鉴定的规定很多，但真正从证据的角度所进行的规范却很少，如鉴定意见的适用范围、对鉴定意见应当从哪些方面进行审查均缺乏相应的规定，尤其是对于证人、被害人陈述中的意见部分能否作为证据使用，应当如何审查等问题，根本没有相应的规定。例如，证据相关性规则、非法证据排除规则等亦是如此。

2. 刑事证据规则的规范重点有别

从两大法系有关刑事证据规则的规定来看，他们对刑事证据收集、提出与审查等不同阶段的关注程度是不一样的。总体而言，大陆法系国家的证据规定规范的重点在于审前程序的证据收集行为，而英美法系国家的证据规定规范的重点在于审判程序的证据审查与判断行为。这主要表现在大陆法系国家的证据规定大多与证据调查有关，而英美法系国家的证据规则大多与证据的可采性与证据审查有关。

在德国，从其《刑事诉讼法典》来看，审判阶段有关证据规定的内容并不多，只有一些有关法庭证据调查范围、证据申请时间、交叉询问方式以及何种情形下可宣读审前调查笔录的简单规定。相反规定比较多的是审前程序中侦查机关的证据收集行为。

在美国《联邦证据规则》中，几乎所有的证据规定均与法庭审理时证据的提出、证据可采性的审查与判断以及证明力的判断有关，而对于在审前程序中侦查机关应当如何提取、收集证据则缺乏明确规定。比如，关于专家证人证言的规定，不同于德国有关鉴定人如何进行鉴定的程序规定，美国《联邦证据规则》仅在第706条就法院指定专家证人的程序进行了一些规定，而对专家证人应当如何鉴定却无规定。

很明显，刑事证据规则规范的重点不同，实际就是两者规范的重点对象不同。大陆法系国家刑事证据规则将规范重点置于证据的提取与收集程序，实际就是将侦查人员的侦查行为作为规范重点，而英美法系国家刑事证据规则将规范重点放在证据的审查与判断，实际就是将法官与陪审员的证据采信行为作为规范重点。

第三节　法庭科学证据标准比较

在现代诉讼中，法庭科学涉及刑事、民事和行政诉讼的各个阶段，为执法机关查清案件事实、明确责任归属、正确运用法律提供技术支持和专业服务，并运用科学和正义为案件提供相关证据。正是由于各种法庭科学对法律结果可靠性的重要贡献，这些应用学科及其可能的陷阱在使用之前进行完整的理解和方法验证是必要的。如果没有必要的专业知识和相关的支持系统，法医鉴定结果可能会被案件调查人员误用或误解。为了尽量减少错误的风险，法庭科学部门实施标准的方法和流程，以确保司法鉴定结果的可比性、一致性和可追溯性。

自2009年美国国家科学院（National Academy of Sciences，NAS）下属"国家研究咨询委员会"发布《美国法庭科学的加强之路》的专题报告后，世界上大多数国家越来越认识到研制法庭科学证据标准的重要性，并且在推进法庭科学专业领域的认证认可工作时，强调应考虑由国际标准化组织进行标准的研制和发布。有鉴于此，对各国以及国际法庭科学标准的实践进行分析，并探讨其背后所反映出的标准化理念和策略方法，能够为我国下一阶段法庭科学标准化相关工作提供有益借鉴。

一、美国法庭科学证据标准

美国法庭科学标准化领域长期呈现"民间主导、多元协同"的鲜明特征，以民间组织制定的自愿性标准为核心基础。21世纪后政府通过系统性改革主动介入，构建了"民间标准为基、政府规范引导"的动态协同体系。

（一）民间标准化组织的主导作用

美国在法庭科学标准化领域的探索起步较早，早在1个多世纪前便已开展相关工作。在法庭科学标准化进程中，民间组织始终是核心力量，其中具有代表性的组织包括美国材料与试验学会（American Society for Testing and Materials，ASTM）、美国法医学学会（American Academy of

Forensic Sciences, AAFS)、美国律师协会(American Bar Association, ABA)等。这些组织通过制定自愿性标准，广泛覆盖法庭科学的各个专业领域，推动了技术规范的推广与应用。其中，ASTM 国际标准组织的影响力尤为显著，已成为该领域最具代表性的标准化机构。

1. 美国材料与试验学会(ASTM)

ASTM 作为美国重要的标准制定组织(Standards Developing Organization, SDO)，于 1898 年在费城成立，其标准制定工作依托全球技术专家的协同合作，覆盖范围广泛。1970 年，ASTM 专门设立法庭科学领域技术委员会 E30，正式启动相关标准的研制工作。截至 2025 年，E30 委员会已有 332 名成员，下设 12 个分委员会，累计发布 75 项法庭科学标准，均收录于《ASTM 标准年鉴》第 14. 02 卷[①]，涵盖犯罪侦查学、数字与多媒体证据、火灾残骸分析、药物检测分析、证据收集与保存、鉴定结果报告等关键领域，在全球范围内具有广泛的影响力。随着实践需求的拓展，ASTM 于 1998 年和 2008 年分别成立 E52(法医生理心理学)和 E58(法庭工程调查与出庭作证)技术委员会，进一步完善了法庭科学标准体系的覆盖面。

2. 其他民间组织的补充作用

美国法医学学会(AAFS)与美国律师协会(ABA)等组织在法庭科学标准化中发挥着互为补充的作用。AAFS 作为跨学科专业协会，通过学术交流与行业倡导推动标准实践发展；ABA 则从法律职业伦理与诉讼程序角度提供规范建议，确保标准与司法体系程序的兼容性和合规性。其中，最具突破性的是 AAFS 于 2015 年成立的标准委员会(ASB)——作为美国国家标准协会(American National Standards Institute, ANSI)认可的标准制定组织，ASB 遵循 ANSI 严格的多利益相关方共识流程，主导标准的全周期研制。具体而言，通常由学术界、实验室或行业组织提出草案，经 ASB 技术委员会开展科学性审查，再通过 ANSI 的公开评议与投票程序，最终形成并发布美国国家标准(ANS)。

该机制通过符合 ANSI 标准的技术验证和共识流程，增强了标准的权

---

① 有关 E30 分委员会及其相关标准的详细信息，参见 https://www. astm. org/membership - participation/technical - committees/committee - e30/subcommittee - e30。

威性，同时保留了民间主体的创新活力。其权威性的根源在于科学共同体的共识和实践验证，而 ANSI 的资质认证则确保了流程的规范性。作为美国法庭科学领域的重要标准制定组织，ASB 与 ASTM 形成了一定的战略互补关系：ASTM 主要聚焦于通用技术方法的规范化，而 ASB 则更关注特定领域的前沿技术，并注重与司法实践的衔接。两者共同构成了民间标准制定体系的重要支柱。

（二）政府主导的标准化协调机制

尽管民间组织长期主导标准制定，但标准分散化、重复化等问题逐渐凸显。2009 年，美国国家科学院（National Academy of Sciences，NAS）发布题为《美国法庭科学的加强之路》的报告，直指法庭科学操作程序与实验方案的有效性、可靠性问题，推动了政府对标准化工作的介入。为解决这些问题，美国政府逐步构建起标准化协调机制，通过一系列机构的设立与改革，加强对法庭科学标准化工作的统筹与引导。在这一背景下，美国政府相继设立科学工作组、国家法庭科学委员会等机构，并于 2014 年成立科学领域全体委员会（Organization of Scientific Area Committees，OSAC），逐步构建起层次分明、职能互补的标准化协调架构。

1. OSAC 的概况与背景

20 世纪 80 年代末，美国联邦调查局等政府部门牵头成立了科学工作组（Scientific Working Group，SWG）。截至 2012 年，美国共设立了 21 个 SWG，分别针对法医毒理、法医物证、电子证据等专业技术领域制定并发布相关标准。与此同时，非政府组织所制定的标准在美国也持续发展并保持活跃。尽管多元化的标准制定主体促进了标准数量的增长与繁荣，但也在一定程度上导致了标准制定工作的无序现象。2009 年，《加强美国法庭科学之路》报告正式发布，提出建立统一的法庭科学标准，成为推动美国法庭科学体系改革的重要力量。

为推进美国标准化工作的系统化发展，2013 年，美国司法部（The Department of Justice，DOJ）联合美国国家标准与技术研究院（National Institute of Standards and Technology，NIST）成立了一个为司法部提供咨询的联邦机构——国家法庭科学委员会（National Commission on Forensic Science，NCFS），并同时设立了由 NIST 主导的科学指南组（Guidance Groups）。科

学指南组自成立以来，高度重视与民间标准制定组织的合作。在 2013 年 12 月至 2014 年 1 月，NIST 与国际鉴定协会、美国法医协会等 5 个专业组织共同召开了关于法庭科学标准的会议并达成了一定的合作。这种独特的合作关系有效整合了各机构的核心优势，减少了分歧，增强了标准与法庭科学实践之间的衔接，提升了标准的科学性、可靠性与可重复性，从而推动了美国法庭科学领域的协调统一。

在 2014 年 2 月召开的 NCFS 首次全体会议上，NIST 宣布将科学指南组正式更名为“科学领域全体委员会”（Organization of Scientific Area Committees，OSAC），其主要职责是推动科学合理标准的制定，并促进这些标准的采纳与应用。需要指出的是，OSAC 并非政府认可的 SDO。因此，为了将 OSAC 提出的文件转化为正式标准，必须通过与 SDO 的合作机制来实现，即由 OSAC 起草标准提案并提交给 SDO，再由后者进一步完成标准的制定与发布流程。

之前成立的 SWG 中的绝大部分被 OSAC 取代了，但也有部分仍在工作，如 DNA 分析方法科学工作组（Scientific Working Group on DNA Analysis Methods）、缉获毒品科学工作组（Scientific Working Group on Analysis of Seized Drugs）、数字证据科学工作组（Scientific Working Group on Digital Evidence）等。虽然大部分的 SWG 都已经停止了运行，但是其形成的文件仍然可以通过 OSAC 查到。

2. OSAC 的组织结构

OSAC 的组织结构见图 8 - 1。法庭科学标准委员会（Forensic Science Standards Board，FSSB）作为管理委员会，通过讨论和解决与 OSAC 标准制定过程相关的问题、协调委员会的活动来促进标准的颁布。截至 2025 年 7 月，OSAC 共有 7 个领域的科学领域委员会（Scientific Area Committees，SACs），下设 22 个学科小组委员会（discipline - specific subcommittees，SCs）。SCs 负责确定现有技术上合理的法庭科学标准，起草新文件并通过正式的 SDO 流程促进其发展。SACs 指导和监督各自 SCs 的工作，批准 SCs 的工作并将其转交给 FSSB，并在一项标准涉及多个学科的情况下进行协调活动。另外，为了解决跨越多个传统法庭学科的情况，OSAC 设立了跨学科委员会（Interdisciplinary Committee，IC），为整个组织分享改进和经验教训提供了支持，促进服务的持续改进。因为 FSSB 可以在一个任务完成

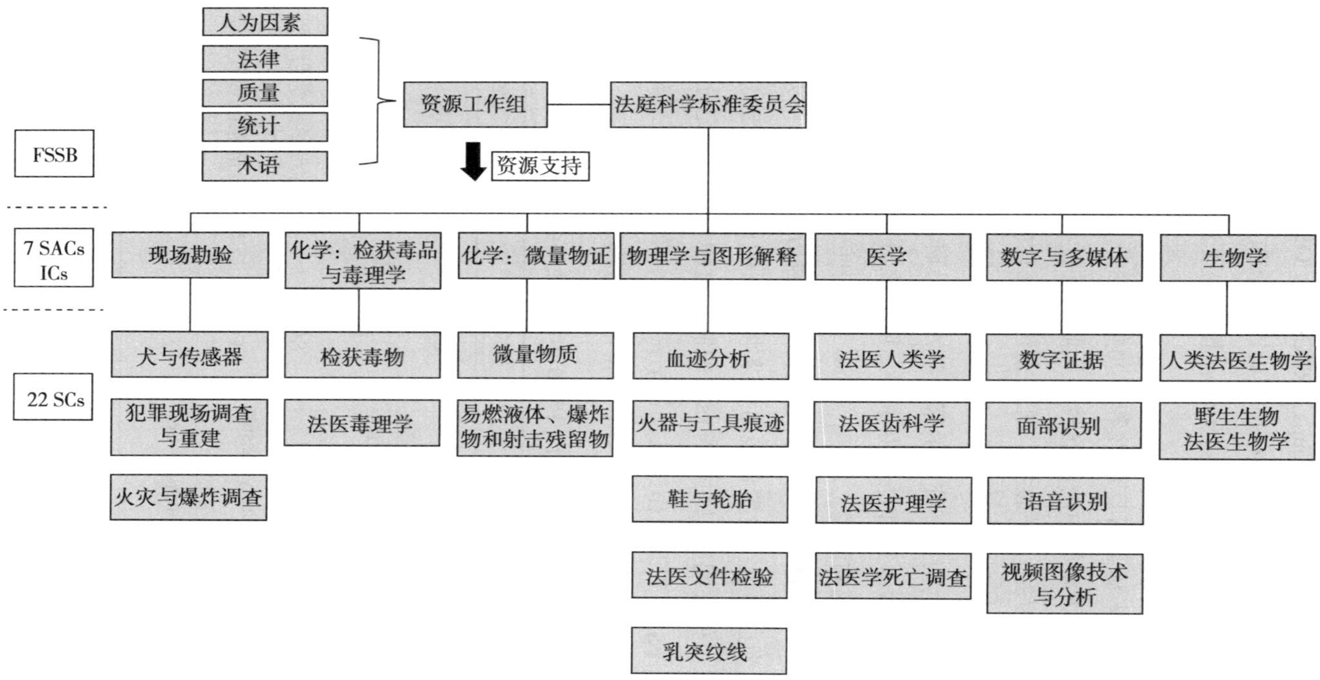

图8-1　OSAC的组织结构

后关闭一个 IC，因此其数量不是固定的。OSAC 还下设 5 个 FSSB 资源工作组（FSSB Resource Task Groups，RTGs）为 OSAC 所有的委员会和小组委员会提供资源。同时，OSAC 中还设有科学和技术审查小组（Scientific and Technical Review Panels，STRPs），按照注册流程对 OSAC 的标准草案进行技术评审。

OSAC 成员来源具有广泛性和多元化的特征。OSAC 的成员包括：在联邦、州、县官方机构中的法庭科学从业人员；私营机构法庭科学从业人员；实验室管理人；大学教授；研究人员；统计学家；测量科学家；人为因素专家；质控专家以及法官等。STRP 成员根据其所评审的标准主题，囊括了法庭科学从业人员、统计学家、学术和科研人员、质控专家、特定学科专家、人为因素专家和法律专家等。除此之外，OSAC 非常注重不同领域成员之间的交流和沟通。例如，FSSB 成员中包含来自 7 个专业协会的代表（见表 8－1）。这些专业协会有的是美国官方机构，有的是民间组织，OSAC 通过为这些组织设置代表席位来将美国的民间组织与官方组织很好地联系起来，使民间组织在政府标准的制定过程中，也能充分发挥其专业作用。每个 FSSB 资源工作组以及各学科委员会都会被指派一名 FSSB 成员作为联络人（liaisons）用于 OSAC 内部的联络沟通。

表 8－1　FSSB 中的专业协会

英文名称	英文缩写	中文名称
National Association of Medical Examiners	NAME	美国法医协会
International Association for Identification	IAI	国际鉴定协会
Society of Forensic Toxicologists	SOFT	法医毒理学家学会
Association of Forensic Quality Assurance Managers	AFQAM	法医质量保证管理协会
American Academy of Forensic Sciences	AAFS	美国法庭科学学会
Association of Firearm and Tool Mark Examiners	AFTE	枪支和工具标记检验员协会
American Society of Crime Laboratory Directors	ASCLD	美国犯罪实验室指导委员会

3. OSAC 的核心原则

OSAC 遵循开放性、平衡性、一致性、和谐性四大原则，通过层层审查机制保障标准质量。其中，开放性原则要求有关 OSAC 活动的信息应通过 OSAC 网站公开，且 SACs 应每年提供至少一次公开更新，并提供公开评论的机会。同时，在将 OSAC 建议标准列入登记之前，将有一个由 OSAC 组织协调的公开评议期，如果 OSAC 在整个的评论期都没有发布信息，则应先列出由标准制定组织发布的标准。平衡性原则要求 OSAC 应当平衡各利益相关方的意见。一致性原则有两层含义：一方面是指 OSAC 单位内部或跨部门成员的一般协议；另一方面则是指登记注册处的批准程序需要考虑所有的观点、建议和反对意见。当无法获得一致支持时，OSAC 应努力作出得到现有信息支持的决定，并记录反对意见或弃权意见。达成协商一致意见应基于对问题的彻底审查，包括讨论不同意见和解决分歧。和谐性原则要求 OSAC 的标准工作应鼓励协调，以尽量减少重复、重叠或冲突的标准。

4. OSAC 的标准开发

OSAC 的建立并非完全取代已有的法庭科学领域或相关专业的 SDO，而是采取开放的态度，继续与相关专业的 SDO 保持密切联系，它们制定的标准和指南等均可经 OSAC 的各级委员会批准后，纳入 OSAC 的注册标准表（以下简称注册表），因此其标准和指南文件的来源更加广泛。

OSAC 注册标准表（Registry）中包含两类标准。第一类为已发布的标准（SDO – published standards），即由 SDO 正式发布的完整标准；第二类为 OSAC 建议的标准（OSAC Proposed Standards），这些标准由 OSAC 起草并提交至 SDO，用于新制定或修订中的标准开发与发布。建议标准与已发布的标准一样，均需经过严格的技术审查流程。为了在 SDO 完成标准制定流程期间填补标准空白，OSAC 鼓励制定并实施这些高质量的建议标准。在 SDO 的标准开发过程中，OSAC 建议标准可能被进一步修订。一旦获得批准，SDO 发布的新标准将取代注册标准表中对应的 OSAC 建议标准。针对这两类标准，OSAC 分别制定了相应的注册流程。

目前，OSAC 以收集、整理、转化现有的标准和指南为主。截至 2025 年 7 月，OSAC 的注册标准表中已纳入 235 项标准，其中包括 157 项 SDO（如 ASTM）已发布的标准及 78 项 OSAC 建议的标准。有超过 50 个 SDO

已发布的标准有资格接受OSAC的审查而进入注册标准表，有超过192项OSAC建议标准在SDO开发过程中取得进展，同时，OSAC正在起草的标准超过210项。OSAC这种起草与吸收相结合的标准制定模式，不仅极大地节约了标准的起草成本，而且提高了标准的制定效率。同时，由于其并非对于SDO的所有标准都予以无门槛接受，而是采取了各委员会层层审查的方式，将符合要求的标准纳入自己的注册标准表中，所以可以最大程度上保证标准符合和谐性原则，使标准之间尽量减少重复、重叠或冲突，保证其注册标准表中标准的质量。

在标准起草或审核的过程中，OSAC会记录所发现的研发需求或建议，并将其公开分享给整个法庭科学领域。这些研发需求的发布不仅为各SDO在确定后续研发项目时提供了重要参考，也为各个大学法庭科学研究人员确立研究方向提供了启发。此外，OSAC在其官方网站上还提供了各SDO网站的链接，便于访问者跳转至相关网站，获取正在制定中或虽已发布但尚未列入注册标准列表中的标准文件。

（三）体系特征与发展趋势

整体而言，美国法庭科学领域长期以来推行的是民间标准优先的标准化政策，标准中占据主导地位的是自愿一致性标准和技术指导性文件，同时政府部门也制定了一定数量的“政府专用标准”。分散自治和市场导向是美国自愿性标准体系成功的关键，但随着美国政府部门改革并成立OSAC,标志着政府力量慢慢地渗入美国法庭科学的管理，或许在未来美国司法鉴定的管理中会采用以政府为主导，民间团体为补充的联合治理模式。

二、澳大利亚法庭科学证据标准

澳大利亚的法庭科学呈现出与美国不同的标准化模式。美国的标准化体系以民间组织为主导，具有多元分散的特点，标准多集中于细分领域；而澳大利亚则通过标准AS 5388建立了集中统一、覆盖全流程的规范体系，涵盖了从犯罪现场勘查到法庭呈现的完整链条。这种差异为理解法庭科学标准化的多样化发展路径提供了重要的对比视角。

（一）AS 5388 的制定背景与动因

2012 年，澳大利亚标准协会发布的 AS 5388《法庭科学分析》（Forensic Analysis），是全球首个完整的、涵盖从犯罪现场到法庭整个过程的法庭科学标准。在此之前，澳大利亚根据 ISO/IEC 17025 标准认证其政府实验室。然而，一些具体的要求，如现场样本的识别和收集，适当的样本包装和标签，法医样本的运输、检查，结果的解释和报告等，在 ISO/IEC 17025 标准中并没有特别的规定。因此，需要建立一个新的法庭科学框架以解决上述问题。

推动 AS 5388 系列标准制定的因素是多方面的。首先，澳大利亚的经济、工业和科技发展水平，为其标准化工作奠定了良好的客观物质基础。其次，从制度层面上看，虽然澳大利亚是联邦制国家，但其治理体制与法庭科学领域的实际情况基本适应，这为标准化工作提供了良好的制度基础。早在 1992 年，澳大利亚澳新警务咨询署便成立了国家法庭科学研究所（NIFS），对澳大利亚和新西兰法庭科学界起到了重要的激励和协调作用。该机构具有很强的灵活性，并与其服务对象联系密切，如与澳大利亚和新西兰法庭科学实验室高级管理人员联合会始终保持良性互动，后者所设置的 8 个专业咨询小组在标准制定的科学和技术方面提供了重要的建议和意见；研究所与第三部门之间的联系的平台和机制也十分稳定。此外，该系列标准的研制，除了得到本国法庭科学专业领域主要机构的支持外，还得到了澳大利亚联邦检察总署 POCA 专项资金的资助，集合了相对较为充分的社会资源。

（二）AS 5388 的制定主体与协作机制

AS 5388 系列标准由澳大利亚标准协会（Standards Australia，SA）主导制定。SA 作为独立、非政府、非营利的标准组织，同时代表澳大利亚参与国际标准化组织和国际电工委员会（IEC）的工作，是衔接国际与国内标准的核心机构。2010 年 5 月，NIFS 正式向 SA 提出制定“法庭科学分析”系列标准的计划，具体研制工作由 SA 下属的 CH－041“法庭科学分析”委员会承担。该委员会成员的构成具有广泛代表性，涵盖 17 个核心机构及 7 个利益相关方代表（见表 8－2）。这种多元主体参与的机制，确保了标准在科学性、实践性与法律适配性之间的平衡。

表 8－2　AS CH－041 法庭科学分析标准研制委员会成员

序号	英文名称	中文名称
1	Australian Association of Forensic Physicians	澳大利亚法医协会
2	Australia New Zealand Policing Advisory Agency	澳大利亚和新西兰警务咨询署
3	Australian and New Zealand Forensic Science Society	澳大利亚和新西兰法庭科学学会
4	Australian Federal Police	澳大利亚联邦警察局
5	Consumer Action	（澳大利亚）消费者行动（组织）
6	Expertise, Evidence and Law Program, School of Law, University of New South Wales	新南威尔士大学法学院“专家、证据和法律”项目
7	National Association of Testing Authorities	（澳大利亚）国家测试局协会
8	National Institute of Forensic Science	（澳大利亚）国家法庭科学研究所
9	New South Wales Bar Association	新南威尔士律师协会
10	New South Wales Police Force	新南威尔士州警察局
11	Queensland Police Service	昆士兰州警察局
12	Standing Council on Law and Justice Secretariat	法律事务人员和司法事务官常设理事会
13	University of Canberra	堪培拉大学
14	Victoria Police Forensic Services Department	维多利亚州警察局法庭科学服务处
15	Victoria Institute Forensic Medicine	维多利亚州法医研究所
16	Western Australia Chemistry Centre	西澳大利亚州化学中心
17	Western Australia Police	西澳大利亚州警察局

注：SA CH－041 委员会还吸收了澳大利亚联邦警察局法庭科学和数据中心、澳大利亚联邦检察总署、南澳大利亚法庭科学部、新南威尔士州警察局法政服务处、澳大利亚北部属地警察消防和紧急服务局法庭科学部、昆士兰警察局法庭科学服务处，以及澳大利亚和新西兰法庭科学实验室高级管理人员联合会等 7 个利益相关方代表。

（三）AS 5388 的标准框架与核心内容

AS 5388 系列标准以法庭科学全流程为逻辑主线，构建了“提取—分析—解释—报告”的系统性框架（见图 8－2），既涵盖犯罪现场勘验，又包含实验室检验鉴定，具体分为 4 部分。

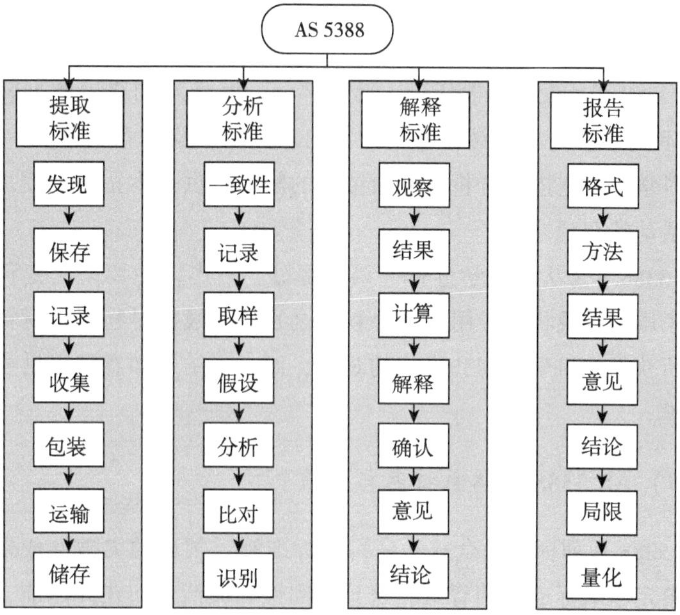

图 8－2　AS 5388 标准体系框架

AS 5388.1《法庭科学分析　第 1 部分：识别、记录、提取、运输和保存材料》适用于法庭科学专家、警务人员以及其他对案件负有调查职责的执法人员对现场进行勘验，并记录、提取相关痕迹、物证，包括对其进行包装、运输和保存等活动。特别地，该标准对于案件现场上各类有害物质的现场处置、包装和运输等涉及职业健康和安全方面，均提出了明确、细致的规定。

犯罪现场痕迹物证在实验室中进行检验和分析是法庭科学应用的关键环节。AS 5388.2《法庭科学分析　第 2 部分：分析和检验材料》规定了从案件现场上提取的物理物质进行法庭科学检验和分析的标准操作，以为后续调查和法庭审判提供检验和分析结论。具体而言，该标准从物理物质的接收、证物一致性、检验过程记录、检验次序、取样、通过仪器分析和比对检验方法进行鉴定等方面，对物理物质的法庭科学实验室检验和分析工作进行较为全面的规定。

材料在法庭科学实验室进行分析和检验后，需要根据分析和检验对结果进行解释，从而给出最终的意见结论。所谓解释，是指“运用专业判断以推导出某事物的意义或重要性。并且是不偏不倚地考虑案件和科学语境相关信息而推导出的”。

AS 5388.3《法庭科学分析　第3部分：解释》围绕“数据转换为信息”、“审核信息”、“解释信息”、“导出意见”以及“意见审核”等方面，为法庭科学实验室进行分析、检验结果的解释提供基本指引和要求，以确保上述活动的客观性。

AS 5388.4《法庭科学分析　第4部分：报告》主要是法庭科学实践中，出于调查以及将其应用于法律程序之目的，根据对物理性材料的分析和检验所获得的科学数据和进行的观察，而报告结果和意见提供要求和建议的标准。

（四）AS 5388 的体系特色与价值

AS 5388 系列标准是全球法庭科学标准制定领域的突破性成果，构建了司法鉴定领域标准化的脊骨，兼具稳固性和灵活性。在此之前，法医学的标准均为单个项目的技术标准，缺乏现代标准化应具有高度的系统性。以刑事侦查为例，侦查工作的起点一般为对犯罪现场的勘查，而现场勘查活动本身就是一个复杂系统，包括勘查人员、技术设备以及现场勘查实施过程等基本要素，具备高度综合化的特点，单独的技术标准无法满足科学管理和有效治理的基本要求。AS 5388 系列标准具有很强的系统性，以从犯罪现场到报告的过程为切入点，统合各专业领域的技术活动，在内部形成了勘验、检验、解释、报告四大基本模块，每个模块重点突出、逻辑严密，具有较强的指导性和可操作性。

除此之外，该系列标准在制定过程中非常重视与澳大利亚的合格评定国家认可体系之间的融合性。澳大利亚本国的合格评定国家认可组织——国家测试机构协会作为本国合格评定方面的代表参与了标准的研制，因此使该标准与合格评定国家认可体系之间能够进行有效的衔接，体现了标准化与认可之间的密切联系。

整体而言，作为全球首个全流程法庭科学标准，AS 5388 为跨环节、跨领域的法庭科学实践提供了统一框架，提升了澳大利亚法庭科学工作的规范化与科学化水平。

三、欧洲法庭科学证据标准

欧洲作为标准化理论的发源地，率先开展了系统化的标准化研究。在法庭科学领域，欧洲形成了覆盖广泛的标准化体系，其核心机构的影响范围遍及欧洲多国，既包括欧盟成员国，也涵盖英国、挪威、瑞士等其他欧洲国家，形成了具有区域协同特征的标准化网络。

与美国由民间主导、多元分散的整合型模式以及澳大利亚由单一机构主导、全流程覆盖的系统型模式不同，欧洲采用了区域联盟（如 ENFSI）、官方专业机构（如 CEN/TC 419，专注于制定欧洲标准）与各国自主标准化工作相结合的多层次架构，这构成了其标准化体系的核心特征。该模式所制定的标准具有较强的指导性和高度的国际兼容性。这种“协作型”标准化模式不仅体现了欧洲在跨国治理中对统一性与多样性平衡的追求，也为理解不同政治经济体制下标准化路径的差异提供了重要参考。本部分主要介绍 ENFSI 和 CEN/TC 419 这两个重要的标准制定与发布机构的运作机制。此外，欧洲各国亦设有独立的国家标准化组织，如德国的标准化协会，该机构由政府授权，负责统筹管理国内及国际标准化事务。

（一）欧洲法庭科学研究机构联盟（ENFSI）

欧洲法庭科学研究机构联盟（European Network of Forensic Science Institutes，ENFSI）对法庭科学领域的欧盟标准制定与发布工作发挥着核心作用。ENFSI 作为欧洲范围的专业协作网络，虽覆盖部分非欧盟国家，但其发布的实践规范与欧盟官方标准体系（如 CEN/TC 419 主导的标准）形成互补，共同支撑欧盟及欧洲地区的法庭科学标准化工作。该组织于 1995 年正式成立，其设立初衷是通过专家网络促进欧洲法庭科学领域的信息互通，提升欧洲法医学服务质量，这也成为该网络的核心使命。追溯其发展历程，1992 年欧洲各国政府法庭科学实验室负责人召开会议时，已意识到需建立常态化机制以商讨行业共性问题；次年，11 个欧洲法庭科学实验室在荷兰赖斯韦克聚会，决议组建 ENFSI 这一专业性组织。此后，随着该机构章程的完善和官网的启用，该机构最终在德国法律框架下注册为非营利性组织，完成规范化转型。

作为被欧盟委员会认可的法庭科学领域权威组织，ENFSI 的工作覆盖质量与能力管理、研发、教育与培训等多个维度，并通过专家工作组处理不同领域的法庭科学技术问题，其运作模式既依托成员间的专业知识共享推动共识达成，又以系统性布局支撑欧洲法庭科学标准化发展。

多年来，ENFSI 成员实验室的数量稳步增加，从 1993 年的 11 个增加到 2024 年的 73 个，涵盖了广泛的法医专业领域。这些实验室来自欧洲的 39 个国家，尽管部分成员来自非欧盟国家，但其技术规范与欧盟的标准化需求高度契合，成为欧盟跨国区域标准化模式的重要支撑。ENFSI 下设 17 个专家工作组，例如，DNA、笔迹、爆炸物等。其核心产出聚焦三类文件：最佳实践手册（Best Practice Manuals）、法庭科学指南（Forensic Guidelines）和技术支撑文件（Supporting Documents）。截至 2025 年，ENFSI 共发布了 26 份最佳实践手册、40 余份法庭科学指南和支持性文件，以及若干其他类型的出版物，部分工作组及其发布的最佳实践手册与法医指南见表 9－3。需要特别说明的是，这些文件属于行业共识指南，而非法定标准。ENFSI 文件严格遵循 ISO/IEC 17025（实验室能力通用标准）与 ISO/IEC 17020（检验机构操作要求）框架，为成员国提供可互认的技术规范基础。

表 8－3　ENFSI 工作组及其发布的最佳实践手册及指南性文件（部分）

<table>
<tr><th>工作组名称</th><th>最佳实践手册</th><th>法庭科学指南</th></tr>
<tr><td>动物、植物和土壤</td><td>土壤痕迹法医学比较最佳实践手册</td><td>无</td></tr>
<tr><td rowspan="3">数字成像</td><td>面部图像比较最佳实践手册</td><td rowspan="3">面部识别系统终端用户指南</td></tr>
<tr><td>法医图像和视频增强最佳实践手册</td></tr>
<tr><td>数字图像认证最佳实践手册</td></tr>
</table>

续表

工作组名称	最佳实践手册	法庭科学指南
DNA	非人类法医学检验分子方法应用最佳实践手册	DNA 污染预防指南
	进行 DNA 混合物解释的概率软件内部验证的最佳实践手册	法医 DNA 实验室工作人员培训指南
	人类法医生物学和 DNA 分析最佳实践手册	法医学中仪器和人体方法的单一实验室验证指南
		DNA 分析最低验证指南（2010）

（二）欧洲标准化委员会法庭科学技术分委会（CEN/TC 419）

2012 年，欧洲标准化委员会（The European Committee for Standardization，CEN）基于推动法庭科学领域规范化发展的需求，专门设立了法庭科学技术分委会 CEN/TC 419（Forensic Science Processes）。CEN 作为被欧盟和欧洲自由贸易联盟（EFTA）正式认可的权威标准化组织，长期致力于搭建泛欧洲的标准制定平台，为各类产品、材料、服务及流程提供统一规范的欧洲标准与技术文件。CEN/TC 419 成立后，便肩负起研制法庭科学领域欧洲标准的重任，其工作范畴覆盖从犯罪现场勘查、物证识别与记录，到后续分析、结果解读及报告生成等全流程。

为促进国际与区域标准的协同，避免重复性工作，CEN 与国际标准化组织（ISO）早在 1991 年便签订了维也纳协议，搭建起双方技术合作的稳固桥梁。2017 年，基于这一合作框架，CEN/TC 419 进一步与 ISO 开展深度协作，共同推进法庭科学标准的制定。这一合作模式并非削弱 CEN/TC 419 的职能，反而让其凭借专业优势，以更高效的方式融入国际标准制定的进程，实现资源整合与经验共享。

自成立以来，CEN/TC 419 在法庭科学标准制定方面成果丰硕。截至 2025 年，其正式发布了一系列关键标准，如《法庭科学　第一部分：词汇》（EN ISO 21043－1:2025），等同采用 ISO 21043－1:2025 版本，统一了法庭科学领域的基础术语，为跨国交流筑牢根基；《法庭科学　第二部分：物品的识别、记录、收集、运输和储存》（EN ISO 21043－2:2020），规范了物证流转各环节操作；以及于 2025 年 6 月 18 日集中发布的《法庭科学　第三部分：分析》（EN ISO 21043 - 3: 2025）、《法庭科学　第四部分：解释》（EN ISO 21043 - 4: 2025）、《法庭科学　第五部分：报告》（EN ISO 21043 - 5: 2025）等标准，从多维度完善了法庭科学标准体系，详细规定了分析方法、结果解读逻辑及报告撰写规范等内容。

CEN/TC 419 的工作对欧洲法庭科学的发展意义深远。一方面，通过发布一系列高质量标准，有力地推动了欧洲法庭科学服务标准的统一，消除了区域内因标准差异带来的交流障碍与潜在司法风险，提升了整体行业的规范化水平；另一方面，借助与 ISO 的合作，深度整合国际资源，吸收前沿专业知识，使欧洲法庭科学标准既能满足区域内复杂多样的司法实践需求，又能紧密贴合国际趋势，在国际合作、跨国案件处理等方面为欧洲各国法庭科学机构提供坚实的标准支撑，为全球法庭科学标准化事业贡献宝贵的欧洲智慧与实践经验。此外，CEN/TC 419 作为欧洲法庭科学标准化体系的核心构成，与 ENFSI 等组织协同合作，通过信息共享、联合开展研究项目等方式，形成强大合力，共同为欧洲法庭科学行业的健康发展、司法公正的实现等提供了坚实的标准支撑和保障。

（三）ENFSI 与 CEN/TC 419 在模式上的区别

ENFSI 与 CEN/TC 419 在模式上的核心区别体现在性质定位、职能侧重、产出特征三个方面。

从性质定位看，ENFSI 是由欧洲各国法庭科学实验室自愿组成的区域协作联盟，属于非官方、非营利性的专业网络，成员以实验室为主体，缺乏强制管理权限；而 CEN/TC 419 是欧洲标准化委员会下属的官方技术分委会，具有正式的标准化组织资质，依托 CEN 的官方背景行使区域标准统筹职能，具备制度性权威。

从职能侧重看，ENFSI 的核心是通过专家协作推动知识共享与实践共识，聚焦具体技术领域的经验总结，更贴近一线操作需求；CEN/TC 419 则以区域层面的标准体系构建为目标，侧重与国际标准化组织（ISO）的协同，核心职能是将国际标准转化为欧盟适用版本，而非直接研制原创性技术规范。

从产出特征看，ENFSI 的产出以非强制性的“最佳实践手册”“指南”

为主，强调柔性指引和经验传递，文件层级灵活；CEN/TC 419 的产出则是正式的欧盟标准，虽多为国际标准的转化版本，但具有区域内的规范性效力，更注重与国际体系的衔接性。

简言之，ENFSI 是“实践导向的协作网络”，CEN/TC 419 是“制度导向的官方转化平台”，二者形成欧盟标准化中“柔性实践支撑”与“刚性规范衔接”的互补关系。

四、国际标准化组织标准

（一）法庭科学国际标准化的背景

从 2009 年美国国家科学院（NAS）发布《美国法庭科学的加强之路》报告开始，标准化已成为目前国际法庭科学领域的共识。各国纷纷成立了相应的机构来制定和管理法庭科学标准，如前文介绍的澳大利亚标准协会制定的 AS 5388 系列标准。但是，由于这些标准是各个国家和地区根据本国本地区情况编制的，所以其内容不可避免地会产生一些重复和不协调、不一致的问题，这将制约法庭科学证据及情报信息跨国共享，阻碍法庭科学实验室跨国合作交流，同时也不利于合作打击国际犯罪（如恐怖主义、国际诈骗、人口贩卖等）。因此，法庭科学国际标准的研制需求应运而生。

国际上许多法庭科学实验室纷纷开始通过适用 ISO/IEC 17025（实验室能力通用标准）和 ISO/IEC 17020（检验机构操作要求）系列标准进行认可，提升法庭科学服务质量。一些西方国家强制要求所有法庭科学服务提供者必须采用这两个标准进行实验室认可。但是，ISO/IEC 17025 和 ISO/IEC 17020 毕竟只是通用性的标准，无法解决法庭科学领域所特有的一些风险和问题，也无法实现国际性案/事件中法庭科学数据信息的共享。因此，有必要在国际上提出统一和专门的法庭科学领域标准。在此背景下，国际标准化组织（ISO）作为全球权威的国际标准制定机构，成为推动法庭科学国际标准化的核心力量，其设立的法庭科学技术委员会（ISO/TC 272）专门承担这一使命。

ISO/TC 272 成立的目的就是通过编制专门的法庭科学国际标准，并将这些标准与 ISO/IEC 17025 和 ISO/IEC 17020 结合适用，甚至单独适用，解决法庭科学国际标准欠缺的问题，减少法庭科学证据、情报、产品跨境交流受限的风险。同时，通过设立专门的法庭科学技术委员会，法庭科学国际标准的归口更加明确，有效减少与ISO其他技术委员会标准的交叉重复，促进协调一致和信息共享，增强证据的法庭证明力和可靠性。

（二）国际标准化组织介绍

国际标准化组织（International Organization for Standardization，ISO）成立于1947年，中央秘书处设在瑞士日内瓦，是世界上规模最大、最具影响力的国际标准制定组织之一。作为独立的、非政府的国际组织，ISO由来自169个国家的国家标准机构的成员组成①，这些成员的专家会聚到一起，通过知识分享，制定自愿的、基于共识的国际标准。鉴于ISO的标准制定有全球知名专家的参与并在国际层面达成一致，具有坚实的基础，各国的监管机构和政府可依靠ISO标准制定更好的法规。

ISO的主要治理机构包括全体会议、理事会、技术管理委员会、技术委员会和中央秘书处（见图8-3）。在全体会议上表决时，每个成员机构有一票投票权。ISO的所有技术工作，均由技术管理委员会负责统筹管理。ISO成员可自主决定是否加入某一特定技术委员会（TC），并自行确定其

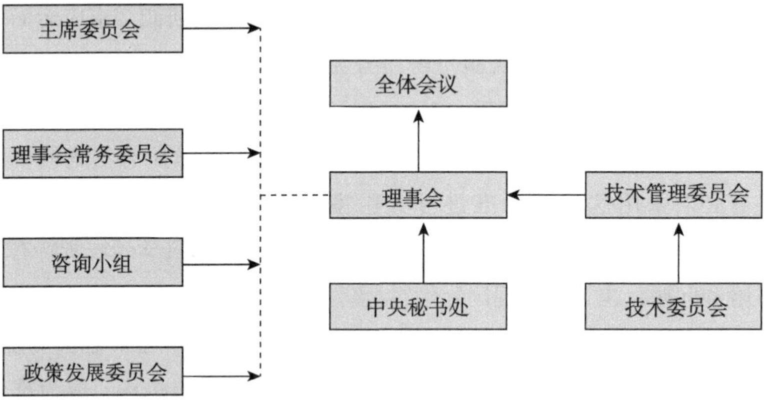

图8-3　ISO的治理结构

---

① 每个国家或地区，不论大小，仅能有一个标准制定机构参加。自2012年10月1日起，只有得到联合国正式承认的国家的国家标准机构才能成为ISO的成员。

参与程度，即作为参与成员（Participating Member，P 类成员）或观察成员（Observer Member，O 类成员）。P 类成员需派遣专家参与标准的制定工作，并在标准制定各阶段行使投票权；O 类成员不具备委员会内部投票权，但可以了解工作进展并提出意见和建议。

截至 2025 年 7 月，ISO 拥有 827 个技术委员会和分委员会负责制定标准，已经制定了近 26000 项国际标准，几乎涵盖了技术、管理和制造的所有方面。ISO 批准的国际标准仅为对各成员的建议，各成员可自由选择遵守或不遵守这些标准。

ISO 标准制定的流程如图 8－4 所示。ISO 标准需经工作草案、委员会草案、待投票草案、最终批准草案等阶段，通过严格的投票机制（2/3 赞成且反对票不足 1/4）方可发布，这种规范流程保障了法庭科学标准的科学性和国际认可度。标准制定过程分为主阶段和子阶段，每个阶段都有数字编号。流程图中仅显示主阶段，如提案阶段（10）、准备阶段（20）等；子阶段包括注册（00）、开始主要行动（20）、完成主要行动（60）、决策（90）、重复较早阶段（92）、重复当前阶段（93）、放弃（98）、行动（99）。通过“主阶段编号．子阶段编号”的形式，可以精确表示标准所处的制定阶段（如 90.20 表示国际标准正在进行系统审查），体现了 ISO 标准工作的规范性和透明度，便于各国标准制定程序的交流与对接。

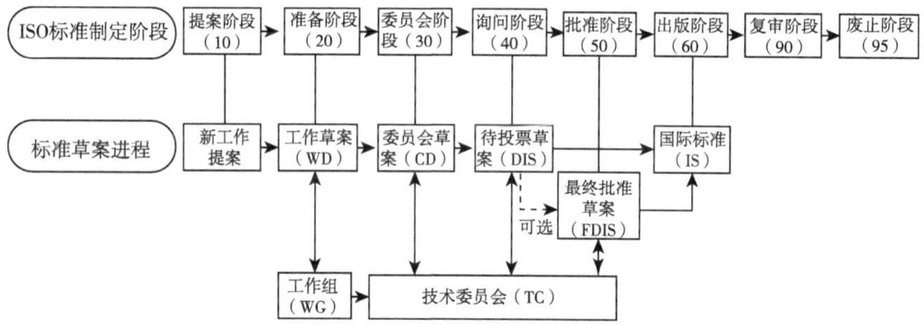

图 8－4　ISO 标准制定的流程

（三）ISO 法庭科学技术委员会及其法庭科学标准

ISO 法庭科学技术委员会（ISO/TC 272 Forensic Sciences，ISO/TC 272）成立于 2012 年，负责司法鉴定领域的国际标准化，包括广泛制定与实验室和现场法庭科学技术及方法相关的一般性标准，如物证的勘验和收集、证据的后续分析和解释以及结果的报告，旨在提升司法鉴定意见的准确性、可靠性和科学性。截至2025年7月，ISO/TC 272共有30个P类成员和18个O类成员，其中，P类成员包括中国、美国、英国、法国、俄罗斯、澳大利亚、加拿大、印度等国家。中国代表团成员需经国家标准化管理委员会批准，由全国刑事技术标准化技术委员会（SAC/TC 179）派出。

ISO/TC 272主要致力于ISO 21043法庭科学系列标准的制定工作，截至2025年已经发布了6项标准（见表8－4），另有两项标准处于委员会意见征询期结束（30.60）阶段。

表8－4　ISO/TC 272已发布标准情况

编号	名称	主要内容	所处阶段
ISO 18385：2016	《最大程度地降低法医学应用中用于采集、存储和分析生物材料的产品上人源性DNA污染风险的必要准则》	规定了用于法医DNA目的的生物材料采集、储存和分析的产品的生产要求。涵盖的耗材和试剂包括用于证据采集的耗材和试剂，如棉签、容器和包装，也包括用于DNA样品分析的产品，如试管和其他塑料器皿、一次性实验室外套、手套和其他耗材。适用于不需要持续使用的耗材和试剂的生产，不包括用于扩增后分析的耗材和试剂	国际标准有待修订（90.92）
ISO 21043－1：2025	《法庭科学　第1部分：术语和定义》	对司法鉴定领域的重要术语及定义作了详细解释，包括对风险评估、质量控制、鉴定策略等术语的定义，满足绝大多数国家的标准化需求，表现了司法鉴定顶层标准的宏观要求和基础搭建	国际标准已发布（60.60）

续表

编号	名称	主要内容	所处阶段
ISO 21043 - 2：2018	《法庭科学　第2部分：检验对象的识别、记录、收集、运输、存储》	规定了犯罪现场检材的识别、记录、收集、包装、运输和存储等重要环节的要求，以规范性、科学性、公正性为准则，对犯罪现场检材处理的操作流程、现场保护作了详细规定	国际标准有待修订（90.92）
ISO 21043 - 3：2025	《法庭科学　第3部分：分析》	制定用于法医目的的材料分析的标准做法	国际标准已发布（60.60）
ISO 21043 - 4：2025	《法庭科学　第4部分：解释》	制定解释法医结果的标准做法	国际标准已发布（60.60）
ISO 21043 - 5：2025	《法庭科学　第5部分：报告》	制定报告法医结果的标准做法	国际标准已发布（60.60）

ISO 21043 系列标准参考了澳大利亚标准协会于 2012 ~ 2013 年发布的 AS 5388《法庭科学分析》系列标准。同时，该标准还借鉴了认可指南 ISO/IEC 17025《检测和校准实验室能力的通用要求》以及 ISO/IEC 17020《合格评定—各类检验机构的运作要求》中的相关规定，旨在实现宏观层面的管理与控制，并强调对质量标准的重视。

五、总结

从以上不同的国家和区域法庭科学证据标准的制定情况来看，标准体系的形成发展与体制机制密切相关，由于国内外标准化制度的土壤不同，标准体系的形式与内容、理念与实务均存在较大差异。就我国而言，构建标准体系、通过顶层设计的方式提升标准的系统性和协调性，是一种适合现阶段法庭科学领域发展状况、有助于提高效率的工作模式，尤其是对于标准化对象的选择与合理划分、标准的精简整合以及交叉重复问题的缓解均具有重要意义。同时，国外的很多优秀经验做法，如坚持需求导向、丰富标准化文件类型、注重基础通用和质量管理标准、重视协调与跟踪、加快标准更新、健全配套工作机制等，值得我们借鉴、吸收并应用于标准体系的优化过程中，提升法庭科学领域的标准化水平，推动法庭科学工作的标准化、规范化发展。

第四节 法庭科学意见质证与采信比较

目前，国际上主要的法律体系分为两种，即大陆法系和英美法系，不同的法律体系对于法庭科学意见质证与采信的制度存在较大的差异。本节以法国、德国、意大利和日本作为大陆法系的代表，以美国和英国作为英美法系的代表，对这两大法系及我国现阶段的意见质证与采信制度进行比较，以期为今后我国科学证据质证相关司法制度改革提供新视角和新思路。

一、大陆法系国家的鉴定意见质证与采信制度

大陆法系源于古罗马法，以1804年的法国《民法典》为代表，属于成文法。目前，全球采用这个法系的国家主要是法国、德国、意大利、奥地利、西班牙、比利时、荷兰、瑞士等西欧发达国家和明治维新后的日本，以及亚非拉地区一些以法语为官方语言的国家。在法律形式上，大陆法系国家一般不存在判例法，对重要的部门法制定了法典，并辅之以单行法规，构成较为完整的成文法体系。因此，在绝大部分的大陆法系国家，刑事案件的诉讼中没有陪审团，法官主要采用直接言词原则，根据各种物证、法庭科学专家意见结合证人证言等来进行质证。

（一）法国的鉴定意见质证与采信制度

在法国，民事诉讼和刑事诉讼的鉴定意见质证与采信制度基本一致。例如，民事案件的法医学鉴定，主要是从约530名拥有法医学专业文凭的专家库中抽取。这些专家大部分隶属于法国各大医院和医学院校，且在司法部门均有注册登记。在法国，所有的法医学鉴定活动都必须在地方检察院和法院的监督下进行。对于某些特殊的医学问题，地方法院有时也可以聘请注册专家库以外的专家，但这些专家出庭时必须在法庭上当庭书面宣誓遵守专家证人相关法律法规，以自己的人格和良心发誓保证为司法提供帮助。

对于刑事案件，法国警察系统内部设有法医学鉴定机构，在需要进行物证鉴定和尸体检验时，地方检察官或司法警察可以从上述法医学鉴定机

构中指定某些具备相应专业资格的专家参与现场勘验与鉴定。然而，警察系统内部的法医学鉴定人较少，因此在处理一些疑难刑事案件时地方法院也会从前述的注册法医学专家库或专家库以外的鉴定机构和鉴定人员中选取。法国实行鉴定权制度，一个案件中是否聘用鉴定人进行鉴定完全由刑事预审法官决定，这也体现了法国诉讼结构中法官职权主义的特征。

与我国一样，法国的司法鉴定活动也是由鉴定人具体实施操作。司法鉴定人根据检验分析结果给出书面鉴定意见后，地方法官可以根据庭审质证情况决定是否采信。

（二）德国的鉴定意见质证与采信制度

德国是现代法庭科学的重要发源地之一，同时也是在第二次世界大战后被美苏分别托管后来又重新合并的少数国家之一，在刑事检案制度、鉴定意见质证和采信方面均有其独特之处。德国的法医学和刑事科学鉴定是两套独立的系统，分别由医疗卫生部门和司法机关主管。1990 年东西德合并为德意志联邦共和国后，各州结合原有法律体系先后建立了自己的一套法律体系，因此各州在法医学和刑事科学鉴定方面的相关法律法规在内容上大致相同，但仍然存在一些差异。例如，某些经济发达地区如慕尼黑、汉堡等，几乎所有非正常死亡和相当一部分的医疗事故都被要求进行法医学解剖检验和病理学鉴定，而经济欠发达的农村地区的解剖率还不足0.5%。现代法医学发展体现在很多层面，包括立法规定、医学研究所、专业学科设置等。

在德国，只有取得临床医学学位和医师执照，并在法医学研究所中各个科室接受 5 年时间的培训后才能取得法医学鉴定资格。德国法医学研究所主要开设在科隆大学、洪堡大学、吕贝克医学院、马格德堡大学等著名高校中。此外，某些城市如柏林、不来梅、波茨坦等也设有归属于市政府或州公共卫生局管理的法医学研究所，德国军方也开设有几所自己的法医学研究所。对于法庭科学领域的其他鉴定，如枪弹、指纹、足迹、文书、纤维和微量物证等则是由德国国家刑事警察局负责。德国大多数的法医研究所和国家刑事警察局下属物证鉴定实验室都按照 DIB – ISO 技术规范进行认证，以确保专家鉴定意见的可采性。

与法国相类似的是，德国地方警察、法院和检察院均可以自由聘用某个鉴定专家来开展某项司法鉴定工作，但需要支付一定的服务费用，包括聘用刑事警察局的专家也是如此。由于所聘用的专家大多数来自 DIB – ISO 技术规范认证机构，因此在质证和采信方面主要取决于地方法官基于鉴定意见的自由裁量。

（三）意大利的鉴定意见质证与采信制度

意大利是古罗马的继承者，同时是现代法医学的发祥地。意大利的司法鉴定专家主要来源于四大实体，即警方、宪兵、高校和个人。与法国和德国不同的是，意大利设立了隶属于内政部管辖的科学警察部门，部门内部有刑事科学各个领域的专家，在罗马市国家警察局还有专门的法医病理学专家。对于一般的刑事案件，地方法官倾向于采纳这些科学警察部门的专家鉴定意见。此外，意大利国防部还专门设有宪兵队科学调查部门来处理涉及宪兵队内刑事犯罪的科学调查和鉴定工作，为司法机关和警方提供科学证据。然而，由于司法警察部门和宪兵队科学调查部门普遍缺乏法医病理学、法医人类学、法医昆虫学等领域的专家，因此地方法院也会指定高校、医院或者私人机构的鉴定专家，这种情况在意大利非常常见。

在意大利，科学警察部门的司法鉴定专家以及高校、医院的鉴定专家在刑事案件调查初期往往就会以检察机关的辅助人员身份介入，尤其是涉及需要进行尸体解剖检验和病理鉴定的案件。然而，并非所有案件检察机关都会在调查初期召集法医病理学、法医人类学和法医昆虫学等领域专家参与现场勘验，因此某些关键性的生物证据如尸体上的昆虫学证据可能会被忽略或被破坏。

与法国和德国相比，意大利的地方法官自由裁量权非常高，法官可以基于自己的理念判断司法鉴定意见是否被采纳，以及专家的鉴定意见是否提供了科学信息。例如，在某些案件中，法官可以不采信警方的 DNA 实验室鉴定意见，而是指定某所高校的 DNA 实验室进行重新鉴定。

（四）日本的鉴定意见质证与采信制度

1868 年日本明治维新后，欧洲强国的法律制度和自然科学技术被迅速引入，其中普鲁士对日本法律体系和现代医学建设产生了重大影响。第二次世界大战结束后，作为战败国的日本又受到了美国的法律制度的影响。

目前，日本的司法体系的整体框架仍属于大陆法系，但融入了一些英美法系的规范和制度。

从组织架构上看，日本的司法鉴定机构主要包括侧重于刑事案件相关证据调查的警察科学研究所和实验室，侧重于各种刑事和民事证据专业领域的高校法医学、药理毒理学、精神病学、昆虫学和犯罪学等教研室以及侧重于非刑事案件尸体检验的监察医事务所。其中，警察科学实验室在各个都、道、府、县警察本部均有设立，主要从事各种生物证据检验、毒物分析、痕迹检验以及犯罪心理学分析等工作。国家警察科学研究所作为国家警察科学研究的最高级机构，包含几乎所有法庭科学门类的实验室，负责法庭科学领域的科研、特殊和疑难检案、技术培训、国际交流和业务咨询，并监管下属的47个都、道、府、县警察本部警察科学实验室运作和刑事案件调查工作。日本有80所医学院校设有法医学教研室，负责所属高校的法医学教学、科研和尸体检验工作。第二次世界大战后，日本重新修订了《刑事诉讼法》，参照英美法系建立了警察部门验尸官制度和监察医制度。这些警察部门验尸官通常没有医学背景，因此需要医学专家来辅助完成尸体检验相关工作。如果某个非自然死亡案件是刑事案件，警察部门验尸官认为需要进行尸体解剖检验和病理学鉴定，经当地法官许可，尸体会送往当地高校法医学教研室，由法医学病理学专家来进行尸体解剖检验和病理学鉴定，这类鉴定意见一般在出庭质证时会被当地法官采纳。如果警察部门验尸官认为某个非自然死亡案件属于非刑事案件，这类尸体就会交由监察医事务所来处置。

根据日本《刑事诉讼法》的规定，无论是警察科学研究所和实验室还是其他高校教研室，其提供的证据都要经过主检察官审查，由检察官作出起诉决定后，会与警方一起整合所有犯罪相关证据。在庭审过程中，如果嫌疑人的辩护律师对某些鉴定意见有疑问，在必要时法官也会召集相关专家进行二次鉴定或补充鉴定。

二、英美法系国家的鉴定意见质证与采信制度

英美法系又称海洋法系，其立法、诉讼、质证和审判制度与大陆法系国家均存在较大的差异。两大法系最显著的差异就是诉讼制度和陪审团的权力。在大陆法系，案件的审理过程中可以有陪审团列席旁听，但最终作

出是否接受某项或某些证据，并判断被告人是否有罪和量刑的主要是法官。在英美法系，最终作出是否接受某项或某些证据并判断被告人是否有罪的权力被部分赋予陪审团。英美法系陪审团的陪审员主要在各行各业的普通人中随机抽取，在案件的庭审过程中由陪审员听取控辩双方的证言和专家鉴定意见后，由陪审团集体匿名投票以决定被告人是否有罪或承担某项法律责任。由于英美法系采取直接言词主义，非经庭审的证人证言一般不予采纳，因此对证人的询问规则首要前提就是证人必须出庭接受询问。在大部分英美法系国家，对无正当理由拒绝出庭作证的普通人和专家均可处以罚款、拘留甚至是逮捕，以藐视法庭罪论处。在庭审时，证人一般会在提供证言前手按《圣经》或《古兰经》等宣誓，随后律师会对证人进行询问，证人首先由提出证据的一方进行直接询问，然后由另一方进行交叉询问。这种陪审团制度和庭审时的交叉询问形式，逐渐形成了当代英美法系的对抗制诉讼模式。在这种诉讼模式下，控辩双方均会雇用不同的法庭科学鉴定人和其他调查员出庭作证。如何对这些专家证人的证言进行质证，决定哪些证据值得采信，美国和英国各有不同的做法。

（一）美国的鉴定意见质证与采信制度

《美国联邦证据规则》第 104 条规定，主审法官对于任何证言的初步采信具有自由裁量权。19 世纪，美国法院在评价专家证据可采性时，评价专家证据的有效性主要看该专家在相关的科学领域或行业内是否有名望，因此这一时期的科学证据质证与采信制度被学术界称为“商业市场规则”。然而，19 世纪美国的司法实践证明，科学证据的可采性在较大程度上依赖于专家证人的个人业务水平、经验判断和公信力。然而，并非所有专家都具有扎实的专业知识基础、丰富的实践经验和良好的公信力，而从非专业人士中随机抽选的陪审团和没有自然科学背景的法官无法对仅凭几页专家简历来判断一个专家的业务水平、工作经验和科学公信力。

第一个真正试图在法庭上建立一系列的方法来衡量科学证据本身有效性的分水岭事件就是弗赖依诉美国联邦政府案。该判例使当时的美国法律界达成了一个共识，即专家或有熟练技能的证人所提供的意见和证言，只有在所调查事项不属于普通的经验和常识范围，需要特殊的经验或知识才能正确判断时，专家证言才具有可采性。对于那些已被相关行业和研究领域所公认的科学原理、现象和研究结果，如指纹、DNA 的个体同一认定，法官和陪审团可以默认这类证据和证言具有可采性。迄今为止，弗赖依标准仍然在美国加利福尼亚州、佛罗里达州和纽约州这三个最大的司法管辖区以及其他 14 个州中执行，其余的州则采用了后来形成的多伯特规则来确定是否采纳专家的证言。

1993 年 6 月，美国最高法院对多伯特等诉梅里尔・道药品公司案（Daubert v. Merrill Dow）进行了判决。这个新的判例形成了新标准建议，在法庭决定采信科学证据时，应当通过多方面的因素来判断证据的真实性和准确性。与弗赖依标准相比，多伯特标准在专家证人证言的可采性上有以下几项进步：一是形成专家证言所依靠的科学理论与技术方法是否可以被重复检验；二是这些科学理论与技术方法是否已经通过同行专家评审并公开发表；三是如果某项技术存在已知或潜在的错误概率，则这种概率应当能使用相关实验来验证，如同时使用阴性和阳性对照；四是鉴定意见或推断形成的过程应当严格按照现有的技术操作规范标准进行；五是鉴定或推断结果的精确性被同行广泛认可。此后，美国最高法院在通用电气公司诉乔伊纳案和锦湖轮胎公司诉卡迈克尔案这两个案件的判决中又对多伯特标准的适用条件进行了限定，例如，验证专家意见与实验数据之间是否存在重大差异，以及多伯特标准适用于所有专家证据而不仅仅是科学证据等。在多伯特案复审期间，美国第九巡回上诉法庭再次对多伯特标准进行了拓展和修订，使用了一些非自然科学因素来帮助确认一项科学技术的精确性，如专家证人在诉讼中是不是独立的，专家鉴定意见是否基于针对性的检验分析，专家证人是否会从一个已知信息推断出一个毫无事实根据的结论，专家证人是否对某个专业问题作出充分的通俗性解释说明，专家证人在其付费诉讼咨询之外的日常专业工作中是否足够谨慎细致，以及专家证人所宣称其所擅长的专业领域本身是否科学可靠等。

除了正规的可采性标准，大多数司法辖区通常以法官自由裁量权的形式排除包括专家意见在内的其他可采性证据。1975 年 1 月 2 日，美国国会通过了第 93－595 号法案，确立了新的美国《联邦证据规则》，并在 2000 年针对与专家意见和证言有关的规则进行了修订。该证据规则限定，只有当证言基于充分的事实和数据，由科学可靠的原理与方法来检验和推断，且证人将上述原理与方法应用于当前案件的某一事实的分析，这种证言才能被视为专家证人证言。在特定案件中，专家可以在出庭听证时或听证前获取案件相关事实或数据以形成专家鉴定意见或推断。如果专家形成鉴定意见或推断依据的是某个特定学科领域常识性合理性的事实或数据，那么这些事实和数据无须作为证据采纳。除非法官认为相关案情事实或数据对于陪审团衡量专家意见有帮助并能避免出现偏见，否则这些事实和数据一概不能透露给陪审团中对于该专家鉴定意见或相关推断的支持者。在刑事案件中，关于被告人精神状态的专家证人证言不能对该被告人是否具有属于被指控的犯罪构成要素或相关辩护要素的精神状态表态，此类争议须由法官和陪审团独立决定。在选定出庭专家方面，法官可以自行决定选择专家证人，或根据当事人的申请指定某个专家证人。如果专家证人本人不同意出庭，则需要向当事人说明为什么不能指定该专家证人的原因。接受出庭要求后，法庭或任何一方当事人均可传唤专家证人出庭作证。在交叉询问时，控辩双方律师均可以要求作证专家公开其鉴定意见或推断所依据的事实和数据。在专家证据的采纳与否方面，即使陪审团可能投票采纳或排除某个专家意见，但法官仍然有一定的自由裁量权。目前，美国几乎所有的州都采用了1975年版《联邦证据规则》以及2000年修正案作为本州的规则，少部分州仍然继续适用弗赖依标准来衡量科学证据是否可采信，大部分州开始采用多伯特标准作为专家证人证言可采性的新标准。

（二）英国的鉴定意见质证与采信制度

为了避免错误的鉴定意见、未经科学检验的不可靠证据或专家证人的偏颇陈述误导陪审团，英国大法官曼斯费尔德勋爵于1782年在福克斯诉查德案中开始允许对专家意见进行质证。虽然允许对专家意见进行质证，但在英国没有像美国那样形成对专家证言进行质证相关的判例法。1984年，南澳大利亚最高法院在案件审判过程中适用了类似弗赖依标准的模式，在博尼孙和巴林银行案（Bonython and Barings）中，也使用了两步测试来确认是否采纳专家证据。在英国，法庭会采用以下步骤对专家证据证言进行可采性审查。首先，法院会从专家库中选择一个相关专家，来给出初步的结论。在确定选取的专家前，须确认该专家是否为上级部门指派，是否拥有某个问题的相关领域的知识背景或经验技能，陪审团和法官是否能在该专家证人不出庭的情况下依靠经验对某个问题进行判断。如果确定需要该名专家证人，那么法院必须确认得到的专家鉴定意见或推断是否来源于专家的知识或专门经验，该知识或经验是否得到同行的广泛认可，专家证人对其证言能否给法庭提供帮助这一问题是否了解。其次，法院将对该名专家证人的专业资质进行审查，确认其是否有解决某一法庭问题的相关知识或经验，以及确定专家意见是否可能误导陪审团从而造成不公正的决断。在排除了上述所有可能降低专家意见的科学性和有效性的影响因素后，专家证人才会获准出庭作证。这种规定看起来似乎只是弗赖依案判例标准的另一种描述，法庭已经确认需要专家证人出庭，并向陪审团提供他们的专业意见。

在英格兰以及英国其他地区，控辩双方的律师均可以采用询问的方式来对己方和对方邀请的专家证人进行质证。这种交叉质证通常能够暴露出专家证人本身的偏见和验证他们观察、聆听和理解法庭问题的能力，同时还可以测试专家证人的专业能力高低和公正性。虽然弗赖依标准和多伯特标准以及美国《联邦证据规则》在英国都没有法律约束力，但是控辩双方仍可以借用上述标准和证据规则对专家证人的可信度进行质证。因此，英国的法官和陪审团可以站在一个更高的角度来检视专家意见形成的整个过程，从而更好地衡量专家证人证言的可信度。就这一点而言，在英国多伯特标准并没有用于专家资格的审查，而是用于质疑专家证人的可信度，并影响陪审团对该专家意见的考虑权重。

由于存在上述差异，与美国相比，英国的专家意见存在以下不同：一是鉴定意见书或报告中必须包含专家资格证书以及相关经验和资质的详细说明；二是必须向法庭提供出具鉴定意见书或报告所引用的任何相关参考文献和信息的详细情况；三是必须提供一个声明，表明专家在鉴定意见书或报告中表达的所有观点都是基于客观事实的陈述以及相关结果的分析过程说明，并声明了解自己在法庭上的义务并坚决履行相关职责；四是在鉴定意见书或报告中明确表示陈述的事实中哪些是基于专家的知识，所有相关检验、测量、测试或实验分别是由谁进行的，并向法庭提供每个实验分析人员的资格证书以及相关经验和资质情况；五是在专家意见书或报告中如果有不确定的意见，则必须向法庭解释产生这种不确定意见的原因；六是在专家意见书或报告中陈述如果没有相关资格就不可能给出专家意见的原因；七是包含一段对相关问题检验分析和推断出的结论。

三、我国现行的鉴定意见质证与采信制度

我国的法律体系的构建在很大程度上参照了以德国为主的大陆法系，因此质证的模式同样是法官询问制，但至今尚无成文的证据法。在我国，法庭组织控辩双方对证据的“三性”即真实性、关联性、合法性展开质辩的过程称为“质证”。因此，我国的司法实践中的质证与证据采信流程与制度，其核心就是上述的证据“三性”。对于控辩双方而言，对证据“三性”的置辩能起到质证的作用，对法庭来说，组织控辩双方对各类证据尤其是物证、司法鉴定意见和专家证人证言质证也是证据调查的过程。

中华人民共和国成立初期，我国就非常重视刑事案件的证据调查，同时专门培养了大量法医学和刑事技术人才。然而，彼时法律体系尚不健全，关于证据的可采性，证据的证明能力与证明力，证据的出示、质证、认证等方面均缺乏明确的证据规则指南。因此，在改革开放后到2000年前后这段时期，出现了诸如佘祥林案、聂树斌案、呼格吉勒图案、赵作海案等冤假错案。直到1997年，我党在十五大上提出了“依法治国，是党领导人民治理国家的基本方略”这一重要治国方针，法律界才开始重视通过科学方法来置辩证据“三性”，逐步推动证据相关立法，建立现代化的证据制度。

21世纪以来，众多法律界学者在证人出庭作证、无罪推定原则、禁止刑讯逼供、证据规则等方面作了大量的研究。司法部于2001年颁布了《司法鉴定程序通则（试行）》（已失效），对涉及各类刑事和民事案件的司法鉴定活动进行了规范化、标准化指导。2010年，最高人民法院、最高人民检察院、公安部、国家安全部和司法部联合出台了《关于办理死刑案件审查判断证据若干问题的规定》和《关于办理刑事案件排除非法证据若干问题的规定》，进一步对证据裁判原则、证据种类、证据审查、非法证据排除等方面作出明确规定，是刑事案件证据调查方面的重大突破。2017年，最高人民法院、最高人民检察院、公安部、国家安全部和司法部又出台了《关于办理刑事案件严格排除非法证据若干问题的规定》，对上述两个规定实施中出现的问题进行回应，进一步完善了中国特色的非法证据排除规则体系。至此，我国的证据规范化收集、举证、可采性审查、质证和认证模式才基本成型。

目前，国内司法实践中围绕“三性”质证开展的证据调查模式主要有

三种：一是平行式证据调查模式；二是集中式证据调查模式；三是分层递进式证据调查模式。

第一种平行式证据调查模式属于我国刑事司法改革早期采用的证据调查模式，目前仍有部分地区还在使用。这一模式规定法庭在刑事庭审中针对证据的“三性”问题，不分先后顺序同时进行调查，没有逻辑上的先后顺序和层次之分。在庭审时，通常由法庭组织控辩双方围绕证据“三性”问题笼统地开展质证，法官对每一证据当庭暂不表态；在休庭后，由审判人员对庭审中的全部证据进行综合归纳，分析讨论，最后由法官在判决书中从是否采信证据的角度对控辩双方发表的质证意见作出回应并给出最终结论。由于该模式没有将证据的“三性”进行先后和层次区分，因此容易导致法庭调查和质证缺乏条理性和针对性，庭审过程也会显得较为混乱和冗长，而法官也难以排除那些可采性差的证据，最终影响法官的判决。

第二种集中式证据调查模式是目前我国司法实践中较为常见的证据调查模式，这种模式规定控辩双方只能在刑事庭审的法庭调查环节对证据“三性”集中进行调查，禁止在庭审前对证据“三性”中的合法性进行调查。这一模式虽然保证了证据“三性”的调查合乎法理，并在一定程度上保证了证据“三性”质证的逻辑层次，但有时不能充分发挥庭前会议的过滤功能，导致庭审的质证环节关注点分散，效率低下。

针对上述两种证据调查模式的缺陷，目前法律界在我国刑事诉讼的相关制度设计和刑事司法改革过程中开展了深入的探讨，提出了第三种分层递进式证据调查模式，即先行调查并肯定证据在形式上具有证据能力（合法性）之后，才能进一步调查该证据对于案件事实的实质证明价值即证明力（真实性、关联性）。与集中式证据调查模式相比，在分层递进式证据调查模式下，在法庭调查起始阶段或庭前会议时，组织控辩双方对证据的合法性进行质证，并当庭作出该证据是否具有证据能力的决定。在法庭就该证据是否具有证据能力作出决定之前，不允许在法庭上出示该证据以及对该证据的真实性、关联性进行质证。在法庭作出该证据具有证据能力的决定之后，开始下一环节即对证据的真实性、关联性进行质证。这一模式目前得到了不少法律学术界和实务人员的认可，在某些存在多个法律事实、证据较多、情节较复杂案件的庭审中显得尤为有效。

国内司法实践中对于证据“三性”中真实性和关联性的质证，目前大多关注证据是否为原物、替代品是否合规、证据（尤其是物证）是否合法收集、证据有无组织相关人员进行辨认、有无采用正确的方法进行检验分析与鉴定、证据的收集是否全面、证据（尤其是物证）与案件的关联性是否得到正确且充分的解读等方面。

近年来，随着专家证人出庭制度在全国各地司法实践中尝试性开展和逐渐普及，法庭上控辩双方的对抗性质证越来越突出。虽然现阶段的鉴定意见质证与采信制度还存在许多瑕疵和问题，专家证人出庭制度无疑对提高我国司法鉴定质量、建立健全鉴定意见质证与采信制度具有重要意义。

第九章　法庭科学文化

第一节　法庭科学文化概述

"法庭科学"，翻译自"Forensic Sciences"，是20世纪40年代开始在西方国家广泛使用的一个概念，而在我国更为普遍的称谓则是"司法鉴定科学"。关于"法庭科学"的内涵，尽管不同学者定义的文字表述不尽相同，但基本内容是相对统一的，认为其意即用于法庭的科学或者与法庭活动有关的科学，主要包括物证技术学、法医学、司法人类学、司法精神病学、司法工程学等。当然，这里的"法庭"或"法庭活动"并不是狭义概念，而是泛指犯罪调查过程以及诉讼过程。具体来说，法庭科学是研究各类案件中专门性问题的鉴定原理和方法，为法庭审判提供科学证据的一系列学科的总称，它是一个科学群。"法庭科学"除研究鉴定原理、鉴定方法和鉴定技术外，还要重点研究鉴定与审判的关系，如鉴定意见在法庭上的解释、评断、运用等。由于英文中的"Forensic"一词一般仅指自然科学，因此刑法、民法等用于法庭审判的"社会科学"便不包括在"法庭科学"的范畴之内。

"文化"一词最早见于我国《易经》："文明以止，人文也。观乎天文，以察时变；观乎人文，以化成天下。"这被我国学术界公认为是"文化"一词的出处。1871年，英国学者泰勒对"文化"作了这样的定义："文化或者文明，就其广泛的民族学意义来讲，是一个复合体，包括知识、信仰、艺术、道德、法律、习俗以及作为一个社会成员的人所习得的一切能力和习惯。"这个概念被广泛接受，且被认为是目前为止最为经典的"文化"概念。从上面对文化的定义我们不难看到，文化是"用人文的道理来造就人的世界"；"文化"表示用人的标准和尺度去改变对象的行为过程及其结果。

“法庭科学文化”的概念，包括从种族文化和民族文化到法庭科学的文化（或媒体）表现，以及法庭科学对大众文化的影响。其中“文化”这个术语接近于科诺尔－塞蒂娜的“认知文化”。从这个意义上说，“文化”是一种产生知识的社会媒介，而这种知识通常被标记为“科学的”。

由于法庭科学属于综合性应用科学，涉及多种学科知识，所以要深入理解“法庭科学文化”的概念，必须将各种不同的学科放在一起，比如，管理科学、工业科学、医学科学、工程科学等，即使与不同学科的母体认知文化不同，我们也可以把“法庭科学文化”归结成一种对所有相关科学知识的认知文化。此外，法庭科学文化还包括这些科学知识的认知文化进一步给大众文化带来的影响，如以小说、影视剧、大众媒体等作为载体的法庭科学的文化表现。从社会功能来看，法庭科学文化在国家安全、社会治理、诚信文化、法治文明建设等方面都发挥着重要的作用。

下面，我们来追溯一下法庭科学文化的发展脉络。

一、法庭科学文化的开端——神示证据制度

随着时间的推移，远古时期的犯罪已经成为人类社会的一部分。在当时的历史条件下，出于维护奴隶主阶级统治的需要，加之生产力发展水平十分低下，人们不可能通过科学的方式正确认识人类的社会现象和自然现象。那时人们信奉神灵，认为神是人类的主宰，是无所不知的也是最公正的。因此，对于难以查明的案情，难以决断的争议，便求助于神意来判明是非和解决争议，并以此为基础对案件作出判决。这一时期出现的神示证据制度曾普遍存在于亚欧各国的奴隶社会，并跨越数个世纪且残存至封建社会末期，它是最原始、最野蛮、最愚昧的一种证据制度，与我们现在所说的“科学认知”截然不同，它是用一定形式邀请神灵帮助裁判案情，并且用一定方式把神灵的旨意表现出来，根据神意的启示来判断诉讼中的是非曲直的一种证据制度。例如，古巴比伦的《汉谟拉比法典》，古代两河流域的《中亚述法典》《苏美尔法典》等都有记载，具有广泛的影响力。

（一）神示证据文化在西方国家的表现

神誓、水审、铁审、火审、决斗、卜卦、抽签是神示证据制度中典型的神意表达方式，但由于各民族的风俗习惯、历史传统、民族区域上的差

异，上述各种神示方式在实际运用中又各具特点。

神誓是指当事人和证人以向神灵宣誓的方式来证明其所提供的事实或者提出的主张是真实的，这种证明方法又被称为直接宣誓或者证实宣誓。如《莱茵河畔法兰克部族法》容许使用消极证言，即单凭誓言否认即可。在大多数场合，被告人只要同一些证人立誓，说他没有做过人们所控告的罪行就够了。阿勒曼尼人、巴伐利亚人、图林根人、弗里斯兰人、撒克逊人、伦巴第人等的法律和《莱茵河畔法兰克部族法》一模一样。

水审，又分为凉水审和沸水审。凉水审一般是指将被告人投入水中，就其是否能摆脱困境而进行案件事实的裁判。如若沉于水中，则认为他的陈述是虚假的或者认为他是有罪的。日耳曼民族正好相反，因为日耳曼人认为水是纯洁的，被告人沉于水中说明他被纯洁的水神接受，所以该人是清白的。沸水审是指让被告人用手从沸水中捞取某物品，包扎好烫伤的手臂，并向神祈祷。一段时间后，伤势好转，则认为是神的保佑，被告人是诚实的、无罪的；若伤势恶化，则认为是神的惩罚，认为该被告人是虚假的、有罪的。

火审，通过让当事人接触火或者烧热的铁器对被告人进行考验，显示神意借以判断当事人的陈述是否真实或者当事人是否有罪。如公元 9 世纪法兰克人的《麦玛威法》中规定："凡犯盗窃罪，必须交付审判。如在审判中为火所灼伤，即认为不能经受火的考验，处以死刑。反之，不为火所灼伤，则可允许其主人代付罚金，免处死刑。"

决斗主要在西方国家盛行，如丹麦国王弗罗陀曾下令要求一切争执都通过决斗来解决。条顿族要求控告人在"证人作证"和"以决斗作保证的证据"之间做出选择。卜卦、抽签等可参见古印度《那罗陀法典》的毒审法、秤审法、圣谷审法、抽签审法等。

在中世纪初期，欧洲还没有形成统一的民族国家，更谈不上成体系的司法裁判组织。国王或者领主都不太介意人民之间的纠纷，一般将其视为私人问题，因此国家公权力介入诉讼并不积极。犯罪者会因为虔诚的信仰或对超自然力量的恐惧而自行供述或在审判时显露胆怯，那么随着时间的流逝，有一些没有宗教信仰的奸恶之徒在审判时信口雌黄，或者只是由于运气较好而被神判为无罪，现行的神示证据这种审判方式，即借助神的力量惩奸除恶的确定性越来越为广大民众，特别是文化阶层所怀疑。例如，在共誓涤罪时，如果被告人有足够的势力或足够的朋友，他就可以按照共誓涤罪的要求被判定为无罪。如果被告人有足够的勇气或武艺，就敢于接受被害人的挑战进行司法决斗，甚至会因为在司法决斗中获胜而被判定为无罪。

到中世纪中期，出现了因破产而拦路抢劫的骑士。因为武艺高强，他们一般都会在司法决斗中取胜，因此往往逍遥法外，很多惯犯也是如此，这就造成社会秩序越来越混乱。领主和国王意识到，犯罪行为并不仅仅是个人之间的问题，它引发了社会的动荡，严重破坏了既有的统治秩序。因此，国家政权开始积极介入公民的诉讼，特别是刑事诉讼。当然，也是各地领主和国王、教会等几股势力一起介入，并没有统一的司法体系。统治阶层也逐渐意识到长久以来所运用的弹劾式诉讼和神示证据制度，在对付犯罪时越来越显得苍白无力。

（二）中国古代的神明证据文化及表现

我国古代氏族社会信奉天地鬼神的观念，在夏朝无论是实体法还是证据法方面都体现出神明法的威慑作用。禹不传贤而传位给其子启，破坏“禅让制”，氏族首领有扈氏反对启而武装夺权，启与有扈氏“大战于甘”，并在誓师大会上宣布有扈氏的罪状：首先“威侮五行”（不敬上天、违背天道），天用剿决其命。启与之战争，则是为了“恭行天之罚”。在商朝殷商奴隶主贵族极端迷信鬼神，“殷人尊神，率民以事神”。殷商统治者每遇大事，必先占卜，以求消灾降福，而占卜者参与司法，伪托神意断案，我国《论衡》中记载了“以兽触罪”以及少数民族沿用至20世纪前期的嚼米、鸡蛋判、磨掌、扎手、吊簸、打头等神明裁判法。在周朝进行刑事、民事诉讼，司法官吏要让当事人对神宣誓。《墨子·明鬼》记载，齐庄公下有王里国、中里徼二臣，打了3年官司依然无果，于是让两人各准备一只羊在齐国神社宣誓，宣誓时刺羊出血洒于祭坛，并让二人宣读誓词，王里国顺利读完誓词，而中里徼读到一半被羊角触死，于是判王里国胜诉。该案可以说是神明裁判和盟誓证据制度完美结合适用的典范。但中国的这种宣誓主要在形式主义，与风行于其他国家的神示证据制度明显不同，而且我国的神判法在奴隶社会就已消失。

当通过刑讯获取证据（口供）成为主要的合法手段后，神判法就在规定的法律程序上绝迹了，但实际应用中还有其潜在的功能，如官吏遇到疑难不决的案件，往往也会求神占卜。神明证据在封建社会也有适合其长期生存的土壤。如唐朝狄仁杰足智多谋，断案如神。在《狄公案》第二十八回《真县令扮作阎王，假阴官审明案情》中，周氏和徐德泰合谋杀夫，担心知道真相的女儿将事情抖搂出去，又将其女儿药哑。事情败露后二人为保命拒不供述，刑讯逼供也无法取得口供。在封建社会无论是在规范层面还是在现实层面，口供和讯问都占优势地位。狄仁杰为取口供，和手下演了一出“阴间阎王审案记”。冤魂的出现，对阎王、鬼神的恐惧，使做贼心虚的周氏立即向“阎王”如实招供，由此获得画押的供状，使恶人得到惩罚，受害者沉冤昭雪。利用对鬼神忌惮心理审理案件在当时并不少见，如“包青天”审理“狸猫换太子”一案，还有《施公案》也有记录施仕纶在审理案件中多次利用人们对神灵畏惧的心理，使“心怀鬼胎”的人犯如实供述，以达到破案的效果。所以即使到封建社会末期，神明证据在诉讼实践层面依然存在，并与口供证据相结合，经常能够使真相大白于天下，有其积极意义。

（三）神示证据文化的根源及特点

神示证据文化的产生有其历史必然性。在人类还处于奴隶社会的“初始状态”时，科学文化的落后、生产力水平的低下、思想意识的滞后导致当时人们认识能力的狭隘性。他们很难估量出视野以外的事物的存在方式，没有先进工具的辅助也直接导致了人们对周围环境及自然小心谨慎的态度。神秘令他们不安，变化无常的天气、火山、洪水、地震等自然现象使原本就忐忑的心更加惶恐那些存在于他们感知范围之外的“生物”。于是他们开始相信作为最高主宰者的神的存在，认为神是主宰一切的，是能察知一切的，因而是不可欺骗的，并无时无刻地监视着他们的行为，人们的言行善恶，必然为神明所洞悉。因此，在诉讼中涉及难以辨别的是非问题，由于缺乏相应的裁判资源，自然要靠神明来裁决。

关于神示证据制度的定义，有学者认为“是根据神明的启示来判断证据并进而认定案件事实，解决诉讼的一种证据判断”。何家弘认为，“是司法活动中采取一定方式邀请神灵帮助司法官员判断案情，并且通过一定形式把神灵的旨意采取一定方式邀请神灵帮助司法官员判断案情，并且通过一定形式把神灵的旨意表现出来，作为裁判依据”。

神示证据制度具有以下特征：第一，其证明效力源于神明的意思表示。神示证据制度之所以在当时被世人所采信，在于人们对神的追崇，进而认为神的意思表示具有与法律相当，甚至高于法律的效力。这一点在古希腊人身上体现得尤为明显，他们曾认为，“司法裁判的职责不能掌握在人的手中，而只能掌握在神的手中，法官之所以能就案件作出裁决，也是因为有神的帮助”。第二，证据获取的方式为与神明进行假想性质的沟通。如宣誓即宣誓者与上帝或神进行心灵或灵魂上的沟通，火审、水审等则是世人将当事人的身体送交神的一种托付。第三，其设置目的在于揭示案情“真相”，作为解决纠纷的一种途径。第四，与弹劾式诉讼制度密切相关。法官在审判过程中处于消极的仲裁地位，只是起到主持审理过程的作用，而法庭只是请求神灵揭示案件事实的一种场所和工具。控诉由原告主动提出，且被告在处于与原告平等的地位上进行抗辩，而在案情仍存在争议的情况下，往往诉诸神明的裁判。第五，作为统治阶级平息纠纷、稳定社会及司法秩序的工具。因神在当时的至高无上的地位，故其所作出的裁决往往具有威慑力和公信力。

二、法庭科学文化的发展——法定证据制度

沿着历史的车轮前进的方向，人类社会进入了封建君主专制时期，一种新的适应当时政治需要的证据制度，即法定证据制度取代了神示证据制度。法定证据制度盛行于欧洲 16 世纪至 18 世纪的君主专制时代，在德国、奥地利、俄国等国家，直至 19 世纪后期仍然实行法定证据制度。最早规定这种证据制度的代表性法典是 1532 年罗马帝国的《加洛林纳法典》、1853 年的奥地利《刑事诉讼法》以及 1857 年的《俄罗斯帝国法律全书》（再版）等。同时期的英国，由于其民族历史传统的特殊性，尽管其证据制度中也具有许多形式主义的因素，但并没有形成严格意义上的法定证据制度。

（一）法定证据文化在西方国家的表现

法定证据制度是封建君主专制政治体制与纠问式诉讼形式的产物。君主专制政治的一个特点就是中央集权，强化国家权力对社会的控制。与此相适应，在欧洲大陆君主专制时期，纠问式诉讼形式取代了弹劾式诉讼形

式。所谓纠问式诉讼形式，是指司法机关对于犯罪案件，不待有人告发，即可进行追诉、审理，被追究的犯罪嫌疑人只是被拷问的对象，不是诉讼主体，不享有反驳控诉的辩护权利，而且诉讼不公开进行。在纠问式诉讼形式下，无论是否有被害人控告，司法机关都有权主动追究犯罪，法官集起诉权和审判权于一身。被告人负有招供的义务，对被告人刑讯逼供是法定的程序。很显然，这种诉讼形式大大强化了国家的司法权。在这种情况下，传统的神示证据制度已不能满足统治阶级的需要，必须有一种新型的证据制度来取代神示证据制度。同时，法定证据制度要求法官必须绝对依照法律对证据证明力的规定来认定案情，适用法律，取消了法官的自由裁量权，这就使封建君主可以通过这种证据制度有力地控制司法权，以适应君主专制及中央集权的需要。

中世纪的欧洲曾盛行法定证据制度，证据的证明力都由法律机械地加以规定，甚至把证据分为完全的、半完全的、少半完全的证明力等。这样，法官只能生硬地按照规定认定事实，而不能按自己的意念来判断，在一定程度上保证了断案的客观性。中世纪欧洲的法定证据制度固然与王权的勃兴有关，但更重要的恐怕还是民众对法官枉法专断的憎恶。法官地位相对独立，超然于其他权力且其以明断是非为己任。这就要求其不仅要重视程序，也要重视证据。另外，欧洲的司法体制不像中国古代那样有着严密的来自系统内部的制约，要对法官的恣意妄断进行制约，法定证据制度可谓一种良策。法定证据制度要求按法律的规定对于证据的真伪及其证明力高低进行判断，其本质上是对法官审判权专断的限制和拘束。

（二）中国封建社会的证据文化及表现

我国早在公元前221年，秦始皇统一六国，建立了第一个中央集权的封建君主专制国家，就进入了长达2000多年的封建社会，人们感受到了各种各样的立法和法律对犯罪要件提出的要求。这些打击社会犯罪的法律法规开创了人类社会的生存之道。

然而，中国封建社会可以说从未真正地从形式和内容上规定过法定证据，亦未产生法定证据制度，主要原因在于传统的政治体制。首先，中国古代有着一整套严密系统而又高度发达的内部监督机制，对官员“出入人罪”有严厉的处罚规定，且以较严密的监察制度作保障。在这一体系下，官员受到了其他官员包括上级、同级甚至下级官吏的监督，战战兢兢，如履薄冰，从而不敢轻易枉法妄断。其次，中国传统的官员都是在“修齐治平”理想目标下步入仕途的，目标就是将自己培养成符合王权统治需要的人，所以统治者们相信并且依赖这些官吏凭自身道德修养和内省来把握尺度运用证据以查明案件的真相。最后，中国古代的诉讼并不是古代欧洲式的两造控辩式的结构，判案也不以明确界定双方权利义务为职责，往往是一种“教谕式的诉讼”。所有证据运用的目的不是来判断是非、界定权利义务，而是要息事宁人，维护社会、家族和国家的稳定，所以对证据的要求不像西方那样高。因此，中国和欧洲在法定证据制度的重视和采用上有着根本差别。法官断案较多采用自由心证，享有较大的自由裁量权。

早在西周时期就有“五听”断狱之说，即“以五声听狱讼，求民情：一曰辞听：观其出言，不直则烦；二曰色听：观其颜色，不直则赧然；三曰气听：观其气息，不直则喘；四曰耳听：观其听聆，不直则惑；五曰目听：观其眸子，不直则眊然”。这种对审判过程中的直观反映的直接判断，很大程度上依赖官员的生活经验和断案时的立场与动机。在唐代，对官员断案有这样的要求：“依狱官令，察狱之官，先备五听。”《明史·刑法志》记载：“永乐中，有捕盗七人者，太孙（朱瞻基）观之，言于帝曰：‘六人盗，一非也。’讯之，果然。常问故，对曰：‘《周礼》听狱，五听为先。此人眸子清明，非盗也。’帝叹曰：‘治狱贵通经，此之谓也。’”这说明官员凭主观直觉断案不但延续未断，反而一直受到推崇。

虽然中国古代的法律制度没有像现代法制这样明确的法律证据的分类，传统律学也几乎忽视了对证据的专门研究，但是事实上证据的分类仍然存在。尽管证据种类随着朝代的更迭而有所不同，同一王朝法律制度对不同证据强调的程度也不同，但综观整个传统社会的司法实践，不同证据的界限还是非常清晰的。一般来说，中国封建社会的证据有以下七种：

1. 口供。口供又被称为“口实”，在中国古代的诉讼特别是刑事诉讼中，口供具有十分重要的意义，甚至被视为“证据之王”，没有被告人的口供，一般是不能定其罪的。汉代曾规定，“会狱，吏因责如章告劾，不服，以掠笞定之”，并有“捶楚之下，何求不得”的主张。也就是说，为了获取口供，可以用刑讯等一切方法。魏晋时期，也有用“测囚之法”以得到口供的记录。《唐律》规定，如果被告人属于议、请、减、老、小、废疾等范围，只有在不得拷讯获取口供的情况下才能“皆据众证定罪”。《明律》也规定“鞫问刑名等项，必据犯人招草以定其情”。为了强化皇权统治而设立的“厂”“卫”等特务机构在审讯时更是不择手段地获取口供。《清史稿·刑法志》中也有“断罪必取输服供词”的说法。这些都说明了“口供”这一证据形式在中国古代审判中的重要地位。

2. 证人证言。这是一种古老的证据，早在西周时期即有“凡民讼，以地比正之”之说，意为“民讼，六乡之民有争讼之事，是非难辨，故以地之比邻知其是非者，公正断其讼”。

3. 书证。书证是古代官员在解决民事纠纷时最为推崇的证据之一，一般有表明买卖、借贷、租赁、典当关系的契约，用以证明土地、坟山归属的房契、地契和官册，以及较多反映婚姻、财产关系的庚帖、婚书、遗嘱等。

4. 物证。在中国古代的诉讼中，物证也早已广泛使用，并且成为定案的重要根据。

5. 勘验笔录。中国古代官吏非常重视勘验案件现场。在刑案中，勘验主要是对犯罪有关场所和物品进行勘察，对身体进行检验。

6. 检验与鉴定。主要是鉴定文书、买卖契约、婚约等真伪的报告，或者对物品价值、地界进行检验、估定等。

7. 神示。“在初民的法律中，通过占卜、赌咒、立誓和神判等方式求助于超自然来确定案件事实的情况是非常普遍的。”

总体来看，我国封建社会的证据文化有如下特点：（1）口供至上，各王朝统治时期，法律均把嫌疑人的认罪口供作为定罪的最好证据。法律规定，“断罪必取输服供词”“罪从供定，犯供最关紧要”。（2）刑讯逼供合法化，从秦汉至明清，刑讯均明确规定在法律中，成为一种取得口供证据的合法手段。刑讯不仅适用于刑事被告人，而且适用于控告人、证人和民事当事人。法律对于刑讯的条件、方法，使用的刑具、拷打部位、刑讯的次数和程度等均有详细规定。（3）法官断案注重经验判断，法官在判断证据的可靠性时，往往运用生活经验对证据进行审查。这在法律上也有明确要求。例如，《唐律疏议·断狱》中规定，“依狱官令，察狱之官，先备五听，以验诸证信”。所谓“五听”是指辞听、色听、气听、耳听、目听。话语、神色、气息、精神和眼睛均作为断定陈述真伪的途径。（4）疑罪从轻，在诉讼实践中，常常会遇到事实不清的“疑罪”案件，对此法律规定，可以从轻定罪。例如，《唐律疏议·断狱》规定，“诸疑罪，各依所犯以赎论”。

（三）法定证据文化的根源和特点

法定证据文化是封建社会的主要证据文化，与奴隶社会的神示证据文化相比，其是审判经验的总结，具有一定的科学性和进步性。所谓法定证据，又称形式证据，是法律根据证据的不同形式，预先规定了各种证据的证明力和评断标准，法官必须据此作出判决的一种证据。然而，法定证据归根结底是一种唯心主义证据，机械而脱离实际。特别是法定证据把口供视为证据之王，造成了刑讯逼供泛滥，随着社会的进一步发展受到了强烈的批判。

法定证据制度的出现是人类文化科学的发展对司法经验总结的结果，法定证据制度与当时的政治斗争形势联系在一起，是中央集权君主制的产物。等级制度是法定证据制度产生的社会原因，崇拜权威的思潮是法定证据制度产生的文化原因。作为司法证明的基本模式之一，既有优点也有缺点。其优点是这种证明模式有助于提高司法裁决的规范性和提高司法裁决的可预见性，因为诉讼中的规则是具体明确的，人们知晓的，所以人们能事前预见到结果。这种证明模式有助于提高司法裁决的权威性。其缺点主要在于这种证据制度在运用证据问题上过于死板，缺少灵活性，容易导致刑讯逼供的泛滥。

三、法庭科学文化的演变与转归——近现代证据制度

近代以来，随着西方的冲击和中国社会自身的新陈代谢，中国法律制度开始受西方的影响而逐步转型，传统证据制度以及与之相伴的刑讯逼供等受到猛烈批判，建立符合近代西方程序理念的证据制度的呼声越来越强烈。1905 年，沈家本等主持编纂《大清刑事民事诉讼法》，首次将实体法与程序法分开，随后又编定刑事诉讼律草案和民事诉讼律草案，标志着传统证据制度的终结和我国近代证据制度的诞生。

（一）中国近代证据制度

这里的“近现代”，是指中华民国建立至中华人民共和国成立之时。这一时期证据制度随着时代大变革而出现较大的转折。传统证据制度完全废弃，代之以西方国家的证据制度。自清朝末年之后，我国法制开始转向西方国家学习。证据制度，如其他法律规定，主要是以日本、德国为效仿对象。我国近代证据制度在清末、北洋军阀、国民党统治时期具有连续性，证据制度是欧洲当时施行的自由心证证据制度的翻版。但由于一系列的革命和战争以及本土文化的抵触，这种证据制度在实践中很难落实。

（二）中国当代证据制度

中华人民共和国成立后，中国当代证据制度发展大致经历两个阶段，以1978年改革开放为界，分为前三十年、后三十年，由于一系列政治运动，证据制度如同其他法律基本上处于虚无状态。后三十年，我国证据制度迅速发展。这种证据有传统的连续性，基本概念和基本制度既体现了民国时期的证据制度，也反映了现实政治影响下的一些自身特色。例如，对自由心证提法的抵触、对无罪推定原则的否定，主张“实事求是”。具体而言，我国现行证据制度的特点主要体现在以下几个方面：第一，证据认识论上强调客观性；第二，证据价值论上追求实体真实；第三，公、检、法三机关全面收集证据；第四，书面笔录证据的普遍使用。

（三）科学技术带来的变革

近年来，随着民众法律意识的提升以及科学技术的日益现代化，法庭科学的概念已经日渐普及。痕迹检验、文件检验、微量物证分析及刑事摄影等传统法庭科学技术早已成为该学科体系的必备元素。近年来，新发展的毒品分析、电子证据等新型科学证据也广泛进入人们的视野。医学、化学、物理、生物以及环境等自然科学与证据问题全面交叉，创造出以科学为手段、以证据为目的的崭新的局面。与此同时，法庭科学文化伴随着近年来的影视剧、小说、大众媒体等得到与时俱进的呈现，使民众对相关的法庭科学技术有了广泛的认知和理解，即使这种认知和理解不够确切，但也对民众的法律认知、科学认知带来了积极的影响。

如今，法庭科学已经成为社会各个领域、工作场所和执法机构回答司法系统感兴趣的问题的必需品。犯罪的增长、恐怖主义活动的出现，以及杀人犯罪和刑事犯罪使调查的必要性不断提高。法庭科学使用多种证据来分析和评估受害者和犯罪现场之间的相关性。现代法庭科学如果运用得当，可以帮助揭露隐藏的罪行，给有罪的人定罪和为无辜的人平反。

通常，证据（物理的、生物的和化学的）以受污染的形式在事故现场和其他有价值的证据一起出现，并且以可疑的形式存在。随着科学取证技术的进步，调查人员发明了更多的工具，使犯罪分子难以逃脱；同时，随着证据调查等相关过程对法庭科学的需求不断增长，公众也对犯罪类节目或影视作品产生了特别的兴趣。法庭科学技术的敏感性和先进性要求优秀的科学家坚持严格的程序和标准，以确保某些结果是有效的、可靠的并能经受住法庭和社会的检验，未来我们将见证法庭科学各个领域利用新技术在处理证据方面的发展和进步。

第二节　中西方法庭科学文化特点

法庭科学通过自然科学为法律服务，如痕迹的发现、识别、提取、鉴定和解释等，为法律服务的模式和途径是“司法鉴定”，而司法鉴定制度要满足和适应司法诉讼制度的需求，法庭科学具有典型的交叉学科特征。法庭科学文化在司法诉讼和司法鉴定制度运行中产生，并不断促进司法鉴定制度的完善和变革。自然科学为法律提供了无限接近客观真实的方法，寻找客观真实的过程中，制度、意识、价值观、科学技术交叉融合形成特有的法庭科学文化。法庭科学文化不是孤立存在的，而是受特定的社会文化、法律文化和科技文化的影响。法庭科学文化，是指在一国传统社会文化、科技文化等影响之下，形成的与法庭科学职业共同体（含执业、教育、研究等）社会实践活动有关的制度、意识、科学技术和学说等的总和。

中西方有不同的文化体系，因文明起源、经济形式、政治制度的不同形成了各自的民族文化、社会形态和历史发展的差异；但随着明末清初第一次中西文化的接触、交流、碰撞、融合，直到进入信息技术全球化的21世纪，世界各国之间的文化交流也必然越来越紧密，中西文化不断融合、发展、变化是必然趋势。以中西方不同时期的社会文化和科技文化进行分析比较，能够更深层次地理解中西方法庭科学文化形成的内因，才能制定更适合我国的司法制度，提升法庭科学的有效性。同时随着传播媒体日益发达，法庭科学文化对社会文化也产生了重要影响。

一、中国法庭科学文化的历史发展

中国传统文化源远流长、博大精深，是中华民族在漫长历史进程中创造的丰富物质和精神财富。它展示了中华民族的智慧，并对世界各国产生了不同程度的影响。社会经济、文化条件决定了法律文化和法庭科学文化在文化体系中的地位。严格来说，法律文化出现在人类社会出现阶级和国家划分的时候，是一个地区或国家人民精神文化的表现。随着人类社会的发展和科技进步，文化内容不断更新，法庭科学文化也受到文化内容的影响而发生变化。

（一）社会文化

东方社会，农村公社是一种在自给自足和血缘关系基础上成长起来的公社类型。以农业文明为依托、以家庭亲属关系为根基的村社共同体，构成了古代社会结构的基本表征。这样的农耕文明下人与人之间处于不同的社会地位之中。公社与单个人的关系，实际上是一种秩序分明、等级森严的金字塔式关系。古代社会专制中央政府的重要责任是解决农业的衰败和饥荒的发生，并发展出古代社会的行政体系。

从夏、商、西周时期开始，中国就具有了比较系统的立法活动，中国传统的法律是对律法制定方面展开讲解并给予批注的，也就是人们口中的“律学”。“夏有乱政而作《禹刑》，商有乱政而作《汤刑》，周有乱政而作《九刑》。”春秋战国时期，土地运动和社会关系急剧变化，产生了中国历史上第一部完整的成文法典《法经》。在新石器时代，随着制陶术的兴起，指纹技术开始出现，并在夏朝作为凭证使用。

现存我国最早与司法官检验活动的相关记载见于《礼记》和《吕氏春秋》。两部典籍对当时的礼制等方面的情况进行了详细的记录，其中《月令》篇是中国勘验检查制度的最早记录，规定了司法官对受伤者进行身体检验。同时期百姓捺手印进行辅助签名。

春秋战国时期，百家争鸣，儒家思想开启，儒家思想对国家形态和社会文化均有重要影响。《礼记·大学》记载："身修而后家齐，家齐而后国治，国治而后天下平。""修身、齐家、治国、平天下"的终极社会理想为建立中央集权的统一多民族的国家提供了思想启蒙。社会模式上讲究"礼仪之道"，社会层面力图建立"君君、臣臣、父父、子子"的伦理等级秩序；司法层面表现为强调办案程序、检验的规范性。

先秦与秦汉之后的国家形态就有显著改变，秦统一六国，建立秦郡县制解决了单一的农耕，缺乏商业贸易，村落的有效合作等问题。中央政府集权主导下进行跨地域的社会动员和组织，具有政治和社会凝聚力，对之后2000多年的王朝更替产生了重要影响。司法检验人员由"令史"、"牢隶臣"以及医生和隶妾组成。令史作为基层司法检验官吏，在司法实践中负责尸体检验（包括自杀与他杀案件）、活体检查（包括伤情检验和疾病检验）、现场勘验、物证检验等工作。商鞅主持变法革新，将《法经》改编为《秦律》，严刑峻法，体系完备。汉代在秦代的基础上颁布大量新的律令，法律不断完善发展。秦汉时期，法庭科学特征如下：一是检验主体的官吏化，辅助检验由专业技术人士参与，吏臣吏妾、医生参与人身检查，兽医参与马、牛死亡、伤病的检验等。二是司法检验项目、启动、程序的法定化，检验过程的公开化等。

魏晋南北朝时期"士族门阀"崛起，皇权弱化，中原儒家文化与北方草原文化融合形成相对自由的文化氛围，为隋唐的兴盛奠定基础。"巫医乐师百工之人"不在"君子不齿"，专业技术人士地位提升使法庭科学得到不断革新。《三国志·魏书·国渊传》记录了我国最早的笔迹鉴定。唐太宗推崇儒家的治国之道，提出了"仁本、刑末"的思想，施行"宽仁治狱"的治国理念，《太平御览》记载唐太宗指狱而谓皇太子曰："滥系无辜则政道缺，久濡有罪则怨气生。"与前代相比，规范刑讯逼供，客观调查犯罪事实，准确定位犯罪嫌疑人。唐太宗在一定程度上受到了法家文化的影响，在摒弃"严刑峻法"的前提下，崇尚实行法治，强调立法、守法和公正执法，要求法纪严整，赏罚分明，并进一步加强了中央集权统治。唐朝的"画指"指纹鉴定、笔迹检验、印章鉴定、尸体检验都有所发展。

宋代是一个承前启后的时代，是古代社会文化发展的巅峰，商品经济、文化教育非常繁荣。慎刑的狱政态度体现了宋代司法实践中其深切的人文关怀和司法理性。宋代科举制度的改革帮助儒家知识分子踏上政治仕途，士大夫不仅具有人文思想关怀，而且在司法实践中总结出理论成果。郑克的《折狱龟鉴》、桂万荣的《棠阴比事》、宋慈的《洗冤集录》等法医学著作整理出现。宋慈说："不可姑息诡随，全在检验官自立定见。"亲临检验、重在实证、问心无愧是宋代法庭科学文化的特点。

元朝是第一个由少数民族建立起来的多民族的全国统一的封建王朝。制度主要借鉴宋制，同时结合蒙古族法律制度，独具特色。元代民众主要在儒教及其传统伦理影响下产生对法律的信仰。元代的律法相对宽松，注重证据的作用，它在继承宋代的司法制度的基础上，对司法检验人员的结构及职责进行了一些调整。在元代，仵作的重要性大大增加了。在宋代，官员需要亲自进行尸体检查，而仵作只是协助检验人员的角色。然而，在元代，仵作成为负责尸体检查的亲检人员，而检验官员则负责监视工作。胡祗遹有云："引问被论人，明告以被论之事，令一一缕细抵对。时曲直真伪自见，一钩一距必穷尽其情而后已……每事皆有根底旁证，来历情由，当从实处一一推究。干证劝和人最为紧切。"

明代的法律体系以"重典治国"为主旨，并在法律制度方面以唐宋时期为楷模，力图重建唐宋时期的律令体系。在量刑原则上，明代秉持"轻其轻罪，重其重罪"的原则，对危及封建政权的犯罪行为采取严厉的惩罚措施，同时对法外用刑采取较为宽容的态度，而对于与典礼及风俗教化有关的案件则采用较轻的刑罚。在文化方面，明代专制主义倾向严重，疑忌心态导致杀人事件频发，这成为清代文字狱的前奏。

清朝在政治、经济和文化等方面都努力地汲取以汉文化为主的中华文化；清朝全面地继承了明朝的政治制度和治理体系。从先秦至清代，传统司法检验人员的构成一直属于多元化的状态。清代州县衙门从事司法检验的人员主要包括检验的主持者和检验的实践者两大类。具体来说，司法检验的主持者既包括州县正印官，也包括正印官的僚属；司法检验的实践者为专职检验者仵作，以及兼职检验者刑房书吏、刑名幕友等，呈现了司法检验人员构成的多元化特征。

在中国传统法律文化中，地方行政官吏兼理司法特色一直沿袭至近代。进入近代社会后，随着农耕经济的瓦解和西方先进科学技术的传入，传统司法检验制度逐渐向西方近代法医学转型。这使拥有专业素养的司法检验人才逐渐脱离了官吏团体，形成了具有独立性和中立性的科学化、职业化的司法检验集团。这一转型使检验意见的客观准确性得到了大幅提高。

（二）科技文化

在中国古代，法庭科学在制度方面有着详细的勘验程序和规范，参与人员由专业人员负责。在涉及检验鉴定的专业内容时，会有相关经验和知识的人员参与。然而，由于自然科学发展的限制，在许多情况下，司法检验人员只能依靠自己的生活经验进行判断，而非根据专业的司法检验知识。

我们的祖先很早就开始进行科学活动。《山海经》中有关于日月出入的位置的记载，神农尝百草的传说可看作实证研究的早期尝试。原始社会到商周时期，是中国古代科技孕育、萌芽、产生的阶段。旧石器时代，我国先民最早使用石器，并最先掌握取火的技术，火在中国文明发展史上具有重要意义；新石器时代，先民发展了原始的耕作技术和动物驯养技术，出现了制陶、纺织等原始手工业；夏商周时期是我国古代科技真正产生的阶段，不仅农业、手工业技术取得了前所未有的发展，青铜器制造技术也达到了高峰，促进了中国古代科技的快速发展。

春秋战国时期是中国古代科技发展的第一个高峰期。封建社会取代奴隶社会的巨大变革，使知识分子登上了历史舞台，出现了百家争鸣的繁荣景象，为中国科技文化的发展提供了各种可能性。古代有关法医学检验最早的记载出自《礼记》。秦朝十分重视证据的证据效力，并形成固定的勘验方法和程序，对勘验记录有详细规范，具有损伤鉴定的标准和处罚标准，出现了早期的法庭科学技术。

汉代法庭科学的成就主要在法医学上，我国最早的医学著作《黄帝内经》为法医检验提供了理论来源，《黄帝内经》云："夫八尺之士，皮肉在此，外可度量切循而得之，其死，可解剖视之。"

唐代主动用火焰鉴别真金和药金，并在炼丹过程中发现了物质不灭的范例。唐朝时期，各府县设置的医学博士承担当地的医务和检验工作。

宋元时期是我国古代科技发展的鼎盛阶段。宋代程朱理学兴起，强调"格物致知"，即对事物规律的理性认知，对宋代科学兴盛影响极大，为明清时期的实证研究铺平了道路。宋代张载提出"气有聚散而无生灭"，王夫之注解道，一车薪柴烧成灰烬，一部分变成了烟和火焰，并没有消灭。物质不灭的原理为宋慈《洗冤集录》中对死亡原因是否由火灾引起提供了依据。宋慈编著成《洗冤集录》五卷，成为公认的世界上最早的一部法医学专著。元代疆域辽阔，经贸、科学技术发达，出现了天文历法、算数农桑和传统医学典籍。元朝检验文书发展及检验中程序化操作的加强，促进了中外法医学进步。

到了明清时期，西方科学知识的传入，中国传统科技开始艰难地向近代科技转变。明中叶以后，西方传教士纷至沓来，由利玛窦口译、徐光启笔述的《几何原本》，是传教士来华翻译的第一部科学著作，是中国科学革命发生的标志。1633 年编纂成功的多达 137 卷的《崇祯历书》，是这次历法改革的产物，也是“西学东渐”第一次高潮的结果。在法医技术上明清基本沿用元代的尸体检验制度与规范，检验分工与元代类似，仍沿用“检尸法式”。清朝出现有关枪伤检验的记载。康熙时期《律历渊源》的出版，实现了中、西方科学理论的融合，使中国传统科学受到强有力的冲击。自此，中国科学的发展突破封闭体系进一步走向近代科学的道路。

五四运动以来，随着西方科学技术传入中国，传统司法检验遭遇了以解剖学为核心的近代检验的强烈挑战。南京国民政府成立以后，民国司法、卫生部门大力培植法医取代传统检验吏，稳步推进司法鉴定的近代转型。近代司法鉴定制度主要是基于刑事诉讼制度而生成，民国的《刑事诉讼法》对司法鉴定的规定较为宽泛随意，在司法实践中暴露出不少弊端。但这一时期法庭科学中国传统文化因素与西方影响交织并存，一改古代中国技术与理论分离的现象。由于自然科学的发展，法庭科学原理、检验仪器开始引入，并进行学术研究活动。

在中华人民共和国成立之初，得益于苏联法庭科学专家的支持，我国开始学习、借鉴和研究物证技术，逐渐形成了具有中国特色的法庭科学体系。进入 21 世纪，我国陆续颁布了一系列法庭科学相关政策和规范，成立了多个法庭科学专业委员会。随着高科技的不断发展，学科体系得到了不断完善。生物技术、微量物证、基于人工智能的自动识别技术、图像技术以及电子数据取证技术等方面取得了显著进步。

二、西方法庭科学文化的历史发展

（一）社会文化

从公元前 8 世纪开始，地中海陆续出现了许多城邦，并演变出各种政体结构，政治体系具有多样性，如柏拉图和亚里士多德就不同政体的好坏提出了自己的判断标准，古希腊思想的特性是理性思辨和逻辑推理。城邦之间商品贸易往来频繁，在贸易过程中人们普遍用契约精神来处理经济关系，契约精神是人人都要遵守的社会规范。古希腊的司法文化是诉讼文化，在诉讼中取得胜利的关键是法庭演说而非科学举证。

动乱和纷争加快了人口流动性，从而促进了宗教信仰的传播。公元 1 世纪，基督教创立，并于公元 392 年成为罗马国教。这时期教会法规主导教俗生活，其本质上是披着宗教外衣的封建法律，目的是铲除异教徒、维护封建土地所有制和财产关系。5 ~ 6 世纪教会法律吸收日耳曼民俗法，以宗教会议教令、教父的著作、教皇的教令等汇编在一起，作为他们的法律。11 世纪，随着经济的复苏与社会的发展，教会法开始普及。罗马法庭的律师昆体良（Quintilian）在其著作中记载了一个伪造掌纹的案例：凶手用染血的手掌在犯罪现场留下印记，企图诬陷一名盲人。这是西方最早关于掌纹作为证据的记录。直到 12 世纪中期格拉提安的《教会法汇要》才让教会法实现理性和系统化。教会法院采用纠问主义的诉讼程序，证据多采用神明裁判和宣誓法，直到 13 世纪后逐渐采用人证、物证。

14 世纪，在资本主义经济兴起、城市经济繁荣的意大利，出现了对天主教文化的反抗。借助复兴古希腊、罗马文化的形式来表达自己的文化主张，崇尚人文主义精神，以人为中心，反对神学思想。虽然当时的法律制度相对严格，但是犯罪现象十分普遍性。15 世纪时文艺复兴传播，出现大量人才，科学进步使远洋航行成为可能，为开辟新航路创造了必要的条件，引发了大航海时代。

16 世纪马丁·路德主张“因信称义”，认为教会不应该是一个制定法律的机构，并对教会法表示怀疑，这种新教的怀疑主义预设了法律实证主义的出现，法律世俗化开始。1609 年第一篇有关系统文件检验的论文由法国的 Francois Demelle 发表。

17～18 世纪欧洲出现启蒙运动，本质上是一场资产阶级的反封建、反教会运动，思想上崇尚理性，覆盖了各个知识领域。与此同时，资产阶段通过大航海、圈地运动等积累了巨额资本，资产阶级力量增强，开始寻求掌握政治力量。英国 1689 年通过了限制王权的《权利法案》，建立了由议会制约国王权力的君主立宪制。1783 年英军战败，美国取得了独立战争的胜利。1787 年美国制定宪法，确定了“三权分立”的共和政体。法律思想不断发展，强调人的理性、个人的权利，主张依据自然法制定法典，提出法律面前人人平等、罪刑法定等原则。这时期近现代意义的法庭科学开始出现，解剖学、病理学方面的成就推动了法庭科学各分支学科的快速发展。1686 年博洛尼亚大学解剖学教授马尔切洛·马尔皮基（Marcello Malpighi）指出了指纹的特征。1784 年在英国的兰开斯特，根据塞进手枪中的报纸与口袋中残留的报纸碎片匹配而判被告人约翰·汤姆斯（John Toms）犯谋杀罪。这是最早有文献记载的利用物理匹配性的案件之一。

19 世纪欧美资本主义国家迅速发展，资产阶级开始确立统治地位，欧洲殖民主义者不断扩张与掠夺，与此同时，工业革命壮大了工人阶级。1848 年 2 月《共产党宣言》发表，欧洲爆发革命。随着新兴市民阶层不断壮大，商品市场空前活跃。世界各国的文化相互交流，不断发生碰撞和融合，形成了多元社会文化。欧洲大多数国家都以罗马法为基础来制定本国的法律制度，法庭科学课程开始进入大学教育。

19 世纪末 20 世纪初，欧洲列强侵略并占领了非洲、亚洲、美洲等大多数国家和地区，两次世界大战催生了新的社会制度和国家形式，西方主要国家进入当代垄断资本主义。以黑格尔为代表的欧洲主流的理性主义哲学传统，遭遇到来自科学主义等思潮的挑战，科学主义以哲学实证论、生物进化论学说为主，主张通过实验求证，探寻物质规律与生命形式。在精神分析、解构主义、结构主义等哲学、文化思潮错综复杂的作用和影响之下，文化呈现多元性，大众文化传播压倒一切。1909 年，瑞士洛桑大学的 Rodolphe Archibald Reiss 教授创办了世界上第一个法庭科学学院“Institut de police scientifique”（警察科学学院）。1915 年，国际刑事鉴定协会（IAI：the International Association of Identification）在美国的奥克兰成立。之后，法庭科学学科的理论研究与应用技术研究得到日新月异的发展。

20 世纪西方法学的发展也出现了一个多元化的格局，众多新的法学流派相继出现，但所有派别几乎都是19世纪甚至是中世纪法律思想派别在新的历史条件下的继续和发展。这期间科技革命带来法庭科学迅速发展，先进仪器、计算机、装备等技术广泛应用。1987年DNA技术首次应用于美国刑事审判中。该案件还引发了DNA实验室和整个法庭科学领域认证、认可、标准化和质量控制的一系列变革。

（二）科技文化

在西方精神文化的各领域中，与科学关系最深者当首推哲学。古希腊自然哲学时代，科学和哲学本是一体，称为自然哲学，没有独立的自然科学；人类思想史上的第一个哲学家爱奥尼亚的泰勒斯就曾经进行了大量的土地测量，掌握了许多经验规则。

古希腊时代的文化为西方科学发展奠定了基础。这时期自然科学在精神上追求世界本原的形而上学解释和逻辑的完满；技术上追求对自然的工匠式观察，重视经验解释。科学成就涉及天文、数学、医学等诸多领域，涌现出了欧几里得、阿基米德、希波克拉底等许多早期科学家。在毕达哥拉斯派看来，数是宇宙的本质与模型，数量和形状决定了一切自然物体的形式。

中世纪时期，基督教主张上帝无所不能，理性服从于信仰，但经中世纪大学中的神学家和哲学家之手自然理性又重新回归。这时期解剖学取得了进步。12世纪晚期，萨莱诺的一些教师将动物解剖学引入医学教学之中。1315年，蒙蒂诺是将系统的解剖教学介绍到大学医学课程的第一人，他所著的《解剖学》从16世纪末期开始成为被普遍采用的教科书。解剖学的发展对16世纪的达·芬奇和维萨留斯的影响很深，达·芬奇曾经明确指出，"如果没有观察，一切科学的开始、中途或终结将都是毫无用处的，其中则充满了谬误"。

17世纪，西方科学迅速发展，涌现出众多杰出的科学家，他们带来了许多重要的科学新发现和概念。牛顿在数学、力学、光学和天文学等领域做出了划时代的贡献，但当时科学尚未明确分科。因此，他的研究被归为自然哲学范畴，其经典力学著作的书名为《自然哲学的数学原理》。近代自然科学的空前发展改变了普遍持有的关于物理世界的本质，甚至关于真实知识的本质的看法："将数学的方法和语言运用于感觉所揭示的可测性质一时成为发现与解释的惟一可靠的方法。”

在18世纪以后，随着研究的不断深入和学科的不断细分，科学迎来了蓬勃发展。第一次工业革命中涌现出许多具有划时代意义的新技术和新发明。19世纪初，丹麦学者奥斯特发现了电流磁效应。仅仅十年后，法拉第根据奥斯特的理论，发明了世界上第一台电动机。

随着科学技术的进步，到了19世纪中叶，工业生产中可用的电动机和发电机得以发明。电力开始用于驱动机器，并迅速取代了蒸汽时代的产物。这促使了第二次工业革命的到来，标志着人类社会进入了电气时代。现代意义上的法庭科学学科雏形最早见于刑事侦查之父“汉斯·格罗斯”于1898年出版的《司法检验官手册》中，该书首次提出“Kriminalistiks”，该词在以美国为代表的欧美国家被演绎为“物证技术学”。

十月革命标志着世界进入现代史阶段。现代科学的特点如下：一要求实证，结论需要得到实验证明；二要求确定性，能精确定量，乃至用简单数学公式概括普遍规律；三要了解机制和因果关系。随着工业化程度的进一步加深，这一时期成为世界科技有史以来发展速度最快的阶段，无论是在量上还是质上都获得了重大突破。20世纪初洛卡德提出的物质交换原理为法庭科学的建立奠定了坚实的基础。20世纪40年代，“法庭科学”这一概念在西方国家被广泛使用。它是以自然科学技术与方法应用于案件中的专门问题，并以其鉴定意见——证据服务于法庭审判的一门交叉学科。第三次科技革命实现了人类技术的巨大突破，涉及原子能、电子计算机、空间技术和生物工程等高新技术，同时还包括人工合成材料、分子生物学和遗传工程等领域，是一场信息控制工业革命。电子信息技术为犯罪分子提供了新的犯罪工具，自20世纪60年代中期，出现第一例计算机犯罪开始，以数字证据为代表的新的高技术法庭证据也在增加。当今以大数据为代表，涉及生物工程、新型材料、新型生产模式的新工业革命已经超越了过去历次工业革命的理解。纳米科学和纳米技术、生命科学和生物技术、信息科学和信息技术以及认知科学和认知技术将迅猛发展。法庭科学的内涵和外延也将随着科学技术的进步而不断发展和改变。

三、中西方法庭科学文化的特点

中西方法庭科学文化在相同制度下有共同点，奴隶社会的神明审判，封建时代为维护王权而实行法定的证据制度，近现代证据制度对公正、科学和实证的重视等。但因为社会文化、科学文化、历史发展等不同，中西方法庭科学文化具有各自的特点。“礼不下庶人、刑不上大夫”，奴隶制度和封建制度下的中西方司法制度的目标都是维护王权和集权统治，具有强烈的等级观念。早期采用广泛施行酷刑获取证据（口供），嫌疑人在进入上诉程序并被聆讯之前，通常不得不忍受各种刑讯逼供，导致冤案丛生。但西方在文艺复兴及近代法变革之后，证据制度追求程序正义和科学精神。中国从近代开始接受西方制度和科技文化，直到中华人民共和国成立形成中国特色的司法制度和证据制度，讲究中立，追求证据的客观性和实体真实。

文明起源。中国文明起源于农耕文明，西方文明起源于海洋文明。文明起源的不同，经济形式也不尽相同：中国是自给自足的农耕经济，其内涵包含等级观念，以和为贵；西方是商业流通的海洋贸易，其内涵包含契约精神，竞争意识。

哲学思想。儒家思想是中华文化的源泉，奠定了中华文明的道德基础，塑造了中国文化的价值观。孔子的理想是通过道德的力量来管理国家和社会，实现领导和治理。孟子在孔子“仁”的理论基础上，提出了“仁政”和“民为贵，社稷次之，君为轻”的民本思想。“修身、齐家、治国、平天下”是文人士大夫的终极社会理想，这样的人生哲学也让我国法庭科学文化中具有崇尚道德，秉持公正立场的职业操守。西方文化的根源可以追溯到古希腊哲学，柏拉图、苏格拉底和亚里士多德合称为“古希腊三贤”，他们是西方哲学的主要奠基人。古希腊哲学最显著的特点是其所奠定的精神传统和科学传统，精神传统追求世界本原的形而上学解释，追求逻辑的完美；科学传统则更注重对世界的经验和观察，注重工匠式的实践。

思维方式。从中国科技发展史可以看出，中国的科技发展更多体现的是直觉思维。在古代的科学著述记载中，更多只是记述该科技成果，没有从经验抽象上升到理论层面。从中国科技的研究领域来看，实用性是其首要要件。西方从古希腊开始，学者更重视哲学理论的探索和科学思维，尽力寻找现象背后的规律。通过这样的理性思辨与逻辑推导，欧洲很早就建立起了一套门类齐全的、系统的理论逻辑体系，形成了专门的科学技术体系。

鉴定意见的评判权。古代中国的立法权、行政权以及司法权是三者合一的，均掌控在皇帝一人手中。中华人民共和国成立后实行的人民民主集中制是民主基础上的集中，集中指导下的民主，国家行政机关、审判机关、检察机关都由人民代表大会产生，对它负责，受它监督。在法庭审判中，中国法官具有极大的裁判权对鉴定意见进行评价。西方英美法系国家法官权力被严格限制，陪审团具有较高的权力。

正义的侧重点。中国传统法律文化注重实质正义的实现，以结果平等、社会关系和谐为目标，西方法律传统则注重程序正义，通过诉讼解决纠纷是其主要的目标实现方式。我国秉持“实事求是”的法律理念，强调实体正义，西方法律关注公正的程序，强调程序正义。

鉴定人管理制度。中国鉴定人管理制度由司法行政部门登记或备案统一管理，鉴定人由司法官委托，鉴定人地位高于西方的专家证人的诉讼地位，具有公立立场。西方英美法系国家鉴定人由当事人聘请，以专家证人身份出庭，具有倾向性。

法庭科学标准主导方。我国法庭科学标准由政府主导。以美国为代表的西方国家的标准化工作，是由民间组织根据市场需求逐步发展起来的，与联邦机构互不隶属、相互协调，根据规则分别发挥作用的管理机制和市场导向的自愿性标准体系，政府的作用是由弱渐强的。我国的标准化工作机制是上层规划、下层执行，自上而下的；西方的鲜明特征是自下而上、分散自治、竞争机制和市场导向。

四、结语

法庭科学文化是一个国家司法鉴定制度运行中的文化积淀，一个国家的司法鉴定制度镶嵌在该国司法制度中的关键部位，也是司法制度的重要组成部分。当今全球化时代，文化交流和融合已经变得不可逆转。中西方在司法制度和法庭科学方面的交流与借鉴也不断加深。自20世纪初以来，中国借鉴了大量西方司法制度和法庭科学技术及标准，但由于文化差异的存在，不可避免地会出现一些冲突。为了推动我国司法制度和法庭科学的持续发展和创新，解决相互借鉴时的冲突，深入研究法庭科学文化并结合中国本土文化显得尤为重要。这样才能使我们的司法制度和法庭科学更加符合我国当前及未来的国情发展，更能满足社会、经济和人文的合理需求。

第三节　法庭科学文化的价值

任何一种文化之中，都蕴含着某种或某些社会价值。换言之，每种文化都体现了创造这种文化的人们的特定的思维方式和价值理念或价值观。从某种意义上说，文化的价值是一种力量，也是隐性的软实力，更是其生命之所在。

毋庸置疑，作为人类文化重要组成部分的法庭科学文化，也具有其天然的价值属性。在我们研究和运用法庭科学的过程中，对于法庭科学文化及其价值的关注是必不可少的，因为只有对这一领域的文化价值进行充分理解和把握，才能更有效地引导和建设这种文化。也就是说，在法庭科学工作者，一定要有正确的法庭科学文化价值观。

以下将从法庭科学文化价值的形成、内涵、功能、实现等方面进行阐述，最后谈论法庭科学文化的价值体系发展所面临的机遇和挑战。

一、形成

价值，往往是文化的伴生现象。法庭科学文化的价值，是在法庭科学文化体系建立和发展的基础上，逐渐形成的。可以说，法庭科学文化的价值形成是动态过程的结果，是与之相对应的法庭科学文化自身的形成和发展的产物。因而，我们考察法庭科学文化的价值，必然要联系法庭科学文化的形成来进行。法庭科学文化的形成，也是法庭科学特定历史发展过程中不断积累和积淀的产物。归根结底，要理解法庭科学文化的价值形成，一定要结合与法庭科学的积淀相关的要素来观察。

（一）法庭科学的发展

科学与价值观之间的关系，尽管在早期的学术界存有争议，但是更多的哲学研究发现，任何一个门类的科学，其实都与某种价值观尤其是道德价值观密切相关，或者说相互影响、相互作用。因此我们可以认为，法庭科学的发展与法庭科学文化的价值形成当然是密不可分的。

法庭科学从其诞生的时候起，就自然地带有了其自身的文化使命和价值取向，在其不同的发展阶段也无不如此。不难看出，无论是在为了惩恶扬善的传统时期，还是在为了社会的法治与和谐的现代时期，法庭科学始终坚持道德上的文化价值底色。这种文化的价值理念，反过来也同时影响着法庭科学的发展，成为法庭科学自身不断发展的重要动力。

（二）法庭科学的应用

实践应用是法庭科学的落脚点。因为我们通常所说的法庭科学，既包含了科学的层面，更包含了技术的层面，最终是通过其在社会实践中的应用来实现和发挥其价值的。

从古到今的法庭科学实践应用，无论是对犯罪者、说谎者的事实与真相的揭露，还是对受害者、无辜者的同情，都蕴含了一种最基本也是最朴素的文化价值取向，就是对案件或纠纷辨清对错、分明善恶，维护公正。

（三）社会的反馈

社会的稳定与和谐，离不开法庭科学的参与和助力。或者说，法庭科学的最终目标就是要服务于社会。显然，社会各方在案件中的体验、评价和反馈，既是对法庭科学技术本身的检验，也是对其文化价值的评断。

在每一个涉及法庭科学介入的案件的调查审理过程中，法庭科学在何种程度上科学、客观、明确地提供证据、揭露真相，从而为定分止争、公正司法发挥应有的作用，必定会引起案件各方的反响。无论是案件直接的当事方、官方，还是案件的利益相关方，抑或关心关注案件的社会群体，都会基于其各自的立场做出相应的反馈。当然，各方的基本期望值存在一个共同的价值需求，也就是案件要在法庭科学的帮助下取得公平公正的审理结果。所以案件各方的基本期望和反馈，也为法庭科学文化的价值建构设定了社会目标。

（四）理论的提炼

任何一种文化，都是历史发展过程中的产物。同时，在不断更新和发展中逐渐确立与之对应的终极价值或价值体系，也是文化的核心内容。所以，每一种文化的背后，都必然关联其特定的价值内涵，或者说，没有价值指向的文化是不存在的。自然，法庭科学的产生和发展及其应用，形成了丰富的法庭科学文化，同时也逐渐建立了一套价值体系。

通常，价值往往是隐藏于文化之中的，并不像文化一样明显，因而需要理论工作者帮助人们尤其是创造这种文化之外的人去准确地理解和把握。否则的话，大众对其价值的理解和看法容易发生偏差甚至误解。同理，法庭科学文化价值体系的形成并最终为人准确理解和传播，还有赖于理论工作者的努力，将科技文化与法律文化影响下的法庭科学文化，进行全面的理论总结和概括，并从中提炼出明确的、系统的价值体系或价值观。

二、内涵

从世界范围来看，由于法庭科学文化具有多样化和差异性，所以不同时间和地域法庭科学文化的价值也就不能一概而论。我们在讨论法庭科学文化的价值时，首先必须要清楚的是：法庭科学文化的价值，既有多样性的表现，也有普世性的内涵。这里主要从后者的视角进行阐述。

（一）法庭科学文化的多样性及其价值的普世性

众所周知，不同的文化，是由不同时期、不同地域、不同条件下的不同人群创造的，因而具有其天然的属性——多样性，也就不可避免地产生差异性。任何文化都必然体现着其创造者的价值取向，因此不同文化的价值自然就具有了多样性或差异性的特点。法庭科学文化的价值当然也不例外。

中外不同法系国家的法庭科学文化，往往各有其不同的特点，这也决定了其各自文化的价值取向具有了多样性的前提和可能。毕竟，在不同的发展阶段、不同的科技水平、不同的法律环境、不同的文化主体等因素的共同作用下所创造的法庭科学文化，其价值取向也不可能是完全一致的。但是，当我们从更高的层面上进行观察的时候就会发现，不同的法庭科学文化的价值取向也并非都是发生龃龉，而是有趋同的普世性。

乍看起来，不同法系国家法庭科学文化的价值普世性，似乎与各自文化的差异性有所矛盾，其实这并不妨碍我们去理解其共同的价值观。毋庸置疑，法庭科学文化与其他各个领域的文化一样，具有明显而深刻的历史性、地域性和民族性差异，甚至在同一国家或民族内部的现代与传统之间、不同主体之间也会有激烈冲突。但是从法庭科学文化的价值来看，则往往包含了人类某些共有的需求，因而能够跨越空间和民族的界限，在不同文化区域的法庭参与者中产生共鸣，从而表现出法庭科学文化价值取向的高度趋同性或普世性。进一步来说，法庭科学是应用性学科，目的是用以帮助解决社会的法律问题，而“每个社会的法律在实质上都面临着同样的问题”① 的事实就从根本上决定了，解决这些问题的不同背景下的法庭科学，尽管各自的文化特点不同，但是最后都将指向不同社会共同的终极目标，也就是殊途同归。概言之，终极目标的一致性决定了不同法庭科学文化价值的普世性。

（二）法庭科学文化价值的普世性内涵

法庭科学文化的价值，在现实中往往表现为特定的价值观，并以此为人们所感知、理解和把握。由于法庭科学文化本身是丰富的，所以这些价值观所依托的文化价值体系，也包含了多个层面、多个方面的内涵。

在理解法庭科学文化价值的普世性内涵时，我们还需要明确的一点是：这些价值观是所有从事法庭科学工作的人都应共同遵守的基本原则。显然，在法庭科学为司法工作提供和解释证据的案件中，一方面，多个不同的群体都会对法庭科学的最终效果作出价值评断；另一方面，从事法庭科学工作的人也要对自己的所作所为设置价值取向。尽管这些不同群体的价值观会有出入，但是基于案件审理结果的共同期望值，不同主体的价值观就产生了共同的具有普世性意义和特点的交集。这个共同期望值，就是实现案件审理的公平公正，是它促成了法庭科学文化多元一体的普世性价值观。只不过，人们在谈论法庭科学文化的价值时，所指向的主体往往都是从事法庭科学工作的人。这其实是可以理解的，也是合理的，因为只有这些人才有资格、有能力、有机会来为法庭呈现和解释涉案的科学证据。

1. 崇德

所谓崇德，是指从事法庭科学工作的人，首先要有高尚的道德情操并严格遵守基本的伦理规范，把职业道德和伦理良知放在最高的位置。

古今中外，人们对于社会道德伦理的关注、研究、论述、推崇从来都

---

① ［德］茨威格特、克茨：《比较法总论》，潘汉典等译，贵州人民出版社 1992 年版，第 56 页。

没有停止和放松过。因为人类社会各个领域的正常运行和稳定发展，都离不开道德伦理对所有社会成员的规范和指导，否则的话，社会必将乱而不治。尤其是对于那些处于社会稳定和发展的关键环节的社会群体，道德要求更为严苛。

法庭科学作为一门社会应用学科，其初衷和归宿是利用科学揭示事实，以助法律化解纠纷，进而促进社会文明，所以在维护社会的公平正义方面，可发挥不可或缺的关键作用。从事法庭科学工作的人，恰恰又是法庭科学能否有效发挥这种作用的关键。因此，法庭科学文化的价值构成，十分重要并且需要一以贯之的就是崇德，甚至可以说是法庭科学文化的灵魂。本来，法庭科学只是服务于法律的一种工具，本身并不具有好坏正邪之分，但是当其上升到了文化的层面，这一工具就成为一把“双刃剑”。因为不难想象，只有尊奉道德操守和伦理良知的法庭科学工作者，才能发挥法庭科学的正能量，帮助法律实现社会的公平正义；道德不修甚至道德败坏的法庭科学工作者，只会假借法庭科学的外衣提供虚假的或错误的法庭证据，最终践踏了法律的公正和社会的正义，这当然是为人所不齿而且极为痛恨的。所以，法律和社会公众就首先对从事法庭科学工作的人，赋予了极高的道德伦理的价值取向要求。

概括地说，对从事法庭科学工作的人来说，崇德就是要在尊重涉案各方的隐私和相关的社会伦理的同时，以提供和解释科学的法庭证据为己任，以帮助法律惩恶扬善为追求，以维护司法公正和社会文明为光荣的道德准则和情操，并为法庭科学的发展及其社会功能的发挥不断贡献自己的力量。这是法庭科学文化建设中，最为重要的底线价值观。

2. 尚法

所谓尚法，是指从事法庭科学工作的人应有的法律精神，时刻要以法律为准绳来规范自己的言行，在服务法律的过程中始终遵守法律法规。

顾名思义，法庭科学中的“法庭”，明确显示了这一学科的法律属性，法庭科学的目的就是帮助实现法律的公平正义。一方面，法庭科学通过提供科学证据的方式来为法庭的司法活动服务；另一方面，提供这种服务的人必须具备相应的法律素养。具体来说，是指从事法庭科学工作的人至少要具备以下价值理念。

第一，内心敬重法律的尊严和公正。从事法庭科学工作的人，既是司法参与者，在很大程度上也是法律工作者，所以尚法是其基本的价值取向。如果这一群体轻视或者失去了对法律的敬重之心，其所提供的所谓科学证据就有可能成为藐视法律或者践踏法律的工具，最终与法庭科学文化的基本要义背道而驰。

第二，在合法的范围内守法从业。严格来说，法庭科学工作也是司法系统的重要组成部分，旨在为法庭有效地提供科学证据或意见。这就决定了从事法庭科学工作的人，必须遵守与证据规则、检验鉴定相关的法律准则、程序规范、法庭礼仪，确保涉案科学证据的分析和解释始终在合法的框架内进行，以帮助法律维护司法公信力和社会法治。

第三，为法庭尽到必要的解释义务。按照证据规则，涉案证据是否被采信，都需要经过法庭的审查。但是有两个不争的事实：一方面，法庭科学呈现的证据，具有科学性、专门性的特点；另一方面，法庭上的法官、检察官、被告人、律师、陪审团成员、利益相关者等，既不具备专业知识和技能，又难以从案件事实中得出结论。所以科学技术证据的审查方式必然不同于非技术证据，除了书面解释外，更需要提供科学证据的人在法庭上使用普通民众能够理解的语言和表达方式，清楚地解释复杂的科学技术问题，并对法庭参与者的疑虑、问题和质疑作出及时有效的回应。因而，对非专业人士进行复杂科学问题的有效传达，既是从事法庭科学工作的人必备的沟通能力、应尽的法庭义务，也是法庭科学文化价值观的重要组成部分。

第四，积极参与和接受法治教育活动。从法律工作者的角度来说，从事法庭科学工作的人负有积极主动地投身法治教育活动的法律义务，具有为法治社会建设贡献力量的担当。这也是法庭科学文化价值的组成部分。具体而言，从事法庭科学工作的人要通过学习、培训、研究、交流等不同方式和途径，不断接受相关的法治教育，以保证自身法律素养的持续提高，适应不断变化发展的法治环境，增强为法律服务的能力。

3. 守正

所谓守正，是指从事法庭科学工作的人应有正义感并能付诸实施，在提供科学证据的每个环节都不受任何利益或世俗、偏见的影响。其含义可从以下三个方面来理解。

一是维护中立，是指从事法庭科学工作的人应该维护和保持中立的公正立场，在呈现和解释法庭科学证据时，始终不受他人的指导或压力、利益影响，不倾向于任何一方、不偏袒任何一方。

二是保持客观，是指从事法庭科学工作的人应该独立进行客观分析，不受政治、经济或其他非科学因素的影响，摒弃世俗观念以及个人的偏见和主观臆测，始终志在为证据分析和法庭程序提供客观的支持。

三是坚守诚实，是指从事法庭科学工作的人应该始终以诚实来建立和维护自身的信用和法庭科学的公信力，必须基于可靠的事实和证据来形成自己的分析和意见，绝不故意误导或歪曲检验结果。

作为司法运行系统的重要一环，法庭科学文化中守正的价值取向，无疑是实现司法公正的重要基石。从事法庭科学工作的人能否做到一身正气、不偏不倚，践行守正的价值观，为法庭提供客观公正的科学证据，直接关系到法律权威的维护及其对社会公平正义的保障能否实现。不难理解，守正在法庭科学文化中，是不可忽视的价值理念。

4. 尽责

所谓尽责，是指从事法庭科学工作的人应具有职业的和社会的责任感和责任心，在提供科学证据的每个环节都能做到人尽其责。其实，尽职尽责是各行各业共同的价值观，在法庭科学领域尤其需要强调。

首先是在微观层面要尽职业之责。从事法庭科学工作的人，无论是专职的还是兼职的，都应具有对这份职业崇高的责任感，并且要将其贯穿工作的全过程。这就要求从事法庭科学工作的人，一方面，要以极强的责任心对待每一个环节，不允许人为的疏忽、错误等失责行为导致所提供科学证据的瑕疵、偏差、无效甚至谬误，从而影响案件调查审理的客观进行和司法公正的顺利实现，甚至导致冤假错案给无辜者的权利和尊严造成难以挽回的巨大损失和伤害，以致严重影响法庭科学的公信力和职业声誉。另一方面，要严肃地尽到保密的责任，应该尊重个人隐私和权利，保护涉案敏感信息的机密性，在处理敏感信息和个人数据时，不应该未经授权地泄露或传播。

其次是在宏观层面要尽社会之责。虽然法庭科学直接的服务对象是法庭，但是其最终的影响范围是社会。从事法庭科学工作的人，应该认识到他们在社会稳定和发展中的责任，并致力于为社会的公共利益和正义贡献一份力量。一是利用他们的专业知识和技能，为法庭提供和解释真实可靠的科学证据，为司法系统的有效性、公平性和公正性作出贡献，以确保社会正义得以实现；二是要在法庭内外积极解释和宣传，普及法庭科学的常识、回应司法参与者对法庭科学的关切、消除公众对法庭科学的误解、调和人们对法庭科学的期望，从而帮助社会客观、理性地认识和理解法庭科学的法治力量。

其中的道理也很简单，这种责任感来自这个职业本身的神圣和崇高。无论哪个法系、哪个国家，随着民众对于法庭科学的接触和了解越来越多、信任越来越强、期望越来越高，整个社会也就对法庭科学这一特殊职业赋予了更神圣、更崇高的地位。因而，从事法庭科学工作的人，也理应从内心产生对这一职业的敬畏，并化为尽职尽责的价值观。

5. 科学

所谓科学，是指从事法庭科学工作的人应具有严谨求真的科学精神，能够坚持科学态度、根据科学原理、运用科学方法、遵循操作规范、作出科学分析、提供科学证据，并能及时发现和纠正错误，持续学习和提高，勇于探索和创新。

科学证据分析是法庭科学的主要工作内容，或者说法庭科学的立身之本在于科学，因而科学精神也就构成法庭科学文化必不可少的价值内涵。随着现代科学的迅速发展和技术应用，社会公众对于科学的信任和需求也越来越强烈。在世界范围内，由于各种刑事案件侦破类的书籍、电影、电视等媒介的广泛传播，出人意料地使公众对科学和法庭科学的认识有了显著提高，尤其是对法庭科学的关注和追捧热度持续高涨。无论是法庭科学的有效运用使一些重大疑难案件得以侦破或是冤假错案得以纠正，还是科学证据的错误分析导致个别案件成为错案悬案，都从不同的角度使公众对从事法庭科学工作的人员应该具有的科学精神提出了更高的期望和要求。

第一，科学态度。从事科学工作，就要有科学态度，俗语“态度决定一切”同样适用于法庭科学文化的价值取向。因此，从事法庭科学工作的人：

一是要具备严谨细致的工作态度。只有认真对待科学分析的每一个步骤、每一个细节，才能保证所提供科学证据的质量，否则的话，哪怕有一点儿的马虎，也必定会造成“差之毫厘，谬以千里”的后果。

二是要有敢于纠错的科学勇气。一方面，一旦发现自身原因导致的偏差或错误，一定要以负责任的科学勇气及时加以纠正，切不可自护其短、文过饰非，否则就是错上加错；其实只要态度端正，纠错也容易取得别人的理解，所谓“人非圣贤孰能无过，过而能改，善莫大焉”。另一方面，在审查、复核其他案件的科学证据过程中，如果发现前人分析和运用科学证据的偏误而导致的冤假错案，也要立足科学的态度勇于进行纠正，以保护无辜者。

第二，科学水平。扎实的学术功底、较高的专业水平、较强的业务能力、完备的专门知识、严格的技术培训、丰富的工作经验等，是保证法庭科学工作正常开展的重要基石，也是从事法庭科学工作的人不懈追求的目标。

因为科学是不断发展的，法庭科学的发展也越来越快，这就要求从事法庭科学工作的人必须动态保持自身的科学水平及其有效性，以保证始终能够胜任科学证据的分析和解释工作。具体而言，一是要持续学习不断更新专业知识，二是要针对自己的专业领域问题开展学术研究，三是要与同行和领域专家保持业务交流，四是要了解和跟进最新科技的发展。

第三，科学素养。法庭科学与其他任何科学工作一样，必须在从业人员可靠的科学素养加持下，才能真正有效地发挥其应有的作用，并取得公众的信任。简言之，从事法庭科学工作的人，至少要做到以下两点：

一方面是要坚持严格的操作规范。法庭科学工作的对象具有其自身的特殊性和高度的敏感性，只有在严格的科学规范框架下进行操作，才能保证和维护其科学的神圣和威信。对于涉案证据材料的收集、保护、检验、分析，乃至结果和意见的表述和解释，必须运用科学的方法和专业的工具，遵循科学标准和规范的操作程序，进行科学客观的分析评断，并用可靠、客观的分析结果和意见呈现法庭。这是保证科学证据的可信性、可采性的重要前提。

另一方面是要有探索和创新的精神。随着社会的发展，违法犯罪活动的形势是不断变化的，相关法规、法律也是不断更新的，法庭科学领域的发展更是与时俱进的，所以从事法庭科学工作的人，只有适应新的法治环境并了解科技发展的新成果，努力尝试探索新的分析方法、技术、工具，寻求创新的解决方案，才能以科学证据为武器，从容应对不断变化和疑难复杂的案件新挑战。

不难发现，随着人们法治观念的增强和对司法公正的更多关注，尤其是“CSI 效应”的广泛而深入的影响，一方面，公众对法庭科学的信仰，已近乎狂热，进而对于科学证据也就寄予了更高的期望；另一方面，这种效应因受节目本身的限制，“同时也扭曲并误导了公众对证据及其收集与分析的认知，提供了不少错误的信息”①，从而不可避免地产生了一些负面影响，人们对法庭科学的误解随之形成。难怪会有人说：指挥人员或侦查人员分析案件出现差错是可以原谅的，而鉴定人员工作中出现差错却是难以容忍的②。这一现象，既体现了公众和社会对法庭科学的更多的认识和认可，同时也给法庭科学工作带来了前所未有的压力。在这种社会背景下，一丝不苟、实事求是的科学精神，在法庭科学文化的价值构建中也就显得格外重要了。

三、功能

无论哪种文化，作为历史发展过程中的产物，必然在其所涵盖的特定层面和范围内具有并发挥其特定的价值功能，这种功能通常表现为一种无形的精神力量或者说是软实力。文化的最深层所蕴含的特定的价值，可以说是文化的灵魂，总是发挥着多方面的潜移默化的重要作用。

就法庭科学文化而言，其价值功能集中体现为其在打击犯罪和化解纠纷、帮助实现和维护司法公正、促进社会和谐与文明方面的法治软实力。以下主要从四个方面分析法庭科学文化的价值功能。

（一）导向

法庭科学文化价值的导向功能，主要体现为法庭科学文化从精神和心理的层面对所在学科、机构、人员的价值取向、价值追求、价值目标提供方向和引导。法庭科学所涉及的每个要素都需要健康的文化价值导向的加持。

---

① ［美］杰伊·西格尔：《人人都该懂的法庭科学》，孟超、任鹏宇、王刘承译，浙江人民出版社 2018 年版，第 9 页。

② 参见张保生主编：《法庭科学文化论丛》（第 3 辑），中国政法大学出版社 2018 年版，第 1 页。

首先，学科的建立和发展需要健康的文化价值导向。法庭科学就其自身的建立初衷和发展使命而言，只有始终坚守科学与法治的基本价值观，才能保证学科本身的可持续发展，并在维护司法公正和社会稳定方面发挥其应有的作用。一旦弱化了这种文化的价值功能，极易使法庭科学沦为正义外衣下的邪恶工具，从而走向反动。

其次，机构的有效运行需要健康的文化价值导向。法庭科学的机构或组织是实现科学技术服务法律的重要载体，任何法庭科学服务的组织、协会、机构，只有在正义和严谨的价值理念下运行，才能确立和保持自身的社会地位和意义，才能使其成员获得身份认同，从而进一步凝聚和团结机构成员的士气和力量。

最后，人员的追求和行为需要健康的文化价值导向。从事法庭科学工作的人，是最终实现学科落地、技术服务的实施者，也是司法系统和社会公众对法庭科学的认识和信任的最为直接的感触点，可以说是法庭科学真实可见的形象代表，因而其在工作中的价值追求是否基于高尚的道德情操，工作目标是否具有公平公正的方向，行为操作是否坚持科学严谨的态度，直接影响人们的看法、印象或评价，所以法庭科学文化的价值导向对从业人员是至关重要的。

（二）规范

法庭科学文化价值的规范功能，主要体现为法庭科学文化对机构的行业规范和对人员的行为规范，使其在可靠的、可控的轨道上有效运作。

一方面，法庭科学文化要求致力于法庭科学服务的各个组织、协会、机构必须规范运行，既要坚持科学研究和技术服务的规范，也要坚持法律法规的规范，只有在科学与法治的框架下运行，才能实现其自身的行业价值定位。

另一方面，法庭科学文化要求从事法庭科学工作的人，在采集、分析、提供、解释科学证据的每一个环节，都要严格遵守既有的科学标准、方法、程序，以及相关法律法规的要求，以可靠而高效的法庭服务为己任。

其实，法庭科学文化价值的规范功能也可以说是文化的软约束功能。这种功能虽然不是依靠强制或处罚，但是其对法庭科学主体的行为准则和文化氛围是不可或缺的。所以有学者指出，文化对人和社会的影响是广泛和深远的，其规范和导向作用有时比法律和制度更加有效①。

（三）传承

法庭科学文化在不断发展的过程中，其价值也具有了历史的属性，即在不同的历史阶段之间会有不同状态的价值观念的转换，而在新旧更替的历程中总有永不褪色的价值理念得以总结、确认并传承下来，成为一种永恒的价值观，永远光照法治的公平正义。

一些特定历史条件和法治环境下的价值理念，既在法庭科学发展史中发挥了作用并留下痕迹，也要经过历史发展的文化洗礼，最终使一些过时的文化价值观退出历史舞台，而经过大浪淘沙洗礼的永恒价值观得以保留、完善、传承，甚至成为具有普世性的价值观，为法庭科学文化的建设和发展提供长久的价值支撑。

（四）辐射

所谓辐射功能，是指法庭科学文化及其价值理念一旦形成并得以传承，具有了相对的稳定性和持久性以后，它不仅在法庭科学内部发挥作用，对相关的机构和从业人员产生一种内生力量的影响，而且会通过多种渠道对整个社会的价值观产生广泛而深远的影响。随着法治社会建设的持续推进，这种辐射功能也表现得越发突出和强大。

在人类社会的各种文化形态中，法庭科学文化越来越占有明显而重要的地位。在不同法治背景和不同法治环境的社会中，随着追求公平正义的法治观念的普及和深入人心，以及民众法治意识的增强和法治参与主动性的提高，司法系统和社会公众对法庭科学文化的价值期望也越来越高。法庭科学文化具有普世性的价值观，既是法庭科学活动自身的思想武器和行动指南，又因其被社会认可和接受而辐射到社会的其他领域。这可以看作文化价值的跨领域延伸，而且往往是那些具有甚至充满正能量的价值观更能产生大范围的深度辐射。

当然，法庭科学文化的价值也与社会其他领域的文化价值观存在重合，

---

① 参见常林主编：《法庭科学文化论丛》（第1辑），中国政法大学出版社2014年版，第121页。

或者说有些价值理念是不同社会文化的共同追求。我们也可以认为，这是不同社会文化之间价值互动的结果。

四、实现

法庭科学文化价值的实现，既是推动法治社会建设和进步的重要手段，也是促进社会文明持续发展的重要目标。法庭科学文化的价值，只有最终得以发挥，才能使其功能有效作用于时代的呼唤和社会的需求。

在实践层面，要保证这种价值真正落地实现，需要内、外两个维度的合力加持。

（一）内在约束

就法庭科学从业者而言，每一位个体的工作都是法庭科学文化价值的具体承载者和体现者。可以说，只要每一位法庭科学从业者都能做到对这种价值的认同和追求，那么这种价值的实现就可以从根本上得到保证。因而，法庭科学从业者内在严格的自我约束，是实现法庭科学文化价值的最重要的前提。

1. 从业者要树立法庭科学文化的价值观

既然每一位法庭科学从业者都是法庭科学文化价值观的承载者，那么从业者个人内在的自我修养就是整个行业文化价值体系的源头。这就要求每一位从业者，从立志进入这一行业的那天起，就要以发自内心的主动性去树立法庭科学文化的价值观。显然，这比具体从业技能的学习和掌握更加重要，应是从业者的初心之所在。

2. 从业者要敬畏法庭科学文化的价值观

价值观的树立只是第一步，接下来需要从业者内心的敬畏。无论如何完美的价值观，一旦沦为口头的或表面的装饰，就不可能落地开花，只有从业者内在的敬畏之心，才是其得以实现的守护神。因为每个人只有做到心有敬畏，知道哪些东西是不能亵渎的，做事才能秉持明确清晰的遵循和不可逾越的底线。

3. 从业者要践行法庭科学文化的价值观

从业者的身体力行，是法庭科学文化价值得以最终实现的关键环节。只有从业者真正践行了法庭科学文化的价值观，才能使法庭科学发挥其应有之义，为当事人的定分止争和社会的和谐稳定提供智力支持，为法庭科学赢得职业尊严和荣誉，也使从业者自身实现其初心和信仰、赢得外界认可与尊重。

（二）外部规范

无论是从业者自身修养的薄弱与失守，还是各种名与利无孔不入的诱惑，都有可能导致内在约束的不同程度的失效。所以对于法庭科学行业共同体来说，只有从业者个体的内在约束是不够的，仍需借助外部的规范来制约可能出现的负面倾向或行为。这样，就相当于为法庭科学文化的价值实现设置了“双保险”，运用内、外两个维度的力量共同守护这套价值体系。总体来看，来自外部的规范力量主要包括以下四个方面。

1. 机构的管理

每一位法庭科学从业者，无论侧重于科学研究还是侧重于技术应用，都隶属于某个具体的管理机构。因此，这些机构在行使其管理职责的过程中，首当其冲的是要对从业者做好价值观的正面塑造、状态把握、结果奖惩。因为机构是从业者的具体依托，所以机构对从业者的管理也最易实现。

2. 行业的引领

在法庭科学及其各个分领域，通常会有行业协会或类似组织。而行业自律在行业组织的各项功能之中占有非常重要的地位，其主要内涵包括促进行业规范的建立和实施、对内部的违规行为予以打击、惩戒和制止，从而维护和提升行业的形象和信誉。显然，行业组织的这种自律功能的发挥，必须建立在法庭科学文化的价值观引领基础之上，才能促进整个行业行稳致远。

3. 政府的指导

政府部门或行政管理机关在行使其法定职权的过程中，价值观的指导始终应放在各项工作的首位。由于法庭科学的机构和从业者的工作与司法公正直接相关，所以其相应各级政府部门或管理机关必须把正确价值观的指导放在首位，如此才能为法庭科学文化的价值实现提供不可或缺的遵循和规制。

4. 社会的监督

作为与当事人的利益和社会公正密切相关的法庭科学工作，必然需要接受各方的社会监督，只有这样才能有助于其在法庭科学文化的价值观体系之下正常运行。公众和管理部门的合法监督，都是从外部对涉及司法公正相关工作的合理规制，无论是消极监督还是积极监督，都可通过其对法庭科学工作的有效制约，来辅助实现法庭科学文化的价值。

从哲学的视角来看，上述内、外两个维度，相当于事物发展中的内部矛盾与外部矛盾，两者共同推动事物健康有序地发展，而内部矛盾是主要矛盾。这就要求我们在实际工作中，既要不断加强各个层面外部规范的制约甚至惩戒力度，更要注重从业者个人内在修养的塑造和提高。

五、机遇和挑战

时代前进的步伐越来越快，社会发展的速度越来越快。以公平正义和科学可靠为价值追求的法庭科学文化建设，也必然在新时代法治社会的大潮中要有所建树。当然，法庭科学文化价值体系的发展不会只有坦途，而是有机遇更有挑战，需要我们所有法庭科学工作者为之不懈奋斗。

我们很高兴能够看到前所未有的机遇。在时代快速发展的洪流中，一方面，科学技术的进步，不断地为法庭科学文化的发展注入新的能量，丰富着其内涵，强化着其价值；另一方面，法庭科学价值体系的健康发展与合理有效的运行，也为法庭科学的自身发展和法庭应用保证了正确的轨道。也就是说，时代的发展为两者间的良性互动，提供了天然的机遇。

同时我们也要看到无法回避的挑战。在新的时代背景下，伴随着法律法规的修改、科学技术的进步、社会形势的变化，不断出现的新技术、新变革、新问题、新矛盾，都对法庭科学的价值体系及其功能提出了新的挑战。包括其价值体系的完善与稳定和功能的实现与发挥，如何引领法庭科学技术解决新的复杂的法律纷争，以助力法庭的公正、维护法律的尊严、实现法治的目标等，都值得每一位法庭科学的参与者和关心者去认真思考、用力推动。

参考文献

［1］杜志淳主编：《司法鉴定概论》，法律出版社 2021 年版。

［2］［美］杰弗里·戈勒姆：《人人都该懂的科学哲学》，石雨晴译，浙江人民出版社 2019 年版。

［3］周纯宏主编：《无机与分析化学基础》，科学出版社 2010 年版。

［4］蒋和平主编：《司法化学基础》，四川大学出版社 2004 年版。

［5］刘冬娴、姚慧芳：《微量物证与毒物毒品分析》，中国人民公安大学出版社 2013 年版。

［6］杭太俊主编：《药物分析》（第 8 版），人民卫生出版社 2016 年版。

［7］胡世澄：《司法化学》，群众出版社 2010 年版。

［8］［美］杰伊·西格尔：《人人都该懂的法庭科学》，孟超、任鹏宇、王刘承译，浙江人民出版社 2018 年版。

［9］王彦吉：《微量物证与毒物毒品分析》，中国人民公安大学出版社 2001 年版。

［10］许爱东主编：《物证技术学教程》，法律出版社 2016 年版。

［11］柴逸峰、邸欣主编：《分析化学》（第 8 版），人民卫生出版社 2016 年版。

［12］［日］岩泽宏和：《改变世界的 134 个概率故事》，戴华晶译，湖南科学技术出版社 2016 年版。

［13］［美］约翰·W. 斯特龙主编：《麦考密克论证据》，汤维建等译，中国政法大学出版社 2004 年版。

［14］杨良宜、杨大明：《国际商务游戏规则：英美证据法》，法律出版社 2002 年版。

［15］［英］苏珊·哈克：《证据原理：司法证明科学》，刘静坤、王进

喜译，法律出版社 2022 年版。

[16] [美] 道格拉斯·乌本拉克：《全球司法鉴定实践》，何晓丹、李成涛译，科学出版社 2019 年版。

[17] [美] 凯斯·茵曼、诺拉·卢丁：《刑事技术学的原则与实践：法庭科学专业知识》，郝红霞译，知识产权出版社 2017 年版。

[18] 法大鉴定编译组编译：《外国法庭科学规范文件汇编：职业教育》（第 3 辑），中国政法大学出版社 2015 年版。

[19] 赖建东：《全方位质证：思路指引与办案技巧》，法律出版社 2022 年版。

[20] 李法瑞、倪铁：《法庭科学：让证据说话》，华东理工大学出版社 2019 年版。

[21] 怀效峰等撰稿：《中国法制史》，中国政法大学出版社 1998 年版。

[22] 万安中主编：《中国监狱史》（第 3 版），中国政法大学出版社 2015 年版。

[23] 黄瑞亭、陈新山主编：《中国法医学史》，华中科技大学出版社 2015 年版。

[24]（元）胡祗遹：《紫山大全集·卷二十三·折狱杂条》，载《文渊阁四库全书·集部》，台北，商务印书馆 1986 年版。

[25]（清）张志聪：《黄帝内经集注》（六卷本），四川大学出版社 2015 年版。

[26] 任惠华、马方主编：《侦查学教程》，法律出版社 2014 年版。

[27] 常林主编：《法庭科学文化论丛》（第 1 辑），中国政法大学出版社 2014 年版。

[28] 常林主编：《法庭科学文化论丛》（第 2 辑），中国政法大学出版社 2015 年版。

[29] 张保生主编：《法庭科学文化论丛》（第 3 辑），中国政法大学出版社 2018 年版。

[30] [美] 温迪·J. 科恩、C. 迈克尔·鲍尔斯：《法庭科学改革：保护无辜者》，罗亚平等译，法律出版社 2022 年版。

[31] 何家弘：《对法定证据制度的再认识与证据采信标准的规范化》，

载《中国法学》2005 年第 3 期。

［32］翟晚枫、张宁、花锋：《中外法庭科学标准体系建设比较研究》，载《刑事技术》2022 年第 3 期。

［33］金兴民、刘一石、李茜：《司法鉴定文化核心价值初探》，载《中国司法鉴定》2011 年第 2 期。

［34］王国栋、孙洪亮、韩立爽：《生物物证检材的发现和提取技术探索》，载《产业与科技论坛》2018 年第 17 期。

［35］甘连乐：《电泳技术的现状及进展》，载《世界最新医学信息文摘》2016 年第 17 期。

［36］劳海苗、吴英松、刘天才：《现代免疫分析方法最新进展》，载《医学研究杂志》2010 年第 10 期。

［37］顾攀：《原子吸收光谱分析技术与应用》，载《安徽科技》2013 年第 6 期。

［38］吴清华、张振宇：《拉曼光谱技术在法庭科学领域中的应用》，载《云南警官学院学报》2017 年第 4 期。

［39］武丹蕾：《微量物证检测方法综述》，载《现代交际》2012 年第 7 期。

［40］付钧泽、姜红、孙振文等：《热分析技术在法庭科学领域的应用研究进展》，载《中国测试》2023 年第 7 期。

［41］龙宗智：《论刑事对质制度及其改革完善》，载《法学》2008 年第 5 期。

［42］王跃：《对质权如何适用于科学证据——Williams v. Illinois 判例及启示》，载《现代法学》2014 年第 4 期。

［43］王国忠：《刑事诉讼交叉询问之研究》，中国政法大学 2006 年博士学位论文。

［44］花锋、周红：《中美法庭科学领域标准化工作比较研究》，载《刑事技术》2016 年第 1 期。

［45］关颖雄：《澳大利亚法庭科学系列标准 AS 5388 的研究》，载《中国标准化》2017 年第 19 期。

［46］关颖雄：《ISO/TC 272 法庭科学国际标准化工作进展简析》，载《标准科学》2018 年第 11 期。

［47］何晓丹、李成涛、沈敏等：《比较法视野下我国司法鉴定标准化制度的完善研究》，载《标准科学》2019 年第 4 期。

［48］张宁、翟晚枫、花锋：《法庭科学国际标准制定工作研究与启示》，载《刑事技术》2020 年第 3 期。

［49］张宁、翟晚枫、花锋等：《中外法庭科学标准化研究现状比较与发展趋势》，载《刑事技术》2021 年第 1 期。

［50］陶玉婷、卢江鑫、袁丽：《美国 OSAC 模式对于我国法庭科学标准化发展的借鉴》，载《证据科学》2022 年第 3 期。

［51］张保生、王旭、张中等：《证据科学新兴交叉学科研究报告》，载《证据科学》2022 年第 2 期。

［52］徐凤侠、林嘉志：《试论神示证据制度》，载《绥化学院学报》2006 年第 2 期。

［53］［澳］克劳德·鲁、［芬兰］丽贝卡·布赫、［加］弗兰克·克里斯皮诺等：《悉尼宣言——从基本原则视角重新审视法庭科学的本质》，载《证据科学》2023 年第 4 期。

［54］陆俊杰：《传统东方社会的法律文化与社会治理——基于马克思晚年人类学笔记的法哲学考察》，载《理论月刊》2014 年第 8 期。

［55］徐同祥、李宇：《中国指纹技术的起源及其早期应用》，载《江苏警官学院学报》2012 年第 2 期。

［56］何一民：《清代：中华民族命运共同体构建的重要历史时期——以清代基层社会组织重建和社会治理为视角的考察》，载《民族学刊》2021 年第 3 期。

［57］沈大路：《中国司法鉴定的古代史》，载《上海公安高等专科学校学报》2000 年第 4 期。

［58］张纯成、王正秋、鲍耀三：《15 – 16 世纪中国自然科学的革命——从徐光启、王锡阐、梅文鼎到康熙帝》，载《史学月刊》1990 年第 2 期。

［59］龙伟：《民国司法检验的制度转型及其司法实践》，载《社会科学研究》2013 年第 4 期。

［60］李艳玲：《中世纪大学与近代自然科学体系的构建》，载《泰山学院学报》2018 年第 5 期。

［61］韩启德：《学科交叉与现代科学范式转移——在全国首届前沿交叉学科论坛暨前沿交叉研究院联席会上的讲话》，载《大学与学科》2021年第1期。

［62］何家弘：《外国法庭科学鉴定制度初探》，载《法学家》1995年第5期。

［63］杨敏、李昌钰：《美国法庭科学证据的应用与发展》，载《政法学刊》2013年第2期。

［64］万毅：《证据“三性”质证宜采分层递进调查模式》，载最高人民检察院官网，https：//www. spp. gov. cn/llyj/201711/t20171119_ 205032. shtml。

［65］Congram D. & Finegan O. , *Broadening the application of forensic science in an era of standardization*, Forensic Sciences Research, 2022, 7 (3): 3.

［66］He X. & Li C. , *Development of forensic standards in China: a review*, Forensic Sciences Research, 2022, 7 (1): 10.

［67］Wilson - Wilde & Linzi, *The International Development of Forensic Science Standards - A Review*, Forensic Science International, 2018: 1.

［68］Chauhan & Amit & Manisha, *Culture Identity and Changes in Forensic Sciences*, (2017).

［69］Adrian Linacre (2013) Towards a research culture in the forensic sciences, Australian Journal of Forensic Sciences, 45: 4, 381 - 388, DOI: 10. 1080/00450618. 2012. 738246.

［70］Houck MM & McAndrew WP & Porter M & Davies B: *A review of forensic science management literature*, Forensic Sci Review 27: 53; 2015.

［71］中外证据制度史比较，载百度文库2011年1月7日，https：//wenku. baidu. com/view/c163e669a98271fe910ef96e. html? _ wkts_ =1697165824119&bdQuery =% E4% B8% AD% E5% A4% 96% E8% AF% 81% E6% 8D% AE% E5% 88% B6% E5% BA% A6% E5% 8F% B2% E6% AF% 94% E8% BE% 83。

［72］美国材料与试验学会网站，网址：https：//www. astm. org/。

［73］美国科学领域全体委员会网站，网址：https：//www. nist. gov/

organization - scientific - area - committees - forensic - science。

[74] 澳大利亚标准协会网站，网址：https：//www. standards. org. au/。

[75] 欧洲法庭科学研究机构联盟网站，网址：https：//enfsi. eu/。

[76] ISO 网站，网址：https：//www. iso. org/home. html。